수법(水法) 연구

김 성 수

신 조 사

머 리 말

1985년 유학시절 독일에서 Jürgen Salzwedel 교수의 수법교과서(öffentliches und privates Wasserrecht)를 처음 접하였을 때 그 신선함과 깊은 문제의식에 압도당한 기억을 지울 수 없다. 당시 국내에서는 아직 환경법이라는 분야도 생소한 상황이었는데, 이미 독일에서는 수법이라는 환경법의 개별 분야에까지 심도 있는 연구가 진행되고 있는 것을 보면서 우리나라 학문 발전의 미래에 대해 많은 생각을 하는 계기가 되었다. 그런데 30년이 지나지 않은 현재 시점에서 물에 대한 관심과 더불어 물에 대한 법적 체계를 구축하는 과제는 바로 우리의 문제가 되고 있다. 저자는 지난 10여년 간 물에 대한 법적, 정책적 연구를 진행하면서 물과 관련된 다양한 주제들에 대해 관심을 갖고 기회가 있을 때마다 글을 써왔다. 이 책은 그 동안 저자가 학회지 등에 기고한 물에 대한 논문들을 정리하고 법령 등의 제정 또는 개정에 따라 그 내용을 일부 수정한 것을 모아서 출간하는 것이다.

책의 구성과 내용은 제1장 물기본권에 관한 연구, 제2장 수질 및 수생태계의 보전에 관한 법률, 제3장 수리권의 법적 근거와 한계, 제4장 서울시와 한국수자원공사 간의 용수료 분쟁에 대한 항소심판례 평석, 제5장 물산업지원법안에 대한 법리적 검토, 제6장 상하수도 양여계약의 개념과 법적 가능성, 제7장 수도시설관리위탁계약과 수도산업 효율화를 위한 법적 과제, 제8장 상수도사업의 통합과 인가권 조정, 제9장 광역상수도에 대한 민영화, 민간투자의 법적 과제,

제10장 기후변화와 광역상수도의 안정성 제고 방안이다. 위 주제들은 물에 대한 인권의 문제, 우리나라 물 관련 기본법률의 내용분석, 물에 대한 이용권과 분생사례, 물산업 육성을 위한 법적 과세, 상수도 사업의 효율성 제고를 위한 구조개편 방안, 기후변화와 물부족 시대에 대응하는 국가의 수자원관리 강화방안 등의 주제를 포괄하고 있다.

현재 우리나라는 물에 대한 고전적인 이용의 문제조차도 매우 원시적인 법적 상태에 머무르고 있다. 수리권도 관습법, 민법, 하천법 등에 산재되어 이를 통합하는 입법적 과제가 중요한 이슈로 부상하고 있다. 물에 대한 산업화와 그에 대한 반작용으로 제기되는 물인권의 문제도 아직 헌법적으로 그 내용과 성격에 대해 연구가 이루어지지 못하고 있다. 이와 같이 수법은 단순히 환경법으로서의 성격만 가지고 있는 것이 아니라 경제재로서 그 이용과 산업화라는 측면이 강조되기 때문에 최근 논의되는 상수도 사업의 효율성과 서비스 질의 개선을 위한 다원적이며 복잡한 구조개편의 입법정책적 과제도 이미 오래 전부터 연구의 대상으로 삼고 있다. 마지막으로 전 지구적으로 급격하게 진행되고 있는 기후변화와 빈발하는 홍수와 가뭄 등 자연재해는 우리에게 또 다른 물관리의 중요성을 제기하고 있다. 특히 주목하는 것은 기후변화와 산업화에 따르는 물부족에 직면하여 헌법상 국가의 수자원관리의무와 국가기간수자원의 기능을 수행하고 있는 댐을 비롯한 광역상수도의 안정성을 확보하기 위하여 다양한 입법적 과제가 출현하고 있는 점이다. 이 책은 이와 같은 주제들에 대하여 일종의 시론적 접근으로서 큰 그림을 그리는데 주력하였다. 앞으로 세부 주제들을 추가하고 관련 판례 등을 보강하여 우리나라의 수법교과서로서의 모습을 갖추어 나가고자 한다.

수법연구를 세상이 내 보이기까지는 많은 분들의 격려와 도움이 있었다. 우선 수익성이 없는 연구서의 출간을 허락하여 주신 신조사의 이명재 사장님과 편집 및 교정을 살펴주신 송일근 주간님에게 감사의 말씀을 전한다. 또한 제54회 사법시험에 합격하여 사법연수원 44기로 예비법조인 생활을 시작하는 최윤지 양과 송지현 양은 바쁜 일정에도 불구하고 법령 대조와 교정작업을 꼼꼼하게 챙겨주었다. 두 사람의 미래가 밝고 찬란하기를 마음 깊이 기원한다. 마지막으로 저자가 연구에 전념할 수 있도록 사랑과 배려를 아끼지 않는 아내와 딸, 그리고 아버님에게도 감사드린다. 마지막으로 저자를 학문의 길로 이끌어 주신 오퍼만 지도교수님(Prof. Dr. Dr. h.c. Thomas Oppermann)께 이 책을 바친다.

2013년 새해에

김 성 수

차 례

제 4 장 서울시와 한국수자원공사 간의 용수료 분쟁에 대한 항소심판례 평석

제 5 장 물산업지원법안에 대한 법리적 검토

제1장 물기본권에 관한 연구

I. 문제의 제기

인간의 일상생활과 그 역사적 궤적은 물과 밀접한 관련을 맺고 있다. 인류 문명사는 강과 물에서 시작되었으며, 이는 오늘날도 여전히 같은 모습으로 유지되고 있다. 그런데 물은 인간뿐만 아니라 지구상에 존재하는 모든 생물체의 근원이며, 외계를 향하여 위성을 발사하는 때에도 위성이 향하는 행성에 물이 존재하는가의 여부는 언제나 초미의 관심사이다. 이와 같이 인간을 비롯하여 모든 생명의 근원인 물과의 사이에 존재하는 법적 관계는 종래 물을 경제적으로 이용하는 이른바 수리권을 중심으로 논의되어 왔다.[1] 민법 제231조의 공유하천용수권과 하천법에 의하여 하천이나 하천수의 사용허가를 통하여 발생하는 권리는 관습법상 또는 법률상의 권리인데, 이러한 수리권은 오늘날 기후변화와 그로 인한 수자원의 불안정성 시대를 살아가는 우리에게 물에 대해 인간이 가질 수 있는 권리의 성격과 내용에 대하여 지극히 부분적인 설명만을 할 수 있을 뿐이다. 1980년 이른바 제5공화국 헌법에 처음으로 환경권조항이 도입된 이후로 현행 헌법 제35조 제1항은 "모든 국민은 건강하고 쾌적한 환경에서 생활할 권리를 가진다"고 규정하고 있는데, 쾌적한 환경에는 당

1) 이에 대한 상세한 논의는 문현주, 합리적인 수리권 및 수자원에의 기여와 보상체계 연구, 한국환경정책·평가연구원, 2009, 21면 이하; 김성수, 수리권의 법적 근거와 한계, 토지공법연구 제43집 제1호, 343면 이하.

연히 물도 포함된다. 이에 따라서 법원의 판례 역시 개인이 '깨끗한 물을 마실 권리'를 가지는 것으로 해석하고 있다.

그러나 '깨끗한 물을 마실 권리'라는 것은 주로 수질과 관련되는 기본권으로서 인간의 생존을 위하여 필요한 최소한의 물량을 요구할 수 있는 권리를 포함한다고 보기 어렵다. 다시 말하자면 물기본권의 핵심적인 내용은 인간다운 생활을 할 수 있는 '최소한의 깨끗한 물'을 국가에 요구할 수 있는 헌법상의 권리라고 할 수 있다. 이러한 물기본권은 아직 국내에서는 본격적인 연구가 진행되지 않고 앞서 언급한 수리권 내지 헌법상 환경권의 문제로 다루어져 왔다. 그러나 이미 UN을 비롯한 국제기구와 각종 국제협약에서는 물기본권을 모든 인류에게 보장되어야 하는 보편적 인권으로 선언하고 있으며, 물기본권은 수량과 수질을 포함하는 생존권적 성격을 강조하고 있다. 따라서 보편적 인권으로서의 물기본권은 일종의 국제헌법적 지위를 가지게 된 것이다. 본 연구에서는 물기본권이 국제헌법으로서의 위상을 갖게 된 배경과 더불어 우리 헌법상의 근거와 물기본권의 내용과 성격, 물기본권과 국가의 기본권 보호의무, 그 보장의 한계로서 과소보호금지의 원칙 등에 대한 문제들을 검토하기로 한다.

Ⅱ. 물기본권의 국제적 환경

최근 일종의 유행처럼 각국에서 추진하고 있는 물에 대한 민영화·산업화의 경향은 전 지구적으로 진행되고 있는 기후변화로 인하여 홍수와 가뭄이 빈발하는 등 수자원의 안정성이 크게 동요되고 있는 상황에 적극적으로 대처하기 위한 전략이라고 평가할 수 있다. 그런데 이와 같은 물에 대한 민영화와 산업화의 과제는 환경·경제·사회 정책적으로 많은 법적인 문제를 야기하고 있다.[2] 우리나라의 경우에도 지난 2008년 이른바 미국산 쇠고기 파동으로 인하여 수면 아래로 가라앉았던 지방상수도의 민영화와 구조개편의 논의도 바로 이러한 국제적인 경향과 무관하지 않아 보인다.[3]

기후변화에 따르는 수자원 관리의 불안정성은 자연환경은 물론 이를 이용하는 인간에게 위협적인 요소로 평가되고 있으며, 그 결과 국제적으로도 최근 중요한 아젠다로 부상하고 있다. 2003년 UN의 물보고서에 따르면 지구상에서 약 31개국이 만성적인 물 부족을 겪고 있으며, 2050년이 되면 그 숫자는 약 48개국에서 60개국에 이를 것으로 예상하고 있다. 이렇게 되면 지구상에서 존재하는 국가의 3분의 1과 약 20억 내지 70억 인구와 더불어 수많은 생물체 및 환경생태계에 지대한 영향을 줄 것으로 보고 있다.[4] 그럼에도 불구하고 지구상 대부분의 나라에서는 물 부족 현상이 일부 개발도상국의 문제로만 인식되고 그 심각성이 간과되고 있는 실정이다. 그러나 2004년 UN 경제위원회의 보고서에 따르면 유럽의 경우만 하더라도 약 31%의 사람들이 심각한 물 부족을 겪고 있다.[5] 또한 현재 전 세계적

---

2) 물에 대한 산업화·민영화는 국민에게 위생적이고 생태적으로 지속가능한 물을 공급하여야 한다는 공적 과제와 관련하여 최근 공법학에서 회자되고 있는 보장국가론(Gewährleistungsstaat) 내지 국가의 보장책임(Gewährleistungsverantwortung)의 논의와도 밀접하게 연관되어 있다. 다시 말하자면 공적 과제의 민영화 이후에도 국가는 국민들이 필요로 하고 생존에 필수적인 재화와 용역의 제공에 대한 보장책임을 진다는 것이다. 물론 국가가 이러한 보장책임을 수행하는 방법과 수단은 다양하고 그에 따라 상당한 입법형성권이나 재량을 갖고 있기는 하지만 국민의 생존과 직결되는 과제와 책임을 결코 벗어날 수 없으며, 최후의 보장자로서의 책무를 지는 것이다.

3) 이 시기에 진행되었던 상하수도 사업의 구조개편에 대한 논의는 김성수, 물산업지원법안에 대한 법리적 검토, 토지공법연구 제41집, 166면 이하.

4) UNESCO, UN-물보고서 2003년, 요약집 10면.

5) UN Economic and Social Council/Economic Commission for Europe, Regional Implementation Forum in Sustainable Development, Water

으로 약 20%의 물 부족 현상이 기후변화에 의하여 발생하는 것으로 추정되고 있다는 현실을 감안한다면 물 부족은 전 인류, 전 지구적인 문제가 아닐 수 없다.

그런데 물 부족 문제는 기후변화에만 국한하여 고려할 사안은 아니다. 다시 말하자면 인간의 생존에 필수적인 물 공급과 관련하여 일단 사용한 생활하수 등을 어떻게 처리하는가의 문제가 밀접하게 결부되어 있다. 인간은 매일 적어도 2리터의 깨끗한 마실 물을 필요로 하는데, 일단 사용된 생활하수 등 1리터의 오수를 정화하는 데에는 약 8리터의 물이 필요하다. 그러므로 정화되지 않는 오수가 생태계를 오염시키는 경우에는 인간과 동물을 비롯하여 물을 필요로 하는 생명체들은 절대적인 물 부족에 직면하고 있다는 사실과 더불어 항상 오염된 물에 노출되어 있다는 문제가 제기될 수 있다. 그러므로 기후변화로 인한 수자원의 불안정성에 대비하는 것도 중요하지만 동시에 지표수와 지하수의 질을 유지하는 것 역시 인간에게 마실 물을 공급한다는 점에서 매우 중요한 국가적 · 국제적 과제라고 할 수 있다. UN의 보고에 의하면 전 지구상에서 약 12억의 인구가 물 자체에 대한 부족을 호소하고 있으며 약 24억은 마실 물이 존재하기는 하지만 수질이 좋지 못한 물을 공급받고 있는 것으로 확인되고 있다.

놀랄 만한 사실은 유럽의 경우에도 약 1억 2천명의 인구가 마실 물 내지 위생적인 물 문제로 고통을 겪고 있다는 점이다. 따라서 유럽에서도 콜레라, 티프스, A형 간염 등의 발병률이 높아지고 있는 실정이다.[6] 이와 같이 현재 인류가 겪고 있는 물위기는 생태적 자원

---

and Sanitation in the UNECE Region: Achievements in Regulatory Aspects, Institutional Arrangements and Monitoring since Rio, Trends and Challenges, 제네바 2004년 1월 15일, 16일, CE/AC.25/2004/5, 2면.

6) J.L. Lozān, (Hrsg.), Warnsignal Klima: Genug Wasser für alle? Wissenschaftliche Fakten, 2005, 5면.

보호, 지속가능하며 통합적인 물관리, 물에 대한 접근권과 배분적 정의 그리고 특히 이른바 물인권의 법적 내용에 대해서 환경법적 · 인권적 측면의 논의를 촉발시키고 있다.[7] 그리고 이러한 국제적 논의는 경제 · 사회 · 문화적 권리에 대한 국제협약(이른바 UN 사회협약) 제11조와 제12조에 그 토대를 가지게 되었다. 그리고 UN 사회위원회는 2002년 말 생명권과 인간의 존엄에 기초를 두고 위 UN 사회협약 제11조와 제12조로부터 물인권이라는 개념을 도출하고 일반논평 제15호에서 이를 위한 국제사회의 구체적인 법적 의무를 명시하였다.[8] 특히 1992년과 2000년 그리고 2002년 UN 정상회의를 통하여 전 지구적인 물위기가 국제사회에 각인되는 계기를 맞이하게 되었다.[9] 2004년 발간된 세계은행 보고서에 따르면 향후 25년간 개발도상국에서 위생적인 상하수도의 설치와 운영을 위하여 필요한 투자자금이 약 1,800억 달러로 추산되고 있다.[10]

---

7) 이에 대한 상세한 논의는 T. Bruha/C. Maaß, Schutz der Süßwasserressourcen im Völkerrecht; M. Tilzer, Die globale Süßwasserkriese, in: T. Bruha/H.-J. Koch(Hrsg.), Integrierte Gewässerpolitik in Europa, 2001, 69면 이하, 277면 이하.

8) General Comment No.15, UN Dok. E/C.12/2002/11.

9) 잘 알려진 바와 같이 1992년 브라질의 리우 데 자네이루 UN 정상회의에서는 아젠다 21을 채택하고 제18장에서 통합되고 지속가능한 물관리를 위한 실천프로그램을 규정하였다. 이어 2000년 뉴욕에서 개최된 이른바 UN 밀레니엄 정상회의는 여덟 개의 밀레니엄 목표를 설정하였는바, 그 중 하나가 2015년까지 위생적인 상수도를 사용하지 못하는 지구인의 비율을 절반으로 축소하는 것이다. 또한 2002년 남아프리카의 요하네스버그에서 열린 지속가능한 UN 정상회의에서는 뉴욕의 밀레니엄 목표를 한층 강화하여 2015년까지 상수도의 혜택을 전혀 받지 못하는 지구인의 비율을 역시 절반으로 축소할 것을 결의하였다. 이러한 목표들을 실행에 옮기기 위해서는 자본집약적인 투자를 통하여 상하수도의 인프라를 구축하는 것이 무엇보다 중요하다. 그런데 상하수도 시설에 대한 수요는 급격하게 증가하는 한편 이를 위하여 필요한 시설은 전 지구적으로 상당히 부족한 것이 현실이다.

10) World Bank, Water Resources Sector Strategy, Strategic Direction for the World Bank Engagement, 2004, 11면.

물론 이러한 목표를 세우는 것은 어렵지 않은 일이다. 중요한 것은 이러한 목표를 실현하기 위한 올바른 실천전략을 모색하는 것이다. 그런데 이와 같은 실천전략은 오늘날 세계적으로 두 가지 갈래로 진행되고 있다고 말할 수 있다. 우선 첫째는 국제통화기금과 세계은행이 추구하는 전략으로서 상하수도 분야에서 경영과 기업운영방식을 대폭 도입하여 경쟁을 통한 공급 확대를 지향하는 이른바 신자유주의적 접근방법이라고 할 수 있다. 신자유주의적 접근전략은 상하수도 시장을 형성하고 대폭적인 민영화와 자유화를 지향하고 있다. 다른 하나의 전략적 흐름은 UN의 인권 내지 환경관련 기관과 단체가 중심이 되고 각국의 광범위한 시민사회의 지원을 받아 물인권과 자연자원에 대한 지속가능한 보존을 강조하는 입장이다. 물론 후자의 전략도 위생적인 상하수도의 설치와 운영에 있어서 민영화의 방식(주로 지방상수도)을 전적으로 배제하는 것은 아니지만 대체적으로는 이제까지 국가 특히 상하수도의 공급에 대하여 지방자치단체가 운영주체가 되어야 한다는 전통적인 입장을 대변하고 있다. 그럼에도 불구하고 적어도 1990년대 전 세계적으로 진행된 신자유주의의 사조를 타고 특히 국제통화기금과 세계은행이 중심이 되어 상하수도 시장의 민영화와 자유화를 광범위하게 추진하였다.

이를 통하여 결국 상하수도 분야에서 일종의 패러다임의 전환이 이루어진 것으로 평가하는 사람들이 많은데, 이에 따르면 전 세계적으로 물에 대한 경제적 가치가 상승하고 자연스럽게 상업화의 경향이 강화됨에 따라서 일종의 시장이 형성되었다는 것이다. 국제통화기금이나 세계은행과 같은 국제금융기관뿐만이 아니라 유럽연합 집행위원회를 비롯하여 각국의 정부들은 물을 일종의 시장이 성립하는 분야로 보고 있으며, 현재 전 세계적으로 그 규모는 약 4,000억 달러로 추산되고 있다.[11] 현재의 추정으로는 어떠한 기준을 사용하는가에

11) 유럽이사회(의장국 오스트리아), 보고서 “Das Wasser und die EU”,

따라서 다소의 편차는 존재하지만 전 세계적인 물시장의 규모는 계속하여 상승하리라는데 전문가들 사이에서 의문의 여지가 없다. 그러나 물 문제를 이와 같은 경제와 시장논리로 접근하기에는 분명히 일정한 한계가 있음을 간과할 수 없다. 현재 우리 인류가 당면하고 있는 물위기와 더불어 이와 관련된 환경과 인간의 생존조건의 문제를 지혜롭게 극복하기 위해서는 국제법적인 시각과 더불어 물기본권 등 헌법적인 문제들에 대한 면밀하고 구체적인 검토가 뒷받침 되어야 한다. 여기에서 무엇보다 중요한 것은 상하수도의 설치와 운영에 대한 최후의 보장책임과 더불어 그에 대한 민주주의적 통제를 강화하는 일이다. 특히 이러한 국가의 보장책임과 민주적 통제가 강조되는 분야는 국민 또는 주민의 생존에 필수적으로 요구되는 위생적인 상하수도의 공급과 관련된 생존배려 행정작용이라고 할 수 있다.

Ⅲ. 물기본권의 개념과 헌법적 근거

1. 기본권의 객관적 성격과 국가의 기본권 보호의무

우리 헌법상 물기본권(basic right to water, Grundrecht auf Wasser)이라는 독자적 기본권은 존재하지 않는다. 후술하는 바와 같이 물기본권이 인정될 수 있다면 그 헌법적 근거와 성격, 구체적인 내용이 무엇인지에 대해서도 아직 국내에서는 물론 외국에서도 본격적인 논의가 없다. 그러므로 물기본권이라는 헌법상 기본권이 인정될 수 있으려면 여기에 대하여 헌법의 다른 실체적 규정이나 원칙의 해석을

Aktuelle Tätigkeit der EU-Kommission im Bereich des Wassermarktes v. 07.04.2005, 1면, http://europa.eundint/austria/uebersicht.htm (08.08.2005).

통하여 도출할 수 있어야 한다. "물기본권이란 모든 국민이 자신의 생존에 필수적인 최소한도의 위생적인 물을 사용할 수 있도록 국가에 요구하거나 국가 또는 제3자로부터 이에 대한 자유로운 이용을 방해받지 않을 권리"라고 일응 그 개념을 정의할 수 있을 것이다. 물기본권을 위와 같이 정의하는 경우 이를 보장하는 국가의 책임과 의무가 중요한 의미를 가지기 때문에 물기본권은 전통적인 주관적 권리로서의 의미보다는 객관적인 권리로서의 성격이 강조된다. 객관적인 권리로서의 기본권의 성격은 헌법상 국가의 기본권 보호의무에 대한 논의와 연결되며, 이는 후술하는 바와 같이 과소보호금지원칙(Untermaßverbot)이라는 헌법상 심사기준과 밀접한 관련을 가지고 있다.

우리 헌법 제10조 제2문은 "국가는 개인이 가지는 불가침의 기본적 인권을 확인하고 이를 보장할 의무를 진다"고 규정하여 국가가 개인이 가지는 기본권을 보장 또는 보호할 의무를 명시하고 있다. 그런데 기본권 보호의무에 대하여 오랜 논의의 역사를 가지고 있는 독일의 경우에는 국가의 기본권 보호이론(Grundrechtliche Schutzpflicht)이 주로 사적 영역에서 사인 간의 기본권 충돌 또는 침해가 발생하는 경우 국가가 이에 개입하여 기본권 침해 문제를 해결하는 이른바 삼각관계(국가, 기본권 보호필요자, 기본권 침해자)를 그 구조적 특성으로 한다.[12] 이는 특히 독일의 연방헌법재판소가 1975년 이른바 제1차 낙태판결을 통하여 처음 언급한 이후 일관되게 기본권 보호의무를 사적 영역에 한정하는 경향을 보이고 있다.[13] 그러나 우리나라의 경우에는 위 헌법 제10조 제2문에 따라서 반드시 사적 영역에서의 기본권 침해로 인한 객관적 효력의 확장이론을 통해서만이 아니라 국가적 영

12) 허완중, 기본권 보호의무에서 과소보호금지의 원칙과 과잉금지원칙과의 관계, 공법연구 제37집 제1-2호, 2008년, 204면 이하.

13) BVerfGE 39, 1, 42; 88, 203, 251. 그 이후 독일연방헌법재판소는 도로소음결정(BVerfGE 79, 174, 201)과 원자력발전소결정(BVerfGE 53, 30, 57면 이하)에서 점차로 기본권 보호이론을 확대하였다.

역에서 기본권 보호의무를 직접 적용할 수 있는 것이라고 주장하기도 한다.[14)]

그럼에도 불구하고 물기본권은 국가의 적극적 행위에 의하여 침해되는 경우보다는 국민의 요구에 적시에 대응하지 못하는 부작위로 인하여 기본권 침해가 발생하기 때문에, 이러한 경우 여전히 국가는 공동체 구성원의 안전과 국민의 기본권을 실현하기 위한 국가적·공적 과제를 실현하여야 하는 의무를 부담하여야 한다는 의미에서 기본권의 객관적 측면과 국가의 기본권 보호의무가 밀접하게 연관되는 것이다. 즉 기본권의 효력은 국가에게 국민의 기본권에 대한 적극적인 침해행위를 중지 또는 제거하도록 의무를 부과하고 더 나아가 특히 독일의 기본권 보호이론에 의할 경우 다른 사인의 행위로 인하여 특정인의 기본권이 침해되지 않도록 효과적으로 보호할 의무를 지운다. 국가의 기본권 보호의무는 헌법상 사회국가원리와 결합하여 개인의 기본권 보호를 위한 국가의 광범위한 과제를 창설하는 근거가 된다.[15)]

2. 인간으로서의 존엄과 가치, 인간다운 생활을 할 권리

그런데 이와 같은 기본권 보호의무는 물기본권의 효력 및 그 법적 성격과 관련하여 중요한 의미를 가지고 있다. 일단 기본권 보호의무와 헌법상 실체적으로 밀접한 관계를 가지고 있는 기본권은 인

---

14) 허영, 한국헌법론, 박영사, 제5판, 2009년, 297면; 정종섭, 헌법학원론, 박영사, 제2판, 2007년, 333면.

15) R. Wahl, Staatsaufgaben im Verfassungsrecht, in: T. Ellwein/J. Hesse (Hrsg.), Staatswissenschaften, 1990, 29면; H. Schulze-Fielitz, Staatsaufgabenentwicklung und Verfassung, in: D. Grimm(Hrsg.), Wachsende Staatsaufgaben - sinkende Steuerungsfähigkeit des Rechts, 1990, 21면; B. Kempen, Schranken der Privatisierung, 2002, 11면, 25면.

간의 존엄과 가치이다. 헌법 제10조 제1문은 “모든 국민은 인간으로서의 존엄과 가치를 가지며, 행복을 추구할 권리를 가진다”고 규정하고 있는데 인간의 존엄과 가치는 대체로 다음과 같은 네 가지 차원의 내용을 포함한 것으로 이해하고 있다. 신체적 불가침성에 대한 존중과 보호, 인간에게 적합한 생존의 토대(이른바 실질적이고 생태적인 생존에 필요한 최소한의 조건), 기본적인 법적 평등의 실현, 개인적 정체성의 보장인데,[16] 특히 물기본권과 관련하여 중요한 것은 이 중 앞의 두 가지 내용이다.[17] 이미 언급한 바와 같이 물기본권과 관련된 각종 국제협약 및 선언에서 물에 대한 인권을 강조하는 것도 국가가 인간의 생존에 필수적인 위생적인 물을 공급하여 그 생존의 최소한의 요건을 충족하는 것만이 헌법에 보장된 인간의 존엄과 가치를 실현하는 것임을 강조하는 것이다.

이러한 의미에서 인간의 존엄과 가치, 생명권 보호에 대한 국가의 보호의무로부터 이른바 위생적인 상하수도의 공급을 통하여 모든 국민의 ‘최저생존권 보장’(Existenzminimum)이라는 국가적 과제가 도출될 수 있다. 이는 우리 헌법 제34조 제1항이 규정하는 바와 같이 모든 국민은 인간의 존엄에 합당한 인간다운 생활을 할 권리를 가지는 것으로부터 인정되는 국가의 보호의무와 기본권의 객관적 성격과 연관된다. 그러므로 모든 국민은 이러한 국가의 기본권 보호의무에 대응하여 생존에 필수적인 최소량의 위생적인 물을 공급해 달라는 권리를 갖고 있는 것으로 볼 수 있다.[18] 물론 그러한 기본권 보호의무

16) W. Höfling, in: M. Sachs (Hrsg.), GG, 5.Aufl., 2009, Art.1 Rn.19.

17) S. R. Laskowski, Das menschenrecht auf Wasser. Die rechtlichen Vorgaben zur Sicherung der Grundversorgung mit Wasser und Sanitärleistungen im Rahmen einer ökologisch-nachhaltigen Wasserwirtschaftsordnung, Mohr Siebeck, 2010, 421면.

18) 물에 대한 최저생존권 보장이라는 범세계적 경향과 관련하여 우리나라의 수도법도 2010년 5월 25일 개정을 통하여 제2조 제6항을 신설하여 “국가, 지방자치단체 및 수도사업자는 빈곤층 등 모든 국민에 대한 수돗물의

를 구체적으로 어떻게 실현할 것인가에 대해 구체적인 기준을 명시하기는 어렵다. 다만, 중요한 것은 국가가 후술하는 과소보호금지원칙을 준수하며 기본권 보호를 위한 객관적이고 효과적인 조치를 취하여 국가공동체의 구성원인 모든 국민에게 1인당 특정한 양의 음용수와 생활용수를 공급할 수 있도록 현실화되어야 한다. 이런 의미에서 기본권에 대한 '결과적 보장'이라는 것이 중요하다는 것이다.

인간으로서의 존엄과 가치, 생명권, 인간다운 생활을 할 권리는 국가권력을 직접적으로 기속하는 한편 제3자에 대해서도 직접적으로 적용되는 기본권이기 때문에 물 공급과 관련된 국가적 과제가 민영화되거나 민간에게 개방되는 경우에도 역시 법적 형태와는 관계없이 생존의 최소한 보장은 이루어져야 한다. 그러므로 인간존엄과 최저생존권 보장을 위한 기본권 보호의무를 근거로 국가는 (지방)상하수도의 민영화 또는 시장자유화가 이루어지는 경우에도 물을 대상으로 하는 국민과 민간사업자 간의 사법상 법률관계를 형성함에 있어서 인간존엄, 인간다운 생활을 할 수 있는 최저생존권이 보장될 수 있도록 입법적인 배려의무를 부담한다. 그러므로 독자적인 생존능력이 없는 국민이 상하수도 이용요금을 체납하는 경우 그 공급을 거부할 수 있도록 하는 법률규정은 공급주체가 국가 또는 민간부문의 사업자를 막론하고 위헌임을 면할 수 없다.[19]

보편적 공급에 기여하여야 한다"는 내용을 규정하였다. 또한 제38조 제3항을 다음과 같이 신설하였다. 일반수도사업자는 다음 각 호의 어느 하나에 해당하는 자 및 교육시설 · 사회복지시설 등 대통령령으로 정하는 공익시설에 대하여는 대통령령으로 정하는 바에 따라 수돗물의 요금을 할인하여 줄 수 있다. 1. 65세 이상인 자 2. 「장애인복지법」의 적용을 받는 장애인 3. 「국민기초생활 보장법」에 따른 수급권자 및 차상위계층.

19) 이미 언급한 바와 같이 UN 사회협약 제11조와 제12조로부터 물인권이라는 개념을 도출하고 일반논평 제15호에서 이를 위한 국제사회의 구체적인 법적 의무를 명시하면서 물은 보편적 인권이며 최저생존권 보장을 위한 구체적인 양은 무상으로 '하루 일인당 위생적인 물 20리터'라는 것을 확인하였다는 점은 각국의 입법에서 가이드라인으로 적용될 수 있을 것이다.

3. 과소보호금지의 원칙

이미 언급한 바와 같이 국가가 생태학적으로 지속가능한 위생적인 상하수도를 설치하여 운영하여야 한다는 공적 과제는 기본권의 객관적 성격으로부터 도출되는 것이다. 이 경우 국가에 대한 방어권이라는 고전적인 기본권의 성격과 효력은 큰 의미를 가지지 못한다.[20] 국가는 상호 충돌하는 법익을 고려하여 위험에 처한 법익에 대하여 적절하고 효과적인 보호를 위한 규범적, 사실적 조치를 취할 의무가 있다. 특히 기본권은 국가가 스스로 위법한 행위를 통하여 야기할 수 있는 국민에 대한 자유권 침해를 중지하여야 하는 의무를 부과함과 동시에(이른바 방어적 기능), 보호의무로서 헌법적 근본결단에 의하여 보다 적극적인 조치를 취함으로써 제3자의 기본권 침해와 방

20) 독일연방헌법재판소는 이와 같은 기본권의 객관적 성격에 대하여 '헌법의 객관적 가치결단'이라는 용어로 표현하면서(BVerfGE 73, 261, 269; 96, 56, 64), 이러한 헌법의 객관적 가치결단은 국가의 입법, 행정, 사법 등 모든 국가권력의 행사에 지침을 제공하며, 국가공동체의 모든 법적 영역에서 효력을 가지는 것으로 판단하고 있다. 독일연방헌법재판소는 이러한 '객관적 가치결단'이라는 용어 대신 때로는 '근본규범', '객관적 규범', '객관적인 기본권의 내용', '보호의무' 등으로 표현하고 있다. 이미 언급한 바와 같이 오늘날 헌법학에서 일반적으로 인정되고 있는 국가의 기본권보호이론은 독일 연방헌법재판소의 결정으로부터 발전하였다. 이러한 이론이 처음 등장한 것은 독일 연방헌법재판소의 제1차 낙태판결이었는데, 그 출발점은 독일기본법 제2조 제2항의 생명권과 신체의 불가침성 및 제1조 제1항에 규정된 인간의 존엄권이었다. 독일연방헌법재판소는 이러한 독일기본법의 규정으로부터 아직 태어나지 않은 태아의 생명권과 건강권에 대한 국가의 보호의무를 도출하였다. 그 이후 독일연방헌법재판소는 제3자의 위법한 침해로부터 개인의 생명과 신체의 불가침성을 보호하여야 하는 국가의 의무가 있다는 점을 거듭하여 밝혀왔다. 이러한 독일연방헌법재판소의 결정에 독일행정법원 역시 동일한 판례를 남기게 되었다(BVerwGE 82, 61, 66; 104, 36, 49). 이러한 판례들은 이후에 국가의 기본권 보호의무가 객관적인 국가의 기본권 보호의무로서 후세대까지 확장되는 것으로 이해하게 되었는데, 독일기본법 제20a조가 국가가 후세대를 위하여 자연적 생존조건에 대한 보호의무를 규정함으로써 헌법적인 근거를 가지게 되었다.

해로부터 개인을 보호하여야 하는 효력을 가지게 된다(이른바 보호적 기능). 특히 이러한 국가의 보호의무는 자연환경에 대한 침해로부터 야기될 수 있는 위험과 위해에도 적용될 수 있다.

그러므로 국가는 생명과 건강에 대한 임박한 위험을 야기하는 환경침해에 대하여 충분하고 적절한 안전조치를 취하여야 하며, 생명과 건강에 대한 위해의 발생을 효과적으로 차단하여야 하는 의무를 부담한다. 물론 이러한 위해 또는 위험을 방지하여 국민의 생명과 안정을 보호하여야 하는 의무는 일차적으로 입법자의 몫이며, 입법자는 이러한 입법적 과제를 수행하면서 달성하려는 국가적 과제의 목표와 이를 위한 수단을 선택함에 있어서 광범위한 형성권과 평가의 여지를 갖고 있다. 그런데 입법자가 가지고 있는 이러한 형성권과 평가의 여지는 무제한적인 것이 아니며, 이른바 과소보호금지원칙에 의한 합헌성심사를 받게 된다.[21] 이와 관련하여 독일연방헌법재판소는 이른바 제2차 낙태판결에서 입법자가 취하는 기본권 보호의무는 적절하고 효과적인 보호를 위하여 충분한 정도이어야 하며, 신중한 사실조사와 객관적인 평가에 의거하여야 한다는 점을 강조하였다.[22] 이로서 독일연방헌법재판소는 국가의 기본권 보호의무와 관련하여 과거 입법자의 형성권과 재량을 광범위하게 인정하던 경향을 탈피하여 보호의무의 '효과성'을 특히 강조함으로써 과거의 이른바 명백성통제로부터 이른바 효과성통제로 발전하는 계기를 마련하였다.[23]

독일연방헌법재판소는 국민의 기본권 보호를 위하여 입법자가 취하는 조치가 실효성이 있어야 하는데, 여기에서 말하는 실효성이란 기본권 보호를 통하여 추구하는 목적을 실질적이고 효과적으로 달성

21) J. Isensee, in: J. Isensee/P. Kirchhof(Hrsg.), Handbuch des Staatsrechts, Bd.V, 1992, § 111.
22) BVerfGE 88, 203, 254.
23) S. R. Lakowski, Kein Gleichstellungsgesetz für die Privatwirtschaft? ZRP 2001, 504면 이하.

할 수 있어야 한다는 의미이다.[24] 즉 입법자는 방만하고 자의적인 판단을 지양하고 사실관계를 엄밀하게 조사하고 충돌할 수 있는 법익간의 형량을 통하여 오직 하나의 객관적이고 사후 검증 가능한 미래예측적 결정을 내리게 된다. 이로써 기본권보호가 필요한 국민은 임박한 기본권에 대한 위해상태로부터 충분하고 실질적인 보호를 받게 되고 과소보호금지의 원칙에 대한 침해를 방지할 수 있다.[25] 물론 과소보호금지의 원칙에 대한 위반이 구체적으로 어떠한 경우에 발생하는가에 대해서는 일률적으로 이야기하기 어려운 측면이 있다. 그러나 과소보호금지의 원칙을 일탈한 것인가의 문제에 과잉금지원칙을 적용하여 본다면 임박한 위해의 정도와 문제되는 기본권 보호의 필요성이 크면 클수록 입법자가 기본권 보호를 위하여 동원할 수 있는 수단을 선택함에 있어서 형성의 자유는 줄어들게 된다.

다시 말하자면 기본권에 대한 위해가 상시화된 경우에 입법자는 그 보호를 위한 조치를 한 번 취하는 것으로 과소보호금지의 원칙에 부합하는 것으로 보기 어렵다. 기본권에 대한 상시화된 위해가 존재하는 경우 입법자의 보호의무 역시 이른바 동태적인 보호라는 보호수단의 구조적 변화를 모색하여야 한다. 동태적인 기본권 보호의무

---

24) 이에 비하여 우리 헌법재판소는 입법부작위나 불완전한 입법에 의한 기본권 침해는 입법자의 보호의무에 대한 명백한 위반이 있는 경우에만 인정될 수 있다는 견해를 제시하고 있다. 그러므로 우리 헌법재판소는 국가가 국민의 법익을 보호하기 위하여 전혀 아무런 보호조치를 취하지 않았든지 아니면 취한 조치가 법익을 보호하기에 명백하게 전적으로 부적합하거나 불충분한 경우에 한하여 과소보호금지원칙 위반으로 위헌을 확인할 수 있을 뿐이다. 헌재 1997.1.16. 90헌바110 등. 또한 헌재는 국민기초생활보장 최저생계비 위헌확인 (헌재 2004.10.28. 2002헌마328 전원재판부) 사건에서도 국가가 인간다운 생활을 보장하기 위한 헌법적 의무를 다하였는지의 여부가 사법적 심사의 대상이 된 경우에는, 국가가 최저생활보장에 관한 입법을 전혀 하지 아니하였다든가 그 내용이 현저히 불합리하여 헌법상 용인될 수 있는 재량의 범위를 명백히 일탈한 경우에 한하여 헌법에 위반된다고 보고 있다.

25) BVerfGE 77, 170, 214.

는 기본권에 대한 위해나 위험이 상시화·장기화되는 경우에 입법자와 행정부는 국민의 기본권 보호를 위하여 상시적인 통제장치를 마련하여야 하며, 장기적인 관점에서 기본권 보호에 대한 안정성을 보장하여야 한다. 특히 이러한 장기적이고 상시적인 기본권 보호의무는 상하수도의 위생적인 공급이 핵심적인 내용을 이루는 물기본권의 보호와 관련하여 중요한 의미를 가질 수 있다.

인간의 존엄권과 생명권을 보호하기 위하여 과소보호금지의 원칙을 적용하고 입법부와 행정부에게 장기적·상시적 기본권 보호의무를 부과하는 것은 상하수도 공급 영역에 광범위하게 진행되고 있는 민영화와 시장자유화의 부작용을 적절하게 통제한다는 의미에서도 매우 중요하다. 민영화와 시장자유화의 경향에도 불구하고 국민 전체에게 생존에 필수적인 음용수와 위생적인 생활용수를 공급하는 것은 국민의 건강권과 생명권을 보호하는 일종의 보편적 서비스(universal service)로서의 기능을 가지고 있기 때문에 이는 최후로 국가가 보장할 의무를 가진다. 이러한 의미의 이른바 보장국가론에 대해서는 이미 언급하였다. 물론 일차적으로 국가는 상하수도의 설치와 운영을 통하여 당장 필요한 음용수와 생활용수 및 위생적인 오폐수 처리의무를 갖게 되지만, 한 걸음 더 나아가 장기적으로 후속세대를 위하여 이러한 국가적 과제수행과 기본권 보호의무가 실현될 수 있도록 하천과 물 관리에 대하여 배려할 의무를 갖는다.

4. 헌법 제120조와 국가의 수자원관리의무

1) 의 의

우리 헌법 제120조는 제1항에서 “광물 기타 중요한 지하자원·수산자원·수력과 경제상 이용할 수 있는 자연력은 법률이 정하는 바에 의하여 일정한 기간 그 채취·개발 또는 이용을 특허할 수 있다”

고 규정하고, 제2항에서는 "국토와 자원은 국가의 보호를 받으며, 국가는 그 균형있는 개발과 이용을 위하여 필요한 계획을 수립한다"는 내용을 규율하고 있다. 1972년 제7차 개정헌법은 국토와 자원에 대한 국가보호의무와 국가의 국토와 자원의 개발 및 이용에 대한 계획 수립권 규정을 신설하여 현행 헌법에 이르고 있으며, 현행 제9차 개정헌법은 국가의 계획 수립권과 관련하여 "필요한"이라는 표현을 삽입하여 해석상 국가의 계획 수립권의 내용적 한계를 설정하고 있다. 국토와 그 구성부분으로서 자연자원은 국가공동체의 공간적 기초이자, 국민 경제생활의 물적 기반이라는 점에서 헌법적으로 중요한 의미를 갖는다. 이에, 우리 헌법은 제120조 제2항에서, "국토와 자원은 국가의 보호를 받으며, 국가는 그 균형있는 개발과 이용을 위하여 필요한 계획을 수립한다"고 규정하여, 국가의 경제영역에 대한 일반적 규제·조정 권한을 규정한 제119조 제2항을 구체화하는 동시에, 국토와 그 구성부분으로서 자원이 국가공동체와 국민의 경제생활에서 차지하는 중요성을 고려하여 국가의 각별한 보호의무를 선언하고 있다.[26] 따라서, 헌법 제120조 제2항은 국토와 그 구성부분으로서 자연자원에 대한 국가의 규제·조정 권한을 규정한 수권규범이자 그에 대한 국가의 보호의무를 규정한 명령규범으로서 성격을 갖는다.[27]

2) 국가의 자원관리의무와 기본권보호의무와의 관계

앞서 언급한 바와 같이 헌법 제120조 제2항에 따라서 국가는 국

26) 김종철, "헌법 제120조", 헌법주석서 Ⅳ, 법제처, 2010. pp.493-494.

27) 헌법재판소 역시 같은 취지의 결정을 하고 있다. "헌법 제120조는 제1항에서 "광물 기타 중요한 지하자원·수산자원·수력과 경제상 이용할 수 있는 자연력은 법률이 정하는 바에 의하여 일정한 기간 그 채취·개발 또는 이용을 특허할 수 있다"고 하고, 제2항에서 "국토와 자원은 국가의 보호를 받으며, 국가는 그 균형있는 개발과 이용을 위하여 필요한 계획을 수립한다"고 규정하고 있다. 이 헌법조항에 따라 국가는 자연자원에 관한 강력한 규제권한을 가지는 한편 자연자원에 대한 보호의무를 지게 되었다." (헌재 1998.12.24. 98헌가1)

민의 생존에 필수적인 수자원을 포함한 자연자원을 효율적으로 관리할 의무를 가지는 동시에 이러한 자원관리의무는 세대를 넘어서서 후속세대도 이용할 수 있는 지속가능성이 담보되어야 한다. 물론 국가의 자원관리의무는 궁극적으로 국가공동체의 구성원인 국민의 생존에 필수적인 자원을 확보하고 관리할 의무를 국가에게 부여하고 있다는 점에서 국민의 기본권을 보장하는 국가의 보호의무와도 깊은 관련성을 맺고 있다고 할 수 있다. 그 이유는 국가의 자원관리의무 역시 국가 그 자체를 위한 자기목적적 의미를 갖는 것이 아니라, 국민의 기본권 실현과의 관련성 속에서 고찰되어야 하기 때문이다. 그러나 기본권의 객관적 성격과 국가의 기본권보호의무를 상당한 정도로 확장한다고 하더라도 국민 개개인이 자신의 기본권 보호를 위하여 국가에게 효과적이고 지속가능한 자원관리를 요구할 수 있는지는 의문이다. 다시 말하자면 국가의 자원관리의무는 추상적으로는 국민의 기본권보호의무와 관련이 있지만 구체적 · 직접적으로 자원관리의무가 국가에게 국민의 기본권보호의무를 定言할 수 없다는 것이다.

국가는 기본권보호의무를 구체적으로 어떠한 방법을 통하여 어떠한 정도로 실현할 것인가에 대하여 상당한 판단의 여지와 입법적 형성권을 가지고 있으며, 그 헌법적 한계로서 과소보호금지의 원칙에 대한 적용 문제를 이미 검토하였다. 그런데 국가의 자원관리의무는 헌법이 국가에게 효율적이고 지속가능한 자원의 관리 자체를 명하는 것이 우선이며, 이로 인한 국민의 기본권 실현은 부수적이고 결과적인 문제에 불과하다. 위 헌재결정에서 헌법 제120조에 의하여 국가는 자연자원에 관한 강력한 규제권한을 가지는 한편 자연자원에 대한 보호의무를 지게 된다는 의미는 이 조항이 국가에게 직접적으로 국민에 대한 기본권보호의무를 부과하는 것은 아니라는 점에서 국가는 개인이 가지는 불가침의 기본적 인권을 확인하고 이를 보장할 의무를 가진다는 헌법 제10조 제2문과 그 취지와 목적이 다르다고 할 것이다. 또한 국가가 부존하는 자연자원을 개발 내지 관리하는 방식은 당시 이용가능한 기술수준을 포함하여 국가가 동원할 수 있는 재원이나 개발여건 등에 의하여 광범위한 정책적 재량에 바탕하고 있다.

그러므로 국가의 자원관리는 반드시 국내에 부존하는 자연자원에 국한하지 않고 해외에서 적절한 에너지원이나 식량자원을 확보하는 것도 포함할 수 있다. 바꾸어 말한다면 국가의 자원관리의무는 국민의 기본권보호, 실현과 직접적인 관련성을 인정하기 어렵고 그 행사방식도 매우 다양하기 때문에 국가의 기본권보호의무보다 정책형성의 범위가 방대하다. 따라서 국가가 헌법상 자원관리의무의 실현과 관련하여 정책적인 실패를 범하는 경우, 예를 들어 국민생활에 상당한 불편을 야기할 정도로 수자원관리의무를 해태하여 갈수현상이 초래되었다고 하더라도 일반 국민이 이러한 국가의 정책 실패를 이유로 하여 자신의 권리 침해를 주장하기 어렵고, 국가 역시 이에 대한 법적 책임을 부담하는 것은 아니다. 이러한 정책 실패나 국민 불만에 대하여 과소보호금지의 원칙을 적용할 수도 없다는 점에서 기본권 침해를 인정하기 어렵기 때문에 국가의 자원관리의무와 기본권보호의무와의 성격상 차이가 존재한다.

Ⅳ. 물기본권의 성격과 내용

1. 물기본권의 성격

앞에서 언급한 바와 같이 “물기본권이란 모든 국민이 자신의 생존에 필수적인 최소한도의 위생적인 물을 사용할 수 있도록 국가에 요구하거나 국가 또는 제3자로부터 이에 대한 자유로운 이용을 방해받지 않을 권리”라고 정의하는 경우 물기본권은 생존권적 성격과 자유권(재산권)적 성격을 모두 가지고 있는 혼성적 기본권이라고 할 수 있다. 과거 물에 대한 권리는 주로 수리권을 중심으로 논하는 경향이 강하였으므로 개인은 자신의 생활이나 직업의 수행을 위하여 인근 하천이나 湖沼에서 물을 끌어다 사용할 수 있는 민법상 공유하천용수권이나 관습법상의 물이용권을 가지는 것으로 이해하였다. 또한 후술하는 바와 같이 하천법상 하천수 사용허가라는 행정처분을 받아 구체적인 입지와 물량을 대상으로 하천수 공급자와 수요자 간에 용수계약을 체결하여 물을 이용하는 계약상의 수리권을 취득하는 경우가 있다. 따라서 개인이 이와 같은 다양한 경로를 통하여 물을 이용하는 경우 국가나 제3자가 자신의 물이용권을 방해하는 경우 그 방해의 배제를 청구할 수 있는 권리는 헌법상 재산권 또는 행복추구권 내지 일반적 행동자유권으로부터 도출되는 것으로 보아야 한다.

그러나 이미 언급한 바와 같이 오늘날 국제사회에서 인정되고 있는 물에 대한 보편적 인권은 모든 국민들이 생존에 필수적인 위생적인 음용수 기타 생활용수를 국가에게 보장해 줄 것을 요구할 수 있는 권리라는 점을 고려한다면 이는 전형적인 생존권적 기본권으로서의 성격을 가지고 있는 것이다. 국제사회에서는 보편적 인권으로서 물기본권의 내용을 “모든 사람이 매일 평균 20리터의 위생적인 물을 마시고 사용할 수 있는 권리”로 정의한 바 있다. 특히 헌법적으로 이러한 물기본권은 헌법상 인간의 존엄과 생명권, 인간다운 생활을 할 권리에 근거를 두고 있으며, 최저생존권 보장을 위한 국가의 기본권 보호의무가 적용되는 동시에 위헌심사의 기준으로서 과소보호금지의 원칙이 적용된다는 점에서 생존권적 기본권으로서의 성격이 강하게 드러난다.

동시에 물기본권은 ‘위생적이고 깨끗한 물을 마실 권리’라는 것이 중요한 의미를 가지고 있기 때문에 헌법 제35조 제1항이 규정하는 바와 같이 모든 국민은 ‘건강하고 쾌적한 환경에서 생활할 권리’를 가진다는 점에서 환경권으로서의 성격도 아울러 가지고 있다. 결론적으로 물기본권은 자유권적 성격, 생존권적 성격과 함께 환경권적 성격을 모두 가지고 있는 혼성적(混性的) 내지 통성적(通性的) 기본권으로서의 복합적인 성격을 가지고 있다. 아래에 언급하는 바와 같이 물기본권의 내용 역시 그 성격과 궤를 같이하고 있다.

2. 물기본권의 내용

물기본권이란 모든 국민의 자신의 생존에 필수적인 최소한도의 위생적인 물을 사용할 수 있도록 국가에 요구하거나 국가 또는 제3자로부터 이에 대한 자유로운 이용을 방해받지 않을 권리를 의미하므로 그 내용으로는 '물을 자유롭게 이용하는 권리'(수리권), '깨끗하고 위생적인 물을 이용할 권리' 및 '국가에게 최저생존권에 해당하는 물을 요구할 수 있는 권리' 라는 세 가지 주요한 부분으로 구성되는데, 이 중에서 마지막 내용은 이미 앞에서 상론하였으므로 수리권과 위생적인 물을 이용할 권리에 대해서만 언급하기로 한다.

1) 물을 이용하는 권리(水利權)

(1) 공유하천용수권(민법 제231조)

물기본권의 전통적인 내용은 물을 자유롭게 이용할 수 있는 수리권이다. 우리 민법은 제221조 내지 제236조에서 물과 관련된 일련의 규정을 두고 있다. 이 중 대부분은 물의 이용과 관련하여 인접한 토지소유자 등의 상린관계를 규율하는 내용으로 구성되어 있다. 이미 언급한 바와 같이 위 규정들 중에서 민법상 물의 이용과 관련하여 핵심적인 것은 제231조의 공유하천용수권에 대한 규정이다. 공유하천용수권이란 공유하천의 연안에서 농공업을 경영하는 자가 그 공유하천으로부터 물을 끌어다 쓸 수 있고, 또한 물을 사용하기 위하여 필요한 공작물을 설치할 수 있는 권리를 말한다. 이러한 공유하천용수권의 성격에 대하여 민법학자들은 토지소유권으로부터 독립한 물권이라는 견해를 제시하기도 하며,[28] 일부는 이웃한 토지소유자 간의 물싸움을 방지하고 그 사용을 적절하게 조정하기 위하여 인정되는 일종의 상린권이라고 보기도 한다.[29] 공유하천용수권이라는 수리권의 성격에 대한 이러한 상이한 입장에도 불구하고 오늘날 공유하천의 연안에서 농공업에 종사하는 사람이면 누구나 향유하는 권리이며, 이를 토지소유권과는 별도의 재산권으로 볼 수 없기 때문에 관습법상의 상린권에 불과하다는 견해는 수용하기 어려운 것으로 보인다.

이미 언급한 바와 같이 산업화와 인구의 증가에 따르는 물의 수요가 급증하고 있는 상황에서 수자원에 대한 국가의 특별한 보호와 관리가 요구되는 오늘날 공유하천에서 물을 끌어 쓰는 권리는 토지소유권에 당연히 포함되어 이에 부종하는 단순한 상린권으로 파악하는 것은 시대적인 적실성을 상실한 것으로 보아야 한다. 따라서 민법상 공유하천용수권은 토지소유권으로부터 독립한 재산권으로서의 성격을 가진 것으로 볼 수 있다. 그러므로 민법 제231조 제1항에 의한 공유하천용수권은 토지소유권으로부터 독립한 일종의 물권으로 볼 수 있으며, 소유권과는 별도로 시효가 진행되는 것으로 본다. 이러한 기득의 물권을 하천법 등 공법상의 수리권과 관련하여 어느 정도 재산권으로 보호할 것인가 하는 것이 핵심적인 문제로 등장한다.[30]

---

28) 고상룡, 물권법, 법문사, 2001, 260면; 구연창, 민법상 수법관계의 체계론적 고찰, 경희법학, 제20권 제1호, 1985, 31면; 권용우, 물권법, 법문사, 2000, 241면; 김증한/김학동, 물권법, 박영사, 1997, 281면; 이영준, 새로운 체계에 의한 한국 민법론(물권편), 박영사, 2004, 435면.

29) 곽윤직, 물권법(민법강의 Ⅱ), 박영사, 2000, 254면; 김용한, 물권법론, 박영사, 1995, 260면; 장경학, 물권법, 법문사, 1990, 489면; 곽윤직, 민법주해 물권법(V), 1992, 338면.

30) 판례 역시 기득수리권의 법적 성격과 관련하여 "기존의 염전에 인접하여 그보다 낮은 지대에 새 염전을 개설하려는 자는 기존염전의 소유자 또는 경영자와의 사이에 약정 등 특별한 사정이 없다면 기존염전의 염제조를 위한 기득의 해수용수권을 침해하지 아니하는 방법으로 새 염전을 설치

(2) 하천법상 하천점용허가로 인한 수리권

따라서 수리권은 물을 배타적으로 이용할 수 있는 법률상 힘을 부여받은 것으로서, 헌법상 재산권의 보호범위에 해당하여 재산적 가치를 인정받을 수 있다. 이렇게 볼 때 수리권은 개인이 배타적으로 물에 대한 이용권을 행사하고, 또한 그것이 재산적인 가치를 가진다는 점에서 원천적으로 민법상 여타의 물권에 준하는 사법상 권리로서의 성격을 가지고 있다. 그러나 수리권이 재산적 가치를 가지고 있으며, 그것이 헌법상 재산권의 보호범위에 속한다는 사실 자체가 이를 사권(私權)으로 성격지우는 결정적인 이유는 되지 못한다. 한국과 같이 인구가 많고 밀도가 높으며 고도로 산업화된 나라에서 물에 대한 수요가 급증하는 상황을 고려해 볼 때 하천이나 호수 등의 물을 이용하는 권리를 단순히 민법상의 관습적 권리 또는 상린관계에서 발생하는 개인의 소유권이나 물권에 준하는 사적인 권리로 인정하는 것은 지나치게 '牧歌的 水利權'에 의존하는 견해라고 할 수 있다. 우리 헌법은 광물 기타 중요한 지하자원 · 수산자원 · 수력과 경제상 이용할 수 있는 자연력은 법률이 정하는 바에 의하여 일정한 기간 그 채취 · 개발 또는 이용을 특허할 수 있도록 하고(제120조 제1항), 국토와 자원은 국가의 보호를 받으며, 국가는 그 균형있는 개발

경영하여야 하고, 기존염전의 소유자 또는 경영자가 종전의 방법으로 해수를 인수 또는 배수함으로써 새 염전에 피해를 주었다 하더라도 그것이 기존염전의 염제조에 필요한 통상적인 용수권의 행사로서 다년 간 관행되어 온 종전의 방법과 범위를 초과하지 않는 것이라면 새 염전의 개설경영자는 이를 수인할 의무가 있으며, 다년 간 관행이 된 피고들의 위 용수권을 금지할 근거가 될 수는 없다고 할 것이니, 공유수면관리법 등 관계법령에 따라 공유수면에서의 인수 또는 주수에는 관할 관청의 허가가 있어야 함은 논지가 지적하는 바와 같다 할지라도 그것이 피고들의 기득의 용수권 행사를 수인할 위치에 있는 원고로서 국유의 갑문과 구거를 사용하여 인수하는 피고들의 행위를 금지할 권원이 될 수는 없다"(대법원 1983.3.8. 선고 80다2658 판결)고 하여, 기득수리권을 일종의 관습법상 물권의 성격으로 이해하고 있다.

과 이용을 위하여 필요한 계획을 수립하도록 규정하고 있다(제120조 제2항). 위 헌법규정에 따라 마실 물과 수자원은 국가의 보호 하에서 합리적이고 효율적인 이용을 위하여 특허 등을 통하여 특별한 관리의 대상이 된다. 이렇게 볼 때 물을 이용하는 권리는 연혁적으로 토지에 대한 소유권이나 관습법 등 민법상의 傳來的 권리로서 성립하고 발전한 것이지만 오늘날에는 국가의 관리행위를 통하여 비로소 인정되는 행정법상 국가에 의하여 부여된 권리로서의 성격을 가지는 것으로서, 환경보전이나 지속가능한 개발 등 공익의 실현을 위하여 입법자가 그 내용과 한계를 정함에 있어서 상당한 정도의 형성권을 행사할 수 있는 공법상 권리의 성격이 강하다.[31]

공물로서 하천이용의 법률관계를 규율하는 하천법은 하천구역 안에서 하천을 점용하는 등의 행위를 하기 위해서는 하천관리청의 허가를 받도록 규정하고 있다(제33조 제1항). 또한 하천법은 생활·공업·농업·환경개선·발전·주운 등의 용도로 하천수를 사용하려는 자는 대통령령으로 정하는 바에 따라 국토해양부장관의 허가를 받아야 한다고 규정하여 하천수를 사용하는 행위 역시 행정청의 허가가 있어야 가능하다는 점을 분명히 하고 있다(제50조 제1항). 그런데 하천법은 제50조 제3항에서 국토해양부장관은 다음 어느 하나에 해당되는 경우에는 제1항에 따른 허가를 하지 아니하거나 취수량을 제한할 수 있다고 규정하고 있다. 1. 하천수를 오염시키거나 유량감소를 유발하여 자연생태계를 해칠 우려가 있는 경우 2. 하천수의 적정관리 또는 도시관리계획, 그 밖에 공공사업에 지장을 주는 등 다른 공익을 해할 우려가 있는 경우 3. 하천수의 취수로 인근 지역의 시설물의 안전을 해칠 우려가 있는 경우 4. 그 밖에 하천수의 보전을 위하여 필요하다고 인정되는 경우로서 대통령령으로 정하는 경우.

따라서 하천법상의 허가는 일반 국민에게 원칙적으로 하천수의 사

---

31) 김성수, 전게 논문(각주 1), 346면.

용권을 부여하지만 위 공익적 사유에 의하여 이를 일반적으로 금지하고 특정한 경우에 해제하여 그 적법한 사용의 회복을 허가하는 것으로서 허가의 사유가 존재하는 경우 원칙적인 해제의무를 부과하는 것과는 상당한 차이를 보이고 있다. 다시 말하자면 강학상 허가의 특징으로는 허가의 대상이 되는 상대적 · 일반적 금지의 법률상 요건이 충족되는 경우에는 행정청이 이를 해제하여야 하는 기속행위로서의 성격을 가지고 있다. 이에 비하여 하천수의 사용에 대한 허가의 경우에 하천법 제50조 제3항이 규정하는 바와 같이 행정청이 각 호에서 정하는 사유에 해당하는지 여부에 대하여 상당한 판단의 여지를 가지고 있으며, 허가를 부여함에 있어서 정책적 재량이 인정될 수 있다.[32)]

(3) 용수계약으로 인한 수리권

위에서 언급한 바와 같이 하천점용허가를 취득한 자는 그 허가만으로는 아직 구체적으로 어느 정도 물량의 하천수를 어느 기간까지 이용할 수 있는 권리가 있는지 확정될 수 없다. 또한 관할 행정청으로부터 하천점용허가라는 행정처분만을 받은 경우에는 행정처분으로 인하여 일정한 법적 지위를 인정받는 것이어서 헌법상 재산권의 보호범위에도 속하지 못한다. 하천법상 하천점용허가를 받은 자는 하천수를 공급하는 주체와 구체적인 물량과 이용기간 등을 정하기 위하여 용수계약을 체결하여야 한다. 용수계약의 법적 성격에 대해서

---

32) 판례 역시 하천점용허가를 대물적 특허처분으로 보고 있다(대법원 2011.1.13. 선고 2009다21058 판결). 이 사건의 원심 역시 하천점용허가의 성격을 대법원과 같이 특허처분으로 보고 있다. "하천은 국가 · 지방자치단체 등의 행정주체에 의하여 직접 행정목적에 공용된 개개의 유체물을 말하는 공물, 그 중에서도 직접 일반 공중의 공동사용에 제공된 물건인 공공용물에 해당하고, 하천 유수를 취수하기 위한 하천점용허가 또는 용수계약 등은 공물관리권에 의하여 일반인에게는 허용되지 아니하는 특별한 공물사용의 권리를 특정인에게 설정하여 주는 것으로서 공물의 특허사용에 해당하는 것인데…"(대전지법 2006.10.26. 선고 2005가합7287 판결).

는 사법상 계약이 유력하지만 그 공익적 성격으로 인하여 사적자치와 계약자유가 상당 부분 제약이 따른다.[33]

용수계약이 사법상 계약임에도 불구하고 위와 같은 공법적 기속

---

33) 대전지법(대전지법 2006.10.26. 선고 2005가합7287 판결)은 한국수자원공사와 서울시 간의 용수료 분쟁 사건에서 당해 계약의 사법상 성격을 인정하면서도 그 공공적 특수성을 다음과 같이 판시하고 있다. “공물의 사용관계가 사법상 계약에 의하여 설정되는 경우 공익상의 특수성에 기하여 그 사용자는 계약내용의 설정에 대한 자유가 상당 부분 제한되어 법령 · 시설규칙 등에 의하여 사전에 전형적, 획일적으로 설정되어 있는 내용을 수락함에 그치는 것이 일반적이라 할 것인바, 이 사건 각 용수계약과 같이 원 · 피고 사이의 사법상 계약에 의하여 피고에게 공물인 한강 유수의 취수 등과 관련하여 특별한 사용권을 설정하여 준 경우에도 관계법령 등이 정한 절차 및 기준에 의하여 용수계약이 체결되고 갱신되는 이상, 가사 피고 주장과 같이 계약체결 및 계약내용 설정 등에 대한 피고의 의사 관여가 상당 부분 제한되는 사정이 있다 하더라도 이는 이 사건 각 용수계약의 공공적 특수성 등에 비추어 불가피한 제약이라고 봄이 상당하다” 또한 항소심인 대전고법(대전고등법원 2009.2.12. 선고 2006나12112 판결) 역시 용수계약에 이른바 행정사법이론을 작용하여 그 공법적 기속을 강조하고 있다. “사법(私法)적 형식에 의해 이루어지는 행정활동의 경우에도 그것이 수도 · 전기 · 가스 등 공공급부와 같이 ‘직접’ 공익을 실현하기 위한 것이라면 공법(公法)적 구속, 특히 평등권 · 재산권 등을 비롯한 기본권의 적용을 받게 되므로, 이 사건 각 용수계약 중 위와 같은 용수료 산정에 관한 부분은 그 효력이 그대로 인정될 수 있을 것인지가 면밀히 검토될 필요가 있다. 즉, 행정주체는 국고보조활동이나 수익경제활동과 같은 순수한 국고행정영역에서뿐만 아니라, 관리행정(단순고권적 행정)영역에서도 전기 · 가스 등 에너지 공급, 교통역무제공, 상수공급 및 하수처리, 폐기물처리, 자금조성 등 개인의 생존에 필수적인 급부를 제공하는 생존배려행정을 위하여 사법형식으로 활동하고 있으며, 행정주체에게는 법질서에 의하여 명시적으로 공법적인 작용이 요구되고 있지 않는 한 그리고 명령과 강제를 통한 행정목적의 수행이 필요하지 않는 한 자신의 행정목적 수행을 위하여 사법형식과 공법형식을 선택할 권한이 부여되어 있으므로 그에 따른 사법상의 효력이 인정되어야 할 것이나, 이러한 생존배려행정은 본래의 공행정 내지 실질적인 공행정에 해당하여 공법적으로 판단되어야 하는 급부행정역역 속함에도 행정주체가 사법형식으로 활동한다면 이는 완전한 사적자치에 맡겨져 있지 않으며 평등권 등 기본권을 비롯하여 일련의 공법적 기속에 예속된다.

이 가해질 수 있지만 기본적으로 용수계약을 통하여 용수를 공급받는 당사자는 계약상 배타적으로 일정한 기간 동안 이를 자유롭게 이용하고 처분할 수 있으므로 용수계약을 통하여 발생하는 수리권은 헌법상 재산권주체에게 보장된 재산권의 보호대상이 된다는 점에서는 의문의 여지가 없다.

2) 위생적인 물을 마시고 이용할 권리

이미 언급한 바와 같이 국제사회에서 보편적 인권으로서 물에 대한 권리를 언급할 때 '위생적이고 깨끗한 물'을 마시고 사용할 수 있는 권리를 강조하는 것은 물기본권이 수량뿐만 아니라 수질에 관한 내용을 포함하고 있다는 것을 의미하는 것이다. 그런데 위생적이고 깨끗한 물을 마시고 사용할 수 있는 권리를 헌법 스스로 명시하고 있는 것은 아니다. 그러나 헌법 제35조 제1항은 모든 국민이 건강하고 쾌적한 환경에서 생활할 권리를 가지는 것으로 규정하고 있으므로 여기에서 '건강하고 쾌적한 환경'이라는 것에 당연히 물을 포함하는 것으로 해석할 수 있다. 헌법 제35조 제1항의 환경권 외에도 위생적이고 깨끗한 물을 마시고 사용할 수 있는 권리는 헌법 제36조 제3항의 보건권, 헌법 제10조 · 제12조 제1항 · 제37조 제1항 등에 근거를 둔 생명권에 근거를 두고 있는 것으로 볼 수 있다. 비위생적이고 각종 위해물질이나 세균으로 오염된 물을 마시는 경우에는 직접적으로 보건권이나 건강권을 침해하는 것은 물론 개인의 생명을 담보할 수 없기 때문에 깨끗하고 위생적인 물은 헌법상 보건권, 생명권과 직접적인 관련성을 인정할 수 있다.[34)]

대법원은 보존음료수의 내국인판매를 금지한 고시의 위헌성이 문제된 사례에서 다음과 같은 판시를 하고 있다. 이 사건은 보존음료

34) 최용전, '깨끗한 물을 먹을 권리'에 대한 헌법적 검토, 토지공법연구, 제43집 제2호, 744면.

수를 마실 권리가 문제된 것이기는 하나 넓은 의미에서 깨끗한 물을 마실 권리에 포함되는 것으로 볼 수 있으므로 결국 대법원은 깨끗한 물을 마실 권리를 환경권과 행복추구권에서 도출하고 있다(대법원 1994.3.8. 선고 92누1728 판결). 이 외에도 대법원은 공장설립승인처분으로 인하여 지역 주민들에게 발생할 수 있는 수질오염의 우려와 관련하여 깨끗한 수돗물을 마실 수 있는 권리가 직접적이고 구체적으로 침해될 수 있어서 주민들의 원고적격을 인정하고 있다(대법원 2010.4.15. 선고 2007두16127 판결).

V. 맺는 말

모든 인간은 인간으로서의 생존에 필수적인 최소한의 위생적인 물을 마시고 이용할 수 있는 권리가 있다는 것이 국제사회의 보편적 인권으로서 인정되면서 국내에서도 물에 대한 기본권이 과연 성립할 수 있는지, 있다면 그 헌법적 근거와 내용은 무엇인지에 대해 이제 본격적인 학문적인 논의가 필요한 시점이 되었다. 수도법(2011.11.14. 일부개정, 2012.7.1. 시행)은 이와 같은 국제사회의 일반적인 정서와 경향을 반영하여 국가, 지방자치단체 및 수도사업자는 빈곤층 등 모든 국민에 대한 수돗물의 보편적 공급에 기여할 의무와 사회적 약자와 사회복지시설 등에 대한 요금할인의 근거규정을 마련하였다. 그러나 이러한 수도법의 개정에도 불구하고 위와 같은 규정들이 국민들이 가지는 물기본권을 보호하기 위한 국가의 의무를 어느 정도 실현할 수 있는 것인지, 더 나아가 위 조항들이 헌법상 국가의 기본권 보호의무의 심사기준으로서 과소보호금지원칙에 합치될 수 있는 것인지는 향후 좀 더 진지한 연구와 검토가 필요해 보인다. 물기본권에 대한 헌법적 연구는 기존에 이른바 수리권을 중심으로 하는 물이용권 논의의 지평을 확대하여 생존권, 환경권, 평등권 등 관련 기본권과의 관련성을 밝히고 물에 대한 시장자유화와 민영화의 시대상황에 대응하여 국민의 기본권 보호를 위한 대안을 도출하는데 역점을 두어야 할 것이다. 그리고 물기본권에 대한 연구는 여기에 그치지 않고 양극화와 사회적 빈곤층의 확산이라는 시대적 위기상황을 맞이한 한국사회에 전기, 가스 등 에너지, 보건 및 의료, 교육 등 국민의 생존에 필수적인 사회적 기본권의 영역에서 국가의 기본권 보호의무의 내용과 한계에 대한 실질적이고 현실 감응적인 해결책을 모색하는데 기여할 수 있을 것이다.

제2장 수질 및 수생태계 보전에 관한 법률

I. 물관리 법제 개관

인간과 생물체에 물과 공기는 생존의 조건 그 자체라고 할 수 있다. 특히 인간에게는 일정한 량의 깨끗하고 안전한 물을 사용할 수 있어야만 그의 존엄에 상응하는 인간다운 생활이 가능하다. 이러한 측면에서 최근 국제사회는 물 사용에 대한 권리를 일종의 인권으로 인정하고 국내 헌법적으로는 물기본권의 내용과 법적 효력에 대한 연구가 진행되고 있다. 우리나라에서 물을 중심으로 하는 법체계는 매우 다양하게 산재하고 있어서, 기후변화에 따르는 물관리 법제도의 효율성을 제고하기 위한 통합방안에 적극적으로 모색되고 있다.[1)]현행 물과 관련된 법은 다음과 같이 도표로 나타낼 수 있다.

구분	법률명	주요내용	주무부처
국토계획	국토기본법	- 토지/물/천연자원의 이용 및 개발 보존 - 수해, 풍해 및 재해의 방재 - 도시와 농촌의 배치 및 규모 결정 - 산업입지의 선정과 조성 - 공공시설의 배치 및 규모 결정 - 문화, 후생 및 관광에 관한 자원 - 자원의 보호, 시설의 배치 및 규모	국토해양부

1) 기후변화 대응을 위한 지속가능한 물관리 법제에 관한 연구 보고서, 연세대학교 법학연구원, 2012. 11.

<table>
<tr><td rowspan="2">수면이용</td><td>내수면어업법</td><td>- 내수면의 종합적 이용 · 관리
- 수산자원의 보호 · 육성
- 어업인의 소득 증대</td><td>농림수산식품부</td></tr>
<tr><td>공유수면관리법</td><td>- 바다, 하천, 호소 등 공유 수면의 적절한 보호와 효율적인 이용</td><td>국토해양부</td></tr>
<tr><td rowspan="11">수량관리</td><td rowspan="2">하천법</td><td>- 수자원장기종합계획 및 하천정비계획
- 하천유역조사 및 홍수예방
- 하천의 정비 및 유지관리
- 하천 유수점용허가 등</td><td>국토해양부</td></tr>
<tr><td>- 생태하천복원사업</td><td>환경부</td></tr>
<tr><td>댐건설및주변지역지원등에관한법률</td><td>- 다목적댐 · 용수댐의 건설 및 관리
- 다목적댐 비용부담 및 댐사용권 설정</td><td rowspan="2">국토해양부</td></tr>
<tr><td rowspan="2">지하수법</td><td>- 지하수관리기본계획
- 지하수의 조사 및 개발·이용
- 지하수의 보전 · 관리 및 지하수영향조사등</td></tr>
<tr><td>- 지하수질 보전</td><td>환경부</td></tr>
<tr><td>골재채취법</td><td>- 골재수급기본계획
- 골재채취업
- 골재채취허가제</td><td>국토해양부</td></tr>
<tr><td>소하천정비법</td><td>- 소하천의 정비 및 유지관리
- 소하천의 유수점용허가 등</td><td>행정안전부</td></tr>
<tr><td>농어촌정비법</td><td>- 농어촌 용수개발</td><td>농림수산식품부</td></tr>
<tr><td>전원개발촉진법</td><td>- 발전용댐 건설</td><td>지식경제부</td></tr>
<tr><td rowspan="4">수질및수생태관리</td><td>환경정책기본법</td><td>- 환경보전 장기종합계획의 수립
- 환경기준의 설정
- 특별대책지역의 지정 및 관리</td><td rowspan="4">환경부</td></tr>
<tr><td>수질 및 수생태계 보전에 관한 법률</td><td>- 수질측정망 설치 및 운영
- 폐수배출 허용기준 · 허가 · 부담금 등 규제
- 특정 호소수질 보전
- 폐수종말 처리장의 설치 등</td></tr>
<tr><td>수도법</td><td>- 전국수도종합계획 등 수도정책에 관한 사항
- 상수도 보호구역 지정 및 관리
- 음용수의 수질기준 관리 및 수질검사</td></tr>
<tr><td>하수도법</td><td>- 하수도정비 기본계획의 수립 및 하수도 정비</td></tr>
</table>

		- 하수종말처리시설의 설치 및 유지·관리 - 공공하수도의 사용·보전 및 비용부담 등	
	가축분뇨의 관리 및 이용에 관한 법률	- 오수정화시설 및 정화조의 설치 기준 - 분뇨처리장의 설치 - 축산폐수공동처리시설의 설치 등	
	4대강수계물관리및주민지원법	- 수변구역 지정 및 관리 - 오염총량관리 기본방침, 기본계획 및 시행계획 - 수질개선사업계획 등	
	먹는물관리법	- 먹는샘물의 수질기준 관리, 먹는샘물 개발허가	
재해관리	자연재해대책법	- 방재조직 및 방재기본계획 수립, - 풍수해 예방 - 재해복구 등	행정안전부
	농어촌재해대책법	- 농어촌 재해의 예방대책 - 피해의 보상 및 복구 등	농림수산식품부

위에서 보는 바와 같이 수질 및 수생태계관리와 보전을 위한 법률로서는 일반법으로서 수질 및 수생태계 보전에 관한 법률 외에도 수도법, 하수도법, 가축분뇨의 관리 및 이용에 관한 법률, 이른바 4대강 수계법이라고 불리는 한강수계 상수원수질개선 및 주민지원 등에 관한 법률, 낙동강수계 물관리 및 주민지원 등에 관한 법률, 금강수계 물관리 및 주민지원 등에 관한 법률이 있으며, 먹는 물 관리법이 관련 법률로서 제정되어 있다. 따라서 수질 및 수생태계에 대해서는 위에서 언급한 법률들에 대한 서술이 필요하지만 본 장에서는 일반법적 성격을 가지는 수질 및 수생태계의 보전에 관한 법률에 국한하여 그 내용과 구조를 살펴보기로 한다.

Ⅱ. 수질오염의 개념과 수질 및 수생태계 보전에 관한 법률의 구조

1. 수질오염의 개념

일반적으로 수질오염은 물이 자연적 복원 능력에 따라서 감당할 수 있는 오염물질이 일정 양을 초과하여 배출됨으로서 물이 가지는 원래의 이용목적에 적합하게 되지 못한 상태를 의미한다.[2] 우리나라의 경우에 초기에는 경제개발이라는 국가적 정책목표와 병행하여 수자원개발이 중심을 이루었다. 따라서 수자원개발, 하천관리기능등과 같이 경제적 관점에서의 하천관리법이 먼저 발달하게 되었고, 이후 고도의 경제성장의 결과로 나타난 심각한 환경오염으로 인해 수질관리라는 측면이 부각되면서 수질보전과 수생태계관리분야가 상대적으로 뒤늦게 발전하기 시작했다.[3] 하지만 여전히 다양한 관할부처와 관리구조로 인한 책임의 한계가 문제된다. 따라서 정부 부처 간에 수질과 수량을 각각 나누어서 관리하는 기존의 제도를 지양하고 이를 통합하는 '통합수자원관리'(Integrated Water Resources Management, IWRM)제가 중요한 입법 정책적 과제로 등장하고 있다.

2. 수질 및 수생태계 보전에 관한 법의 구조

위에서 언급한 바와 같이 수질과 관련된 법제 중에서 가장 기본이 되는 수질 및 수생태계 보전에 관한 법률(이하 '법률')은 공공수역의 수질 및 수생태계를 적정하게 관리 · 보전하면서 수질관리와 더불어 수생태계 보전에 대해 추가함으로써 생태적 측면의 고려를 강화하기

---

2) 박균성/함태성, 환경법 제5판, 362면.
3) 김홍균, 환경법 제2판, 403면.

위하여 제정하였다. 법률 제1조는 "이 법은 수질오염으로 인한 국민 건강 및 환경상의 위해를 예방하고 하천·호소 등 공공수역의 수질 및 수생태계를 적정하게 관리·보전함으로써 국민으로 하여금 그 혜택을 널리 향유할 수 있도록 함과 동시에 미래의 세대에게 승계될 수 있도록 함을 목적으로 한다"고 그 목적을 선언하고 있다. 법률은 모두 8장으로 구성되어 있는데, 제1장(제1조~제8조) 오염총량관리 등에 관한 규정, 제2장(제9조~제31조) 공공수역의 수질 및 수생태계 보전에 관한 규정, 제3장(제32조~52조) 점오염원의 관리에 관한 규정, 제4장(제53조~제59조) 비점오염원의 관리에 관한 규정, 제5장(제60조, 제61조)에서 기타 수질오염원의 관리에 관한 규정, 제6장(제62조~제66조)에서 폐수처리업에 관한 규정, 제7장(제67조~제74조) 보칙, 제8장(제75조~제82조) 벌칙규정이 그것이다.[4]

Ⅲ. 총량규제와 오염총량초과부담금

1. 총량관리제의 개념

수질오염총량제는 하천구간별로 달성하려 하는 수질목표를 미리 정하고 이러한 목표를 달성하고 유지하기 위하여 수질오염물질의 허용총량을 산정하여 관리하는 제도이다.[5] 오염총량관리제는 농도가

4) 2007년 5월 17일 종래의 '수질환경보전법'이 '수질 및 수생태계 보전에 관한 법률'로 개정되면서 법의 구조와 내용 등에 큰 변화를 겪었다. 종래의 수질환경보전법은 공공수역이 갖는 생물적인 요소를 고려하지 않았다는 한계가 지정되면서 법률의 제명이 바뀌게 되었다. 개정 법률에서는 4대강 수계 외의 수계에 대한 총량관리 부분이 신설되었고, 수질 및 수생태계 목표기준의 결정 및 변화 등이 이루어졌다.

5) 오염총량관리제는 농도가 아닌 부하량을 지표로 관리하는 제도로 개별 오염원보다는 지역·유역을 관리하게 된다. 농도규제방식은 배출시설의 규

아닌 부하량을 지표로 관리하는 제도로 개별 오염원보다는 지역 · 유역을 관리하게 된다. 농도규제방식은 배출시설의 규모에 관계없이 일률적인 규제방식을 적용하여 비경제성과 배출시설에 따른 규제가 불가능하다는 등의 문제를 가지고 있었다. 관리하고자 하는 하천 하단부에 목표수질과 기준유량을 정하고, 유역의 환경관리상태, 개발계획 등을 고려하여 목표연도 유역에서 배출되는 오염부하량(배출총량)을 과학적 기법을 이용하여 추정하고, 목표수질을 만족하기 위해 유역에서 배출할 수 있는 오염부하량(허용총량)을 수질모델링 기법을 이용하여 전문가들이 산정하게 된다.

수질오염총량제는 수질에 대하여 국가가 규제만을 시행하는 것으로 오해하는 것은 곤란하다. 그 이유는 지자체로 하여금 지역개발계획, 오염물질의 저감계획을 동시에 수립하여 관리하게 함으로써 일정한 수질기준을 유지할 수 있음은 물론 지역발전과 지역발전을 추구할 수 있는 제도이기 때문이다.[6] 결국 수질오염충량제도는 환경과 개발을 동시에 고려하는 지속가능한 개발원칙을 추구하는 제도라고 할 수 있는 것이다. 다만 이에 대해서 총량관리제의 검사방법에 문제를 들며 이러한 규제방법에 의문을 제기하는 시각도 있다.[7] 더욱이 유역통합관리의 원칙에 의해서 시행되어야 할 제도가 여러 가지 현실적인 제약조건으로 인해 행정구역별로 시행됨에 따라서 지자체

모에 관계없이 일률적인 규제방식을 적용하여 비경제성과 배출시설에 따른 규제가 불가능하다는 등의 문제를 가지고 있었다. 관리하고자 하는 하천 하단부에 목표수질과 기준유량을 정하고, 유역의 환경관리상태, 개발계획 등을 고려하여 목표연도 유역에서 배출되는 오염부하량(배출총량)을 과학적 기법을 이용하여 추정하고, 목표수질을 만족하기 위해 유역에서 배출할 수 있는 오염부하량(허용총량)을 산정한다.

6) 전만식, "한강수계 수질오염총량제의 문제점 및 개선 방향", 강원법학 제23권(2006.12), 강원대학교 비교법학연구소, 301면.

7) 권준희 · 박인혁 · 하성룡, "수질오염총량관리제도 적용을 위한 도시유역의 하수발생량 분석", 한국습지학회지 제11권 제1호(2009), 한국습지학회, 75면.

간의 갈등이 오히려 더 악화될 가능성도 제기되고 있다.[8]

2. 총량관리제의 확대 도입

법률에 의한 총량관리제는 4대강수계법에 따라서 이미 한강, 낙동강, 영산강 및 섬진강, 금강의 수계에 대해서 실시 중이다. 그 동안 한강수계에서는 수질오염총량제도가 임의적으로 시행되었으나 6월부터는 의무적인 시행을 앞두고 있다. 하지만 4대강수계를 제외한 수계에서는 총량관리가 시행되지 못하여 우리나라 수계와 하천 전체에서 효과적으로 수질에 대한 관리가 이루어지지 못한다는 지적이 오래 전부터 제기되어 왔다. 이에 따라서 법률은 4대강 수계 외의 수계에 대한 총량관리의 근거규정을 신설하였다. 이에 따르면 환경부장관은 "① 수질 및 수생태계의 목표 기준 달성 여부를 평가한 결과 그 기준을 달성 · 유지하지 못한다고 인정되는 수계의 유역에 속하는 지역 또는 ② 수질오염으로 주민의 건강 · 재산이나 수생태계에 중대한 위해를 가져올 우려가 있다고 인정되는 수계의 유역에 속하는 지역에 대하여 수계영향권별로 배출되는 수질오염을 총량으로 관리할 수 있다"[9]고 규정하여 4대강 수계 이외에도 총량규제 방식을 도입한 것이다.

다만, 법률은 제4조 제1항에서 기존에 4대강수계법의 적용을 받는 지역의 경우에는 4대강 수계법의 해당 규정에서 정하는 바에 의하며, 해양오염방지법에 따라서 오염총량규제가 실시되는 지역의 경우에는 해양오염방지법의 해당 규정에서 정하는 바에 따르도록 규정하고 있다.

---

8) 김경민, "한강수계 오염총량관리제도와 지역갈등", 분쟁해결연구 제5권 1호(2007), 단국대학교 분쟁해결연구소, 79면.

9) 수질 및 수생태계 보전에 관한 법률 제4조 제1항.

3. 총량관리제의 시행절차

1) 관리지역과 목표수질의 고시와 오염총량관리기본계획의 수립

환경부장관은 법률 제4조 제2항에 따라서 수질오염물질을 총량으로 관리할 지역을 대통령령에 정하는 바에 따라 지정하여 고시한다. 그리고 환경부장관은 제4조 제2항에 따라 지정·고시된 지역의 수계이용상황 및 수질상태 등을 고려하여 대통령령이 정하는 바에 따라 수계구간별로 오염총량관리의 목표가 되는 수질을 정하여 고시하여야 한다. 다만, 환경부장관이 정하여 고시하는 특별시·광역시·도 또는 특별자치도 경계지점의 오염총량목표수질을 달성하기 위하여 관할 특별시장·광역시장·도지사·특별자치도지사가 대통령령이 정하는 바에 따라 환경부장관의 승인을 얻어 그 시·도 관할 구역 안의 수계구간별 오염총량목표수질을 공고하는 지역의 경우에는 그러하지 아니하다.[10] 오염총량관리지역을 관할하는 시·도지사는 오염총량관리기본방침에 따라 다음 사항[11]이 포함되는 기본계획을 수립하여 환경부령이 정하는 바에 따라 환경부장관의 승인을 얻어야 한다.[12]

2) 오염총량관리시행계획의 수립·시행

관리지역 중 목표수질이 환경부령이 정하는 바에 따라 달성·유지되지 않는 지역을 관할하는 특별시장·광역시장·특별자치도지사·시장·군수는 오염총량관리기본계획에 따라 시행계획을 수립하여 환경부장관 또는 시·도지사의 승인을 얻은 후에 실행하여야 한다. 또한 오염관리시행계획 중에 대통령령이 정하는 중요한 부분이 변경되는 경우도 이에 해당한다.[13] 오염총량관리시행 지방자치단체장은 시

10) 수질 및 수생태계 보전에 관한 법률 제4조의2 제1항.

11) 당해 지역 개발계획의 내용, 지방자치단체별·수계구간별 오염부하량의 할당, 관할 지역에서 배출되는 오염부하량의 총량 및 저감계획, 당해 지역 개발계획으로 인하여 추가로 배출되는 오염부하량 및 그 저감계획.

12) 수질 및 수생태계 보전에 관한 법률 제4조의3 제1항.

13) 수질 및 수생태계 보전에 관한 법률 제4조의4 제1항.

행계획에 대한 전년도 이행사항을 평가하는 보고서를 작성하여 지방환경관서의 장에게 제출하여야 하며, 환경관서의 장은 원활한 이행을 위해 필요하다고 인정되는 경우에도 필요한 조치나 대책을 수립·시행하도록 요구할 수 있다. 지방자치단체장은 특별한 사유가 없으면 이에 따라야 한다.

4. 의무이행확보수단 및 오염총량초과부과금

1) 의무이행확보수단

(1) 시설별 오염부하량 할당

환경부장관과 지방자치단체장은 오염총량목표수질을 달성·유지하기 위하여 필요하다고 인정되는 경우에는 방류수질기준과 배출허용기준을 적용받는 시설 중 대통령령이 정하는 시설에 대하여 환경부령이 정하는 바에 따라 최종방류구별·단위기간별로 오염부하량을 할당하거나 배출량을 지정할 수 있다.[14]

(2) 조치명령 등

환경부장관 또는 오염관리시행 지방자치단체장은 할당된 오염부하량 또는 지정된 배출량(할당오염부하량등)을 초과하여 배출하는 자에게 수질오염방지시설의 개선 등 필요한 조치를 명령할 수 있으며, 조치명령을 받은 자가 그 명령을 이행하지 않거나 이행기간 내에 이행을 하여도 검사 결과 할당오염부하량 등을 계속 초과하는 때에는 6개월 이내의 기간을 정하여 조업정지를 명령하거나 시설폐쇄를 명령할 수 있다. 이때에도 방지시설을 개선하여도 할당오염부하량 등 이내로 내려갈 가능성이 없다고 인정되는 경우로서 환경부령이 정하는 경우에는 시설의 폐쇄를 명령하여야 한다.[15]

---

14) 수질 및 수생태계 보전에 관한 법률 제4조의5 제1항·제2항.
15) 수질 및 수생태계 보전에 관한 법률 제4조의6 제1항·제4항.

2) 오염총량초과부과금

환경부장관 또는 오염총량관리시행 자치단체장은 할당오염부하량 등을 초과하여 배출한 자에 대하여 총량초과부담금을 부과 · 징수한다.[16] 오염총량초과부과금의 산정방법 및 사전기준에 관하여는 대통령령으로 정한다. 제1항에 따라 오염총량초과부과금을 부과함에 있어서 제41조에 따른 배출부과금 또는 환경범죄의 단속에 관한 특별조치법 제12조에 따른 과징금[17]이 부과된 경우에는 그에 해당하는 금액을 감액한다.[18] 오염총량초과부과금은 환경관련 법규에서 흔히 발견되는 부담금 중의 하나인데 부담금관리기본법 별표에서는 이 법에 의한 부담금으로 규정하고 있다. 그런데 오염총량초과 부과금은 할당오염부하량을 초과하여 수질오염물질을 배출한자에 대하여 부과한다는 점에서 일종의 오염원인자로서 특별한 재정적 책임을 부담하는 것이라는 점에서 특별부담금의 성격을 가지는 것으로 볼 수 있다.

다만, 오염총량초과 부과금은 할당된 오염부하량을 초과하는 자에게만 부과한다는 점에서 할당량 이하로 수질오염물질을 배출하도록 유도하는 기능이 재정조달 목적보다는 전면에 나서는 유도적 부담금의 기능을 가지고 있다. 따라서 부담금의 납부의무자가 반드시 집단적 동질성을 가질 필요는 없으며, 부담금의 수입도 납부의무자들의 집단적 효용을 증진시키기 위하여 사용되어야 하는 것도 아니다.

5. 지방자치단체에 대한 지원 및 불이행에 대한 제재

국가는 오염총량관리시행계획을 수립 · 시행하는 지방자치단체에 대하여 오염총량관리에 필요한 비용의 일부를 지원할 수 있다.[19] 관

---

16) 수질 및 수생태계 보전에 관한 법률 제4조의7 제1항.
17) 수질 부분에 부과된 과징금에 한한다.
18) 수질 및 수생태계 보전에 관한 법률 제4조의7 제3항.
19) 수질 및 수생태계 보전에 관한 법률 제4조의8 제1항.

계행정기관의 장은 오염부하량을 초과하거나 특별한 사유 없이 오염총량관리기본계획 또는 오염총량관리시행계획을 수립·시행하지 아니하는 지방자치등에 대해서 다음 각 사항[20]에 대한 승인·허가 등을 하여서는 안 된다.[21] 또한 재정적 지원의 중단이나 삭감 그 밖의 필요한 조치를 할 수 있다.[22] 동시에 오염총량관리지역 지방자치단체에 대해서 비용을 일부 지원할 수 있고, 관계전문가를 두어 조사·연구반을 구성할 수 있다.[23]

Ⅳ. 공공수역의 수질 및 수생태계 보전

1. 공공수역의 개념

공공수역은 하천·호소[24][25]·항만·연안해역 그 밖에 공공용에 사용되는 수역과 이에 접속하여 공공용에 사용되는 환경부령에서 정

---

20) 도시개발법 제2조 제1항 제2호에 따른 도시개발사업의 시행, 산업입지 및 개발에 관한 법률 제2호 제5호에 따른 산업단지의 개발, 관광진흥법 제2조 제6호 및 제7호에 따른 관광지 및 관광단지의 개발, 대통령령이 정하는 규모 이상의 건축물 등 시설물의 설치.

21) 수질 및 수생태계 보전에 관한 법률 제4조의8 제2항.

22) 수질 및 수생태계 보전에 관한 법률 제4조의8 제3항.

23) 수질 및 수생태계 보전에 관한 법률 제4조의9 제2항.

24) 호소는 댐·보 또는 제방 등을 쌓아 하천 또는 계곡이 흐르는 물을 가두어 놓은 곳, 하천에 흐르는 물이 자연적으로 가두어진 곳, 화산활동 등으로 인하여 함몰된 지역에 물이 가두어진 곳의 어느 하나에 해당하는 지역으로서 만수위구역 안의 물과 토지를 말한다(동법 제2조 13호).

25) 호소에 대한 내용은 2007년 5월 17일 개정에서 추가되었으며, 환경부장관 및 시·도지사의 호소의 수질 및 수생태계 보전을 위하여 호소수의 이용상황, 수질 및 수생태계 현황, 수질오염원의 분포상황 및 수질오염물질 발생량 등을 대통령령이 정하는 바에 의하여 정기적으로 조사·측정 의무와 조류에 의한 피해예방, 양식어업 면허의 제한, 그리고 호소 안의 쓰레기 수거·처리에 대해서 규정되어 있다.

하는 수로를 말한다.[26] 법률 시행규칙에서는 지하수로, 농업용 수로, 하수관거, 운하 등이 포함되고 있다. 법률 제2장 제9조 이하는 공공수역의 수질을 보전하기 위하여 주로 제1절에서 상시측정 및 수질·수생태계 조사(제9조), 측정망 설치계획의 결정·고시(제10조), 수질 목표기준의 결정 및 평가(제10조의2), 공공시설의 설치·관리(제12조), 유해물질 등의 배출금지(제15조), 수질오염사고의 신고(제16조), 수질보전을 위한 통행제한(제17조), 공공수역의 점용 및 매립 등에 의한 수질오염방지(제18조), 수변생태구역의 매수와 조성(제19조의3), 낚시행위오염의 제한(제20조), 수질오염경보제(제21조), 오염된 공공수역에서의 행위제한(제21조의2), 상수원 오염원에 대한 배출금지 등(제21조의3) 다양한 방식과 수단을 규정하고 있다.

2. 공공수역의 수질 및 수생태계 보전의 방법

1) 상시측정 및 수질·수생태계조사

환경부장관은 하천·호소, 그 밖에 환경부령이 정하는 공공수역의 전국적인 수질 및 수생태계의 실태를 파악하기 위하여 측정망을 설치하여 수질오염도를 상시측정하여야 하며, 하천·호소 등의 수질 및 수생태 현황을 전국적으로 조사할 수 있다.[27] 대기환경보전법 제3조에서도 환경부장관, 시·도지사는 전국적, 또는 관할 구역 안에서 대기오염 및 기후·생태계 변화유발물질의 실태를 파악하기 위하여 환경부령으로 측정망을 설치하고 대기오염도 등을 상시 측정하도록 규정하고 있는데(제1항·제2항), 수질 및 대기는 계절이나 상황에 따라서 오염도의 진폭이 크기 때문에 물을 이용하고 대기를 호흡하는 국민과 주민들의 건강을 위하여 상시적으로 측정과 감시가 요구된다.[28]

---

26) 수질 및 수생태계 보전에 관한 법률 제2조 제9호.
27) 수질 및 수생태계 보전에 관한 법률 제9조 제1항.
28) 강용태 외 3인, “공공수역 수질 개선과 맛있는 수돗물 생산을 위한 하·

2) 수질 및 수생태계 목표기준 결정 및 평가

환경부장관은 하천·호소 등의 이용목적, 수질 및 수생태계 현황, 오염원의 현황 및 전망 등을 고려하여 제22조에 따른 수계영향권별 및 제28조에 따른 조사·측정 대상이 되는 호소별 수질 및 수생태계 목표기준을 결정하여 고시하여야 한다.[29] 뿐만 아니라 환경부장관은 목표기준의 달성여부와 하천·호소 등의 수질오염으로 사람이나 생태계에 피해가 우려되는 경우에는 그 위해성에 대한 평가의 결과를 공개하여야 한다.[30]

3) 수질 및 수생태계 정책심의위원회

이미 4대강수계 법령에 따라 수계별로 수계관리위원회가 구성·운영되고 있다. 다만 해당 4대강수계 이외의 수계에서 발생하는 수질 및 수생태계 보전에 관한 사항에 대해서 적극적인 대처가 이루어지지 못하다는 점을 고려하여 환경부장관 소속으로 수질 및 수생태계 정책심의위원회를 설치하였다.[31] 정책심의회는 다음의 사항을 심의한다. 1. 수질 및 수생태계 보전을 위한 장·단기 정책방향에 관한 사항, 2. 수질 및 수생태계 관리체계에 관한 사항, 3. 수계·호소 등의 관리 우선순위 및 관리대책에 관한 사항, 4. 제12조에 따른 공공시설의 투자 우선순위에 관한 사항, 5. 수질 및 수생태계와 관련된 측정·조사에 관한 사항, 6. 제1호 내지 제5호와 관련된 정책의 추진상황 점검 및 성과의 평가에 관한 사항, 7. 그 밖에 수질 및 수생태계 보전정책에 관한 사항으로서 대통령령으로 정하는 사항.[32]

폐수 및 정수처리시스템 구성", 수처리기술 제12권 제3호(2004.12), 한국수처리학회, 9-11면.

29) 수질 및 수생태계 보전에 관한 법률 제10조의2 제1항.

30) 수질 및 수생태계 보전에 관한 법률 제10조의2 제2항.

31) 수질 및 수생태계 보전에 관한 법률 제10조의3.

32) 수질 및 수생태계 보전에 관한 법률 제10조의3 제1항.

4) 공공시설의 설치 · 관리 등

환경부 장관은 공공수역의 수지오염방지를 위하여 특히 필요하다고 인정하는 때에 시 · 도지사, 시장 · 군수 · 구청장으로 하여금 관할구역 안의 하수관거, 폐수 · 하수종말처리시설 또는 폐기물처리시설 등의 설치 · 정비 등을 하게 할 수 있다.[33] 또한 방류수수질기준을 초과하는 경우에는 당해 폐수종말처리시설을 설치 · 운영하는 자에게 그 시설의 개선 등 필요한 조치를 취하게 할 수 있다.[34] 폐수종말처리시설에서 배출되는 물의 수질기준은 관계중앙행정기관의 장과 협의를 거쳐 환경부령으로 정하고, 하수종말처리시설 또는 폐기물처리시설에서 배출되는 물의 수질기준은 하수도법 또는 폐기물관리법에 의한다.[35]

5) 국토계획 및 도시기본계획에의 반영

시 · 도지사, 시장 또는 군수는 국토기본법에 의하여 도종합계획 또는 시군종합계획을 작성하는 경우에는 대통령령이 정하는 바에 의하여 공공수역의 수질오염방지를 위하여 제22조 제1항의 규정에 의한 방지대책 및 하수종말 처리시설 · 분뇨처리시설 등의 설치계획을 당해 종합계획에 반영하여야 한다.[36] 특별시장 · 광역시장 · 시장 또는 군수는 국토의 계획 및 이용에 관한 법률 제18조의 규정에 의하여 도시기본계획을 수립하는 경우에는 제13조의 규정에 의한 도종합계획, 지역균형개발 및 지방중소기업 육성에 관한 법률 제5조의 규정에 의한 광역개발사업계획에 포함된 하수종말처리시설 · 분뇨처리시설 등의 설치계획을 종합하여 당해 도시기본계획에 반영하여야 한다.[37]

---

33) 수질 및 수생태계 보전에 관한 법률 제12조 제1항.
34) 수질 및 수생태계 보전에 관한 법률 제12조 제2항.
35) 수질 및 수생태계 보전에 관한 법률 제12조 제3항.
36) 수질 및 수생태계 보전에 관한 법률 제13조.
37) 수질 및 수생태계 보전에 관한 법률 제14조.

6) 공공수역에 대한 투기의 제한

법률은 공공수역의 수질 및 수생태계를 보전하기 위하여 수질을 오염시키거나 수생태계를 교란할 수 있는 오염물질의 배출을 금지하고 있다. 여기에서 배출이 금지되는 행위와 오염물질은 다음과 같다. 1. 공공수역에 특정수질유해물질, 「폐기물관리법」에 의한 지정폐기물, 「석유 및 석유대체연료 사업법」에 의한 석유제품 및 원유(석유가스를 제외한다. 이하 "유류"라 한다), 「유해화학물질 관리법」에 의한 유독물(이하 "유독물"이라 한다), 「농약관리법」에 의한 농약(이하 "농약"이라 한다)을 누출 · 유출하거나 버리는 행위, 2. 공공수역에 분뇨, 축산폐수, 동물의 사체, 폐기물(「폐기물관리법」에 의한 지정폐기물을 제외한다) 또는 오니(汚泥)를 버리는 행위, 3. 하천 · 호소에서 자동차를 세차하는 행위, 4. 공공수역에 다량의 토사를 유출하거나 버려 상수원 또는 하천 · 호소를 현저히 오염되게 하는 행위.[38] 제1항 제1호 또는 제2호의 행위로 인하여 공공수역이 오염되거나 오염될 우려가 있는 경우에는 그 행위자 · 행위자가 소속된 법인 및 그 행위자의 사업주(이하 "행위자등"이라 한다)는 당해 물질을 제거하는 등 환경부령이 정하는 바에 따라 오염의 방지 · 제거를 위한 조치(이하 "방제조치"라 한다)를 하여야 한다.[39]

이 조항을 통하여 공공수역을 오염시키는 오염자의 범위를 행위자뿐만 아니라 행위자가 소속된 법인 및 그 행위자의 사업주까지 확대하였다. 그런데 헌법재판소는 법인의 종업원 등이 법인의 업무에 관하여 범죄행위를 하면 그 법인에게도 동일한 벌금형을 과하도록 규정하고 있는 '수질 및 수생태계 보전에 관한 법률' 제81조가 책임주의원칙에 위반된다는 이유로 위헌으로 결정하였다. 이는 이른바 양벌규정에 대해 최근 헌재가 엄격하게 자기책임주의를 관철하는 일

---

38) 수질 및 수생태계 보전에 관한 법률 제15조 제1항.

39) 수질 및 수생태계 보전에 관한 법률 제15조 제2항.

련의 결정의 하나에 해당하는 것이다. 헌재는 "책임 없는 자에게 형벌을 부과할 수 없다."는 형벌에 관한 책임주의는 형사법의 기본원리로서, 헌법상 법치국가의 원리에 내재하는 원리인 동시에, 헌법 제10조의 취지로부터 도출되는 원리라고 하면서 이 사건 법률조항은 법인이 고용한 종업원 등의 범죄행위에 관하여 비난할 근거가 되는 법인의 의사결정 및 행위구조, 즉 종업원 등이 저지른 행위의 결과에 대한 법인의 독자적인 책임에 관하여 전혀 규정하지 않은 채, 단순히 법인이 고용한 종업원 등이 업무에 관하여 범죄행위를 하였다는 이유만으로 법인에 대하여 형사처벌을 과하고 있는바, 이는 다른 사람의 범죄에 대하여 그 책임 유무를 묻지 않고 형벌을 부과함으로써 법치국가의 원리 및 죄형법정주의로부터 도출되는 책임주의원칙에 반한다고 보고 있다.[40]

또한 시 · 도지사는 제2항의 규정에 의하여 행위자등이 방제조치를 행하지 아니하는 경우에는 당해 행위자등에게 방제조치의 이행을 명할 수 있으며, 시 · 도지사는 제3항의 규정에 의한 방제조치 명령을 받은 자가 그 명령을 이행하지 아니하거나 그 방제조치만으로는 수질오염의 방지 또는 제거가 곤란하다고 인정되는 때에는 시장 · 군수 · 구청장으로 하여금 당해 방제조치의 대집행을 하도록 할 수 있다.[41]

7) 수질오염사고의 신고

유류 · 유독물 · 농약 또는 특정수질유해물질을 운송 또는 보관 중인 자가 당해 물질로 수질을 오염시킨 때에는 지체없이 지방환경관서 또는 시 · 군 · 구 등 행정기관에 신고하여야 한다.[42]그렇지만 이러

40) 헌재 2010.11.25. 2010헌가88.

41) 수질 및 수생태계 보전에 관한 법률 제15조 제3항 · 제4항. 이 경우 대집행에 대해서는 행정대집행법이 준용된다(제4항).

42) 수질 및 수생태계 보전에 관한 법률 제16조.

한 수질오염사고를 목격한 자가 신고를 하지 않은 경우에는 과태료 부과의 대상도 아니기 때문에 신고의 실효성을 확보할 수 있을지 의문이다.

8) 상수원의 수질보전을 위한 통행제한

상수원은 식수 등 국민의 일상생활을 위하여 필수적인 자원이기 때문에 수질을 오염시킬 수 있는 물질을 운반하는 차량 등이 전복 또는 추락함으로서 발생할 수 있는 오염사고를 미리 방지하는 것이 중요하다. 이를 위하여 법률은 다음과 같은 규정을 두고 있다. 전복, 추락 등 사고시 상수원을 오염시킬 우려가 있는 물질을 수송하는 자동차를 운행하는 자는 다음 각호의 어느 하나에 해당하는 지역 또는 그 지역에 인접한 지역 중에서 제4항의 규정에 의하여 환경부령이 정하는 도로 · 구간을 통행할 수 없다. 1. 상수원보호구역, 2. 특별대책지역, 3. 한강수계 상수원수질개선 및 주민지원 등에 관한 법률 제4조, 낙동강수계물관리 및 주민지원 등에 관한 법률 제4조, 금강수계 물관리 및 주민지원 등에 관한 법률 제4조 및 영산강 · 섬진강수계 물관리 및 주민지원 등에 관한 법률제4조의 규정에 의하여 각각 지정 · 고시된 수변구역, 4. 상수원에 중대한 오염을 일으킬 수 있어 환경부령이 정하는 지역.[43] 그런데 여기에서 말하는 "상수원을 오염시킬 수 있는 물질"은 다음과 같은 것들이다. 1. 특정수질유해물질, 2. 폐기물관리법 제2조 제4호의 규정에 의한 지정폐기물(액체상태의 폐기물 및 환경부령이 정하는 폐기물에 한한다), 3. 유류, 4. 유독물, 5. 농약관리법 제2조 제1호 및 제3호의 규정에 의한 농약 및 원제, 6. 원자력안전법 제2조 제6호 및 제18호의 규정에 의한 방사성동위원소 및 방사성폐기물, 7. 그 밖에 대통령령이 정하는 물질.[44] 경찰청장이 상수

43) 수질 및 수생태계 보전에 관한 법률 제17조 제1항.
44) 수질 및 수생태계 보전에 관한 법률 제17조 제2항.

원보호구역 등에서 통행제한이 필요하다고 인정하는 경우에는 1. 자동차 통행제한 표지판의 설치, 2. 통행제한 위반 자동차의 단속 등의 조치를 하여야 한다.45)

9) 공공수역의 점용 및 매립 등에 의한 수질오염방지

공공수역에 대한 점용 또는 매립을 허가 또는 인가하고자 하는 행정기관은 공공수역의 수질오염방지를 위하여 필요한 조건을 붙일 수 있다. 이때 조건의 내용, 수질오염방지방법 등에 관하여 필요한 사항은 대통령령으로 정한다.46)

10) 특정 농작물의 경작권고

시 · 도지사는 공공수역의 수질보전을 위하여 필요하다고 인정하는 경우에는 하천 · 호소구역 안에서 농작물을 경작하는 자에 대하여 경작대상 농작물의 종류 및 경작방식의 변경과 휴경 등을 권고할 수 있다. 이때 시 · 도지사는 제1항의 규정에 의한 권고에 따라 농작물을 경작하거나 휴경함으로 인하여 경작자가 입은 손실에 대하여는 대통령령이 정하는 바에 의하여 보상할 수 있다.47)

11) 수질 및 수생태계 보전조치 권고

환경부장관은 제9조에 따른 측정 · 조사결과 방치할 경우 하천 · 호소 등의 수질 및 수생태계에 중대한 위해를 끼칠 우려가 있다고 판단되는 때에는 공공수역을 관리하는 자(수면관리자, 「하천법」 제12조에 따른 하천관리청 및 시장 · 군수 · 구청장을 말한다)에게 수질 및 수생태계 보전을 위하여 필요한 조치를 할 것을 권고할 수 있다. 이때 환경부장관은 제1항에 따른 권고를 이행하는 데 드는 비용의 일부를 예산의 범

45) 수질 및 수생태계 보전에 관한 법률 제17조 제3항.
46) 수질 및 수생태계 보전에 관한 법률 제18조.
47) 수질 및 수생태계 보전에 관한 법률 제19조.

위에서 지원할 수 있다.[48]

12) 수변생태구역의 매수 · 조성

수변구역의 조성과 관리는 최근 이른바 4대강 사업과 관련하여 논란이 되고 있는 부분인데, 법률은 수변생태구역을 조성하기 위한 법적 근거를 마련하였다. 환경부장관은 하천 · 호소등의 수질 및 수생태계 보전을 위하여 필요하다고 인정하는 때에는 대통령령이 정하는 기준에 해당하는 수변습지 및 수변토지를 매수하거나 환경부령이 정하는 바에 따라 생태적으로 조성 · 관리할 수 있다. 다만 매수 또는 조성의 대상이 되는 토지를 선정하려는 때에는 미리 관계 중앙행정기관의 장 및 관할 지방자치단체의 장과 협의하여야 한다. 또한 시 · 도지사는 관할 구역 안의 상수원 보호를 위하여 불가피한 경우로서 대통령령이 정하는 경우에는 수변생태구역을 매수하거나 환경부령이 정하는 바에 따라 생태적으로 조성 · 관리할 수 있다. 토지를 매수함에 있어서 매수대상 토지의 선정기준, 매수가격의 산정 및 매수의 방법 · 절차 등에 관한 사항은 대통령령으로 정한다.[49]

13) 기타 공공수역의 수질보호를 위한 조치

(1) 낚시행위의 제한

종전에 우리나라에서는 낚시행위가 취미 및 레저활동의 하나로서 관용하는 분위기가 우세하였지만 최근 들어 낚시인구가 증가함에 따라서 낚시과정에서의 폐기물 투기 등 관리가 필요하다는 의견이 우세하고 특히 공공수역에서는 수질과 생태계보호를 위하여 일정한 규제가 필요하다는 공감대 형성에 따라 해당 규정을 두게 된 것이다. 시장 · 군수 · 구청장은 하천 · 호소의 이용목적 및 수질상황 등을 고려하여 대통령령이 정하는 바에 따라 낚시금지구역 또는 낚시제한구역을 지정할 수 있다. 낚시제한구역 안에서 낚시를 하고자 하는 자

48) 수질 및 수생태계 보전에 관한 법률 제19조의2.
49) 수질 및 수생태계 보전에 관한 법률 제19조의3.

는 낚시의 방법 · 시기 등 환경부령이 정하는 사항을 준수하여야 한다. 이 경우 환경부장관이 환경부령을 정하는 때에는 국토해양부장관과 협의하여야 한다.[50]

(2) 수질오염경보제

우리나라에서는 과거에 상수원호소를 대상으로 조류예보제를 시험실시하였으나 계속하여 예보가 잦아지고 이를 제도화하는 것이 필요하다는 논의가 제기됨에 따라서 수질오염경보제가 도입되었다. 환경부장관 또는 시 · 도지사는 수질오염으로 하천 · 호소수의 이용에 중대한 피해를 가져올 우려가 있거나, 주민의 건강 · 재산이나 동물 · 식물의 생육에 중대한 위해를 가져올 우려가 있다고 인정되는 때에는 당해 하천 · 호소에 대하여 수질오염경보를 발령할 수 있다.[51]

(3) 오염된 공공수역에서의 행위제한

환경부장관은 하천 · 호소등이 오염되어 수영 등 물놀이, 그 밖에 대통령령이 정하는 행위를 하는 경우 사람의 건강이나 생활에 미치는 피해가 크다고 인정하는 때에는 관할 구역 내 주민 등 이해관계자에게 해당 하천 · 호소 등에서 그 행위를 자제하도록 안내하는 등 환경부령이 정하는 조치를 할 것을 시 · 도지사에게 권고할 수 있으며, 권고를 받은 시 · 도지사는 특별한 사유가 없으면 권고에 따른 조치를 하여야 한다.[52]

(4) 상수원의 수질개선을 위한 특별조치

환경부장관은 상수원의 수질오염이 다음 각 호의 어느 하나에 해당하는 경우에는 수질오염을 발생시키는 오염원에 대하여 오염물질의 배출금지 등 특별조치를 명할 수 있다. 1. 상수원의 수질오염으로 먹는 물 수질관리기준(수도법 제26조에 따른 수질기준을 말한다)의 충족이

50) 수질 및 수생태계 보전에 관한 법률 제20조 제1항.
51) 수질 및 수생태계 보전에 관한 법률 제21조.
52) 수질 및 수생태계 보전에 관한 법률 제21조의2 제1항 · 제2항.

어려울 것으로 예상되는 경우, 2. 제1호의 수질관리기준에서 정하고 있지 아니한 오염물질로 인하여 주민의 건강에 중대한 위해를 가져올 우려가 있다고 인정되는 경우. 환경부장관은 제1항에 따른 특별조치를 이행하는 데 드는 비용의 일부를 예산의 범위에서 지원할 수 있다.[53]

Ⅴ. 점오염원

1. 점오염원과 비점오염원의 개념과 구분

법률은 수질오염원을 배출의 태양 및 지역성 등에 따라서 점오염원과 비점오염원으로 구분하고, 점오염원과 비점오염원으로 관리되지 않는 수질오염물질을 배출하는 시설 또는 장소로서 환경부령이 정하는 기타수질오염원으로 규정하고 있다. '점오염원'이라 함은 비점오염원은 배출경로가 불특정한 오염원으로서 폐수배출시설, 하수발생시설, 축사 등으로서 관거 · 수로 등을 통하여 일정한 지점으로 수질오염물질을 배출하는 배출원을 말하는 것으로서 일정한 배출경로를 확인할 수 있는 수질오염원이다. 이에 비하여 '비점오염원'이라 함은 도시, 도로, 농지, 산지, 공사장 등으로서 불특정 장소에서 불특정하게 수질오염물질을 배출하는 배출원으로서 관리가 매우 어려운 수질오염원이다. 또한 법률에서 말하는 '기타 수질오염원은 점오염원 및 비점오염원으로 관리되지 아니하는 수질오염물질을 배출하는 시설 또는 장소로서 환경부령이 정하는 것을 말한다. 수질 및 수생태계 보전에 관한 법률 시행규칙 별표에 따르면 이와 같은 기타 수질

53) 수질 및 수생태계 보전에 관한 법률 제21조의3 제1항 · 제3항.

오염원으로는 가두리양식장과 같은 수산물 양식시설, 골프장, 운수장비 정비 또는 폐차장 시설, 농축수산물 단순가공시설, 사진 처리 또는 X-Ray 시설, 금은판매점의 세공시설이나 안경점 등이다.

2. 점오염원의 관리

1) 점오염원에 대해서

앞서 설명한 바와 같이 배출경로가 확인되고 일정한 지점에서 수질오염물질을 배출하는 점오염원의 관리에 있어서는 법률이 산업폐수에 대한 배출규제에 중점을 두고 있다. 법률은 제2조 제4호에서 '폐수'를 "물에 액체성 또는 고체성의 수질오염물질이 혼입되어 그대로 사용할 수 없는 물을 말한다"고 정의하고 있는데, 산업폐수는 바로 산업활동을 통하여 생성된 폐수를 발한다. 산업폐수의 관리를 중심으로 하는 점오염원 규제를 위하여 법률은 일단 배출허용기준을 설정하고 있다. 이미 언급한 바와 같이 배출허용기준은 통상 환경부령인 시행규칙 별표에 규정되는데, 이는 산업폐수를 방류하는 사업자에게 직접적인 법적 구속력을 가지는 법규로서의 성질을 가진다. 법률은 배출허용기준을 중심으로 이를 초과하여 조업활동을 하는 자에 대한 개선명령, 조업정지명령, 폐쇄조치 등의 행정처분과 함께 배출시설과 방지시설의 설치 및 운영에 대한 규제, 배출부과금의 부과 등을 연동시키고 있다.

2) 배출허용기준

(1) 의 의

배출허용기준은 수질오염물질의 농도 또는 배출량의 허용한도에 대하여 법령으로 정한 기준을 말한다. 따라서 배출허용기준은 수질오염물질을 배출할 수 있는 최대 농도 또는 최대량을 수치화한 것으로서 물의 자정능력, 현재 시점에서 실행 가능한 과학기술 수준,

산업과 경제에 주는 영향 등을 종합적으로 고려하여 입법화된다. 배출허용기준은 수질 및 수생태계 보전에 관한 법률을 비롯하여 유사한 방법으로 농도나 배출량을 규제하는 대기환경보전법과 소음진동관리법에서도 중요한 기능을 수행한다. 배출허용기준은 구체적으로 환경부령으로 정해지는데 법률 시행규칙 별표에서는 전문가들도 쉽게 알아보지 못할 정도로 지극히 복잡하고 다양한 방식과 내용으로 규정되어 있다. 이는 환경법이 기술법으로서의 성격이 강하다는 특성으로부터 연유하는 것이기 때문에 일견 불가피한 측면이 있기는 하지만 피규제자인 국민의 예측가능성과 규제의 수용가능성을 제고하기 위해서 지속적인 개선의 노력이 요구된다. 더욱이 수차례 언급한 바와 같이 환경정책기본법과 동법 시행령의 환경기준이 법적 구속력을 가지지 않음에 비하여 배출허용기준은 사업자에 대하여 직접적인 구속력을 가지는 법규로서 후속하는 각종의 제재적 행정처분의 기준이 되기 때문에 배출허용기준의 가독성을 높이기 위한 단순화 작업이 필요하다. 규제법규는 그 내용을 알고 위반하는 자를 대상으로 하는 것이며 법률의 부지를 규제의 근거로 주장할 수는 없다. “법률의 부지는 용인되지 아니 된다”는 법언은 상대방이 알면서 누릴 수 있는 기회를 상실한 것에 대한 비난이지 국가가 규제하는 내용을 모르는 사람에 대한 제재의 근거가 되는 것으로 이해해서는 곤란하다.

(2) 종 류

㈎ 전국적 · 일반적 배출허용기준

수질오염물질의 배출허용기준은 환경부장관의 부령인 시행규칙을 통하여 정해지는데, 이러한 배출허용기준이 전국적으로 적용되는 일반적인 기준으로 기능한다. 그러므로 환경부장관은 배출허용기준을 환경부령을 정하는 때에는 관계중앙행정기관의 장과 협의하여야 한다.[54]

---

54) 수질 및 수생태계 보전에 관한 법률 제32조 제1항 · 제2항.

㈏ 지역별 배출허용기준

시 · 도는 지역환경기준의 유지가 곤란하다고 인정하는 경우에는 조례로 전국적인 기준보다 엄격한 배출허용기준을 정할 수 있다. 다만 동법 제33조, 제37조, 제39조 및 제41조에 의하거나 제43조에 따라 환경부장관의 권한이 시 · 도지사에게 위임된 경우에 한한다. 법령보다 엄격한 기준을 정한다는 의미에서 이른바 '초과조례'이기는 하지만 법률 자체가 엄격한 배출허용기준을 조례로 정할 수 있다고 규정하고 있으므로 법률의 우위원칙 위반의 문제는 발생하지 않는다. 시 · 도지사는 지역별로 엄격한 배출허용기준이 설정 · 변경된 때에는 이를 지체 없이 환경부장관에게 보고하고 이해관계자가 알 수 있도록 필요한 조치를 하여야 한다.[55]

㈐ 엄격배출허용기준 · 특별배출허용기준

이러한 특별한 배출허용기준은 수질오염이 심각한 특별대책지역에 대하여 환경부장관이 설정하는 기준을 말한다. 환경부장관은 특별대책지역 안의 수질오염방지를 위하여 필요다고 인정되는 때에는 당해 지역 안에 설치된 배출시설에 대하여 제32조 제1항의 전국적 기준보다 엄격한 배출허용기준을 정할 수 있고, 당해 지역 안에 새로이 설치되는 배출시설에 대하여 특별배출허용기준을 정할 수 있다.[56] 이는 수질오염이 심각한 지역의 수질오염에 대하여 보다 탄력적으로 대응할 수 있는 수단을 강구할 수 있기 위한 것이다. 다만 폐수무방류배출시설[57]과 환경부령이 정하는 배출시설 중 폐수를 전량 재이용하거나 전량 위탁처리하여 공공수역으로 폐수를 방류하지 아

55) 수질 및 수생태계 보전에 관한 법률 제32조 제3항 · 제4항.

56) 수질 및 수생태계 보전에 관한 법률 제32조 제5항.

57) '폐수무방류배출시설'이라 함은 폐수배출시설에서 발생하는 폐수를 당해 사업장 안에서 수질오염방지시설을 이용하여 처리하거나 동일 배출시설에 재이용하는 등 공공수역으로 배출하지 아니하는 폐수배출시설을 말한다. 수질 및 수생태계 보전에 관한 법률 제2조 제11호.

니하는 배출시설에 대하여는 이러한 배출허용기준 관련 규정이 적용되지 않는다.[58]

3) 배출시설과 방지시설의 설치 · 운영

(1) 배출시설의 설치허가 및 신고

법률 제33조에서는 배출시설을 설치하고자 하는 자는 대통령령이 정하는 바에 의하여 환경부장관의 허가를 받거나 환경부장관에게 신고하도록 하고 있다.[59] 다만, 폐수무방류배출시설을 설치하고자 하는 자는 환경부장관의 허가를 받아야 한다.[60] 배출시설의 설치허가 또는 신고는 법률이나 시행령에서 규정하는 허가 및 신고요건을 충족하는 경우에는 원칙적으로 환경부장관이 이를 허가하거나 신고를 수리하여야 하는 점에서 강학상 허가 또는 자기완결적 신고로서 기속행위로서의 성격을 가진다. 이는 사업자가 수질오염물질을 일정량 불가피하게 방류하면서 사업활동을 하여야 한다는 점에서 헌법상 재산권이나 직업의 자유를 행사하기 위하여 인정되는 논리적인 결과라고 할 수 있다. 다만, 환경부장관은 상수원보호구역의 상류지역, 특별대책지역 및 그 상류지역, 취수시설이 있는 지역 및 그 상류지역의 배출시설로부터 배출되는 수질오염물질로 인하여 환경기준의 유지가 곤란하거나 주민의 건강 · 재산, 동 · 식물의 생육에 중대한 위해를 가져올 우려가 있다고 인정되는 경우에는 관할시 · 도지사의 의견을 듣고 관계중앙행정기관의 장과 협의하여 배출시설의 설치(변경을 포함)를 제한할 수 있다.[61] 이는 배출시설에 대한 허가를 공익상 제한

---

58) 수질 및 수생태계 보전에 관한 법률 제32조 제7항.

59) 그런데 이러한 신고를 하지 않거나 거짓으로 신고하고 배출시설을 설치하거나 그 배출시설을 이용하여 조업을 한 자는 제81조의 양벌규정에 의하여 위반자 개인과 법인을 모두 처벌하고 있다. 헌법재판소는 이 양벌조항에 대해서도 자기책임의 원칙에 반한다는 이유로 위헌결정을 하였다. 헌재 2010.9.30. 2010헌가68.

60) 수질 및 수생태계 보전에 관한 법률 제33조 제1항.

61) 수질 및 수생태계 보전에 관한 법률 제33조 제5항.

할 필요가 있는 경우에 기속행위로서의 허가에도 불구하고 법령이 정하는 요건에 따라서 사실상 환경부장관이 재량권을 행사하기 위한 입법적 조치라고 할 수 있다.

(2) 방지시설의 설치 · 설치면제 및 면제자의 준수사항

허가 · 변경허가를 받은 자 또는 신고 · 변경신고를 한 사업자가 당해 배출시설을 설치하거나 변경할 때에는 그 배출시설로부터 배출되는 수질오염물질이 제32조의 배출허용기준 이하로 배출되게 하기 위한 수질오염방지시설(폐수무방류배출시설)의 경우에는 폐수를 배출하지 아니하고 처리할 수 있는 수질오염방지시설을 설치하여야 한다. 다만, 대통령령이 정하는 기준에 해당하는 배출시설(폐수무방류배출시설을 제외한다)의 경우에는 그러하지 아니하다.[62] 제1항 단서의 규정에 의하여 수질오염방지시설을 설치하지 아니하고 배출시설을 사용하는 자는 폐수의 처리 · 보관방법 등 배출시설의 관리에 관하여 환경부령이 정하는 사항을 지켜야 한다. 환경부장관은 제1항 단서의 규정에 의하여 방지시설을 설치하지 아니하고 배출시설을 설치 · 운영하는 자가 제2항의 준수사항을 위반한 때에는 제33조 제1항 내지 제3항의 규정에 의한 허가 · 변경허가를 취소하거나 배출시설의 폐쇄, 배출시설의 전부 · 일부에 대한 개선 또는 6개월의 범위에서 기간을 정하여 조업정지를 명할 수 있다.[63]

(3) 가동개시 신고

사업자는 배출시설 또는 방지시설의 설치를 완료하거나 배출시설의 변경을 완료하여 당해 배출시설 및 방지시설을 가동하고자 하는 때에는 환경부령이 정하는 바에 의하여 미리 환경부장관에게 가동개시 신고를 하여야 한다. 신고한 가동개시일을 변경하고자 할 때에는 환경부령이 정하는 바에 따라 변경신고를 하여야 한다.[64]

62) 수질 및 수생태계 보전에 관한 법률 제35조 제1항.
63) 수질 및 수생태계 보전에 관한 법률 제35조 제2항 · 제3항.
64) 수질 및 수생태계 보전에 관한 법률 제37조.

(4) 권리 및 의무의 승계

사업자가 배출시설 및 방지시설을 양도하거나 사망한 경우 또는 법인의 합병이 있는 경우에는 그 양수인 · 상속인 또는 합병 후 존속하는 법인이나 합병에 의하여 설립되는 법인은 허가 · 변경허가 · 신고 또는 변경신고에 따른 사업자의 권리 · 의무를 승계한다.[65]

(5) 사업자의 의무

㈎ 배출시설 및 방지시설의 가동개시 신고

사업자는 배출시설 또는 방지시설의 설치를 완료하거나 배출시설의 변경(변경신고를 하고 변경을 하는 경우에는 대통령령이 정하는 변경의 경우에 한한다)을 완료하여 당해 배출시설 및 방지시설을 가동하고자 하는 때에는 환경부령이 정하는 바에 의하여 미리 환경부장관에게 가동개시 신고를 하여야 한다. 신고한 가동개시일을 변경하고자 할 때에는 환경부령이 정하는 바에 따라 변경신고를 하여야 한다.[66] 제1항의 규정에 의한 가동개시 신고를 한 사업자는 환경부령이 정하는 기간 이내에 배출시설(폐수무방류배출시설을 제외한다)에서 배출되는 수질오염물질이 배출허용기준 이하로 처리될 수 있도록 방지시설을 운영하여야 한다.[67]

㈏ 배출시설 및 방지시설의 운영

사업자(제33조 제1항 단서 또는 동조 제2항의 규정에 의하여 폐수무방류배출시설의 설치허가 또는 변경허가를 받은 사업자를 제외한다) 또는 방지시설을 운영하는 자(제35조 제5항의 규정에 의한 공동방지시설 운영기구의 대표자를 포함한다. 이하 같다)는 다음의 어느 하나에 해당하는 행위를 하여서는 아니된다.[68] 1. 배출시설에서 배출되는 수질오염물질을 방지시설

65) 수질 및 수생태계 보전에 관한 법률 제36조.

66) 수질 및 수생태계 보전에 관한 법률 제37조 제1항.

67) 수질 및 수생태계 보전에 관한 법률 제37조 제2항.

68) 이 조항을 위반한 자는 위반자 이외에 제81조의 양벌규정에 따라 법인도 처벌한다. 다만, 헌법재판소는 양벌규정이 자기책임의 원칙에 반한다는

에 유입하지 아니하고 배출하거나 방지시설에 유입하지 아니하고 배출할 수 있는 시설을 설치하는 행위, 2. 방지시설에 유입되는 수질오염물질을 최종 방류구를 거치지 아니하고 배출하거나, 최종 방류구를 거치지 아니하고 배출할 수 있는 시설을 설치하는 행위, 3. 배출시설에서 배출되는 수질오염물질에 공정 중에서 배출되지 아니하는 물 또는 공정 중에서 배출되는 오염되지 아니한 물을 섞어 처리하거나, 배출허용기준이 초과되는 수질오염물질이 방지시설의 최종 방류구를 통과하기 전에 오염도를 낮추기 위하여 물을 섞어 배출하는 행위. 다만, 환경부장관이 환경부령이 정하는 바에 따라 희석하여야만 수질오염물질의 처리가 가능하다고 인정하는 경우 그 밖에 환경부령이 정하는 경우를 제외한다. 4. 그 밖에 배출시설 및 방지시설을 정당한 사유 없이 정상적으로 가동하지 아니하여 배출허용기준을 초과한 수질오염물질을 배출하는 행위.[69]

㈐ 기타의 의무

사업자는 기타 측정기기를 부착하고,[70] 자가측정을 하며, 환경기술인의 임명하고 신고할 의무를 지고 있다.[71]

(6) 사업자에 대한 의무 확보수단

위에서 언급한 바와 같이 배출허용기준을 초과하여 조업활동을 하는 사업자가 있는 경우 법령상 배출허용기준의 준수를 강제하기 위해서는 그에 대한 제재적 조치를 취하는 것이 필요하다. 다시 말하자면 사업자에 대한 법령의 실효성 내지 의무이행을 확보하기 위한 수단으로서 법률은 개선명령, 조업정지명령, 과징금의 부과, 폐쇄조치 등 일련의 제재적 행정처분을 예정하고 있다.

것을 이유로 위헌으로 결정하였다. 헌재 2010.11.25. 2010헌가88.

69) 수질 및 수생태계 보전에 관한 법률 제38조 제1항.

70) 수질 및 수생태계 보전에 관한 법률 제38조의2.

71) 수질 및 수생태계 보전에 관한 법률 제47조.

(가) 개선명령

환경부장관은 제37조 제1항의 규정에 의한 신고를 한 후 조업 중인 배출시설(폐수무방류배출시설을 제외한다)에서 배출되는 수질오염물질의 정도가 제32조의 규정에 의한 배출허용기준을 초과한다고 인정하는 때에는 대통령령이 정하는 바에 의하여 기간을 정하여 사업자(제35조 제5항의 규정에 의한 공동방지시설 운영기구의 대표자를 포함한다)에게 그 수질오염물질의 정도가 배출허용기준 이하로 내려가도록 필요한 조치를 취할 것을 명할 수 있다.[72] 그런데 이러한 개선명령 등의 권한은 환경부장관이 직접 행사하는 경우도 있으나 대부분의 경우 그 권한의 일부를 시 · 도지사 또는 지방환경관서의 장에게 위임한다.[73]

(나) 조업정지명령

환경부장관은 제39조의 규정에 의하여 개선명령을 받은 자가 개선명령을 이행하지 아니하거나 기간 이내에 이행은 하였으나 검사결과가 제32조의 규정에 의한 배출허용기준을 계속 초과할 때에는 당해 배출시설의 전부 또는 일부에 대한 조업정지를 명할 수 있다.[74] 위의 개선명령이나 조업정지명령은 그 규정형식상 환경부장관의 재량사항이지만 사업자가 배출허용기준을 지속적으로 초과하여 조업활동을 한 결과 수질이 극도로 악화되어 인근 주민의 생명, 신체, 보건 등에 대한 위해가 현실적으로 발생하거나 발생할 우려가 있는 경우 그의 재량권을 축소하여 조업정지명령을 발령하여야 하는 의무가 성립할 수 있다.

(다) 과징금 부과처분

환경부장관은 다음 각 호의 어느 하나에 해당하는 배출시설(폐수무방류배출시설을 제외한다)을 설치 · 운영하는 사업자에 대하여 제42조

72) 수질 및 수생태계 보전에 관한 법률 제39조.
73) 수질 및 수생태계 보전에 관한 법률 제74조 제1항.
74) 수질 및 수생태계 보전에 관한 법률 제40조.

의 규정에 의하여 조업정지를 명하여야 하는 경우로서 그 조업정지가 주민의 생활, 대외적인 신용·고용·물가 등 국민경제 그 밖에 공익에 현저한 지장을 초래할 우려가 있다고 인정되는 경우에는 조업정지처분에 갈음하여 3억원 이하의 과징금을 부과할 수 있다. 1. 의료법에 의한 의료기관의 배출시설, 2. 발전소의 발전설비, 3. 초·중등교육법 및 고등교육법에 의한 학교의 배출시설, 4. 제조업의 배출시설, 5. 그 밖에 대통령령이 정하는 배출시설.[75] 이는 이른바 변형된 과징금의 형태로서 위 시설에 대한 영업정지가 내려질 경우 이용자의 불편 등을 고려한 것이다. 그럼에도 불구하고 환경부장관은 다음 각 호의 어느 하나에 해당하는 위반행위에 대하여는 조업정지를 명하여야 한다. 1. 제35조에 따라 방지시설(공동방지시설을 포함한다)을 설치하여야 하는 자가 방지시설을 설치하지 아니하고 배출시설을 가동한 경우, 2. 제38조 제1항 각 호의 어느 하나에 해당하는 행위를 한 경우로서 30일 이상의 조업정지처분 대상이 되는 경우, 3. 제39조에 따른 개선명령을 이행하지 아니한 경우.[76] 과징금은 사업자의 의무위반에 대한 제재로서 부과하는 것으로서 광의의 행정벌에 해당한다. 따라서 과징금은 후술하는 배출부과금이 원인자부담금으로서 제재의 의미를 가지지 않는 배출부과금과는 성격을 달리한다.

㈑ 폐쇄조치

환경부장관은 제33조 제1항 내지 제3항의 규정에 의한 허가를 받지 아니하거나 신고를 하지 아니하고 배출시설을 설치하거나 사용하는 자에 대하여 당해 배출시설의 사용중지를 명하여야 한다. 다만, 당해 배출시설을 개선하거나 방지시설을 설치·개선하더라도 그 배출시설에서 배출되는 수질오염물질의 정도가 제32조의 규정에 의한 배출허용기준 이하로 내려갈 가능성이 없다고 인정되는 경우(폐수무방

---

75) 수질 및 수생태계 보전에 관한 법률 제43조 제1항.
76) 수질 및 수생태계 보전에 관한 법률 제43조 제2항.

류배출시설의 경우에는 그 배출시설에서 나오는 폐수가 공공수역으로 배출될 가능성이 있다고 인정되는 경우를 말한다) 또는 그 설치장소가 다른 법률의 규정에 의하여 당해 배출시설의 설치가 금지된 장소인 경우에는 그 배출시설의 폐쇄를 명하여야 한다.[77]

(7) 배출부과금

㈎ 의 의

배출부과금 제도는 1983년 개정 환경보전법에서 처음 도입되었고, 당시에는 배출허용기준을 초과하는 경우에만 부과되어 사업자로 하여금 가능하면 배출허용기준 이하로 수질오염물질을 방류하면서 조업활동을 하도록 유도하는 기능이 중시되었다. 그러나 현재는 배출허용기준의 준수 여부와 관계 없이 부과되고 있다. 배출부과금은 원인자부담원칙에 의하여 부과하는 금전부담으로서 전술한 과징금과는 달리 부담금관리기본법 별표에 규정된 형식상 부담금이다. 다만, 실질적으로 그 법적 성격은 주된 기능은 사업자를 유도하는 목적을 가지는 유도적 부담금이며 부수적으로는 재정조달의 목적도 수행한다. 배출부과금의 수입은 환경정책기본법에 의한 환경개선특별회계의 세입으로 하므로 지출목적이 제한적이기는 하지만 유도적 부담금으로서 집단적 동질성이나 집단적 효용성을 결여한다고 하더라도 강학상 특별부담금의 성격을 가지는 것으로 볼 수 있다.

㈏ 부과대상자인 사업자

환경부장관은 수질오염물질로 인한 수질오염 및 수생태계 훼손을 방지 또는 감소시키기 위하여 수질오염물질을 배출하는 사업자(제48조의 규정에 의한 폐수종말처리시설, 공공하수처리시설 중 환경부령이 정하는 시설을 운영하는 자를 포함한다) 또는 제33조 제1항 내지 제3항의 규정에 의한 허가·변경허가를 받지 아니하거나 신고·변경신고를 하지 아니하고 배출시설을 설치 또는 변경한 자에 대하여 배출부과금을

77) 수질 및 수생태계 보전에 관한 법률 제44조.

부과 · 징수한다.78)

㈐ 기본배출부과금(방류수질기준)

기본배출부과금은 배출시설(폐수무방류배출시설을 제외한다)에서 배출되는 폐수 중 수질오염물질이 제32조의 규정에 의한 배출허용기준 이하로 배출되나, 제12조 제3항의 규정에 의한 방류수 수질기준을 초과하는 경우와 폐수종말처리시설 또는 공공하수처리시설에서 배출되는 폐수 중 수질오염물질이 제12조 제3항의 규정에 의한 방류수 수질기준을 초과하는 경우에 부과한다.

㈑ 초과배출부과금(배출허용기준)

초과배출부과금은 수질오염물질이 제32조의 규정에 의한 배출허용기준을 초과하여 배출되는 경우와 수질오염물질이 공공수역에 배출되는 경우(폐수무방류배출시설에 한한다)에 부과한다.

㈒ 부과금 부과시 고려사항

환경부장관은 배출부과금을 부과할 때에는 다음 각 호의 사항을 고려하여야 한다. 1. 배출허용기준 초과 여부, 2. 배출되는 수질오염물질의 종류, 3. 수질오염물질의 배출기간, 4. 수질오염물질의 배출량, 5. 제46조의 규정에 의한 자가측정 여부, 6. 그 밖에 수질환경의 오염 또는 개선과 관련되는 사항으로서 환경부령이 정하는 사항.79) 위에서 언급한 바와 같이 기본배출부과금의 경우 배출허용기준 이하로 수질오염물질을 초과하지 않는 경우에도 부과되므로 유도적 기능이 상당한 정도로 제한되어 있지만, 초과배출부과금의 경우는 물론 기본배출부과금의 경우에도 위의 여러 가지 사항을 고려하여 부과수준을 결정하기 때문에 전체적으로 배출부과금을 유도적 부담금으로서 성격을 부여하는 것이 타당하다.

78) 수질 및 수생태계 보전에 관한 법률 제41조 제1항.
79) 수질 및 수생태계 보전에 관한 법률 제41조 제2항.

4) 폐수종말처리시설

(1) 폐수종말처리시설의 설치

국가 · 지방자치단체 및 한국환경공단법에 따른 한국환경공단은 수질오염이 악화되어 환경기준의 유지가 곤란하거나 수질보전에 필요하다고 인정되는 지역 안의 각 사업장에서 배출되는 수질오염물질을 공동으로 처리하여 공공수역에 배출하게 하기 위하여 폐수종말처리시설을 설치 · 운영할 수 있으며, 국가 및 지방자치단체는 다음 각 호의 어느 하나에 해당하는 자에게 종말처리시설을 설치 또는 운영하게 할 수 있다. 이 경우 사업자 그 밖에 수질오염의 원인을 직접 야기한 자는 종말처리시설의 설치 · 운영에 필요한 비용의 전부 또는 일부를 부담하여야 한다. 1. 한국환경공단법에 따른 한국환경공단, 2. 산업입지 및 개발에 관한 법률 제16조 제1항(제5호 및 제6호를 제외한다)의 규정에 따른 산업단지개발사업의 시행자, 3. 사회기반시설에 대한 민간투자법 제2조 제7호의 규정에 따른 사업시행자, 4. 제1호 내지 제3호에 해당하는 자에 준하는 종말처리시설을 설치 · 운영할 능력을 가진 자로서 대통령령이 정하는 자.[80]

(2) 종말처리시설의 설치 · 운영 부담금의 부과 · 징수

제48조의 규정에 따라 종말처리시설을 설치 · 운영하는 자는 그 사업에 소요되는 비용의 전부 또는 일부에 충당하기 위하여 원인자로부터 종말처리시설의 설치 · 운영 부담금을 부과 · 징수할 수 있다.[81] 제1항의 규정에 따른 종말처리시설 부담금의 총액은 시행자가 당해 사업의 실시와 관련하여 지출하는 금액을 초과하여서는 아니되며, 원인자에게 부과되는 종말처리시설 부담금은 각 원인자의 사업의 종류 · 규모 및 오염물질의 배출 정도 등을 기준으로 하여 정한다.[82]

---

80) 수질 및 수생태계 보전에 관한 법률 제48조 제1항.
81) 수질 및 수생태계 보전에 관한 법률 제48조의2 제1항.
82) 수질 및 수생태계 보전에 관한 법률 제48조의2 제2항 · 제3항.

(3) 종말처리시설 기본계획 및 비용부담계획

환경부장관은 제48조 제1항의 규정에 의하여 종말처리시설을 설치(변경을 포함한다)하고자 하는 때에는 기본계획을 수립하여야 한다.[83] 시행자(환경부장관을 제외한다)가 제48조 제1항의 규정에 따라 종말처리시설을 설치(변경을 포함한다)하고자 하는 때에는 대통령령이 정하는 바에 따라 종말처리시설 기본계획을 수립하여 환경부장관의 승인을 얻어야 한다. 환경부령이 정하는 중요사항을 변경하고자 하는 때에도 또한 같다.[84] 환경부장관이 제49조 제1항의 규정에 따라 기본계획을 수립한 때에는 대통령령이 정하는 바에 따라 당해 사업에 소요되는 비용부담에 관한 계획을 수립하고 이를 원인자에게 통지하여야 한다.[85] 시행자가 제49조 제2항의 규정에 따라 종말처리시설 기본계획의 승인을 얻은 때에는 대통령령이 정하는 바에 따라 비용부담계획을 수립하여 환경부장관의 승인을 얻어야 한다. 이를 변경하고자 할 때에도 또한 같다.[86]

(4) 종말처리시설의 운영 및 관리

종말처리시설을 운영하는 자는 다음 각 호의 어느 하나에 해당하는 행위를 하여서는 아니 된다. 1. 제51조 제1항의 규정에 의한 배수설비로 유입된 수질오염물질을 정당한 사유 없이 종말처리시설에 유입하지 아니하고 배출하거나 종말처리시설에 유입시키지 아니하고 배출할 수 있는 시설을 설치하는 행위, 2. 종말처리시설에 유입된 수질오염물질을 최종 방류구를 거치지 아니하고 배출하거나 최종 방류구를 거치지 아니하고 배출할 수 있는 시설을 설치하는 행위, 3. 종말처리시설에 유입된 수질오염물질에 오염되지 아니한 물을 섞어 처리하거나, 제12조 제3항의 규정에 의한 방류수 수질기준을 초과하는

83) 수질 및 수생태계 보전에 관한 법률 제49조 제1항.
84) 수질 및 수생태계 보전에 관한 법률 제49조 제2항.
85) 수질 및 수생태계 보전에 관한 법률 제49조2 제1항.
86) 수질 및 수생태계 보전에 관한 법률 제49조2 제2항.

수질오염물질이 종말처리시설의 최종 방류구를 통과하기 전에 오염도를 낮추기 위하여 물을 섞어 배출하는 행위.[87]

Ⅵ. 비점오염원의 관리

1) 비점오염원 관리의 필요성

이미 언급한 바와 같이 비점오염원은 비점오염원이라 함은 도시, 도로, 농지, 산지, 공사장 등으로서 불특정 장소에서 불특정하게 수질오염물질을 배출하는 배출원으로서 점오염원에 비하여 배출경로가 불특정하여 관리가 어렵다는 특징을 가지고 있다. 그 동안 우리나라의 수질정책은 주로 점오염원에 비중을 두고 이루어져서 상대적으로 비점오염원에 대한 관리가 소홀하였던 것이 사실이다. 그러나 비점오염원에서 배출하는 수질오염물질의 빈도와 농도가 계속하여 증가하고 있는 상황에서 비점오염원에 대한 관리를 강화하지 않고는 우리나라 하천과 수계의 수질 및 수생태계의 보호가 어려운 실정이다. 따라서 법률은 비점오염원을 효과적으로 관리하기 위해서 비점오염원의 설치신고, 관리지역의 지정, 관리대책과 시행계획의 수립 등의 규정을 두게 되었다.

2) 비점오염원의 신고와 저감시설의 설치 · 개선명령 등

다음 각 호의 어느 하나에 해당하는 자는 환경부령이 정하는 바에 따라 환경부장관에게 신고하여야 한다. 신고한 사항 중 대통령령이 정하는 사항을 변경하고자 하는 때에도 또한 같다. 1. 대통령령이 정하는 규모 이상의 도시의 개발, 산업단지의 조성 그 밖에 비점오

87) 수질 및 수생태계 보전에 관한 법률 제50조 제1항.

염원에 의한 오염을 유발하는 사업으로서 대통령령으로 정하는 사업을 하려는 자, 2. 대통령령이 정하는 규모 이상의 사업장에 제철시설, 섬유염색시설 그 밖에 대통령령이 정하는 폐수배출시설을 설치하는 자, 3. 사업이 재개되거나 사업장이 증설되는 등 대통령령이 정하는 경우가 발생하여 제1호 또는 제2호에 해당되는 자.[88]

제1항에 따라 신고 또는 변경신고를 한 자(이하 "비점오염원설치신고사업자"라 한다)는 환경부령이 정하는 시점까지 환경부령이 정하는 기준에 따라 비점오염저감시설을 설치하여야 한다. 다만, 다음 각 호의 어느 하나에 해당하는 경우 비점오염저감시설을 설치하지 아니할 수 있다. 1. 제1항 제2호 또는 제3호에 따른 사업장의 강우유출수의 오염도가 항상 배출허용기준 이내인 경우로서 대통령령이 정하는 바에 따라 환경부장관이 인정하는 경우, 2. 낙동강수계 물관리 및 주민지원 등에 관한 법률 제18조에 따른 완충저류시설(緩衝貯留施設)에 유입하여 강우유출수를 처리하는 경우.[89]

비점오염원설치신고사업자가 사업을 하거나 시설을 설치·운영하는 때에는 다음 각 호의 사항을 지켜야 한다. 1. 비점오염저감계획서의 내용을 이행할 것, 2. 비점오염저감시설을 제3항에 따른 설치기준에 맞게 유지하는 등 환경부령이 정하는 바에 따라 관리·운영할 것, 3. 그 밖에 비점오염원을 적정하게 관리하기 위하여 환경부령이 정하는 사항.[90] 환경부장관은 제4항에 따른 준수사항을 지키지 아니한 자에 대하여는 대통령령이 정하는 바에 따라 기간을 정하여 비점오염저감계획의 이행 또는 비점오염저감시설의 설치·개선을 명령할 수 있다.[91]

---

88) 수질 및 수생태계 보전에 관한 법률 제53조 제1항.
89) 수질 및 수생태계 보전에 관한 법률 제53조 제3항.
90) 수질 및 수생태계 보전에 관한 법률 제53조 제4항.
91) 수질 및 수생태계 보전에 관한 법률 제53조 제5항.

3) 관리지역의 지정 등

환경부장관은 비점오염원에서 유출되는 강우유출수로 인하여 하천 · 호소 등의 이용목적, 주민의 건강 · 재산이나 자연생태계에 중대한 위해가 발생하거나 발생할 우려가 있는 지역에 대하여는 관할 시 · 도지사와 협의하여 비점오염원관리지역으로 지정할 수 있다.[92] 시 · 도지사는 관할구역 중 비점오염원의 관리가 필요하다고 인정되는 지역에 대하여는 환경부장관에게 관리지역으로의 지정을 요청할 수 있으며, 환경부장관은 관리지역의 지정사유가 없어졌거나 목적을 달성할 수 없는 등 지정의 해제가 필요하다고 인정되는 때에는 관리지역의 전부 또는 일부에 대하여 그 지정을 해제할 수 있다.[93]

4) 관리대책의 수립

환경부장관은 관리지역을 지정 · 고시한 때에는 다음의 사항을 포함하는 비점오염원관리대책을 관계 중앙행정기관의 장 및 시 · 도지사와 협의하여 수립하여야 한다. 1. 관리목표, 2. 관리대상 수질오염물질의 종류 및 발생량, 3. 관리대상 수질오염물질의 발생 예방 및 저감방안, 4. 그 밖에 관리지역의 적정한 관리를 위하여 환경부령이 정하는 사항.[94] 환경부장관은 관리대책을 수립한 때에는 시 · 도지사에게 이를 통보하여야 하며, 환경부장관은 관리대책의 수립을 위하여 관계 중앙행정기관의 장, 시 · 도지사 및 관계되는 기관 · 단체의 장에게 관리대책의 수립에 필요한 자료의 제출을 요청할 수 있다.[95]

5) 시행계획의 수립

시 · 도지사는 환경부장관으로부터 제55조 제2항의 규정에 의하여 관리대책의 통보를 받은 때에는 다음의 사항이 포함된 관리대책

---

92) 수질 및 수생태계 보전에 관한 법률 제54조 제1항.
93) 수질 및 수생태계 보전에 관한 법률 제54조 제2항 · 제3항.
94) 수질 및 수생태계 보전에 관한 법률 제55조 제1항.
95) 수질 및 수생태계 보전에 관한 법률 제55조 제2항 · 제3항.

의 시행을 위한 계획(이하 "시행계획"이라 한다)을 수립하여 환경부령이 정하는 바에 따라 환경부장관의 승인을 얻어 시행하여야 한다. 시행계획 중 환경부령이 정하는 사항을 변경하고자 하는 때에도 또한 같다. 1. 관리지역의 개발현황 및 개발계획, 2. 관리지역의 대상 수질오염물질의 발생현황 및 지역개발계획으로 예상되는 발생량 변화, 3. 환경친화적 개발 등의 대상 수질오염물질 발생 예방, 4. 방지시설의 설치·운영 및 불투수층 면적의 축소 등 대상 수질오염물질 저감계획, 5. 그 밖에 관리대책의 시행을 위하여 환경부령이 정하는 사항.[96]

시·도지사는 환경부령이 정하는 바에 따라 전년도 시행계획의 이행사항을 평가한 보고서를 작성하여 매년 3월 말까지 환경부장관에게 제출하여야 하며, 환경부장관은 제2항의 규정에 의하여 제출된 평가보고서를 검토한 후 관리대책 및 시행계획의 원활한 이행을 위하여 필요하다고 인정되는 경우에는 관계 시·도지사에게 시행계획의 보완 또는 변경을 요구할 수 있다.이 경우 관계 시·도지사는 특별한 사유가 없는 한 이에 응하여야 한다.[97] 환경부장관은 시·도지사가 제3항의 규정에 의한 요구를 이행하지 아니하는 경우에는 재정적 지원의 중단 또는 삭감 등의 조치를 취할 수 있다.[98]

6) 농약잔류기준

환경부장관은 수질 또는 토양의 오염방지를 위하여 필요하다고 인정하는 때에는 수질 또는 토양의 농약잔류허용기준을 정할 수 있으며, 환경부장관은 수질 또는 토양 중에 농약잔류량이 제1항의 규정에 의한 기준을 초과하거나 초과할 우려가 있다고 인정하는 때에는 농약의 제조 금지·변경 또는 그 제품의 수거·폐기 등 필요한 조치를 관계행정기관의 장에게 요청할 수 있다. 이 경우 관계행정기관의

96) 수질 및 수생태계 보전에 관한 법률 제56조 제1항.
97) 수질 및 수생태계 보전에 관한 법률 제56조 제2항·제3항.
98) 수질 및 수생태계 보전에 관한 법률 제56조 제4항.

장은 특별한 사유가 없는 한 이에 응하여야 한다.[99]

7) 고랭지 경작지에 대한 경작방법 권고

시·도지사는 공공수역의 수질보전을 위하여 환경부령이 정하는 해발고도 이상에 위치한 농경지 중 환경부령이 정하는 경사도 이상의 농경지를 경작하는 자에 대하여 경작방식의 변경, 농약·비료의 사용량 저감, 휴경 등을 권고할 수 있으며, 시·도지사는 제1항의 규정에 의한 권고에 따라 농작물을 경작하거나 휴경함으로 인하여 경작자가 입은 손실에 대하여는 대통령령이 정하는 바에 의하여 보상할 수 있다.[100]

Ⅶ. 기타 수질오염원의 관리

1. 기타 수질오염원의 의의

이미 언급한 바와 같이 '기타 수질오염원은 점오염원 및 비점오염원으로 관리되지 아니하는 수질오염물질을 배출하는 시설 또는 장소로서 환경부령이 정하는 것을 말한다. 수질 및 수생태계 보전에 관한 법률 시행규칙 별표에 규정된 수질오염원으로는 가두리양식장과 간은 수산물 양식시설, 골프장, 운수장비 정비 또는 폐차장 시설, 농축수산물 단순가공시설, 사진 처리 또는 X-Ray 시설, 금은판매점의 세공시설이나 안경점 등이다.

99) 수질 및 수생태계 보전에 관한 법률 제58조 제1항·제2항.
100) 수질 및 수생태계 보전에 관한 법률 제59조 제1항·제2항.

2. 기타 수질오염원의 설치신고 등

기타 수질오염원을 설치 또는 관리하고자 하는 자는 환경부령이 정하는 바에 의하여 환경부장관에게 신고하여야 한다. 신고한 사항을 변경하는 때에도 또한 같다.[101] 기타 수질오염원을 설치·관리하는 자는 환경부령이 정하는 바에 의하여 수질오염물질의 배출을 방지·억제하기 위한 시설을 설치하는 등 필요한 조치를 하여야 한다.[102] 환경부장관은 제2항의 규정에 의한 수질오염물질의 배출을 억제하기 위한 시설이나 조치가 적합하지 아니하다고 인정하는 때에는 환경부령이 정하는 바에 의하여 기간을 정하여 개선명령을 할 수 있으며, 환경부장관은 제1항의 규정에 의하여 신고를 한 자가 제3항의 규정에 의한 개선명령을 위반한 때에는 조업을 정지시키거나 당해 기타 수질오염원의 폐쇄를 명할 수 있다.[103]

3. 골프장 농약사용의 제한

골프장을 설치·관리하는 자는 골프장 안의 잔디 및 수목 등에 「농약관리법」 제2조제1호의 규정에 의한 농약 중 맹독성 또는 고독성이 있는 것으로서 대통령령이 정하는 농약을 사용하여서는 아니된다. 다만, 수목의 해충·전염병 등의 방제를 위하여 관할행정 기관의 장이 불가피하다고 인정하는 경우에는 그러하지 아니하다.[104] 환경부장관은 환경부령이 정하는 바에 따라 제1항의 규정에 의한 골프장의 맹·고독성 농약의 사용 여부를 확인하여야 한다.[105]

---

101) 수질 및 수생태계 보전에 관한 법률 제60조 제1항.
102) 수질 및 수생태계 보전에 관한 법률 제60조 제2항.
103) 수질 및 수생태계 보전에 관한 법률 제60조 제3항·제4항.
104) 수질 및 수생태계 보전에 관한 법률 제61조 제1항.
105) 수질 및 수생태계 보전에 관한 법률 제61조 제2항.

제3장 수리권의 법적 근거와 한계

I. 문제의 제기

범세계적으로는 물론 우리나라의 경우에도 물에 대한 수요는 크게 증가하는 반면에 그에 대한 공급은 제한적이다. 마실 물과 수자원에 대한 수요와 공급의 불균형은 필연적으로 갈등과 분쟁을 야기하게 된다. 물을 둘러싼 갈등과 분쟁은 오랜 역사를 가지고 있는 주제이기는 하지만 물이용을 관습법상의 권리로 인정할 것인지, 혹은 전적으로 국가 또는 공동체의 관리체제로 편입시킬 것인가에 대해 분명한 법적 체계를 가지고 있는 나라도 의외로 드물다. 우리나라의 경우에도 건국 60주년의 역사를 가지고 있으며, 특히 한국법치주의의 산실이라고 할 수 있는 헌법재판제도가 운영된 지 20주년을 맞이하고 있지만 수자원의 이용과 관리에 대해서는 만족할 만한 수준의 법적 체계를 가지고 있지 못하다.[1] 우리나라의 경우 물의 이용에 대

1) 수자원 관련법령은 1961년에 최초로 하천법이 제정되었으며, 그때 그때의 사회적 필요에 따라서 특정 다목적 댐법, 댐건설 및 주변지역 지원 등에 관한 법률, 소하천정비법 등 여러 분야와 영역으로 나뉘어 단편적으로 제정되고 또한 개정되었다. 즉 수자원 관련법령은 제정목적이 서로 여러 법령으로 구성되어 있고 각 법령을 관리 또는 운영하는 조직도 역할이나 기능이 제 각기 다른 여러 부처로 구분되어 있기 때문에 수자원의 효율적인 관리를 위해 각 법령의 제정목적이나 부처의 이해관계를 떠나 일정한 합의를 도출하는 것이 어려웠던 것이 사실이다. 또한 관련부처 간에는 수자원의 이용이나 보전 등을 둘러싼 분쟁이 발생하는 경우에도 이에 대한 합리적이고 통합적인 조정이 어려운 구조적인 문제점을 안고 있다. 한

해서는 민법상 상린관계 혹은 관습법상의 권리로서 이를 규율하고 있으며, 공법상 하천이용에 대한 법적 규제와 관리를 위하여 하천법이 제정되어 공사법의 이원적인 구조를 취하고 있다. 그러나 양자와의 관계를 포괄하고 통합하는 입법체계는 아직 가지고 있지 못한 실정이어서 수리권의 법적 성격, 내용과 범위 등에 대한 법적 불확실성이 지속되고 있다.[2)]

따라서 본 연구에서는 무엇보다도 먼저 물을 이용하는 권리가 민법상 소유권에 의거한 관습법상의 권리라는 원초적인 성격에 머무르는 것인지, 아니면 헌법상 수자원에 대한 국가의 관리대상으로서 관할 행정청의 허가를 통한 공법적인 권리로서의 성격을 가지는 것인지 우선적으로 검토한다. 수리권의 법적 성격을 규명하는 작업은 그 내용과 한계를 결정함에 있어서 중요한 의미를 가지기 때문이다.

앞서 언급한 바와 같이 마실 물과 수자원을 이용하려는 수요는 많고 공급은 제한적이기 때문에 수리권을 대상으로 하는 갈등과 분쟁이 발생하는 경우 이를 적절하게 해결하는 방안을 찾는 것은 수자원의 안정적인 관리와 지속적인 이용을 보장하기 위해 중요한 사안이다. 수리권의 분쟁에 대한 해결방식은 수리권의 법적 성격에 따라 민법 혹은 행정법의 원리에 입각하여 민사소송이나 행정소송절차와 같은 사법적 절차에 의하는 것이 원칙이다. 그러나 수자원의 이용에 대한 갈등과 분쟁은 개인 상호간에 발생하는 경우도 있으나 국가와 자치단체, 자치단체 상호간, 자치단체와 공기업 등 다양한 주체들이 등장하고 단 한 번의 사법적인 결정으로 지속적인 물이용 관계를 만족하게 해결할 수 없다는 특징을 가지고 있다. 따라서 수리권에 대한 사법적 분쟁이 가지는 한계를 극복하고 분쟁의 당사자 모두가 최

국수자원공사, 수자원기본법의 제정방안 연구, 2002.12, 12면.

2) 심명필, 기존댐 합리적 용수배분을 통한 수리권 조정방안 연구, 한국수자원공사 2002.11, 33면 이하.

소한의 수리권을 행사할 수 있도록 보다 유연한 대체적 분쟁해결제도를 모색할 필요가 있다.[3)]

본 연구에서는 이 두 가지 주제 중 물이용을 대상으로 하는 갈등관리의 법적 해결방안에 대한 문제는 다음 기회로 미루기로 하고,[4)] 우선적으로 개인과 지방자치단체 등이 가지고 있는 수리권의 법적 성격을 어떻게 볼 것인지를 검토한다. 이와 관련하여 수리권이 민법상의 권리인지 아니면, 공법상의 권리인지 논의하고 그것이 특히 자치단체의 차원에서 어떠한 의미와 법적인 취급을 받고 있는지 보기로 한다. 물이용권의 근거와 한계라는 주제와 관련하여 지난 2006년 서울시와 한국수자원공사 간 물이용을 둘러싼 소송사건에서 대전지방법원이 제시한 수리권의 근거와 한계의 내용이 무엇인지 분석하고 평가하기로 한다. 이는 비록 하급심판결이기는 하지만 본 연구의 주제에 대하여 매우 흥미로운 사례를 제시하고 있기 때문이다. 마지막으로 위 판결에서 여러 차례 언급되고 있는 바와 같이 이른바 하천법상의 기득수리권의 내용이 불분명하여 그에 대한 법적 불확실성이 증대되고 있다면, 개인이나 자치단체가 가지고 있는 수리권에 대한 전면적인 재조정을 위한 법적 장치는 가능할 수 있는지와 향후의 입법정책적 과제는 무엇인지 검토하기로 한다.

---

3) 사법적 절차에 의한 분쟁해결의 경우에는 소송이 제기되어 종료될 때까지 많은 시간과 비용이 소요되어 그 사이에 분쟁이 해결되지 못한 채 표면적으로 휴면상태에 놓여 있게 될 가능성이 있다. 이 경우 국가적으로나 사회적으로 많은 손실이 발생할 우려도 있다. 또한 수리권에 대한 분쟁은 사회적인 문제일 뿐만 아니라 복잡한 기술적 검토가 필요한 사안인데, 이에 대한 사법적 재판절차는 이러한 기술적 · 전문적인 고려를 하기에는 충분하지 못한 것으로 평가되고 있다.

4) 이에 대한 상세한 보고는 최홍석, 21세기 프론티어 연구개발사업, 수자원의 지속적인 확보기술개발사업 - 지속적인 수자원 확보를 위한 정치적 이해갈등의 조정 및 협력관계 제도화 연구, 고려대학교/과학기술부, 2004.7.

Ⅱ. 수리권의 법적 성격

1. 私權인가 公權인가?

수리권은 글자 그대로 물을 이용하는 권리를 말한다. 민법이나 하천법 등 현행 실정법규는 수리권의 개념과 성격을 규정하고 있지는 않지만, 일반적으로 수리권이라 함은 물을 소유하는 권리가 아니라 단순히 사용하는 권리를 의미한다.[5] 따라서 수리권은 물을 배타적으로 이용할 수 있는 법률상 힘을 부여받은 것으로서, 헌법상 재산권의 보호범위에 해당하여 재산적 가치를 인정받을 수 있다. 이렇게 볼 때 수리권은 개인이 배타적으로 물에 대한 이용권을 행사하고, 또한 그것이 재산적인 가치를 가진다는 점에서 원천적으로 민법상 여타의 물권에 준하는 사법상 권리로서의 성격을 가지고 있다.

그러나 수리권이 재산적 가치를 가지고 있으며, 그것이 헌법상 재산권의 보호범위에 속한다는 사실 자체가 이를 사권으로 성격지우는 결정적인 이유는 되지 못한다. 한국과 같이 인구가 많고 밀도가 높으며 고도로 산업화된 나라에서 물에 대한 수요가 급증하는 상황을 고려해 볼 때 하천이나 호수 등의 물을 이용하는 권리를 단순히 민법상의 관습적 권리 또는 상린관계에서 발생하는 개인의 소유권이나 물권에 준하는 사적인 권리로 인정하는 것은 지나치게 '牧歌的 水利權'에 의존하는 견해라고 할 수 있다. 우리 헌법은 광물 기타 중요한 지하자원 · 수산자원 · 수력과 경제상 이용할 수 있는 자연력은 법률이 정하는 바에 의하여 일정한 기간 그 채취 · 개발 또는 이용을 특허할 수 있도록 하고(제120조 제1항), 국토와 자원은 국가의 보호를 받으며, 국가는 그 균형있는 개발과 이용을 위하여 필요한 계획을

---

5) 김종렬, 한국의 수리권분쟁 해결방안에 관한 연구, 한양대학교 대학원 석사학위논문, 2007.8, 3면.

수립하도록 규정하고 있다. 위 헌법규정에 따라 마실 물과 수자원은 국가의 보호 하에서 합리적이고 효율적인 이용을 위하여 특허 등을 통하여 특별한 관리의 대상이 된다.

이렇게 볼 때 물을 이용하는 권리는 연혁적으로 토지에 대한 소유권이나 관습법 등 민법상의 傳來的 권리로서 성립하고 발전한 것이지만 오늘날에는 국가의 관리행위를 통하여 비로소 인정되는 행정법상 국가에 의하여 부여된 권리로서의 성격을 가지는 것으로서, 환경보전이나 지속가능한 개발 등 공익의 실현을 위하여 입법자가 그 내용과 한계를 정함에 있어서 상당한 정도의 형성권을 행사할 수 있는 공법상 권리의 성격이 강하다. 이하에서는 수리권의 법적 성격을 현행 민법과 하천법의 규정에 따라 논의하고 사법설과 공법설이 오늘날 수자원 관리의 필요성이라는 측면에서 가질 수 있는 타당성에 대하여 검토하기로 한다.

2. 사 권 설

우리 민법은 제221조 내지 제236조에서 물과 관련된 일련의 규정을 두고 있다. 이 중 대부분은 물의 이용과 관련하여 인접한 토지 소유자 등의 상린관계를 규율하는 내용으로 구성되어 있다. 이미 언급한 바와 같이 위 규정들 중에서 민법상 물의 이용과 관련하여 핵심적인 것은 제231조의 공유하천용수권에 대한 규정이다. 공유하천용수권이란 공유하천의 연안에서 농공업을 경영하는 자가 그 공유하천으로부터 물을 끌어다 쓸 수 있고, 또한 물을 사용하기 위하여 필요한 공작물을 설치할 수 있는 권리를 말한다.

이러한 공유하천용수권의 성격에 대하여 민법학자들은 토지소유권으로부터 독립한 물권이라는 견해를 제시하기도 하며,[6] 일부는 이

6) 고상룡, 물권법, 법문사, 2001, 260면; 구연창, 민법상 수법관계의 체계

웃한 토지소유자 간의 물싸움을 방지하고 그 사용을 적절하게 조정하기 위하여 인정되는 일종의 상린권이라고 보기도 한다.7) 공유하천용수권이 토지소유권과는 독립한 물권으로서의 성격을 가지고 있다는 견해는 그 근거로서 다음과 같은 것을 제시하고 있다. 1. 공유하천용수권의 경우 상류연안의 토지와 하류연안의 토지는 서로 공간적으로 가까이 있음을 필요로 하는 것이 아닐 뿐만 아니라 일방의 용수권 때문에 타방의 용수권이 제한받는다고 하더라도 그것은 그 토지소유권의 본래의 내용이 축소되는 것은 아니다. 2. 상린관계의 본지는 공존의 원리에 입각하여 인접하는 두 개의 토지의 이용조절을 꾀하는 데 반하여, 공유하천용수권의 경우에는 두 개의 용수권이 충돌하는 때에는 기존의 용수권에 대하여 명백히 우선권을 인정하여 이것을 기득권으로 보호한다. 3. 공유하천용수권은 공유하천이라는 공공용물에 대한 사용권인바 이것이 직접 소유권의 내용을 이루는 것은 타당하지 않다.

이에 비하여 공유하천용수권을 상린권으로 파악하는 견해는 다음과 같은 이유를 들고 있다. 1. 공유하천용수권이란 특정의 토지소유자에게 부여되는 것이 아니고, 공유하천의 연안에서 농공업에 종사하는 자이면 그 누구에게나 인정되는 것이다. 2. 민법에 규정된 관계규정들은 특정개인에게 일정한 재산권을 부여하기 위하여 설정된 것이 아니고 인접한 이웃 간의 용수조절을 목적으로 하고 있다. 3. 공유하천용수권을 민법상 상린관계에 대한 부분에서 규정하고 있다는 것 자체가 이를 상린권으로 보는 근거라는 것이다.8)

론적 고찰, 경희법학 제20권 제1호, 1985, 31면; 권용우, 물권법, 법문사, 2000, 241면; 김증한/김학동, 물권법, 박영사, 1997, 281면; 이영준, 새로운 체계에 의한 한국 민법론(물권편), 박영사, 2004, 435면.

7) 곽윤직, 물권법(민법강의 Ⅱ), 박영사, 2000, 254면; 김용한, 물권법론, 박영사, 1995, 260면; 장경학, 물권법, 법문사, 1990, 489면; 곽윤직, 민법주해 물권법(Ⅴ), 1992, 338면.

8) 물론 민법학자 중에서도 공유하천용수권은 민법의 규정에 의하여 민법의

공유하천용수권이라는 수리권의 성격에 대한 이러한 상이한 입장에도 불구하고 오늘날 공유하천의 연안에서 농·공업에 종사하는 사람이면 누구나 향유하는 권리이며, 이를 토지소유권과는 별도의 재산권으로 볼 수 없기 때문에 관습법상의 상린권에 불과하다는 견해는 수용하기 어려운 것으로 보인다. 이미 언급한 바와 같이 산업화와 인구의 증가에 따르는 물의 수요가 급증하고 있는 상황에서 수자원에 대한 국가의 특별한 보호와 관리가 요구되는 오늘날 공유하천에서 물을 끌어 쓰는 권리는 토지소유권에 당연히 포함되어 이에 부종하는 단순한 상린권으로 파악하는 것은 시대적인 적실성을 상실한 것으로 보아야 한다. 따라서 민법상 공유하천용수권은 토지소유권으로부터 독립한 재산권으로서의 성격을 가진 것으로 볼 수 있다. 그러므로 민법 제231조 제1항에 의한 공유하천용수권은 토지소유권으로부터 독립한 일종의 물권으로 볼 수 있으며, 소유권과는 별도로 시효가 진행되는 것으로 본다.

이러한 기득의 물권을 하천법 등 공법상의 수리권과 관련하여 어느 정도 재산권으로 보호할 것인가 하는 것이 핵심적인 문제로 등장한다. 판례 역시 기득수리권의 법적 성격과 관련하여 "기존의 염전에 인접하여 그 보다 낮은 지대에 새 염전을 개설하려는 자는 기존염전의 소유자 또는 경영자와의 사이에 약정 등 특별한 사정이 없다면 기존염전의 염제조를 위한 기득의 해수용수권을 침해하지 아니하는 방법으로 새 염전을 설치 경영하여야 하고, 기존염전의 소유자 또는 경영자가 종전의 방법으로 해수를 인수 또는 배수함으로써 새 염전에 피해를 주었다 하더라도 그것이 기존염전의 염제조에 필요한 통상적인 용수권의 행사로서 다년간 관행되어 온 종전의 방법과 범위

규율을 받는다는 점에서 사권의 성질을 가지는 한편, 그것은 하천법 및 공유수면매립법과 같은 공법의 규율을 받으므로 공권으로서의 성격도 아울러 갖는 것으로 보는 견해도 있다. 곽윤직, 민법주해, (각주 7), 338면.

를 초과하지 않는 것이라면 새 염전의 개설경영자는 이를 수인할 의무가 있으며, 다년간 관행되어 온 피고들의 위 용수권을 금지할 근거가 될 수는 없다고 할 것이니, 공유수면관리법 등 관계법령에 따라 공유수면에서의 인수 또는 주수에는 관할 관청의 허가가 있어야 함은 논지가 지적하는 바와 같다 할지라도 그것이 피고들의 기득의 용수권행사를 수인할 위치에 있는 원고로서 국유의 갑문과 구거를 사용하여 인수하는 피고들의 행위를 금지할 권원이 될 수는 없다"고 하여, 기득수리권을 일종의 관습법상 물권의 성격으로 이해하고 있다.[9]

3. 공 권 설

1) 하천의 공물이다

이미 언급한 바와 같이 한국은 국토의 면적에 비하여 인구의 절대수가 과다하고 그 밀도가 상대적으로 높은 고도의 산업구조를 가진 나라로서 물에 대한 수요는 급증하는 반면 그에 대한 공급이 제한적이라는 특징을 가지고 있다. 따라서 수자원은 당연히 국가의 보호를 받으며(헌법 제120조), 그 효율적인 이용을 위하여 국가적 관리의 대상이 된다. 이러한 헌법적인 요청이나 원칙은 물을 이용하는 권리의 성격, 내용, 한계 등을 결정함에 있어서 기본이 되며, 민법상 수리권도 헌법적 원칙과 한계 내에서만 인정될 수 있는 권리임이 분명하다. 특히 헌법 제120조 제1항은 수산자원과 수력은 법률이 정하는 바에 의하여 일정한 기간 이용을 특허할 수 있음을 규정하고 있는데, 이 중에서 수자원의 이용과 관련하여 공법상 일정한 권리 · 의무를 규율하고 있는 법률이 바로 하천법이다.

하천법은 위 헌법규정에 따라 하천이 공적 자원으로서 국가는 공공이익의 증진에 적합한 방향으로 적절히 관리하여야 한다는 규정

---

9) 대법원 1983.3.8. 선고 80다2658 판결.

을 두고 있을 뿐 그 법적 성격에 대해서는 언급하고 있지 않다. 그러나 하천법은 하천 및 하천수의 이용에 대해서는 하천관리청과 국토해양부장관의 허가를 얻도록 하고 있는데, 이는 하천이 일반 국민과의 이용관계를 중심으로 성립된 강학상 공물에 해당한다고 보는 것이 문헌상 지배적인 견해이다. 우리와 같이 수리권의 법적 성격과 관련하여 공사법의 이원적 체제를 유지하고 있는 독일에서도 하천의 법적 성격을 공물(öffentliche Sache)로 보고 있다.[10)]

2) 공물과 행정재산

우리나라의 행정법 문헌들은 행정재산과 공물의 개념을 정확하게 구별하지 않는다. 다시 말하자면 행정재산이나 재정재산은 강학상 공물론에 포함되어 다루어지고 있기 때문에 '소유권 중심의 국가재산'과 '기능 중심의 공물론'이 개념적으로 중첩되고 있다고 볼 수 있다. 아무튼 국가, 지방자치단체 기타 공법상의 조합이나 공기업과 같은 공공단체가 소유한 물건이나 재산은 직접 또는 간접적으로 행정목적을 위하여 바쳐지는 것으로 이해한다. 그 중에서도 이른바 공물은 국가 또는 공공단체가 소유한 물건이나 재산이 직접적으로 행정목적의 달성에 이바지하는 것을 가리킨다.[11)]

국유재산법에 의하면 국유재산은 다음과 같은 범위의 재산으로서 국가가 소유하는 것을 말한다(제5조 제1항). 1. 부동산과 그 從物. 2. 船泊 · 浮漂 · 浮棧橋 · 浮船渠 및 항공기와 그들의 종물. 3. 정부기업

---

10) Forsthoff, Lehrbuch des Verwaltungsrechts, 제10판 1973, 376면 이하; Wolff/Bachof/Stober, Verwaltungsrecht, 제2권, 제6판 2000, §§75 이하; Papier, in : Erichsen/Ehlers(Hrgs.), Allgemeines Verwaltungsrecht, 제12판 2002 §40, 방주 6 이하, 18 이하; 동인, Recht der öffentlichen Sachen, 제3판 1998, 3면 이하; 9면 이하; Axer, Die Widmung als Schlüsselbegriff des Rechts der öffentlichen Sachen, 1994, 23면 이하.

11) 김성수, 개별행정법, 2004 법문사, 703면.

또는 정부시설에서 사용하는 중요한 기계와 기구. 4. 地上權 · 地役權 · 광업권 기타 이에 준하는 권리. 5. 주식(신주인수권을 표시하는 증서를 포함한다. 이하 같다), 출자로 인한 권리, 社債券, 특별법에 의하여 설립된 법인이 발행한 채권, 국채증권, 지방채증권, 투자신탁 또는 개발신탁의 수익증권과 외국 또는 외국법인이 발행한 증권으로서 이에 준하는 것. 6. 특허권 · 저작권 · 상표권 · 실용신안권 기타 이에 준하는 권리. 7. 부동산신탁의 수익권.

또한 국유재산법은 국유재산을 행정재산, 일반재산으로 구분하는데,[12] 이 중 행정재산이 전형적인 공물에 해당하는 것으로 보고 있다. 또한 보존재산도 당해 공물의 보전을 통하여 이에 특유한 행정목적을 달성하는 것이므로 넓은 의미에서 공물의 개념에 속한다. 반면에 일반재산은 국가 또는 지방자치단체가 소유 또는 관리하는 재산이기는 하지만 직접적으로 공공의 목적에 이바지하지 않는 것이므로 공물의 개념에 포함시키기 어렵다. 공물이라는 개념은 실정법상의 용어는 아니며 강학상 성립하여 발전하였음은 이미 언급하였다. 또한 공물의 범위와 그 종류가 지극히 다양하기 때문에 단행법에 규정하기에도 현실적으로 어려움이 있으므로 도로법, 하천법 등 개별법규에 의하여 규율되고 있다. 국가나 지방자치단체 또는 공공단체

12) 제6조(국유재산의 구분과 종류)
① 국유재산은 그 용도에 따라 행정재산과 일반재산으로 구분한다.
② 행정재산의 종류는 다음과 같다.
1. 공용재산: 국가가 직접 사무용 · 사업용 또는 공무원의 주거용으로 사용하거나 대통령령으로 정하는 기한까지 사용하기도 결정한 재산
2. 공공용재산: 국가가 직접 공공용으로 사용하거나 대통령령으로 정하는 기한까지 사용하기로 결정한 재산
3. 기업용재산: 정부기업이 직접 사무용 · 사업용 또는 그 기업에 종사하는 직원의 주거용으로 사용하거나 대통령령으로 정하는 기한까지 사용하기로 결정한 재산
4. 보존용재산: 법령이나 그 밖의 필요에 따라 국가가 보존하는 재산
③ "일반재산"이란 행정재산 외의 모든 국유재산을 말한다.

가 자신이 소유한 재산이나 물건을 마치 개인의 지위에서와 같이 민법에 따라서 사용 · 수익 · 처분하는 경우에는 오직 간접적인 방법으로 행정목적에 이바지하게 된다. 흔히 이러한 재산 또는 물건을 재정재산(Finanzverm gen)이라고 부른다. 재정재산의 예로는 국가나 지방자치단체가 직영하는 사업체, 현금, 유가증권, 기업에 투자한 지분 등을 포함하여 일정한 이익을 창출하는 것들이 포함된다. 넓은 의미의 재정재산에는 국유재산법상의 일반재산도 포함되는 것으로 볼 수 있다. 이러한 재정재산은 전적으로 민법이나 상법의 규율 하에 놓이게 된다. 물론 이러한 재정재산도 경우에 따라서는 국유재산법 등에 의한 규율을 받기도 하지만 공물법의 적용대상은 아니다. 따라서 한국의 행정법 문헌들은 일반적으로 재정재산을 행정법의 영역에서 제외하고 있다.[13)]

재정재산에 비하여 국가, 지방자치단체 또는 공공단체가 직접적으로 행정목적에 사용하는 것이 공물임은 이미 살펴본 바와 같다. 그런데 이러한 공물은 크게 두 가지로 구분되는데, 행정주체가 자신의 업무수행에 필요하여 사용하는 공용물과 널리 일반 공중의 편익에 제공되는 공공용물로 구분한다. 이러한 공용물과 공공용물은 직접 행정목적을 위하여 사용되는 공물이므로 위에서 언급한 재정재산에 비하여 행정재산(Verwaltungsvermögen)이라고 부른다. 따라서 공물법상의 공물은 공용물과 공공용물을 의미하며 이는 행정재산의 내용을 이룬다. 공용물의 예로는 행정관청의 청사, 군부대 또는 이러한 시설 내에서 사용되는 각종의 비품과 장비가 이에 속한다. 공공용물은 국민 또는 주민 모두에게 원칙적으로 사용이 가능한 도로, 공원, 하천, 수로 등을 포함한다. 물론 학설에 따라서는 공물의 개념에 재정재산을 포함시키는 경우도 있는데, 이러한 견해에 따를 경우 광의의 공물 개념이 성립한다. 또한 일부의 견해는 공물의 개념을 공공용

13) 김성수, 상게서, 704면; 홍정선, 행정법원론(하), 2008 박영사, 482면.

물에 국한시키려는 경우도 있는데, 이러한 견해를 수용하는 경우에는 협의의 공물 개념이 성립한다. 그러나 기본적으로 민·상법의 규율을 받는 재정재산을 공물의 개념에 포함시킬 수 없는 것처럼 원칙적으로 공법의 규율대상인 공용재산을 공물의 개념에서 제외하는 것도 합리적인 근거가 없다.[14]

이상에서 살펴본 바와 같이 한국의 국가재산법체계는 이를 규율하는 국유재산법이 행정재산과 재정재산을 개념적으로 규정하지 않고 그 용도별로 행정재산, 보존재산, 일반재산을 구별하여 주로 기능론적인 관점을 고려하는 입법태도를 보여주고 있다. 행정재산과 재정재산을 포괄하는 국가재산(Staatsvermögen)은 소유권을 중심으로 하는 민법상의 개념에서 유래한다. 이에 따라 국가재산이란 재산적 가치가 있는 권리와 물건의 전체로서 국가가 사용·수익·처분할 수 있는 것을 말한다.[15] 그리고 국가의 이러한 사용·수익·처분권의 핵심은 소유권이며, 이러한 의미에서 국가재산은 개인의 재산과 본질적으로 다르지 아니하다.[16] 실제로 국가재산의 개념은 독일에서 민법을 바탕으로 하는 사법질서의 역사적 발전과정과 그 궤를 같이하며, 이는 오늘날까지도 유지되고 있다. 이와 같은 민법질서를 바탕으로 국가재산의 개념이 성립하고 발전하기는 하였지만 전통적으로 이를 행정재산과 재정재산으로 양분하는 것은 실정법상의 근거를 갖는 것은 아니고 오히려 독일의 법학과 재정학의 문헌상의 논의의 결과라고 할 수 있다.[17]

하천을 구성하는 토지와 그 밖의 하천시설에 대하여는 원칙적으

---

14) 김성수, 상게서, 705면.

15) Medicus, Allgemeiner Teil des BGB, Rdnr. 198; Larenz/Wolf, Allgemeiner Teil des Buergerlichen Rechts, § 21, Rdnr. 2.

16) Stern, Staatsrecht der Bundesrepublik Deutschland Ⅱ, § 51, S. 1257.

17) O. Fleischmann, Die verfassungsrechtlichen Rahmenbedingungen der Veräeusserung von Verwaltungsvermögen zur allgemeinen Haushaltsfinanzierung, 35면.

로 私權을 행사할 수 없다(제4조 제2항)는 점에서 하천의 소유권은 원칙적으로 국유이다. 다만, 하천법은 하천에 대한 소유권 등 민법상 권리를 규율하려는 것이 아니라 하천의 관리와 이용에 대한 사항을 규정하는 것이므로, 공물법의 원리가 적용된다. 이는 하천에 대한 소유권이 예외적으로 사인에게 있는 경우라도 하천수를 이용하는 수리권에 대해서는 민법상 소유권이나 상린권이 적용될 여지는 상대적으로 협소하며 공법상 공물의 이용관계가 전면에 나선다는 것을 의미하는 것이다.[18]

3) 하천(수)의 이용관계 - 특허사용

하천법은 하천구역 안에서 하천을 점용하는 등의 행위를 하기 위해서는 하천관리청의 허가를 받도록 규정하고 있다(제33조 제1항). 또한 하천법은 생활·공업·농업·환경개선·발전·주운(舟運) 등의 용도로 하천수를 사용하려는 자는 대통령령으로 정하는 바에 따라 국토해양부장관의 허가를 받아야 한다고 규정하여 하천수를 사용하는 행위 역시 행정청의 허가가 있어야 가능하다는 점을 분명히 하고 있다(제50조 제1항). 이미 언급한 바와 같이 하천의 이용관계와 관련하여 유사한 법체계를 가지고 있는 독일 역시 연방하천관리법에 의하여 하천을 이용하는 행위를 관할 행정청의 허가사항으로 규율하고 있다. 하천법에 의하여 물을 이용 또는 사용하는 행위가 허가의 대상이 된다고 하면, 허가를 통한 하천의 사용관계는 법적으로 어떠한 성격을 가지는 것으로 평가할 수 있을까? 하천이 일종의 자연공물의 성격을 가지고 있는 것이라면 하천의 점용이나 특히 하천수의 이용관계는 공물이용의 일반적인 법률관계와 근본적으로 차이를 보이지 않는다.

18) 이것이 우리나라 대부분의 행정법학자들의 견해이다. 김남진/김연태, 행정법 Ⅱ, 법문사 2007, 389면; 김동희, 행정법 Ⅱ, 박영사 2007, 285면; 김철용, 행정법 Ⅱ, 박영사 2007, 377면; 석종현, 일반행정법(하), 삼영사 2005, 425면; 정하중, 행정법각론, 법문사 2005, 320면.

일반적으로 공물의 공법상 이용관계는 일반사용(자유사용)과 특별사용으로 구분되며, 특별사용은 다시 강학상 허가사용과 특허사용으로 나누어진다.[19] 공물의 일반사용이란 특정한 개인 또는 집단만이 강해 공물을 배타적으로 사용하지 않고 국민 모두에게 일반적으로 공물의 사용이 허용되는 것을 말한다. 공물의 일반사용은 흔히 자유사용 또는 보통사용으로 부르는 경우도 있다. 개인이 도로를 통행하거나 공원을 산책하는 것 등은 공물관리주체의 특별한 허가 등 행정처분을 요하는 것이 아니므로 일반사용의 예에 속한다. 공물의 일반사용은 공물이 널리 일반의 사용에 제공되는 것을 전제로 하므로 어떠한 종류의 허가나 기타의 행정처분에 의하여 공물의 자유로운 사용이 제한된다면 이를 일반사용의 개념에 포함시킬 수 없다.

이에 비하여 공물의 특별사용(Sondergebrauch)은 공물의 관리주체가 특정인에게 수익적 행정행위를 통하여 공물의 사용에 대하여 일정한 내용을 포함하는 주관적 권리를 설정하는 법률관계를 말한다. 따라서 공물의 일반사용이 일반 국민을 위한 공물의 사용관계를 의미하는 것이라면, 특별사용은 이 중 특정인을 위한 공물사용의 법적 관계를 설정하는 것이다. 특별사용 중에서도 허가사용은 공물의 일반사용으로 인하여 발생할 수 있는 다수 이용자 간의 갈등관계의 조정, 공물의 유지 · 관리의 필요성 혹은 공공의 안녕과 질서의 위해발생의 방지를 위하여 공물의 사용에 대하여 관할 행정관청의 사전적인 허가를 받도록 하는 법률관계를 말한다. 공물사용의 허가는 강학상 허가에 해당하는 것으로서 공익상의 필요에 의하여 공물에 대한 사용을 일반적 · 상대적으로 금지하고 사용신청자의 신청내용을 검토하여 하천수의 이용으로 인하여 하천관리상 중대한 공익을 해할 우려가 없는 범위 안에서 그러한 금지를 해제하는 행정처분이다.[20]

---

19) 김성수, 전게서(각주 11), 724면.
20) 김성수, 일반행정법, 법문사 2008, 236면.

공물의 특별사용관계 중에서 특허사용이란 공물관리청이 수익적 행정처분을 통하여 특정인을 위한 공물사용의 배타적 권리를 설정하는 사용관계를 말한다. 특허사용은 허가사용과는 달리 일반적이고 상대적인 금지를 단순히 해제하는 것이 아니라 특허취득자에게 공법상 포괄적인 권리·의무관계를 형성하는 것으로서 허가사용에 비하여 보다 강화된 내용의 주관적인 권리가 부여된다. 그렇다면 하천법상 점용허가나 하천수의 이용을 위한 허가는 이 중에서 어떠한 성격을 가지는 법률관계라고 할 수 있는가? 이와 관련하여 헌법은 제120조 제1항에서 "이용을 특허할 수 있다"는 표현을 사용하고 있으며, 하천법은 위에서 언급한 바와 같이 '허가'라는 용어를 사용하고 있으나 이러한 표현이나 용어들은 실정법의 문제일 뿐이며, 강학상 허가나 특허는 그 고유한 성질에 의하여 결정된다.

그런데 하천법은 제50조 제3항에서 국토해양부장관은 다음 어느 하나에 해당되는 경우에는 제1항에 따른 허가를 하지 아니하거나 취수량을 제한할 수 있다고 규정하고 있다. 1. 하천수를 오염시키거나 유량감소를 유발하여 자연생태계를 해칠 우려가 있는 경우. 2. 하천수의 적정관리 또는 도시관리계획, 그 밖에 공공사업에 지장을 주는 등 다른 공익을 해할 우려가 있는 경우. 3. 하천수의 취수로 인근 지역의 시설물의 안전을 해칠 우려가 있는 경우. 4. 그 밖에 하천수의 보전을 위하여 필요하다고 인정되는 경우로서 대통령령으로 정하는 경우. 따라서 하천법상의 허가는 일반 국민에게 원칙적으로 하천수의 사용권을 부여하지만 위 공익적 사유에 의하여 이를 일반적으로 금지하고 특정한 경우에 해제하여 그 적법한 사용을 회복하는 허가하는 것으로서 허가의 사유가 존재하는 경우 원칙적인 해제의무를 부과하는 것과는 상당한 차이를 보이고 있다.

다시 말하자면 강학상 허가의 특징으로는 허가의 대상이 되는 상대적·일반적 금지의 법률상 요건이 충족되는 경우에는 행정청이 이를 해제하여야 하는 기속행위로서의 성격을 가지고 있다. 이에 비하여 하천수의 사용에 대한 허가의 경우에 하천법 제50조 제3항이 규정하는 바와 같이 행정청이 각 호에서 정하는 사유에 해당하는지 여부에 대하여 상당한 판단의 여지를 가지고 있으며, 허가를 부여함에 있어서 정책적 재량이 인정될 수 있다. 그러므로 하천법상 하천수의 사용허가는 일반적인 건축허가나 영업허가와 같이 일정한 행위에 대한 상대적 금지와 그에 대한 해제라는 성격(pr ventives Verbot mit generellem Erlaubnisvorbehalt)보다는 '정책적 해제권이 유보된 사전 억제적 금지'(repressives Verbot mit Befreiungsvorbehalt)에 해당하는 것으로 보아 강학상 특허처분으로 보아야 할 것이다.[21]

판례 역시 거듭하여 하천부지에 대한 점용허가는 관리청의 자유재량에 속하는 것으로 보고 있다.[22] 결국 하천사용 여부에 대해 국가가 광범위한 재량권을 행사한다는 것은 하천에 대한 관리와 보호업무가 국가의 헌법상 중요한 과제라는 것을 의미하는 것이며, 상대적으로 민법상 토지소유권에 부수하거나 관습법적인 수리권을 인정할 여지가 협소하다는 점을 지적하지 않을 수 없다.

4. 한국수자원공사와 서울시 간의 수리권 분쟁에 대한 판례의 입장

지난 2006년 원고 수자원공사와 피고 서울시 간에 용수료를 대상으로 제기된 소송에서 대전지방법원은 피고인 서울시가 이미 국가로부터 부여받은 이른바 기득수리권 물량을 총량으로 인정하여 개별

---

21) 독일의 통설이다. Siedr/Zeitler/Dahme/Knopp, Wasserhaushaltsgesetz, §2, 방주 2a; Czychowski, Wasserhaushaltsgesetz, §2, 방주 3; Breuer, Öffentliches und privates Wasserrecht, 2004, 125면.

22) 대법원 2008.7.24. 선고 2007두25930·25947·25954 판결; 대법원 1991.10.1. 선고 90누8688 판결.

취수장에서 취수할 수 있는 취수량을 모두 합산한 물량에서 전체 취수장의 기득수리권 물량을 합산하여 공제한 잔여 물량에다 요금을 곱하는 방식에 의하여 용수료를 산정하여야 한다며 제기한 주장을 기각하였다.[23] 대전지법은 이 사건에서 1. 원고인 수자원공사와 피고인 서울시 간에 체결된 용수계약의 적법성과 효력 여부. 2. 원고가 충주댐에서 피고에게 공급하는 물 이외에 다른 다목적댐으로부터 추가로 공급하는 유수물량에 대해서도 피고가 용수료 납부의무를 지는지 여부. 3. 피고가 가지고 있는 기득수리권 물량을 취수장 별로 정할 것이 아니라 총량으로 인정하여 용수료를 산정하는 것인가의 여부 등에 대하여 판단하고 원고의 청구를 인용하였다.

그런데 이 사건에서 법원은 하천과 하천점용허가의 법적 성격과 더불어 이를 근거로 하는 이른바 기득수리권의 내용, 관습법상의 수리권 내지 자연법상의 최소한의 취수권 등에 대하여 의미 있는 시사를 하고 있다. 우선 법원은 하천과 취수를 위한 하천점용허가의 법적 성격에 대하여 다음과 같이 판시하고 있다. “하천은 국가 · 지방자치단체 등의 행정주체에 의하여 직접 행정목적에 공용된 개개의 유체물을 말하는 공물, 그 중에서도 직접 일반 공중의 공동사용에 제공된 물건인 공공용물에 해당하고, 하천 유수를 취수하기 위한 하천점용허가 또는 용수계약 등은 공물관리권에 의하여 일반인에게는 허용되지 않는 권리를 특정인에게 설정하여 주는 것으로서 공물의 특허사용에 해당하는 것이며,[24] 한강과 같은 대규모 하천의 유수 사용

23) 대전지방법원 2006.10.26. 선고 2005가합7287 판결.

24) 법원은 공물의 특허사용은 이를 통하여 수행되는 특별한 공익목적이 존재하기 때문에 특허를 통한 공물의 사용관계가 이 사건 용수계약과 같이 사법상 계약에 의하여 설정되는 경우 공익상의 특수성에 기하여 그 사용자는 계약내용의 설정에 대한 자유가 상당 부분 제한되어 법령 · 시설규칙 등에 의하여 사전에 전형적, 획일적으로 설정되어 있는 내용을 수락함에 그치는 것이 일반적이기 때문에 이 사건 용수계약과 같이 원 · 피고 사이의 사법상 계약에 의하여 피고에게 공물인 한강 유수의 취수 등과 관련하

에 관하여 하천점용허가를 받는 경우, 이는 당해 공물의 보존, 그 일반사용이나 기타 공익에 많은 영향을 미치는 것이어서 당해 사용행위의 공익성 여부, 출원자의 자격이나 적격성, 그러한 특허사용이 일반 공중에 미치는 영향 등을 구체적으로 판단하여 결정되어야 할 필요가 크다는 점에서 그 행정청에 구체적 사정에 따라 가장 적합한 판단을 할 수 있는 재량권이 인정되어야 하는 것이므로, 국가가 피고에게 한강 유수의 사용과 관련하여 각 취수장별로 점용위치 등만 아니라 기득수리권 물량까지 특정하여 하천점용허가를 하고 그에 기하여 한강 유역의 물 자원을 관리한 것이 편의적 조치이거나 불필요한 규제 또는 행정권의 남용에 해당하는 것으로서 부당하다고 할 수 없다."

하천이 공물이며, 하천점용허가는 강학상 특허에 해당하는 것으로서 관할 행정청이 허가 여부와 내용 형성에 있어서 광범위한 정책적 재량권을 행사한다는 것은 이미 논의한 내용에서 크게 벗어나지 않는다. 특히 자연공물로서의 하천이 댐의 건설과 관리라는 인공적 행위와 결합하는 경우에는 이제 하천의 유수는 일종의 행정적 서비스를 제공하는 재화와 용역의 공급으로서 그 사용에 대해서는 당연히 용수료라는 사용료를 부과할 수 있게 된다. 특히 주목할 것은 피고 서울시가 하천 유수에 대하여 자연적으로 조성된 부존자원이라는 점을 강조하면서 서울시민들의 생존을 확보하기 위한 최소한의 '기준갈수량' 이상을 식수 등으로 사용하기 위하여 취수할 자연법상의 권

여 특별한 사용권을 설정하여 준 경우에도 관계법령이 정한 절차 및 기준에 의하여 용수계약이 갱신되고 있는 이상, 서울시의 주장과 같이 실질적인 의사 교섭의 과정을 거치지 아니하는 등 그 의사가 상당 부분 제한되는 사정이 있다고 하더라도 이는 용수계약의 공공적 특수성 등에 비추어 불가피한 제약이라고 보고 있다. 이는 법원이 용수계약이 사법상 계약의 성격을 가지는 것으로 인정함에도 불구하고 상당한 정도로 공물사용의 목적을 달성하기 위하여 필요한 범위 내에서 공법상의 제한을 받을 수 있다는 점을 강조하는 것이다.

리를 가진다고 주장하였지만, 법원은 이것이 행정적 서비스의 제공에 대한 수익자부담원칙에 반한다는 점을 지적하고 있다는 점이다. 다시 말하자면 하천이 댐을 통하여 관리되는 경우에는 그 운영과 관리를 위한 제반비용이 발생하고, 그로 인한 추가 비용 또한 당해 댐의 저수를 사용하는 수익자에게 부담시키는 것은 사용료와 수수료와 같은 수익자부담금의 기본원칙에 부합하는 것이다.

따라서 이 사건에서 문제가 되고 있는 용수료의 산정기준도 수익자부담금에 적용되는 이른바 응익성의 원칙(Äquivalenzprinzip), 비용부담의 원칙(Kostendeckungsprinzip)에 따라서 이루어져야 한다. 이와 관련하여 피고 서울시는 용수로 산정의 법적 근거로서 '댐건설 및 주변지역지원 등에 관한 법률' 제35조 제1항에 의하여 사용료는 댐사용권자 또는 댐사용권 설정예정자가 제20조 제1항의 규정에 의하여 부담한 금액 또는 제33조의 규정에 의하여 납부한 금액의 범위 안에서 댐의 저수를 사용하는 자가 사용하는 수량 등을 고려하여 정하도록 하고 있다고 주장하고 있다. 다시 말하자면 용수료 산정의 직접적인 기준은 서울시가 사용하는 용수의 생산에 소요되는 경상비가 되어야 한다고 주장이다. 수익자부담금은 이와 같이 원칙적으로 납부의무자가 사용하는 재화나 용역의 생산비용에 따라 이를 사용량에 안분하여 계산한 금액에 의하는 것이므로 "사용한 양과 가격에 비례하는" 이른바 응익성이 원칙이 적용되는 것이다.

그러나 사용료나 수수료와 같은 수익자부담금을 산정함에 있어서는 응익성의 원칙 이외에 댐과 같은 대규모 시설의 경우에는 그 건설비용은 물론 유지·관리비, 동일한 유역의 하천을 효율적으로 관리하기 위하여 필요한 다른 댐의 건설에 소요된 비용 등도 용수를 공급받고 그에 대해 사용료를 납부하는 의무자에게 사용료를 통하여 반영될 수 있는 것이다. 따라서 수익자부담금의 산정에는 위에서 언급한 응익성의 원칙 이외에 비용충족의 원칙이 적용된다. 법원도 이른바 기득수리권을 초과하여 취수하는 수량에 대하여는 댐건설비용 및 그에 관한 운영·관리에 소요되는 제반비용 등의 범위 안에서 초과취수량 등의 여러 사항을 참작하여 용수료를 정한다는 입장을 제시하였다.

이와 더불어 주목할 사실은 법원이 보기에 하천법 자체가 국가로부터 취득한 하천점용허가로부터 발생하는 기득수리권의 물량이나 내용에 대하여 아무런 규정을 두고 있지 아니하며, 피고가 종래 자연적으로 형성된 하천 유수를 별다른 시설 없이 취수하던 것을 전제로 하여 자연권으로서의 취수권을 주장하는 것은 물 자원의 합리적 이용과 대규모 치수사업의 필요성 및 그로 인한 비용분담의 일반원칙에 반하는 것으로 인정하고 있다는 점이다. 다시 말하자면 이 사건에서 법원은 문제가 되고 있는 이른바 기득수리권이라고 부르는 하천법상 하천수의 점용허가와 그로 인한 하천수 사용권이 실정법에 근거를 둔 행정청의 처분에 의하여 발생하는 것임에도 불구하고 그 내용과 범위가 불확실하여 권리로서의 불완전성을 가지고 있다는 점을 지적한 것으로 이해할 수 있다.

하천법이라는 공법규범에 근거를 둔 수리권도 불확실성과 불완전성이 지배하고 있다면 자연권으로서의 취수권이라는 개념도 사실상 성립하기 어렵다. 이는 결국 하천수라는 희소한 부존자원에 대한 관리와 사용은 정밀하고 철저한 법적 규율의 대상이 된다는 것을 의미하며, 실정법규를 벗어난 자연권으로서의 수리권은 존재하기 어렵다는 사실을 시사하는 것이다. 또한 비록 하천법에 의한 수리권도 '기득'이라는 모호한 수식어가 붙는 경우에는 완전한 권리로서의 성격이 취약하기 때문에, 공익상 필요가 있는 경우에는 법률에 따라 국가가 이를 재조정, 재분배하거나 그 내용을 정함에 있어서 상당한 입법적 재량이 인정될 수 있다. 기득수리권의 수용이나 재조정에 있어서 발생할 수 있는 특별한 희생에 대한 손실보상의 필요성은 존재하지만,

기본적으로 입법권자의 형성의 자유를 제한하기는 어렵다.

이와 더불어 법원은 "대규모 치수사업이 요구되지 아니하는 소규모 하천에 대하여 관개용수권 등의 관습상 사용권이 인정될 수 있는지는 별론으로 하더라도"라는 내용의 판시를 하고 있다. 이는 이미 언급한 바와 같이 우리 민법이 제221조 내지 제236조에서 연안권 및 농업용수리권인 관행수리권을 규정하고 있는 사정과 더불어 과거 판례도 제한된 범위 안에서 이러한 관행수리권을 인정하고 있다는 현실을 고려한 법원의 입장으로 이해할 수 있다. 그러나 이러한 관행수리권은 하천이나 沼湖의 규모가 작아 국가 전체적으로 수자원을 관리하는데 큰 영향이 없는 경우에 한하여 매우 제한적으로만 인정될 수 있음에 그치는 것으로 보아야 한다. 또한 후술하는 바와 같이 이러한 소규모의 관행수리권이라도 국가적 관리의 대상이 되는 것이 공익상 필요하다고 인정하는 경우에는 정당한 보상을 전제로 이를 국가가 수용하거나 그 사용을 제한할 수 있다.

Ⅲ. 기득수리권에 대한 전면적인 조정·수용, 취소·변경 등과 이에 대한 손실보상은 헌법상 재산권조항, 신뢰보호의 원칙에 반하는가?

1. 민법상 관행수리권

이미 언급한 바와 같이 우리나라의 경우에는 수리권을 일종의 기득권으로 인정하고 있기 때문에 시대적 변화에 부응하는 수자원정책을 수립하고 집행하는데 상당한 제약요인으로 작용하고 있다. 이러한 문제를 근본적으로 해결하기 위해서는 무엇보다 관행수리권으로 인정받고 있는 민법상 공유하천용수권을 폐지하는 것이 바람직하다. 다시 말하자면 이러한 관행수리권을 하천법상의 허가절차를 통하여 공법상의 수리권을 전환하여 국가나 지방자치단체가 수자원을 보다 합리적이고 효율적으로 관리하도록 할 필요가 있다. 그런데 여기에서 민법상 관행수리권인 공유하천용수권을 폐지하는 것은 이를 국가 등이 헌법 제23조 제3항에 의하여 공공의 필요에 따라 수용하는 것이므로 법률이 정하는 바에 의하여 정당한 보상이 이루어져야 한다. 민법상의 관행수리권인 공유하천용수권은 기득권적 재산권으로서 헌법 제23조 제1항에 의하여 보호되는 물권적 성질을 가지는 권리이기 때문에 공용수용의 요건인 '공공의 필요'라는 불확정 개념을 충족하여야 하며, 법률이 정하는 바에 따라서 정당한 보상이 이루어지는 경우에 한하여 헌법적으로 허용될 수 있다.

그런데 갈수록 부존자원으로서의 그 의미가 커지고 있는 수자원에 대한 효율적이고 합리적인 관리라는 공익상의 요청에 비추어 볼 때 헌법 제23조 제3항에서 규정하는 공공의 필요는 존재하는 것으로 볼 수 있다. 물론 헌법 제23조 제3항의 공공의 필요는 제37조 제2항에 규정된 공공복리에 비하여 공용침해에 특유한 고양된 공익 개념이지만[25] 국가의 효율적인 수자원관리를 위하여 불가피하게 관행수리권을 수용해야 한다면 '공공의 필요'는 존재하는 것으로 보아야 한다. 문제가 되는 것은 관행수리권에 대한 공용침해가 있는 경우 이에 대한 손실을 보상하는 규정이 존재 여부이다. 이에 대하여 하천법은 명시적인 규정을 두고 있지 아니하다. 오히려 하천법은 신규 하천사

25) 다시 말하자면 헌법 제23조 제3항에 의한 공용침해의 허용요건인 '공공의 필요'는 헌법 제37조 제2항에 의한 기본권 제한 입법의 요건이 '국가안전보장, 질서유지 또는 공공복리'보다 협의의 개념이다. 따라서 공용침해를 통한 재산권의 수용 등은 국가안전보장, 질서유지 또는 공공복리라는 일반·추상적인 기본권 제한의 요건으로만 가능한 것은 아니며, 공공의 필요라는 공용침해 특유의 정당화 근거에 의해서만 허용될 수 있는 것이다. 김성수, 전게서, (각주 20), 721면.

용에 대한 허가로 인하여 기존의 하천사용권자의 권리를 침해하는 경우에 이에 대한 손실보상을 규정하고 있다(제50조 제8항). 이 규정은 헌법 제23조 제3항에 따라 행정주체가 의식적으로 공공필요에 의하여 특정한 개인의 재산권을 수용 또는 사용하고 그에 대한 보상을 시행하는 것이 아니라 신규의 하천수 사용의 신규허가로 인하여 행정주체가 의도하지 않는 비정형적 · 비의도적인 방식으로 기 하천사용자에게 발생한 특별한 재산상의 손실을 보상하는 규정이다. 따라서 이 규정은 기득수리권을 보호하기 위한 것이지 행정주체의 의도적인 공용침해로 인한 특별한 희생을 조절적으로 보상하기 위한 법적인 근거로는 볼 수 없다.

그러므로 관행수리권의 수용에 따르는 손실보상을 위해서는 하천법 또는 특별법에 명시적인 규정이 필요한 것으로 보이기 때문에 그에 대한 입법적 조치가 요구된다. 이는 헌법 제23조 제3항에 의하여 공공필요에 의한 재산권의 수용 · 사용 · 제한 등 공용침해행위는 그에 대한 손실의 보상을 인정하는 조항이 있는 경우에만 허용될 수 있다는 점에서 공용침해의 법률적합성원칙(Gesetzmäßigkeit der Enteignung)을 확인하는 것이다. 이와 관련하여 헌법 제23조 제3항의 공공필요라는 헌법상 불확정 개념에 엄격한 해석과 그에 따르는 정당한 보상원칙을 통하여 이 규정이 재산권 주체를 보호하는 자유주의적 성격을 가진 규정이라는 견해를 제시하는 견해도 있다. 이는 독일 연방헌법재판소의 바드 뒤르카임(Bad Dürkheim)市 케이블카 결정에서 잘 나타나고 있다.[26] 독일기본법 제14조 제3항 제1문의 공공복리는 공용수용과 관련하여 매우 특별한 기능과 의미가 부여되고 있다. 이 규정은 국가로 하여금 기본권주체의 재산권을 침해할 수 있는 권능을 부여하는 동시에, 오직 공공복리를 위해서만 공용수용이 가능하다는 의미에서 그 침해권능을 제한하는 의미를 가지고 있다. 원칙적으로

26) BVerfGE 56, 249.

행정부는 헌법이나 법률에서 부여받은 관할권의 범위 안에서 자신의 정책적 판단에 따라서 필요한 사업이나 과제를 수행할 수 있다는 점에서 재산권 주체를 강하게 보호하는 자유주의적 성격의 규범이라는 것이다.

그런데 이에 비하여 우리 헌법 제23조 제3항은 독일기본법 제14조 제3항과는 달리 '오로지'라는 표현을 사용하고 있지 않으며, 공공필요에 의하여 재산권에 대한 수용은 물론 사용과 제한이 가능하다. 다만, 공용침해 시에 그에 대한 정당한 보상을 지급하여 공익과 재산권주체의 이익을 조절하려고 의도하고 있다. 사실 우리 헌법 제23조도 독일기본법 제14조와 유사하게 제1항 전단에서 "모든 국민의 재산권은 보장된다"라고 하여 재산권의 자유권적 성격을 원칙으로 규정하고, 제1항 후단("그 내용과 한계는 법률로 정한다")과 제2항 ("재산권의 행사는 공공복리에 적합하도록 하여야 한다")에서 입법자의 형성권과 사회국가원리에 의한 재산권행사의 사회적 의무를 선언하고 있다. 그런데 제3항의 경우는 독일기본법 제14조 제3항 제1문과는 달리 재산권의 자유주의적 성격이나 재산권주체에 대한 보호적 관점보다는 대한민국의 건국 이후에 고도성장과 경제발전을 위해 각종의 공익사업을 신속하게 추진하여야 한다는 사회적 공감대 속에서 재산권에 대한 침해의 불가피성과 손실보상을 통한 공사이익의 조절에 보다 큰 비중을 두고 있음을 간과할 수 없다.

물론 언급한 바와 같이 헌법 제23조 제3항의 '공공필요'는 제2항의 '공공복리'나 헌법 제37조 제2항의 '공공복리'에 비하여 공익사업의 불가피성을 염두에 둔 '高揚된 공익 개념'으로서 그 의미와 성격이 보다 협소한 것을 인정하여야 한다. 그러나 헌법 제23조 제3항은 기본적으로 위와 같은 한국사회의 특수한 상황과 재산권에 대한 이해를 반영한 것으로서 재산권주체에 대한 보호적 기능보다는 국가가 필요한 공익사업이나 수자원 등 국민 전체의 이익을 위한 천연자원 등을 확보하고 이를 통하여 국민의 생존을 배려하기 위하여 사회국가원리에 터잡은 국가적 권한의 관할권규정이라는 성격이 보다 강한 것으로 보아야 한다.[27]

사실상 우리의 관행을 보면 댐의 건설이나 대규모 개발사업 때문에 재산권주체가 삶의 터전을 상실하고 그에 대한 보상으로는 이전의 생활관계를 회복하기 어려운 경우 토지수용 자체에 대해 격렬하게 저항하는 경우를 제외하고는[28] 대부분 토지수용에 있어서는 보다 많은 보상을 요구하는 등 보상가에 보다 더 큰 비중을 둔 것이 사실이다. 또한 생활보상의 경우에도 결국에는 보상가에 대한 시비로 이어지는 경우도 많았기 때문에 공용수용 또는 공익사업의 공익성 그 자체보다는 '보상의 정당성 또는 시가에 부합하는 보상'이 오히려 재산권주체를 위한 현실적인 보호수단이었음을 부인할 수 없다. 다시 말하자면 우리나라의 경우 헌법 제23조 제3항에 규정된 공공의 필요는 보다 광의로 해석할 수 있는 가능성과 더불어 국가적 필요성이 존재하며, 수자원에 대한 보다 효율적인 국가적 보호나 관리를 위하여 필요한 경우에는 공공필요라는 헌법상 불확정 개념의 요건을 충족하는 것으로서, 정당한 보상을 지급하는 것을 전제로 하여 민법상 관행수리권에 대한 전면적 재조정이나 수용 등이 가능한 것으로 보아야 한다.

---

27) 따라서 우리 헌법 제23조 제3항 후단은 공용수용으로 인한 손실보상에 대해서도 독일기본법 제14조 제3항 제3문의 "보상은 공익과 관계자의 이익을 정당하게 형량하여 결정하라"는 문구 대신 간략하게 '정당한 보상'을 언급하고 있을 뿐이다.

28) 공익사업을 위한 토지 등의 취득 및 보상에 관한 법률 제78조에 따라 공익사업의 사업시행자는 공익사업의 시행으로 인하여 주거용 건축물을 제공함에 따라 생활의 근거를 상실하게 되는 자를 위하여 이주대책을 수립 · 실시하거나 이주정착금을 지급하도록 하고 있는데, 이러한 이주대책은 기존의 생활관계의 회복이라는 존속보호의 의미를 가지고 있다. 김동희, 행정법 Ⅰ, 573면; 홍정선, 행정법원론(상), 699면.

2. 하천법에 의한 허가수리권 — 신뢰보호의 문제

이미 언급한 바와 같이 하천법은 하천수의 사용에 대해서는 이를 허가의 대상으로 규정하고 있다. 그러나 하천법상의 유수사용에 대한 허가를 취득한 기득수리권을 대상으로 발생한 수자원공사와 서울시 간의 소송사건에서 보는 바와 같이 국가가 하천법에 따라 서울시에게 각 취수장별로 점용위치 등만 아니라 기득수리권 물량까지 특정하여 하천점용허가를 부여하였음에도 불구하고 당사자 사이에는 여전히 기득수리권의 범위에 대하여 이견이 존재하고 있다. 이는 기본적으로 하천법이 수리권에 대한 개념정의나 기득수리권의 물량, 배분방식 등에 대하여 아무런 규정을 두고 있지 않기 때문에 발생하는 문제라고 할 수 있다. 이러한 불확실성 때문에 이 사건에서는 서울시가 기득수리권의 범위를 넘어서는 물량에 대해서도 무상취수를 주장하고 있지만 반대의 경우로서 국가가 수자원관리에 대한 전면적인 재검토의 필요성을 제기하여 하천법상 기득수리권에 대한 조정 또는 재분배를 위한 수용을 요구할 가능성도 있다.

다시 말하자면 국가가 수자원에 대한 보다 강화된 보호의 필요성을 인식하고 점점 희소해지는 수자원에 대한 효율적인 관리를 위하여 기득수리권에 대한 전면적인 재조정에 나서는 경우 헌법 제23조 제3항에 의하여 이미 언급한 민법상의 관행수리권을 넘어서서 자치단체 또는 개인이 하천법에 의하여 허가 취득한 수리권에 대한 수용 등 공용침해가 허용될 수 있는가 하는 것이다. 이미 언급한 바와 같이 하천법상 하천수의 사용에 대한 허가는 강학상 특허로서의 성격를 가지고 있기 때문에 상대방이 특허를 통하여 취득 · 행사하는 이익은 권리로서 보호받는 것이 일반적이다. 개인의 경우 특허는 공물인 하천을 사용할 수 있는 권리로서 일종의 행정법상 재산적 가치를 가지는 공권이기는 하지만, 대인적 처분으로서 일신전속적인 권리로서 양도의 대상이 되지 못한다. 자치단체나 기타 공법인이 하천법상 허가를 통하여 하천수에 대한 사용권을 가지는 경우에는 이는 재산적 가치가 있는 공권으로서 주민에게 물을 공급하는 서비스를 제공하기 위하여 소유하는 재산이므로 국유재산법의 체계에서 보면 일종의 공공용재산이다.

그런데 국가가 하천법상 특허처분을 통하여 자치단체에게 부여한 기득수리권을 전면적으로 재조정하거나 그 내용을 대폭 축소 또는 수정하려는 경우에는 크게 두 가지 방법을 적용할 수 있을 것으로 보인다. 하나는 민법상의 관행수리권의 경우와 마찬가지로 지방자치단체를 비롯한 공법인이나 개인이 가지고 있는 재산권으로서의 기득수리권에 대하여 헌법 제23조 제3항에 따라 공용수용을 행하고 그에 따르는 손실에 대하여 보상을 지급하는 것이다. 그런데 이 경우 국가는 형식적으로 기득수리권에 대하여 수용권을 발동하는 것이지만 자치단체의 물사용권을 부인하는 것이 아니라 궁극적으로 새로운 기준에 따라서 재분배하는 것이기 때문에 헌법 제23조 제3항에 의한 공공의 필요라는 불확정 개념을 충족하는 것으로 볼 수 있다. 물론 이 경우에도 공용수용의 법률적합성원칙과 정당보상원칙이 준수되어야 하므로 하천법 또는 특별법상의 입법적 조치가 요구된다.

지방자치단체 등 공공단체나 개인이 하천법의 특허처분에 의하여 취득한 기득수리권을 전면적으로 개편 또는 재조정하는 또 다른 하나의 방법은 국가가 허가처분을 철회 또는 그 내용을 변경하는 것이다. 이 문제는 민법상의 관행수리권과는 달리 하천법상의 기득수리권은 행정청의 특허처분이라는 공식적인 행위를 통하여 성립한 것이므로 단순히 재산권에 대한 공용수용과 그에 대한 손실보상의 논리보다는 다소 복잡하다. 그 이유는 지자체 등이 주민들에게 필요한 물을 공급하기 위해서는 장기적인 관점에서 국가의 관할행정청이 부여한 특허처분의 존속성에 대하여 강한 신뢰를 가지고 있기 때문이다. 그러나 지자체 등에 대한 신뢰보호의 이익보다 상대적으로 더욱 큰 공익상의 요구가 있는 경우에는 기득수리권에 대한 철회 또는 변경처분이 가능한 것으로 볼 여지가 있다. 다시 말하자면 국가가 수자원의 보호와 효율적인 관리 및 이용을 위하여 기득수리권에 대한 전면적인 재조정이 필요하다고 판단하는 경우에는 보다 강한 공익상의 필요가 인정될 수 있는 데 비하여, 기본적으로 지자체 등은 자신에게 부여된 기득수리권이 동일한 내용과 범위로 지속할 수 있다는 것을 영구히 신뢰할 수 없기 때문이다.[29]

29) 헌재는 어업면허 기간 만료 후 유효기간의 연장을 위한 권리가 관련법규에 의하여 인정되는가의 여부에 대하여 신뢰보호원칙과 관련하여 다음과 같이 판시하고 있다. 이 결정은 하천법상의 허가로 발생한 기득수리권에 대한 철회나 변경과 관련한 신뢰보호원칙의 적용 여부에 대하여 상당히 흥미로운 시사를 하고 있다. "한편, 청구인들은 위 법개정 전에는 청구인들과 같은 경우 면허연장 제외사유로 명시되어 있지 않았으므로 특단의 사정이 없는 한 면허가 연장되었을 것이라고 주장한다. '다른 법령의 규정에 의하여 어업행위가 제한 또는 금지되고 있는 수면일 경우'가 면허 기간 연장의 제외사유로 명시적으로 규정된 것은 법 개정 이후이기는 하지만, 개정 전의 법에 의하더라도 공익상 필요에 의한 연장 거부가 가능하였고, 법규정상 그 사유는 구체적으로 한정되어 있지 않았다. 그리고, 양식어업면허 유효기간이 10년까지 부여될 수 있음을 감안할 때, 당초 면허를 부여받을 당시에 예측가능한 연장 거부사유들에 비추어, 사실상 장차 연장을 기대할 수 있었다고 하여도, 면허기간 만료 시에도 그와 꼭 같아야 한다는 식의 보장을 받을 수는 없다. 뿐만 아니라, 면허기간 연장 불허는 장래에 향한 것으로서 새로운 입법으로 이미 종료된 사실관계 또는 법률관계에 적용되게 하는 것이 아니므로 소급입법에 의한 재산권의 제한이나 침해가 있다고 할 수는 없는 것이다. 다만, 소급입법에 의한 재산권침해가 있는 것은 아니라고 하여도 면허연장 제외사유에 관한 위와 같은 개정으로 법치국가의 원리로부터 도출되는 신뢰보호원칙에 반하게 되는 결과를 초래했는지 여부를 검토할 필요는 있다. 그런데, 법률이 개정되는 경우 기존 법질서와의 사이에 어느 정도의 이해관계의 상충은 불가피하므로 신뢰보호원칙 위배 여부를 판단하기 위해서는 한편으로는 침해받은 이익의 보호가치, 침해의 중한 정도, 신뢰가 손상된 정도, 신뢰침해의 방법 등과 다른 한편으로는 새 입법을 통해 실현하고자 하는 공익적 목적을 종합적으로 비교·형량하여야 한다. 그러나 헌법적 신뢰보호는 개개의 국민이 어떠한 경우에도 실망을 하지 않도록 하여 주는 데까지 미칠 수는 없는

그러므로 이 경우에는 기득수리권의 존속에 대한 자치단체 등의 신뢰보다는 수자원의 효율적 보호와 지속가능한 이용이라는 공익이 보다 우세한 것으로 보아 기득수리권에 대한 철회나 변경이 허용되는 것으로 볼 수 있으며, 이러한 철회나 변경처분은 헌법상 법치국가원리로부터 도출되는 신뢰보호원칙에 반하지 않는다. 다만, 이 경우 기득수리권에 대한 존속보호의 방식이 적용되지 않는다고 하더라도 이를 신뢰한 지자체 등의 신뢰가 여전히 상당한 정도로 보호가치가 있기 때문에 손실보상을 통한 보상보호의 방식을 적극적으로 검토하여야 한다. 따라서 하천법이나 수자원관리를 위한 별도의 특별법에서는 이에 필요한 규정을 두는 입법적 조치가 역시 필요하다.

것이며, 입법자는 구법질서가 더 이상 그 법률관계에 적절하지 않음에도 불구하고 그 수혜자들을 위하여 이를 계속 유지하여 줄 의무는 없다고 할 것이다. 가사 청구인들이 면허를 받을 당시에는 연장을 사실상 기대할 수 있었는데 위와 같은 법개정으로 연장이 불허되게 되었다고 하더라도, 어업면허에 내재된 공익적 제약의 비중, 공익적 제약의 시대에 따른 가변성을 고려할 때, 면허기간 만료 시 연장을 해주지 않을 근거가 되는 공익상 필요의 구체적 사유가 최초에 예측가능하였던 사유와 같은 것으로 한정되어야만 할 정도로 그 신뢰가 보호되기는 어려운 이상, 청구인들의 기대는 보호되기 어렵다. 더욱이 수질보전과 같은 공익상 필요는 종전부터 있었음에도 불구하고 이에 대한 인식이 미흡하여 수면사용의 제한이 적절히 이루어지지 않다가 근래에 뒤늦게 시정되고 있는 면도 있다. 즉, 내수면 가두리양식어업을 장기간 유지한 것이 오히려 공익의 희생 하에 이루어진 부적절한 정책이었으며, 최근의 정책과 개정법은 그 잘못을 바로잡는 것이라고 평가될 여지도 있다. 또 공공용 내수면의 용도와 기능, 이해관계의 다양성, 수질보전의 중요성 등을 감안할 때, 청구인들과 같은 사유로 인한 연장불허로 인하여 기존의 면허어업자들이 침해받은 신뢰이익이 연장 불허로 달성하고자 하는 공익목적에 꼭히 우선하여 보호되어야 할 정도로 중대한 것이라고 할 수도 없다. 그러므로, 청구인들과 같은 사유로 연장이 불허된 경우를 보상대상에 포함시키지 않은 이 사건 보상규정이 헌법상 신뢰보호의 원칙에 위배된다고 볼 수 없다. 헌재 2001.3.21, 99헌바81.

Ⅳ. 결론에 대신하여 ― 이른바 수자원기본법(물관리기본법)의 제정 필요성

민법상의 관행수리권은 물론 하천법의 허가를 통하여 발생한 기득수리권의 내용과 한계를 규정하고 그에 대한 수용이나 철회 등을 통한 전면적인 재조정이 필요한 경우에는 헌법 제23조 제1항 · 제2항 및 제3항과 헌법상 법치국가원리로부터 직접적으로 유래하는 신뢰보호원칙 등에 따라 법률의 근거가 있어야 한다. 물론 이와 관련된 규정은 민법이나 하천법 등 관련법률을 개정하여 그에 포함시키는 방법을 고려해 볼 수 있다. 그러나 민법에 기득수리권에 관한 광범위한 내용을 규정하는 것은 앞으로 관행수리권을 전면적으로 폐지 또는 재조정할 필요가 있다는 관점에서 바람직한 방향이라고 할 수 없다. 원칙적으로 관행수리권을 부인하고 모든 수리권은 하천의 관리청의 허가에 의하여 발생 · 변경 · 소멸하여야 한다는 점에서 보면 허가에 의한 기득수리권에 대한 수용, 철회와 보상 등에 관한 문제는 하천법에서 규율하는 것이 상당한 실천적 타당성을 가지고 있다. 그러나 하천법은 주로 하천구역이나 하천시설 등에 대한 관리를 목적으로 하는 법률이므로 수리권을 비롯하여 수자원에 대한 체계적이고 종합적인 보호와 관리와는 상당한 거리가 있음을 부인할 수 없다.

따라서 학계와 실무계에서는 이미 오래 전부터 수자원기본법 또는 물관리기본법의 제정이 필요하다는 주장이 제기되었다.[30] 수자원의 이용과 관리에 대한 관련법규는 민법, 하천법, 댐법 등 다양한 법규에 산재하고 있으며 이를 통합적으로 규정할 기본법이 부재하기 때문에 관련법률 간의 통일적이고 체계적인 규율이 이루어지고 있지

---

30) 대표적으로 소병천, 물관리기본법의 제정 필요성과 그 방향 및 내용, 환경법연구, 제25집, 제2호, 1면 이하; 한국수자원공사, 수자원기본법 제정 방안 연구, 2002.12.

못하다는 것이 수자원 관련기본법 제정의 필요성을 제기하는 핵심적인 주장이다. 또한 수범자의 입장에서 보아도 기본법의 부재는 수자원 관련법의 체계적인 이해를 어렵게 하고, 관련법규를 종합적으로 파악하는데 상당한 장애요인을 제공하고 있다. 무엇보다 본 연구의 핵심이라고 할 수 있는 수리권에 대한 명확한 개념과 더불어 그 구체적인 내용 및 한계에 대한 불확실성을 제거할 수 있는 입법적 조치가 시급하다는 점을 지적할 수 있다.

또한 수자원기본법은 수자원의 개발과 이용 및 관리에 대한 기본원칙과 정책방향을 제시하는 규정을 포함하여야 한다. 이는 수자원의 이용과 보전에 관한 규범들을 집대성한 포괄적인 입법의 형태를 가질 수도 있으며, 필요한 경우 수자원 관련법령 들이 상호 모순되지 않고 통일성과 일체성을 가질 수 있도록 이를 통합·조정하는 기본법의 성격을 가지는 입법의 형태가 될 수 있다. 그러나 포괄입법인가 혹은 기본법인가 하는 입법의 성격과 형태에도 불구하고 수자원기본법의 제정 필요성을 제기하는 주장들은 이 법의 내용으로 수리권의 개념과 수자원관리의 원칙, 용수배분의 우선순위 결정, 유수점용허가의 명확한 대상을 포함할 것을 요구하고 있다. 또한 기존 물관리 조직의 개선과 수자원을 둘러싼 분쟁조정제도를 확립하여 향후 발생할 수 있는 용수배분 등의 분쟁에 적극적으로 대처할 것을 주장하고 있다.

그 밖에도 수자원기본법의 내용과 체계에 대해서는 다양한 제안과 그에 대한 논의가 있을 수 있지만 이른바 기득수리권에 대한 폐지를 포함하는 전면적인 재조정의 필요성에 상응하여 그에 대한 수용 및 철회, 보상에 대한 법적 근거를 명시하는 것이 무엇보다 중요하다. 그 이유는 최근 서울시와 한국수자원공사 간에 기득수리권의 내용과 범위에 대한 법적 분쟁에서 보듯이 비록 하천법상 허가를 통하여 취득한 수리권에 대해서도 불확실성이 존재하기 때문에 이로 인한 갈등의 소지를 상당부분 해소하고, 희소한 수자원에 대한 보호와 효율적인 이용이라는 공익상의 필요가 있는 경우 기득수리권에 대한 수용이나 전면적인 재조정이 조만간 국가의 현안 과제로 부상할 수 있기 때문이다. 따라서 수자원기본법은 수자원에 대한 관리와 이용이라는 오늘의 과제를 넘어서서 미래 세대를 위한 수자원 이용의 지속가능성을 보장하는 과제도 동시에 염두에 두어야 할 것이다.

제 4 장 서울시와 한국수자원공사 간의 용수료 분쟁에 대한 항소심판례 평석

I. 문제의 제기

상수도를 통하여 물을 최종적으로 소비하는 주민과 물을 공급하는 지방상수도사업자인 지방자치단체와의 사이에 수도사용료를 대상으로 하는 법적 분쟁이 발생할 수 있다. 그러나 대부분 이러한 경우에는 소비자가 사용한 물의 양에 대한 계측이 가능하기 때문에 누수 등 기술적인 문제가 발생하지 않는 한 분쟁을 해결하는데 큰 어려움이 예상되지는 않는다. 그러나 광역상수도의 경우에는 양상이 보다 복잡하다. 일단 하천수를 대상으로 하천수 점용허가라는 행정처분을 통하여 지방자치단체 등 수요자가 취수할 수 있는 양이 결정된다. 그러나 국가의 하천관리청이 이러한 하천점용허가 또는 하천수의 점용허가라는 행정처분을 행하는 경우에 물의 수요자인 지방자치단체 등이 이미 누리고 있었던 이른바 기득수리권이라는 애매한 개념이 등장한다.[1] 물론 기득수리권 또는 기득수리물량은 하천법상의 하천

---

1) 하천법은 하천관리청은 하천점용허가를 함에 있어서 이미 하천점용허가를 받은 자 등 대통령령으로 정하는 하천에 관한 권리를 가진 자(기득하천사용자)가 그 허가로 손실을 받게 됨이 명백한 경우에는 해당 신청인으로 하여금 기득하천사용자의 동의를 얻도록 규정하고 있다(제34조). 다만, 다음 각 호의 어느 하나에 해당하는 경우에는 그러하지 아니하다. 1. 그 하천점용에 관한 사업이 기득하천사용자의 하천사용에 관한 사업에 비하여 공익성이 뚜렷하게 큰 경우. 2. 손실을 방지하기 위한 시설을 설치하여

점용허가를 통하여 성립한 것이기는 하지만 이미 그 시작은 1970년대까지 거슬러 올라가며, 그 이후의 산업구조의 변화와 도시의 비약적 팽창 등을 거치면서 합리적인 조정과정을 거치지 못하고 그 범위와 내용에 대해 상당 부분 불확실성이 존재한다.[2] 다시 말하자면 하천수의 공급자인 댐의 관리자가 새로운 댐을 건설하기 이전부터 시민에게 마시는 물을 공급하기 위해 하천점용허가를 통하여 끌어다 사용했던 하천수에 대해서는 물값이 면제되고 이를 초과하는 사용량에 대해서만 사용료가 부과된다. 그런데 하천수점용허가를 통하여 기득수리권을 초과하는 물 중 일부는 대부분 공급자가 신규로 설치하여 관리하는 댐으로부터 흘러드는 것이므로 공급자와 수요자 간에 용수계약이 체결되는 경우 기득수리권의 물량을 어느 정도 인정할 것인지 분쟁의 여지가 있다. 더 나아가 하천유역을 대상으로 다수의

기득하천사용자의 하천사용에 관한 사업의 시행에 지장이 없다고 인정되는 경우. 그리고 이 규정은 제50조 제8항에 의하여 하천수점용허가의 경우에도 준용된다. 이처럼 하천법에 의한 하천점용허가 또는 하천수점용허가는 점용허가 신청순서에 따라서 하천관리청이 물수지분석을 실시하고 이를 통하여 여분의 유량이 있을 때에만 허가를 함이 원칙이며, 기득수리권을 최우선으로 보장하되, 허가제를 도입함으로써 상류유선주의를 배제한다는 의미를 가지고 있다. 이와 같이 하천점용허가에 따른 기득하천사용자를 인정한다 함은 어느 정도 수자원 이용에 대한 권리를 인정한다고 볼 수 있으나, 이들 기득권자에 대한 권리의 범위에 대한 명확한 규정은 하천법에 존재하지 않는다.

2) 물론 하천법에 의한 점용허가는 상황에 맞도록 허가받은 사항 중 대통령령으로 정하는 중요한 사항을 변경하는 것도 가능하다(제33조 제1항). 그러나 실제로 이러한 변경허가가 늘 적시에 이루어지는 아니다. 이 사건에서도 피고 서울시는 영등포구 양화동 일원에서 일정량의 공업용수를 취수하여 사용할 수 있는 기득수리권 물량을 인정받아 이를 구로공단의 공업용수 등으로 공급하고 있던 중 구로공단이 종래의 제조업 중심에서 디지털 소프트웨어산업 중심으로 변화됨에 따라서 공업용수에 대한 수요가 급감하여 이를 생활용수의 기득수리권 물량으로 전환시켜 줄 것을 요구하고 있으나 원고인 수자원공사는 이른바 취수장별 공제방식을 주장하여 이를 허용하지 않고 있다.

취수장에 대해 하천점용허가가 이루어지고 뒤 이어 계약당사자 간에 용수계약이 체결되는 경우 이를 대인적 성격의 계약으로 보아 취수장별로 이루어진 하천점용허가의 물량을 서로 통합할 수 있는지, 아니면 각각 분리된 것으로 용수료를 산정할 것인지도 분쟁이 대상이 될 수 있다. 이와 같이 광역상수도요금의 산정에는 불확실한 요소들이 산재하고 있어서 이를 대상으로 하는 용수료 분쟁은 물흐르듯 자연스럽게 해결되기 어렵다. 이하에서는 위에서 언급한 법적 문제를 극명하게 보여주는 서울시와 한국수자원공사 간에 발생한 용수료 분쟁에 대하여 항소심인 대전고등법원판결에[3] 나타난 법원의 판단과 그에 대한 평가를 중심으로 용수료 분쟁의 이슈와 법리에 대하여 검토하고, 합리적인 수리권 분쟁에 대한 제도적 대안을 제시하기로 한다.

Ⅱ. 항소심판결의 요지

1. 원고 한국수자원공사와 피고 서울시 간에 체결된 이 사건 용수계약은 형벌의 제재에 의하여 뒷받침되는 하천점용허가를 받기 위해 사실상 강요된 것이고, 서울시민의 생존배려에 불가결한 용수공급을 위해 불가피한 조치였으므로 당시 피고의 궁박한 사정을 기반으로 체결된 것으로서 무효이다.

2. 댐용수공급규정상 이용자별로 용수사용량을 전체를 통합하여 요금을 산정하도록 규정하고 있는 점 등을 감안하여 용수료의 산정은 이른바 취수장별 공제방식이 아닌 총량공제방식에 따라야 한다. 그러므로 총량공제방식에 의해 산출된 용수료를 이미 모두 납부하였

3) 대전고등법원 2009.2.12. 선고 2006나12112 판결.

으므로 피고의 용수료의 납부의무는 더 이상 존재하지 않는다.

3. 계약당사자 간에 암사취수장에 관한 최초의 용수계약 이후 체결된 다른 취수장들에 대한 각 용수계약은 주로 사용계약량 또는 용수공급방식과 관련하여 기본적인 계약에 해당하는 암사취수장에 관한 용수계약의 내용을 보충하거나 변경하는 합의에 불과하여 전체적으로 용수계약의 단일한 계약이다.[4)]

Ⅲ. 법적 쟁점

이번 사건에서 문제되는 법적인 쟁점으로는 다음과 같은 것들을 들 수 있다. 첫째, 원고 서울시와 피고 한국수자원공사 간에 체결된 용수계약은 각 취수장별로 이른바 기득수리권을 초과하는 물량을 대상으로 하천점용허가라는 행정처분을 중요한 부분으로 포함하고 있다. 결국 원고와 피고 간에는 각 취수장별로 복수의 용수계약이 체결된 것이다. 그러나 항소심은 동일한 당사자 사이에 동일한 물건을 동일한 목적으로 공급하기로 하는 계약이 순차적으로 체결된 경우

---

4) 이에 비하여 원심인 대전지방법원 판결(2006.10.26. 2005가합7287)은 다음과 같은 요지로 선고 되었다. 1. 암사취수장의 용수계약에서 계약의 목적으로 암사취수장에서 필요로 하는 물을 공급하는 것으로 하고 있고, 취수지점을 암사취수장으로 명시하고 있으며, 계약물량과 기득물량이 특정되어 있는 점, 다른 취수장의 댐용수사용 청약서 및 승낙서에도 각 취수지점과 각 지점별 사용계약량이 명시되어 있는 점에 의하면 용수계약은 각 취수장별로 체결되었다. 2. 기득사용물량은 댐설치 이전에 하천법 제33조의 규정에 의하여 유수점용허가를 득한 물량이고, 피고에 대한 하천점용허가가 각 취수장별로 점용위치 등만이 아니라 물량까지 특정되었던 사실에 의하면, 기득수리물량은 각 취수장별로 계산되어야 함이 법리에 맞는 것이고, 복수의 취수장에서 기득수리물량을 통합하여 계산하여야 한다는 논리는 법률적 근거가 없다.

나중에 체결된 계약은 앞서 체결된 계약의 공급량에 대한 부분을 추가 내지 확장하기로 하는 합의로 봄이 상당하기 때문에 원고와 피고 사이에 암사취수장에 관한 최초의 용수계약에 이어 체결된 다른 취수장들에 대한 각 용수계약은 주로 사용계약량과 용수 공급방식과 관련하여 기본적인 계약에 해당하는 암사취수장에 대한 위 용수계약의 내용을 보충하거나 변경하는 합의로 보고 있다. 즉 용수계약이 복수인가 아니면 전체적으로 하나의 계약인가 하는 것이 쟁점이다. 둘째, 용수료는 각 취수장별로 산정할 것인가(이른바 취수장별 공제방식) 아니면 이른바 총량공제방식을 통하여 결정하는가 하는 문제이다. 이 사건에서 원고는 2001년 이후에 피고에 대하여 기득사용물량의 취수장별 배분조건을 조정하거나 이전함이 없이 취수장별 배분을 전제로 각 취수장별 용수료 부과대상 물량을 산출한 이후에 요금심의 위원회의 심의 및 당시 건설교통부장관의 승인을 거쳐 결정한 요금을 합한 총액을 각 취수장별로 용수료로 산정하여 고지하였다. 결국 피고는 이러한 방식으로 고지된 용수료를 납부하여 취수장별로 통합한 기득수리권의 잉여부분을 취수장 전체로 합산한 물량에서 공제받지 못한 것이다.[5] 앞서 언급한 두 가지 법적인 쟁점은 물을 사용하기 위한 하천점용허가 내지 하천수점용허가가 특정되고 구획가능한 지점을 대상으로 이루어지는 특정성과 개별성을 그 요건으로 하는 것인지 아니면 위 점용허가가 물수요자인 피고가 필요로 하는 물수요량 일반을 대상으로 함으로써 각 취수장의 장소적 특정성의 의미가 상실되는가 하는 것과 관련된다. 하천점용허가 내지 하천수점용허가

5) 두 번째 법적 쟁점은 용수계약이 단수인가 복수인가의 문제와 표리의 관계를 이루는 것으로서 복수의 용수계약에 체결된 것으로 보는 경우 이른바 총량공제방식은 인정되기 어렵다. 다시 말하자면 기득사용물량을 총량으로 인정하여 전체 취수장의 취수량을 합산한 물량에서 기득사용물량을 공제한 것을 잔여 물량으로 인정한 후 이를 기준으로 용수사용료를 산정하거나 잉여 기득사용물량을 다른 취수장의 기득사용물량으로 전환하는 총량공제방식이 허용되지 않는 것이다.

의 법적 성질과 내용에 대해서는 후술한다. 마지막으로 셋째, 원피고 간에 체결된 용수계약이 강요에 의하여 체결된 것으로서 무효인지 문제된다. 원고의 주장에 의하면 이 사건 용수계약은 형벌의 제재에 의하여 뒷받침되는 하천점용허가를 받기 위해 사실상 강요된 것이고 서울시민의 생존배려에 불가결한 용수공급을 위해 불가피한 조치였으므로 당시 피고의 궁박한 사정을 기반으로 체결된 것으로서 무효라는 것이다. 그러나 원고와 피고 간에 용수계약이 적법하게 체결되기 위해서는 그 전제로서 피고가 국가의 하천관리청으로부터 적법한 하천점용허가라는 행정처분을 받아야 하는 것이므로 용수계약과 하천점용허가는 상호 밀접하게 연관되어 있는 것으로서 용수계약이 강요된 것이라는 주장은 용수계약과 하천점용허가의 불가분성을 간과하는 것으로 이해할 수 있다. 이하에서는 위에서 언급한 법적 쟁점을 중심으로 항소심판결의 내용과 문제점에 대하여 평가하기로 한다.

1. 용수계약의 법적 성격과 효력

1) 용수계약의 법적 성격

원고와 피고 간에 체결된 용수계약은 원고가 사용권을 설정받아 관리하는 충주다목적댐 등의 수자원 개발시설 등에서 공급하는 생·공용수를 피고가 그 관할구역 내의 한강유역에 위치한 취수장으로부터 취수하고, 취수한 물의 총량에서 이른바 기득수리권 물량을 공제한 잔여 물량에 정부가 승인한 단가를 곱하여 산출한 금액을 요금으로 하는 내용을 담고 있다. 용수계약의 당사자는 서울시와 수자원공사라는 공법상 법인 간의 계약이기는 하지만 공권력 행사를 대상으로 하는 것이 아니라 물의 공급과 대가의 지급이라는 통상적인 급부관계를 규율하는 것으로서 민법상 계약의 성질을 가지고 있다. 따라서 양자 간의 분쟁은 행정소송절차가 아닌 민사소송절차에 의한다.

다만, 공법인이나 지방자치단체가 물을 공급하는 행위는 최종수요자인 국민이나 주민의 생존에 필수적인 재화를 공급하는 것으로서 일종의 생존배려적 행정작용(Daseinsvorsorge)이라는 특징을 가지고 있다. 다시 말하자면 원고와 피고 간에 체결된 용수계약은 사법상의 계약이기는 하지만 동시에 일반 국민에 대한 급부행정활동 내지 생존배려행정작용이라는 성질을 동시에 갖고 있기 때문에 사법상 계약의 지배원리인 계약자유의 원칙이 상당 부분 용수계약의 공공성으로 인한 수정을 받을 수밖에 없다는 점을 유의하여야 한다.[6] 물의 사용을 대상으로 하는 우리나라의 공법체계와 생존배려행정의 특성은 용수계약의 성립은 물론 계약내용의 해석에 있어서도 직접적인 구속력을 미치고 있다. 우선 헌법은 제120조에서 광물 기타 중요한 지하자원 · 수산자원 · 수력과 경제상 이용할 수 있는 자연력은 법률이 정하

6) 이런 점에 비추어 보면 용수계약은 사회기반시설에 대한 민간투자법에 의하여 체결되는 실시협약과 유사한 사법상 계약으로 볼 여지도 있으나 그 성격상 차이가 있음을 부인하기 어렵다. 즉 용수계약의 성격은 공법적으로 기속을 받는 사법상 계약이지만, 실시협약은 공법상 계약이기 때문이다. 민간투자법상의 실시협약을 사법상 계약으로 보는 견해도 있으나(이에 대한 비판적 견해, 윤성철, 민간투자 법제연구 - 실시협약의 법적 성질 및 쟁송을 중심으로 -, 한국학술정보 2006, 155면), 대부분 이를 공법상 계약으로 인정하고 있다. 윤성철, 상게서, 156면 이하; 황창용/홍성필/정민웅,권용훈, 사회간접자본시설에 대한 민간투자법과 관련 법률의 체계에 관한 연구, 국토연구원 2005, 60면; Sung Soo Kim, Public Private Partnership als neue Form der Erfüllung staatlicher Aufgaben?, Die Einbeziehung Privater in die Erfüllung öffentlicher Aufgaben, Schriftenreihe der Hochschule Speyer Band 193, Duncker & Berlin 2008, 52면. 판례 역시 실시협약을 다음과 같은 이유로 공법상 계약으로 보고 있다. "민간투자법 제18조 내지 제20조에 의하면, 사업시행자는 민간투자법의 시행을 위하여 타인의 토지에 출입 등을 할 수 있고, 국 · 공유지를 무상으로 사용할 수 있으며, 토지 등을 수용 또는 사용할 수 있으므로 사업시행자 지정의 효력을 가진 실시협약의 체결을 단순한 사법적, 일반적 계약관계라고 할 수 없다" 서울고등법원 2004.6.24. 선고 2003누6483 판결.

는 바에 의하여 일정한 기간 그 채취·개발 또는 이용을 특허할 수 있으며(제1항), 국토와 자원은 국가의 보호를 받으며, 국가는 그 균형 있는 개발과 이용을 위하여 필요한 계획을 수립하도록 규정하고 있다(제2항). 결국 물의 이용은 국가의 전체적인 수자원의 관리라는 틀 속에서 이루어지는 것을 말하며, 원칙적으로 물을 이용하는 자는 하천법에 의한 허가를 받아야 한다. 따라서 물의 이용행위는 공법상 공물의 이용관계를 전제로 하는 것이므로 용수계약은 하천법상 하천점용허가나 하천수점용허가를 취득한 경우에 한하여 적법하게 체결될 수 있다. 하천점용허가와 용수계약 간의 관계에 대해서는 후술한다. 또한 물의 공급은 주민에 대한 생존배려행정의 성격을 가지고 있기 때문에 비록 그것이 사법상의 형식을 취하는 경우에도 계약의 공공성으로 인하여 국민의 기본권 보장 등 다양한 공법적 원리에 의하여 기속되는 이른바 행정사법(Verwaltungsprivatrecht)의 영역에 속한다.[7] 행정사법의 내용이 수돗물의 공급과 같은 공급행정의 경우 비권력관계이기는 하지만 공법관계를 통하여 이루어진다면 이러한 행정활동에 대하여 국민의 기본권의 효력이 직접적으로 미치며 각종의 공법원리에 의한 기속을 받는다는 것을 의미한다. 그러므로 이러한 비권력 행정작용이 사법의 형식으로 전환되어 행정사법의 영역으로 편입된다고 하더라도 통상의 사법관계와는 달리 전면적인 사적자치의 원칙이나 계약자유의 원칙이 지배할 수 없는 것이다. 만약, 행정사법의 업무영역을 전면적인 사법원리에 방임한다면 실질적으로 국가적 과제인 비권력 행정작용이 '사법으로 도피'하는 현상을 허용하는 결과가 되기 때문이다. 사실 국가가 수행하여 온 각종의 공공적 서비스가 사인의 손으로 넘어가는 민영화과정을 거치면서 많은 나라에서 그 부작용의 하나로 서비스의 공공성이 담보되지 못하는 현상이 일어나고 있다. 그러므로 시장원리에 입각하여 이윤추구의 대상

---

7) 행정사법이론에 대해서는 김성수, 일반행정법 제5판, 홍문사, 2010, 419면.

이 되어버린 공공적 서비스는 모든 국민에게 평등한 접근이 가능한 것은 아니며, 매우 제한된 범위의 사람들의 전유물로 전락할 가능성은 얼마든지 있다. 그러므로 행정사법의 형식으로 수행되는 급부행정활동은 비권력적인 행정작용으로서 비록 사법관계이기는 하지만 국민의 기본권 및 다수의 공법원칙이 직접적으로 적용된다. 이것이 행정사법에 대한 전면적인 기속이론이다. 여기에서 가장 핵심이 되는 기본권은 평등권과 재산권이며, 기타의 공법원리로서는 비례의 원칙, 신뢰보호의 원칙 등이 거론된다.

2) 항소심의 판단

항소심의 판단 또한 다음과 같은 이유로 용수계약이 행정사법의 형식으로서 다양한 공법적 기속의 대상이 된다는 점을 인정하고 있다. “무릇, 사법의 형식에 의해 이루어지는 행정활동의 경우에도 그것이 수도 · 전기 · 가스 등 공공급부와 같이 ‘직접’ 공익을 실현하기 위한 것이라면 공법적 구속, 특히 평등권, 재산권 등을 비롯한 기본권의 작용을 받게 되므로, 이 사건 각 용수계약 중 위와 같은 용수료 산정에 관한 부분은 그 효력이 그대로 인정될 수 있을 것인지가 면밀히 검토될 필요가 있다. 즉, 행정주체는 국고보조활동이나 수익경제활동과 같이 순수한 국고행정영역에서뿐만 아니라, 관리행정(단순고권적 행정)영역에서도 전기, 가스 등 에너지 공급, 교통역무제공, 상수공급 및 하수처리, 폐기물처리, 자금조성 등 개인의 생존에 필수적인 급부를 제공하는 생존배려행정을 위하여 사법형식으로 활동하고 있으며, 행정주체에게는 법질서에 의하여 명시적으로 공법적인 작용이 필요하지 않는 한 자신의 행정목적 수행을 위하여 사법형식과 공법형식을 선택할 권한이 부여되어 있으므로 그에 따른 사법상의 효력이 인정되어야 할 것이나, 이러한 생존배려행정은 본래의 공행정 내지 실질적인 공행정에 해당하여 공법적으로 판단되어야 하는 급부행정영역에 속함에도 사법형식으로 활동한다면 이는 완전한 사적자치에 맡겨져 있지 않으며 평등권 등 기본권을 비롯하여 일련의 공법적 기속에 예속된다"고 행정사법형식의 행정활동에 대한 공법원리의 적용원칙을 설시하고 있다.[8] 다만, 항소법원은 이러한 공법적 기속의 대상이 되는 용수계약에 평등권이 직접적으로 적용된 결과 용수료 산정의 기준을 규정하고 있는 하천법, 특정다목적댐법시행령의 관련 규정이 사용자별로 기득사용물량을 총량공제하는 이른바 총량공제 방식을 취하고 있으므로, 이러한 관련규정상의 총량공제방식이 용수계약의 급부와 반대급부 사이의 불균형, 즉 공정성을 판단하는 기준이 되어야 한다고 보고 있다. 더 나아가 항소심 법원은 취수장별로 기득사용물량을 고정시켜 놓은 다음 취수장별 취수량의 변동에 따른 기득사용물량의 이전을 허용하지 않음으로써 비록 사법상의 계약형식을 취하고 있기는 하나, 이를 허용하는 것은 그 실질에 있어서는 공행정에 해당하는 행정주체의 행위가 당연히 예속되어야 할 일련의 공법적 기속을 회피하게 하는 것으로서 이른바 '행정주체의 사법영역으로의 도피'를 용인하여 자의적인 행정행위가 가능하도록 방임함에 다름 아니라는 측면이 있어 진정한 사법상 계약으로서의 효력을 인정할 것인지를 신중하게 검토할 필요가 있음을 강조하고 있다. 결론적으로 항소심은 용수료의 산정을 취수장별로 공제방식에 의하기로 한 용수계약은 형벌의 제재에 의하여 뒷받침되는 하천점용허가를 받기 위하여 사실상 강요된 것이고, 서울시민의 생존배려에 불가결한 용수공급을 위하여 불가피한 조치였으므로 이러한 당시 피

8) 이에 비하여 원심판결은 용수계약이 특허처분에 해당하는 하천점용허가를 전제로 하여 성립하는 것으로서, 이와 같은 공물의 사용관계가 사법상 계약에 의하여 설정되는 경우 공익상의 특수성에 기하여 그 사용자는 계약내용의 설정에 대한 자유가 상당 부분 제한되어 법령 · 시설규칙 등에 의하여 사전에 전형적, 획일적으로 설정되어 이를 수락함에 그치는 것이 보다 일반적인 것으로 보고 있다.

고의 궁박한 사정을 기반으로 체결되었기 때문에 불공정한 법률행위로서 무효라고 판시하였다.

3) 항소심판결에 대한 평가

(1) 용수계약과 하천점용허가

항소심판결이 용수계약의 법적 성질이 원칙적으로 사법상 계약이기는 하지만 하천법, 댐건설 및 주변지역지원 등에 관한 법률(이하 댐법이라 한다), 한국수자원공사법 등 관련행정법규에 그 근거를 두고 있으며, 행정사법의 법리에 의하여 일정한 공법적 기속을 받는다는 견해를 제시한 것은 적절한 것으로 보인다. 다만, 항소심판결은 용수계약을 기속하는 공법원리가 용수계약에 어떠한 형태와 내용으로 반영되는가 하는 문제보다는 전적으로 용수계약의 공정성 여부를 판단하는 기준으로 이해하고 있다. 특히 문제가 되는 것은 피고가 하천점용허가를 받지 않는 경우에는 적법한 용수계약을 체결할 수 없으며, 하천점용허가를 받지 않고 물을 사용하는 경우 하천법상 벌칙의 적용대상이 되기 때문에 용수계약은 하천점용허가를 받기 위하여 사실상 강제되었다는 판시내용이다. 그런데 용수계약이 사법상 계약이기는 하지만 공법적인 기속을 받는 공공적 성격을 가진다는 점은 헌법상 국가가 물에 대한 관리권을 행사하고 있다는 점에서 출발하여야 한다. 헌법 제120조에 의하여 광물 기타 중요한 지하자원 · 수산자원 · 수력과 경제상 이용할 수 있는 자연력은 법률이 정하는 바에 의하여 일정한 기간 그 채취 · 개발 또는 이용을 특허할 수 있으며(제1항), 국토와 자원은 국가의 보호를 받으며, 국가는 그 균형있는 개발과 이용을 위하여 필요한 계획을 수립하도록 하고 있다(제2항). 이러한 헌법조항에 따라 하천법 역시 하천을 국유로 하고 일반 국민은 오직 하천을 사용할 수 있는 권리만을 하천법상의 허가라는 행정처분을 통하여 행사할 수 있을 뿐이다. 결국 하천법상 허가규정에 의하여 비록 일정한 부분 개인에게 물에 대한 사용·수익·처분권이 부여된다고 하더라도 이는 헌법 제23조에 의하여 개인의 재산권으로 보호받는 것이 사실상 어렵다는 것을 의미한다. 따라서 물에 대한 사용을 그 대상으로 하는 용수계약의 경우 계약당사자의 계약의 자유나 사적자치의 영역이 상당한 정도로 제한될 수 있다. 따라서 항소심이 용수계약의 법적 특성과 공법적 기속과 관련하여 계약당사자의 사적자치와 계약자유의 제한가능성보다는 하천점용허가가 전제된 용수계약은 강요된 것으로서 불공정하며 무효라는 법리를 전개하는 것은 타당성을 상실한 것이다. 특히 댐법과 한국수자원공사법은 용수료의 산정과 관련하여 일정한 기준과 절차를 정하고 있으므로 이에 따라 계약당사자의 자유로운 의사의 교섭이나 표시행위는 상당부분 줄어드는 결과가 될 수 있다. 그러므로 이러한 공법상의 제한으로 인한 계약자유의 제한이 있다고 하더라도 이 사건에서는 용수계약의 본질적 내용을 침해하거나 비례의 원칙을 위반하는 것으로는 볼 수 없기 때문에 계약 자체가 위헌이며 무효라고 볼 근거는 없는 것이다.[9] 앞서 지적한 바와 같이 항소심판단과는 달리 용수계약이

9) 이와 관련하여 원심판결은 피고 주장과 같이 이 사건 용수계약 체결 당시 사용계약량, 요금 등의 사항에 관하여 피고의 실질적인 의사 관여 없이 계약체결이 이루어졌다거나 또는 용수료 산정의 기준이 되는 물 1톤당 요금 단가가 일반 물가상승률을 초과하여 인정되었다고 하더라도, 이와 같은 사정만으로는 이 사건 각 용수계약이 원·피고 간의 실질적인 의사교섭을 거치지 아니하거나 피고에게 불공정한 내용이 강요된 것으로서 무효라고 단정하기 어려운 것으로 보고 있다. 결국 원심은 항소심과는 달리 용수계약의 공공성 내지 공법적 기속은 계약내용의 공정성보다는 계약당사자의 사적자치와 계약의 자유가 일정 부분 제한되는 것으로 이해하고 있다. 더 나아가 원심판결은 하천은 국가, 지방자치단체 등의 행정주체에 의하여 직접 행정목적에 공용된 개개의 유체물을 말하는 공물, 그 중에서도 직접 일반 공중의 공동사용에 제공된 물건인 공공용물에 해당하고, 하천 유수를 취수하기 위한 하천점용허가 또는 용수계약 등은 공물관리권에 의하여 일반인에게는 허용되지 아니하는 특별한 공물사용의 권리를 특정인에게 설정하여 주는 것으로서 공물의 특허사용에 해당하는 것으로 보고 있다.

적법하게 체결되기 위해서는 하천법상 하천점용허가는 필수적 전제요건이므로 피고가 관할행정청으로부터 하천점용허가를 받지 않는 경우에는 사인 간 혹은 공기업과 사인 간에 물의 사용을 대상으로 하는 계약은 그 성립요건에 중대한 흠결이 발생하는 것이므로 당연히 무효이다. 이는 마치 행정법상 인가행위가 결여된 사인 간의 법률행위에 비교할 수 있는 것이다. 행정법상 인가는 관할 행정청이 사인 간의 법률행위가 이루어지는 경우 공익상 필요에 의하여 당해법률행위의 효력을 보충하는 것으로서 이른바 형성적 행정행위에 속한다. 따라서 인가를 요하는 사인 간의 법률행위에 인가가 결여되는 경우에는 사인 간의 법률행위는 그에 따르는 법적 효과가 발생하지 아니한다.[10] 일반적으로 인가는 보충행위로서 사인 간의 법률행위가 행하여진 이후에 행정청이 발령하여 전체적으로 사인 간의 법률행위가 그 효력을 발생하는 일종의 효력발생요건이다. 물론 용수계약은 하천점용허가를 우선 취득하고 그 이후에 체결되는 것으로서 통상적인 인가의 경우와는 구별되지만 계약당사자의 법률행위가 효력을 갖기 위해서는 행정청의 하천점용허가가 선행되어야 한다는 점에서는 유사한 논리구조를 갖고 있다.

(2) 평등권과 재산권의 침해 여부

용수계약이 사법상의 계약이기는 하지만 행정사법이론에 따라서 계약당사자가 사법으로 도피하는 현상을 방지하기 위해서 계약당사자의 헌법상 평등권이나 재산권을 침해하는지 여부가 검토되어야 한다. 우선 평등권 문제와 관련하여 원고가 체결한 다른 자치단체의 용수계약에 비하여 피고인 서울시에 대해서만 합리적인 근거 없이 과다한 용수료를 요구하여 피고를 차별하였다고는 보기 어렵다. 일반적으로 용수계약에서 계약당사자가 합의하는 용수료는 댐법이나 한국수자원공사법의 관련규정에 따라 일률적으로 정해지며 미리 국

10) 김성수, 전게서, 235면.

토해양부장관의 승인을 거치는 등 정형화된 방식에 따라 정해지는 것이 일반적이다. 따라서 원고가 다른 자치단체에 비하여 용수료의 산정에 있어서 피고인 서울시를 합리적인 근거 없이 차별한 것은 아니기 때문에 헌법상 평등권을 침해하는 것은 아니다. 용수계약에서 용수료가 일반적인 사용료의 산정기준을 준수하지 않고 과다하게 결정된 경우에는 피고의 재산권을 침해할 여지가 있다. 그러나 댐의 건설 및 관리비용을 포함하여 피고가 사용한 물량을 고려하여 비용부담의 원칙(Kostendeckungsprinzip)과 응익성의 원칙(Äquivalenzprinzip)을 준수하는 경우에는 재산권을 침해하는 것으로는 볼 수 없다. 또한 용수료는 조세와 같이 국가로부터의 아무런 반대급부가 없이 일반적으로 부과하는 것이 아니라 계약당사자가 용수의 공급으로 인하여 자신의 용도대로 필요한 물량을 사용하는 것이므로 사법상 일정한 재화의 공급에 대한 대가라고 할 수 있기 때문에 위에서 언급한 비용부담의 원칙과 응익성원칙을 위반하여 급부와 반대급부 간의 현저한 불균형이 존재하지 않는 한 계약당사자의 재산권을 침해하는 것이 아니다.[11] 이러한 점을 고려하여 볼 때 이 사건에서 용수료의 산정이 현저히 급부와 반대급부 간의 불균형이 존재하거나 비용충족원칙, 응익성원칙이 준수되지 않았다고 볼 수 있을 정도의 사정이 보이지 않기 때문에 피고인 서울시의 재산권을 침해하는 것은

---

11) 예를 들어 헌법재판소는 국가가 일방적으로 부과하는 조세의 세율의 적정성에 대한 심사기준과 관련하여 조세법규를 어떠한 내용으로 규정할 것인지는 입법자가 국가재정, 사회경제, 국민소득, 국민생활 등의 실태에 관하여 정확한 자료를 기초로 하여 정책적, 기술적인 판단에 의하여 정하여야 하는 문제이므로, 입법자의 입법형성적 재량에 기초한 정책적, 기술적 판단에 맡겨져 있고, 그 입법목적의 정당성과 수단 내지 방법의 적절성이 인정된다면 조세입법에 있어서 '세율'의 적정성에 관하여는 일응 입법자의 판단을 존중하여 소유권의 과도한 침해를 야기하는 사유가 없는 한 위헌이라고 볼 수는 없다고 판시하였다(헌재 2003.12.18. 2002헌바16, 판례집 15-2하, 487, 499-500; 헌재 2009.3.26. 2006헌바102, 판례집 21-1상, 381, 390 참조).

아니다.[12)]

2. 용수료산정방식 — 총량공제방식인가 혹은 취수장별공제방식인가?

1) 항소심의 판단

이미 언급한 바와 같이 이 사건 피고는 용수계약을 통하여 피고가 원고로부터 공급받기로 한 물, 즉 이 사건 용수계약의 대상 내지 목적물은 기왕의 취수량을 넘어 추가로 취수하게 된 물에 국한되고, 그에 따라 피고가 부담하는 용수료 납부의무도 그와 같이 추가로 취수하게 된 물, 즉 모든 취수장의 취수량 합산량에서 기득사용물량 총량을 공제한 나머지에 대하여만 발생하는 것으로서 용수계약은 이른바 대인계약의 성격을 가지고 있다고 주장하였다. 이에 대하여 항소심은 이 사건 원고의 용수공급은 자연 도수관로인 한강을 이용한 까닭에 이 사건 용수계약이 체결된 이후 한강에 흐르는 유수에는 댐의 건설 이전부터 흐르던 물과 댐의 건설로 이용가능하게 된 물 중에서 이 사건 용수계약에 의하여 원고가 방류한 물이 혼재되어 있었고, 피고는 산하 취수장의 취수설비를 이용하여 이를 취수하여 온 사실, 총량공제방식을 통한 용수료의 산정, 즉 피고 산하 각 취수장 사이에서 각 취수장별 기득사용물량의 이전 내지 전환을 허용하는 것은 특정 용수이용자인 피고와 영수공급자인 원고 사이의 용수료의 액수에 변화를 가져올 뿐 피고 이외의 다른 용수이용자에 대한 관계

12) 용수료가 재산권에 대한 과도한 침해로 이어질 수 있다는 논거 중의 하나로는 피고가 부담하는 용수료는 기존에 건설한 댐비용 범위 안에서만 허용되어야 한다는 점을 들 수 있다. 그러나 원고는 이는 용수계약의 중요부분에 해당하는 것으로서 용수계약의 체결 시에 당시 기존의 댐 건설비용이 얼마이고 댐건설비용을 한도로 하여 그 이상은 용수료를 징수하지 않는다는 내용이 용수계약에 명시적으로 포함되어야 함에도 불구하고 이에 대해서는 언급이 되지 않았다고 주장하고 있다.

에 있어서는 권리의 경합이나 충돌은 물론이고 용수료의 액수 등과 관련하여서도 아무런 영향을 미치지 아니하여 원고가 달성하려는 공익 증진에 별다른 영향이 없는 점 등을 모아 보면 동질의 재화(물)를 공급받으면서 단순히 용수료의 산정에 관한 기득사용물량의 공제방식을 정한 이 사건 용수계약으로 인하여 위와 같은 막대한 금액상의 차이가 발생한다는 것은 급부와 반대급부 사이에 현저한 불균형이 존재하는 경우이므로 취수장별공제방식에 의한 용수료 약정부분은 불공정한 법률행위로서 무효이기 때문에 이 사건 용수계약에 의한 용수료산정은 총량공제방식에 의하여야 하는 것으로 보고 있다.

2) 하천점용허가의 대상과 범위

하천법상 취수를 위하여 하천구역의 토지나 시설을 점용하거나 공작물을 설치하는 경우 또는 하천수를 사용하려는 자는 하천법상 하천점용허가 또는 하천수 사용허가를 받아야 한다(제33조, 제50조). 이미 언급한 바와 같이 하천점용허가나 하천수사용허가는 공물에 대한 특별사용행위를 허용하는 강학상 이른바 특허처분에 해당한다는 점을 지적하였다.[13] 이러한 하천점용허가는 공물에 대한 잠재적인 다수의 이용자들의 이해를 조절하는 공익목적을 추구하는 것이므로 그 점용위치나 범위를 구체적으로 결정하는 것이 일반적이다. 따라서 하천 전체 또는 하천수에 대한 일반적인 사용이라는 것은 상정하기 어려우며 하천점용허가는 그 대상과 범위를 확정하고 필요한 경우 사용조건 등에 대하여 일정한 부관이 부가된다. 예를 들어 하천법은 하천수의 사용허가와 관련하여 동법 시행령 제55조를 통하여 다음과 같이 매우 상세한 내용을 규정하고 있다. 우선 하천수사용허가를 받으려는 자는 국토해양부령으로 정하는 신청서를 국토해양부장관에게

13) 김성수, 수리권의 법적 근거와 한계, 토지공법연구 제43집 제1호, 2009. 2, 351면.

제출하여야 한다(제1항). 국토해양부장관이 위의 하천수에 대한 사용을 허가함에 있어서는 하천법 제50조 제1항에 따라 다음과 같이 대통령령이 정하는 바에 따라 구체적인 내용을 정하도록 하고 있다(제2항). 1. 하천수의 사용목적. 2. 하천수의 사용기간. 3. 하천수의 취수지점 및 취수시설. 4. 취수허가 사용량. 5. 허가 시 별도로 붙인 사항. 또한 국토해양부장관이 하천수사용허가를 한 경우에는 국토해양부령으로 정하는 바에 따라 신청인에게 허가증을 발급하고, 허가대장에 기록하여 관리하여야 하며(제3항), 국토해양부장관은 하천수사용허가를 한 경우에는 다음 각 호의 사항을 관보에 고시하여야 한다(제4항). 1. 하천수사용허가의 명칭. 2. 사용자의 성명 및 주소(법인인 경우에는 법인의 명칭 및 주소와 대표자의 성명을 말한다). 3. 하천수 사용의 목적 및 개요. 4. 하천수 취수지역의 위치 및 허가량. 5. 하천수사용허가의 유효기간. 이와 같이 하천수에 대한 사용허가나 하천점용허가는 개별적·구체적으로 그 대상과 범위가 결정되는 것이기 때문에 일반적으로 모든 하천부지를 점용하거나 하천수에 대한 사용을 허가하는 경우에는 헌법과 하천법이 지향하는 '하천에 대한 합리적이고 과학적인 관리'라는 기본원칙에 반한다. 이와 같이 하천수 사용허가 또는 하천점용허가가 특정한 하천부지와 지점을 대상으로 특정한 점용면적과 사용량 등을 구체적으로 결정하는 것이기 때문에 이를 전제로 하여 체결되는 용수계약 역시 취수장별로 용수자가 취수할 수 있는 물량을 특정하게 된다. 다만, 하천법도 하천점용허가 또는 하천수 점용허가를 함에 있어서는 일정한 범위에서 이른바 기득하천사용자를 보호하는 규정을 두고 있기 때문에 이러한 취지를 반영하여 용수계약의 체결 시에 각 취수장별로 이미 취수를 하고 있던 자의 기득수리권의 물량을 인정하는 것은 가능하다.

3) 항소심판단에 대한 평가

항소심은 피고가 부담하는 용수료의 납부의무는 모든 취수장의 합산량에서 각 취수장별로 합산한 기득수리권 총량을 공제한 나머지에 대해서만 발생한다는 이른바 총량공제방식을 취하고 있으며, 용수계약을 일종의 대인적 성격을 가지는 계약으로 보고 있다. 그런데 한강과 같은 대규모 하천의 유수 사용에 대하여 하천점용허가 또는 하천수 사용허가를 하는 경우 이는 국가의 하천관리라는 헌법상의 책무를 수행하는 과정에서 하천관리청이나 국토해양부장관이 행하는 공물의 특허사용에 해당함은 이미 지적하였다. 따라서 이러한 점용허가 등은 당해 공물의 보존, 여타의 일반사용이나 기타 공익에 많은 영향을 미치는 것이어서 당해 사용 또는 점용행위의 공익성 여부, 신청자의 자격이나 적격성, 그러한 특허사용이 일반 공중에 미치는 영향 등을 구체적으로 판단하여 결정하여야 할 필요가 크다는 점 등을 구체적으로 판단하여 결정하여야 할 필요가 크다.[14] 이미 언급한 바와 같이 하천수에 대한 사용허가나 하천점용허가는 "한강유역에서 물을 채취 또는 사용할 수 있다"는 일반적인 허가로서 이른바 일반처분이 아니라 각 취수장별로 그 점용위치뿐만 아니라 기득수리권의 물량까지 특정하여 이루어지는 전형적인 구체적·개별적인 행정처분이기 때문에 총량공제방식에 의하여 용수료를 산정하지 않는 용

14) 물론 사실관계를 살펴보면 원고가 각 용수계약체결 이후에 수회에 걸쳐 일부 취수장의 폐쇄 등으로 인하여 잉여 기득수리물량이 발생한 경우 다른 취수장의 기득수리물량에 합산해 주었고, 원고가 피고에게 매월 용수사용료 총 합계액을 고지하였던 사실은 있지만, 이와 같은 기득수리권물량의 합산은 원고가 피고의 요청에 따라서 피고의 용수사용료 부담을 경감시켜주기 위한 공익적 조치에 불과하다. 따라서 이와 같은 조치는 원고에게 잉여 기득수리물량을 총량으로 인정하여 용수사용료는 산정하기로 하는 별도의 약정이 존재하는 것도 아니며, 총 합계액을 고지하는 경우에도 편의상 개별적으로 계산한 것을 고지한 것이지 어떠한 법적 의미를 갖는 것이 아니다. 이렇게 볼 때 용수계약은 대인적 계약이라기보다는 대물적 계약의 성격을 가지고 있는 것이라고 할 수 있다.

수계약이 무효라는 항소심의 판단은 수용하기 어렵다.

3. 용수계약은 단일계약인가 혹은 복수계약인가?

1) 항소심의 판단

항소심은 원고의 피고에 대한 용수공급은 원고가 사용권한을 가지고 있는 댐에서 피고의 정수장까지 별도의 도수관로(導水管路)를 설치하여 이루어질 수도 있지만, 이 사건에서와 같이 원고는 댐의 저수를 한강에 방류하고 그 하류에서 피고가 취수하는 방식은 한강을 일종의 자연 도수관로로 이용하는 것이기 때문에 피고가 어느 취수장에서 원고가 방류한 댐의 저수를 취수하는가의 문제는 용수공급의 방법의 문제에 지나지 않으므로, 취수장별로 용수계약서가 작성되었다고 하여 취수장별로 계약이 체결된 것으로 인정하지 않고 있다. 따라서 항소심은 동일한 당사자 사이에서 동일한 물건을 동일한 목적으로 공급하기로 하는 계약이 순차적으로 체결된 경우 나중에 체결된 계약은 앞서 체결된 계약의 공급량에 대한 추가부분을 추가 내지 확장하기로 하는 합의로 봄이 상당하다는 점까지 보태어 보면, 원고와 피고 사이에 암사취수장에 관한 최초의 용수계약에 뒤이어 체결된 다른 취수장들에 관한 각 용수계약은 주로 사용계약량과 용수 공급방식과 관련하여 기본적인 계약에 해당하는 암사취수장에 관한 위 용수계약의 내용을 보충하거나 변경하는 합의로 보고 있다.

2) 항소심판단에 대한 평가

항소심은 암사취수장을 대상으로 체결된 용수계약과 이후 후속하여 체결된 용수계약은 최초 용수계약 내용의 변경 또는 추가라고 보는 것은 위에서 언급한 바와 같이 용수료를 총량공제방식으로 산정할 것인지 혹은 취수장별로 결정할 것인지의 문제와 밀접하게 연관되어 있다. 전자에 의할 경우 용수계약은 동일인과 순차적으로 체결한

계약 전체를 대상으로 용수료를 산정하게 되어 대인적 성격이 강하고, 후자에 의할 경우 계약당사자는 동일인이라고 할지라도 용수계약별로 취수량과 용수료가 별도로 산정되는 대물적 계약의 성격을 띠게 된다. 그런데 이 문제도 결국에는 용수계약의 전제가 되는 하천점용허가 내지 하천수점용허가가 피고에게 일괄적으로 총량을 정하여 부여된 것인지 아니면, 각 취수장별로 특정하여 이루어진 것인지가 중요하다. 이미 언급한 바와 같이 하천점용허가 등은 하천수의 취수지점 및 취수시설, 취수허가 사용량을 개별적으로 정하여 부여되는 것이며, 이는 국가의 합리적이고 효율적인 하천관리의무로부터 도출되는 것이다. 따라서 용수계약은 이와 같이 개별적으로 이루어지는 점용허가를 바탕으로 각 취수장별로 특정된 물량에서 기득수리권에 의하여 인정된 물량을 공제하여 각각 별도의 독립한 복수의 계약을 체결한 것이다.

3) 관행수리권, 기득수리권의 문제점

이미 여러 차례 언급한 바와 같이 헌법상 국가에게 합리적이고 효율적인 하천관리의무가 부여되어 있고, 이를 하천법 등을 통하여 구체화하고 있음에도 불구하고 물관리 내지 용수료의 산정과 관련하여 법적 분쟁이 끊이지 않는 것은 기본적으로 물의 이용에 대하여 자연법적인 권리를 주장하거나 그 실체와 내용이 모호한 기득수리권에 대한 과도한 인정요구 등 물이용에 대한 합리적인 관리를 저해하는 불명확성과 불확실성이 존재하기 때문이다. 이른바 기득수리권 또는 기득사용물량은 댐 및 하구둑 설치 이전에 하천법 제33조의 규정에 의하여 유수점용허가를 득한 물량을 말한다(댐용수 공급규정 제17조 제1항). 그런데 피고는 이 사건에서 서울시민들은 서울 중심을 통과하는 한강유역의 유수로부터 최소한의 '기준갈수량' 이상을 식수 등으로 사용하기 위하여 취수할 자연법상의 권리를 가진다고 주장하고 있다. 따라서 피고 서울시는 서울시민들의 이와 같은 자연권을 대신 행사하여 한강유역에 각 취수장을 설치하고 그 유수를 취수하여 음용수 등을 공급할 공법상 의무를 부담하는 것이므로, 피고가 충주댐 건설 이전부터 한강유역에서 취수하여 서울시민들에게 음용수 등으로 공급하였던 이상 원고에 대하여 음용수지급의무가 존재하지 않는다는 주장을 제기하고 있다. 이를 통하여 피고는 이른바 자연법상의 관행수리권을 주장하고 있는 것으로 보인다. 그러나 자연법상의 취수권 또는 관행수리권을 현행법상 인정할 여지는 매우 제한적이다. 특히 서울시민에게 기준갈수량을 초과하여 공급하는 음용수 등을 취수하는 취수권을 자연법상의 권리로 인정하는 것은 한강유역의 유수를 이용하는 다른 자치단체 등의 용수권과의 충돌문제는 물론 하천에 대한 국가의 헌법상의 관리의무에 정면으로 반하는 것으로서 허용될 수 없다. 물론 민법은 제231조에서 공유하천의 연안에서 농, 공업을 영위하는 자는 이에 이용하기 위하여 타인의 용수를 방해하지 않는 범위 내에서 필요한 인수와 그 인수를 위하여 필요한 공작물을 설치할 수 있다고 규정하여, 이른바 관행수리권의 일종인 공유하천용수권을 인정하고 있다. 그러나 피고인 서울시는 민법 제231조에서 규정하는 공유하천용수권자도 아니며 그 구성요건에 해당하지도 않는다. 또한 공유하천용수권 역시 그 내용이 불명확하며, 이를 인정하는 경우에도 필요한 최소한도에 그치는 것으로서 타인의 용수권과 충돌하는 경우에는 하천법이 우선 적용되어 하천 이용에 대한 허가가 필요한 것으로 보아야 한다. 따라서 장기적으로는 민법상의 공유하천용수권은 이를 폐지하고 하천법에 의한 허가사용으로 전환하는 것이 바람직스럽다.[15] 민법상 관행수리권는 달리 기득수리권의 경우에는 하천법에 의한 허가를 이미 취득하여 인정되는 취수량이라는 점에서 법적인 불확실성이나 불명확성이 없는 것으로 보인다.

15) 김성수, 전게논문, 356면.

그러나 기득수리권 역시 1970년대 하천점용허가를 취득할 당시 인정된 물량이고 30년 이상 경과한 현 시점에서 그 재조정이나 변경의 필요성이 제기되어 온 것이 사실이다. 이 사건에서도 보여지는 바와 같이 기득수리권은 당시 하천점용허가에 따라 부여된 것으로 이 사건 용수계약의 체결 이전까지 한강유역의 유수사용과 관련하여 각 취수장별로 수회에 걸쳐 점용위치, 점용목적, 유수 인용량, 점용기간 등을 정하여 위 하천점용허가 및 그에 관한 변경승인을 받을 당시 인정받은 물량을 기준으로 한 것이다. 그러나 그 이후에 일부 취수장의 폐쇄 등으로 인하여 잉여 기득수리권 물량이 발생한 경우 원고와 피고의 합의에 따라서 이와 같은 사정을 참작하여 다른 취수장의 용수료를 산정함에 있어 당해 취수장에서 취수한 물의 총량에서 당해 취수장의 당해 기득수리권 물량뿐만 아니라 위와 같이 발생한 잉여 기득수리권 물량 중 일부를 더한 물량을 공제한 후 그 잔여 물량에 단가를 곱하는 방식에 의하여 용수료를 산정함으로써 용수료 일부를 감면하기도 하는 등 상당한 변화를 겪어온 것이 사실이다. 특히 시기적으로 상당한 시간이 경과하면서 기득수리권의 범위와 내용에 대한 불확실성이 존재하면서 피고가 기득공업용수의 잉여량을 부족한 생활용수의 물량과 서로 맞교환하자는 주장 등을 하면서 이러한 불확실성과 불명확성이 더욱 증폭되었다. 이미 언급한 바와 같이 피고는 서울 영등포구 양화동 일원에서 공업용수를 취수하여 사용할 수 있는 기득수리권 물량을 인정받아 이를 구로공단의 공업용수 등으로 공급하던 중 구로공단이 종래의 제조업 중심에서 디지털 소프트웨어산업 중심으로 변천함에 따라서 공업용수 수요가 급감하여 위 공업용수의 물량을 생활용수로 전환하여 사용할 필요가 발생하였으므로, 위 공업용수 기득수리권 물량 또한 피고의 기득수리권 물량 합계에 추가로 포함되어야 한다는 주장을 하고 있다. 이에 대하여 원고는 용수계약의 당사자 사이에 공업용수 기득수리권 물량을 생활용수 기득수리권 물량으로 전환하여 주기로 하는 약정이 없었으며, 그와 같은 법적 의무도 존재하지 않는다고 주장하고 있다. 결국 이러한 문제는 특정지점에서 일정한 목적으로 하천점용허가를 받은 후 이에 대한 적법한 변경허가 없이 잉여 기득수리권의 존속을 주장하는 데서 발생하는 것이다. 따라서 입법론적으로는 후술하는 바와 같이 기득수리권에 대한 존속보호보다는 자치단체 등 기득수리권이라는 재산권에 대하여 정당한 보상을 통하여 국가가 이를 수용하여 기득수리권을 발전적으로 해체하고 물관리기본법을 제정하여 하천점용허가에 따르는 수리권 배분의 원칙을 새로 정하는 방안이 바람직할 것으로 판단된다.[16)]

Ⅳ. 결론 — 수리권 내지 용수료 분쟁에 대한 제도적 대안

이 사건을 비롯하여 최근 우리나라에서는 다양한 형태의 수리권 분쟁이 발생하고 있다. 그러나 법원에 의한 재판절차를 포함하여 현행 제도는 이러한 분쟁을 합리적으로 해결하기에는 여러 가지 문제를 가지고 있다. 우선 재판절차에서 법원은 수리권 분쟁에 대하여 전문적인 식견을 가지고 있지 않은 경우가 대부분이어서 소송당사자 모두에게 불신을 초래하는 경우가 많이 있다. 또한 소송외적인 대체적 분쟁해결제도 역시 수리권 분쟁을 합리적으로 해결하기 위한 협상문화가 정착되지 못하고 있음은 물론, 중앙정부의 조정역할도 미흡하여 원만한 해결이 이루어지지 못하고 있다.[17)] 우리나라의 수리권

16) 이에 대한 상세한 논의는 김성수, 상게논문, 358면.
17) 홍승용/심명필, 기존댐 합리적 용수배분을 통한 수리권 조정방안 연구보

과 관련된 대체적 분쟁조정은 여러 기관에 분산되어 있다. 하천법에 따라서 하천수 사용에 관한 분쟁을 조정하기 위하여 국토해양부에 중앙하천관리위원회를 두고, 시 · 도에 지방하천관리위원회를 설치하여 운영하고 있다(제87조 제1항). 하천관리위원회는 일차적으로 심의기관으로서 하천관리청의 보좌기관으로서의 위상을 갖는다. 그렇기 때문에 하천관리청의 결정사안이 문제되는 경우에는 하천관리위원회가 독립적인 입장에서 분쟁을 조정하고 알선할 수 있는가에 대한 분쟁당사자의 신뢰는 그리 크다고 보기 어렵다. 분쟁의 조정과 알선에서 신뢰성을 갖기 위해서는 조정기관 자체의 신뢰성 담보가 절대적인 요건이라고 할 수 있는데, 현행 하천관리위원회의 분쟁해결을 위한 전문성과 독립성이 강하지 못하다. 또한 수리권이나 용수료의 분쟁을 조정하는 현행 제도가 여러 기관에 분산되어 있어서 통일적이고 표준적인 분쟁해결 역시 어려운 실정이다. 예를 들어 기득수리권자에 대한 보상에 대한 다툼은 중앙토지수용위원회에서, 수질의 분쟁에 대해서는 환경분쟁조정위원회에서, 지방자치단체 간의 물분쟁에 대해서는 지방자치법 제148조와 제149조에 규정한 지방자치단체분쟁조정위원회에서 각각 하도록 되어 있어서 통일적이고 전문적인 분쟁해결을 어렵게 하고 있다. 수리권분쟁은 분쟁주체, 정부, 전문가, 민간단체 등으로 이루어지는 분쟁조정기구의 사전적이고 신속 · 공정한 개입과 조정을 통하여 분쟁주체들로 하여금 협상과 타협, 그리고 당사자들의 만족감을 증대시키는 방향으로 적절하게 해결할 필요가 있다. 이러한 목적을 달성하기 위하여 필요한 통일적인 분쟁해결기구의 요건으로는 전문성과 독립성이 절대적으로 필요하다. 수리권분쟁에 대한 독립적이고 전문적인 해결을 위하여 최근 국회에는 물관리기본법이 상정되어 있는데,[18] 중앙정부 차원의 조정역할을 강화하기

고서, 2002. 11, 328면.

18) 이에 대한 상세한 논의는 김성수, 효율적인 물관리기본법 제정의 필요성,

위하여 국가물관리위원회의 설치가 요구되고 있다. 따라서 국가물관리위원회에 중앙정부 차원의 수리권 분쟁해결기능을 부여하고 필요한 경우 유역별로 유역별 또는 권역별로 물관리위원회를 설치하여 중앙과 유역간의 유기적인 분쟁해결을 도모함이 바람직할 것으로 보인다. 이 경우 국가물관리위원회 또는 유역별물관리위원회의 구성과 운영에 있어서 직무상의 독립성과 전문성 보장이 수리권 분쟁해결의 만족도와 수용가능성을 높이는 관건이 될 것이다.

효율적인 물관리를 위한 제도개선, 사단법인 한국물학술단체연합회학술세미나, 2010.3.17, 3면 이하; 김승/이승호, 통합물관리를 위한 제도 - 2009년 물관리기본법안 비교분석 -, 11면 이하; 권형준, 기후변화에 대비하는 물관리 제도개선, 23면 이하.

제5장 물산업지원법안에 대한 법리적 검토

Ⅰ. 문제의 제기

물과 공기는 한 시도 인간의 생존과 분리하여 생각할 수 없다. 그런데 공기는 고산지역을 제외하면 전 세계적으로 지역적인 편차가 거의 없고 공급에 대한 인위적인 제한이 사실상 불가능하기 때문에 공기를 둘러싼 국가 또는 개인 간의 분쟁은 공기 그 자체보다는 대기의 오염이나 통풍권 또는 조망권 등에 대한 침해 등이 주된 법적 문제를 제기하고 있을 뿐이다. 이에 비하여 물은 그 자체를 확보하는 것이 개인과 종족, 더 나아가 국가의 존립에 필수적인 조건이었으며, 전 세계적으로 그 부존이 편재하여 물이 풍부한 곳과 그렇지 못한 곳 간에는 인간생존의 조건이 근본적인 차이를 보여 왔다.

이렇게 볼 때 물은 인류의 생존을 보장하고 문명의 역사를 형성하고 발전시킨 필요조건으로서 중요한 의미를 가지고 있다. 고대로부터 근대에 이르기까지 물에 대한 수요는 개인과 종족이 자급하는 형태로부터 시작하여 도시화와 산업화가 진행되면서 국민에게 물을 공급하는 일은 국가와 정부가 그들의 생존을 배려하는 기본적인 과제와 의무로 인식되었다. 그런데 인간생존과 문명의 조건인 물이 자본주의 질서와 결합하여 하나의 상품으로서, 또한 이를 생산하고 유통하는 것이 하나의 산업으로서 인식되기 시작한 것은 이미 오래 전

의 이야기가 되었다.[1)]

특히 DDA와 같은 다자 간의 무역질서가 성립하고[2)] FTA 등 양국가 간의 자유무역협정이 일반화되면서 물도 다른 재화나 용역과 같이 교역과 개방의 대상으로 인식되고 있다. 결국 물의 산업화, 개방화와 세계화에 따르는 새로운 무역 및 교역질서 속에서 여태까지 단순히 인류가 생존하기 위하여 마시던 물은 전혀 새로운 국면을 맞고 있는 것이다.

"어떻게 사람이 마시는 물을 상품화 하는가?"라는 윤리적인 문제제기에도 불구하고 물을 둘러싼 새로운 질서의 형성은 우리로 하여금 이에 적절한 대응을 하도록 요구하고 있다. 최근 유가가 유례 없는 고공행진을 계속하고 쌀, 옥수수, 콩 등 곡물가격이 급등하는 것을 목격하면서 "어떻게 먹을 것을 가지고 투기의 대상으로 삼느냐"라

---

* 이 논문은 한양대학교 2007년 연구비 지원에 의하여 작성되었음.

1) 영국의 물 분야 전문조사기관인 Global Water Intelligence에 따르면 2004년을 기준으로 전 세계 물산업의 규모는 연간 5,400억 달러로 추정하고 있다. 여기에서 사용하는 '물산업'은 마시는 물은 물론 하수도, 산업체시장과 농업부문을 포함하는 광의의 개념이다. 21세기에 들어와서는 특히 과거 산업체 내부에서 수행되던 산업체 수처리 부문이 독립한 시장을 형성하고 있어서, 수도산업보다 광의의 물산업 개념이 통용되고 있다. 전체 물산업 중 생활용 상하수산업이 2,800억 달러로 51.9%를 차지하며, 산업용 상수·폐수산업이 1,400억 달러로 25.9%를 차지하고 있다. 생활용과 산업용을 합하면 4,200억 달러로 전체 물산업의 77.8%이며, 나머지는 연간 1,200억 달러 규모의 농업용 물산업이 차지한다. 홍종호, 수도산업의 경쟁과 규제, 한국환경경제학회, 2006.5, 11면.

2) 2001년 카타르의 도하(Doha)에서 열린 WTO회의에서 각료선언문에 물에 대한 교역조항을 삽입하여 무역과 환경에 관한 조항은 환경자원과 서비스에 대해서 관세와 비관세 형태의 장벽을 적절하게 줄이거나 제거하는 것을 그 목적으로 하였다. 즉 물을 국제 간의 자유로운 교역의 대상으로 삼자는 것이다. 각료선언문을 채택하면서 2002년부터 3년 간 도하개발아젠다(Doha Development Agenda)협상을 진행, 2005년 1월 1일까지 종료하기로 합의하였으나 그 후 협상은 부진하다. 김길복, 지방상수도 사업의 효율적인 공사화 추진전략 연구, 한국지방공기업학회, 2004.8, 31면.

는 볼 멘 소리보다는 이러한 새로운 환경 속에서 우리의 자원외교와 식량주권을 지켜낼 수 있는 방법이 무엇인지 성찰하고 대안을 찾는 것이 보다 현실을 정확하게 인식하는 길이다.

물에 대한 상업화 논란과는 관계없이 이미 이른바 '푸른 황금'(blue gold)으로 불리는 물은 국제적으로 유수한 기업에 의하여 상업화의 과정을 거치면서 현재 전 세계적으로 830조 원 규모의 시장을 형성하고 있다. 최근 전망에 의하면 2015년에는 1,600조 원의 거대시장으로 성장할 것으로 예측되고 있다.[3] 특히 중국, 동남아시아, 중동, 아프리카 등 개발도상국의 물시장이 빠르게 성장하고 있다. 그런데 상하수도를 포함하는 국내 물시장의 상황은 어떠한가?

잘 알려진 바와 같이 지방자치법은 상하수도의 설치와 관리를 통하여 지역주민에게 상하수도 서비스를 제공하는 것을 지방자치단체의 자치(고유)사무로 규정하고 있다(제9조 제2항 제4호 자목). 물론 지역주민의 일상적인 생활과 밀접히 관련되고 있는 상수도와 하수도의 설치 및 관리업무가 당해 지역을 관할하는 지방자치단체의 중요한 책무라는 것은 법적으로나 논리적으로 부정할 근거가 없다.[4] 그러나 현재 우리나라는 모든 지방자치단체가 직영체제로 수도사업을 시행한 결과 160여 개의 군소 수도사업자가 난립하여 지극히 비효율적으로 운영되고 있으며 규모가 대부분 영세하여 규모의 경제가 실현되지 못하고 있다. 또한 지방자치단체나 한국수자원공사와 같이 제한된 수도사업자로서는 물시장의 개방화와 세계화에 따르는 변화에 제대로 적응할 수 없으며, 세계의 유수한 다국적 물기업과는 경쟁하기 어렵다는 인식이 확산되고 있다.[5]

3) 한국수자원공사, 수도산업 구조개편 방안 연구, 2006.11, 9면.

4) 김성수, 수도시설관리위탁계약과 수도산업 효율화를 위한 법적 과제 -수도법 제17조 제3항에 의한 위탁계약을 중심으로-, 환경법연구 제27권 제2호, 한국환경법학회, 84면.

5) 이에 대한 상세한 논의는 박희경, 물산업 구조개편 방안 연구, 한국수자

물시장 또는 물산업을 대상으로 하는 이러한 국내외의 상황 변화는 정부로 하여금 이 문제에 보다 적극적인 대처를 요구하게 되었다. 이에 따라서 노무현 정부는 지난 2007년 7월 16일 환경부, 재정경제부, 건설교통부, 산업자원부 등 관계부처가 중심이 되어 '물산업육성 5개년 추진계획'을 확정발표하고, 그 동안 여러 차례 검토와 회의를 거쳐서 환경부가 2008년 1월 가칭 물산업지원법안(이하 1월 법안이라 한다)을 마련하여 입법제안을 하기에 이르렀다.[6] 이후 환경부는 관계부처 간의 협의를 위하여 1월 법안과는 다소 다른 내용의 법안을 2008년 4월 25일 제안하였는데, 이하에서는 4월 법안이라고 부르기로 한다.[7]

법안의 내용은 상당히 광범위하지만 상하수도 서비스의 전문사업화 등 세계 물산업의 급속한 변화에 대처하고 서비스의 질적 개선에 대한 국민의 요구를 반영하여 국내 물산업의 경영효율화, 국제경쟁력의 제고, 국내 물기업의 육성 및 해외진출 등을 포함하고 있다. 또한 법안은 물산업의 육성을 위한 기본계획, 시행계획의 수립과 시행을 통하여 상하수도의 구조개편, 수도사업위원회의 설치 등 상하수도서비스 경쟁력 강화를 지원하기 위한 추진근거를 마련하고 물산업에 대한 기술개발, 정보관리, 전문인력의 양성, 해외시장의 진출 지원 등 물사업을 육성하기 위한 다양한 내용을 담고 있다. 이하에서는 법안의 핵심내용이라고 할 수 있는 상하수도 구조개편의 원칙과 방향, 구조개편을 위한 재원조달의 문제, 현행 지방자치법상 수도요금의 결정구조와 법안에 규정된 수도사업위원회의 역할 등에 대하여 다양한 시각에서 법리적인 검토를 행하고자 한다.

원공사, 2003.2, 109면 이하; 이달곤, 지방상수도 효율화 사업모델 및 가격정책 연구, 서울대학교 행정대학원, 2004.11, 26면 이하; 홍종호, 전게서(각주 1), 69면 이하.

6) 그리고 환경부는 그 동안 논의를 총정리하여 2007년 11월 '물산업육성 5개년 세부추진 계획검토 및 법제화 등 연구'라는 최종보고서를 발간하였다.

7) 두 법안의 공통적인 내용을 지적하는 경우에는 단순히 '법안'이라고 표기한다.

Ⅱ. 상하수도사업의 구조개편

1. 구조개편의 원칙 — 감독기능과 사업기능의 분리, 수평적 통합, 수직적 통합, 전문사업자 간의 공정경쟁

1) 상하수도의 수직적 통합과 상수도사업자 간의 수평적 통합

1월 법안은 제7조에서 상하수도 사업의 구조개편과 관련하여 다음과 같은 4가지의 기준 또는 원칙을 제시하고 있다. 1. 상하수도사업 운영의 투명성을 확보하기 위하여 감독기관과 사업자의 분리 및 독립경영체제의 확립. 2. 수계의 물 순환성, 주민편의성 및 경제적 효율성 등을 고려한 상수도사업과 하수도 사업의 통합. 3. 수계를 기준으로 하는 상하수도사업자 간 통합. 4. 전문상하수도사업자 간 공정한 경쟁 환경조성. 이 중에서 수계별 상하수도의 이른바 수직적 통합과 상 수도사업자 간의 수평적 통합은 상하수도사업의 광역화를 통하여 규모의 경제를 실현할 수 있는 단위체제로 전환을 유도하기 위한 것이다.[8]

이러한 정부의 계획은 상하수도 구조개편의 첫 단추를 꿰는 의미를 가지고 있으며, 특히 수계를 중심으로 자연스러운 물순환에 의한 수자원의 이용 및 관리의 효율성을 극대화하기 위하여 우선 상수도 사업자를 수평적으로 통합하고 점차로 하수도와의 수직적인 통합을 염두에 둔 것이다.

2) 감독기능과 사업기능의 분리

우리나라에서 지방상수도사업이 운영되는 기존의 형태는 지방자

---

8) 이에 따라서 정부는 수계를 중심으로 하는 지리적 여건, 인구, 생활권 및 수용가능성 등을 고려하여 전국을 대상으로 사업의 최적관리범위를 25개에서 30개 정도로 설정하여 일종의 가이드라인을 제시하고 현재 160여개의 상하수도사업자를 30개 이내로 통합하려고 예정하고 있다. 환경부, 물산업육성 5개년 세부추진계획, 2007.7.16, 10면.

치단체의 일반행정조직 또는 지방직영기업이다. 예를 들어 서울특별시의 경우에 수도사업을 관장하는 조직은 상수도사업본부로서 광의로는 지방공기업에 해당하는 형태이지만 이른바 직영기업으로서 지방공사와 지방공단과 같은 독립적인 법인격을 갖는 형식은 아니다. 지방공기업법에 의한 지방직영기업은 지방자치단체가 행정기관형(예를 들어 상수도사업본부, 수도국, 수도과, 상수도사업소, 공영개발사업단)으로 직접 설치 · 운영하는 형태(제2조 제1항)로서 협의의 지방공기업을 말한다.[9]

우리나라의 지방상수도사업이 거의 예외 없이 지방자치단체의 직영형태로 운영되는 것은 이미 언급한 바와 같이 전통적으로 지방자치법상 상수도 · 하수도의 설치 및 관리와 간이급수시설의 설치 및 관리를 지방자치단체의 고유사무로 규정하고 있는 것과 직접적으로 연관되어 있다. 그런데 이와 같이 지방자치단체가 직영의 형태로 소규모의 상수도사업을 수행하는 경우 규모의 경제도 실현되기 어려우며 수계별로 인접 행정구역 간의 이해관계의 조절이 이루어지지 못해서 협력체제의 구축을 통하여 경영을 합리화하기도 어렵다는 것은 이미 지적하였다.

상수도사업의 합리적 효율성과 관련하여 더욱 문제가 되는 것은 지방자치단체가 상하수도사업을 시행하면서 스스로 감독기관의 지위에 있다는 점이다. 자신이 수행하는 업무를 스스로 감독한다는 것은 "누구도 자신의 일에 스스로 심판관이 될 수 없다"는 자연적 정의(natural justice)원칙에 반하는 것이다. 이러한 구조적 불합리성을 해

---

9) 지방직영기업의 직원은 공무원이고, 행정기구의 일부로서 일반행정조직과 혼재되어 조직법상 독립한 실체를 가진 것이 아니다. 따라서 지방직영기업은 다른 지방행정기능과 명확하게 구별되지도 않으며 특별하게 제도적으로 뒷받침되는 예도 거의 없다. 단지 지방공기업법을 적용함으로써 재정부분에 있어서는 특별회계의 설치를 통한 독립채산제를 실시하는 등 다른 행정부서와 거의 같은 형태를 유지하고 있다.

결하기 위해서 그 동안 수도의 사업기능과 감독기능을 분리하여 경영의 효율성을 높이고 감독권의 행사가 독립적이고 공정하게 이루어져야 한다는 지적이 제기되었다. 후술하는 바와 같이 법안은 기존의 직영방식을 지양하고 수도시설관리권의 출자를 통한 법인의 설립과 수도관리업무에 대한 위탁을 확대하는 등 사업기능의 효율성을 제고하는 한편, 이러한 전문상하수도사업자의 법적 지위를 강화하고 있다.

동시에 법안은 상하수도사업에 대하여 최후적인 保障責任(Gewährleistungsverantwortung)를 부담하는[10] 지방자치단체로 하여금 관할구역 안의 전문상하수도사업자를 지도 · 감독하도록 규정하여(1월 법안 제8조 제8항), 사업자와 감독자를 구별하였다. 또한 전문상하수도사업자와 지방자치단체에 대해서는 법안에 의하여 설립되는 수도사업위원회가 그 감독과 관리를 맡도록 하였다. 수도사업위원회는 수도사업이 광역화하고 기존의 직영체제에서 전문상하수도사업자가 법적으로 수도사업자의 지위를 갖게 됨에 따라 수도사업의 구조개편을 총괄하고 지방자치단체와 전문상하수도사업자를 관리 · 감독하기 위하여 설치된 감독기관이다. 이로써 수도사업에 대한 감독체계는 전문상하수도사업자에 대한 지방자치단체의 감독과 관리, 지방자치단체와 전문상하수도사업자에 대한 중앙수도사업위원회의 총괄적 감독과 관리라는 이중적인 구조를 취하게 되었다.

3) 전문사업자 간의 공정한 경쟁

1월 법안은 상하수도 구조개편의 원칙으로 위의 두 가지 기준과

---

10) 여기에서 말하는 지방자치단체의 보증책무는 지방자치단체가 상하수도의 설치와 관리를 통하여 지역주민에게 양질의 수돗물이 공급될 수 있도록 최종적인 책임을 지고 있다는 의미이다. 따라서 주민에게 질 좋은 물을 공급하여야 하는 것은 지자체가 가지는 지방자치법상의 책임인 동시에 헌법 제117조에 규정된 주민의 복리에 관한 사항으로서 상하수도의 설치와 관리라는 사무가 완전하게 민영화되지 않는 한 법률의 개정을 통하여 이를 지자체로부터 박탈할 수 없다. 김성수, 전게논문(각주 4), 85면.

더불어 전문상하수도사업자 간의 공정한 경쟁질서의 확립을 거론하고 있다. 수도시장에서의 사업자 간 공정한 경쟁보장과 관련된 조항으로부터 현재 시점에서 우리 정부가 법안을 통하여 달성하려 하는 구조개편의 범위와 방향을 잘 읽을 수 있는 단서를 포착할 수 있다. 이미 언급한 바와 같이 법안에서는 기존의 직영체제에서 수도사업을 관장하는 주체로서 지방자치단체인 공공상하수도사업자를 대신하여 이들의 위탁을 받는 전문상하수도사업자와 수도시설관리권을 출자받는 법인이 주된 수도사업자로 등장하여 이들이 수도사업의 합리화를 위한 구조개편 과정에서 중심적인 역할을 수행하도록 하고 있다.

그렇다면 전문상하수도사업자란 구체적으로 누구인가? 1월 법안 제2조 제5호의 규정에 따라서 전문상하수도사업자는 1. 지방자치단체 단독 또는 연합으로 상하수도사업 영위를 목적으로 관계법에 따라 설립한 법인. 2. 공공상하수도사업자로부터 상하수도시설 운영을 위탁받아 운영하는 대통령령이 정하는 전문기관 또는 지방자치단체인 공공상하수도사업자를 말한다. 그런데 아직 법안에 따르는 시행령은 존재하지 않는 상태이기 때문에 구체적으로 대통령령이 정하는 전문기관의 범위를 확정할 수는 없으나 수도관리업무의 수탁기관으로서 수도법 제23조 제1항과 동법 시행령 제36조 제1항이 정하는 전문기관의 범위와 유사할 것으로 보인다.[11)]

---

11) 따라서 이러한 전문기관에는 다음과 같은 기관이 포함된다. 1.「한국수자원공사법」에 따른 한국수자원공사. 2.「한국환경공단법」에 따른 한국환경공단. 3.「지방공기업법」에 따른 지방직영기업·지방공사 및 지방공단. 4.「건설산업기본법」 제2조에 따른 토목건축공사업자인 법인. 5.「엔지니어링기술진흥법」 제2조에 따른 건설부문 상하수도 및 환경분야와 환경부문 수질관리 분야의 엔지니어링 활동주체인 법인. 6.「기술사법」 제6조에 따른 건설부문 상하수도 및 환경분야와 환경부문 수질관리 분야의 기술사사무소. 7. 수도관리업무를 수행할 능력이 있다고 인정되어 환경부령으로 정하는 기관. 8. 지방자치단체인 일반수도사업자가 수도관리업무를 수행할 능력이 있다고 인정하여 지방자치단체의 조례로 정하는 자 또는 지방자치단체가 아닌 수도사업자의 경우는 다른 법령으로 정하는 자(단순위탁 중 슬러지

위에서 언급한 바와 같이 전문상하수도사업자는 토목공사업자인 법인이나 엔지니어링 활동법인 등 사법상의 법인이 되는 경우도 있겠지만 상하수도사업자로서 핵심적인 역할을 수행하는 주체는 지방자치단체, 한국수자원공사, 환경관리공단, 지방공사 또는 지방공단 등 공공부문의 사업자들이라고 할 수 있다. 이는 정부의 수도사업의 개편방안이 장기적으로는 민영화를 지향하지만 기존의 상하수도 서비스는 주로 지방자치단체와 한국수자원공사가 공급자로서 기능하였으며, 이와 실질적으로 경쟁할 수 있는 민간부문의 물기업이 존재하지 못하는 현실을 반영하여 정부가 법안을 통하여 우선 중 · 단기적으로는 공공부문의 물기업 간에 경쟁을 통하여 물기업을 육성하겠다는 의지를 표명한 것으로 이해할 수 있다. 또한 생존에 필수적인 재화로서 수돗물의 공급이 민영화되는 경우 요금 등의 인상에 대한 소비자의 불만을 고려한다면 당장 수도사업을 민영화하여 시장기능에 맡기는 것은 정치적으로도 상당한 부담이 있다는 우려가 반영된 결과라고 할 수 있다.

수도산업의 구조개편과 관련하여 학자들이 오래 전부터 주장하던 이른바 '공공부문 내 경쟁모델'은 수도 서비스의 공급을 공공부문 내에서 경쟁적으로 공급할 수 있도록 함으로써 자치단체들의 자율적인 판단과 선택에 의해 다양한 방식으로 수도 서비스를 제공할 수 있도록 하는 여건을 조성하는 구조개편 방안을 의미한다.[12] 다만, 공공부문 내의 경쟁을 통한 수도산업의 구조조정은 민간부문의 참여 자체를 원칙적으로 배제하였다는 점에서 한계를 드러내고 있다.[13] 정부가

의 수거 · 처리 등 단순하고 반복적인 업무를 위탁하는 경우만 해당한다).

12) 이에 대한 상세한 논의는 이달곤, 전게서(각주 5), 39면 이하.

13) 물론 후술하는 바와 같이 4월 법안은 지방자치단체가 단독 또는 연합으로 외국인 또는 외국법인을 포함하는 제3자와 공동출자하여 상법에 의한 주식회사를 설립하고, 이 주식회사에 수도시설관리권을 출자할 수 있도록 하여 민간참여를 인정하고 있다. 그러나 이른바 이러한 형태의 출자법인도 지방공기업의 적용을 받는 지방공기업의 일종이며, 여전히 지방자치단

법안을 통하여 국내 물산업의 경영효율화는 물론 국제경쟁력을 제고하고 더 나아가 해외 물시장에 진출하기 위한 기반을 조성하려는 목적을 가지고 있다면 공공부문 내의 경쟁만으로 세계적으로 경쟁력을 가지는 물기업과 물산업을 육성하기는 사실상 어렵다.

국민 일반이 생존에 필수적인 재화인 물에 대하여 일종의 보편적 서비스로서 공공성을 강조하고 민영화에 대한 정치적 부담이 존재한다고 하더라도 적어도 장기적인 관점에서는 민간기업의 적극적인 참여를 통하여 수도산업의 구조를 개편하는 것이 근본적인 처방이라는 점을 고려한다면 적어도 법안을 통하여 그 가능성을 열어놓는 것이 순리이며 원칙이다. 혹자는 민간부문의 참여는 '사회기반시설에 대한 민간투자법'(이하 민간투자법이라 한다)을 통하여 그 가능성이 열려 있기 때문에 굳이 법안에 이를 명시할 필요가 없다고 이야기할지 모른다. 물론 민간투자법은 사회기반시설로서 수도 및 하수도를 규정하고 그에 대한 민간투자를 허용하고 있다.

그러나 수도나 하수도는 공공성이 강한 사회기반시설로서 그에 대해 민간투자법이 규정하는 각종의 지원조치를 적용하더라도 수익성이 보장되기 어려워 이에 대한 활발한 민간투자를 기대하기는 어렵다. 또한 후술하는 바와 같이 법안에 따르면 수도시설에 대한 소유권은 여전히 지방자치단체가 보유하고 시설관리권만을 출자의 대상으로 하고 있어서 사업시행자에게 시설의 소유권이 귀속되는 이른바 BOO방식의 민간투자는 원천적으로 불가능하다.[14] 그러나 무엇보다도 민간투자제도는 공공재정이 부족한 상태에서 사회기반시설의 확충과 효율적 이용이라는 목적을 위하여 사인의 참여를 유도하는 것이기 때문에 물산업의 구조개편이라는 법안과는 그 목적과 기능을

체가 법인 운영의 주도권을 행사한다.

14) BOO(Build-Own-Operate)는 사회기반시설의 준공과 동시에 사업시행자에게 해당 시설의 소유권이 인정되는 방식이다(민간투자법 제4조 제4호).

달리한다.

2. 구조개편의 기본방향

1) 출자를 통한 공사화

(1) 이른바 유형출자와 무형출자

4월 법안은 제9조에서 지방자치단체가 수도사업을 효율적으로 운영·관리하기 위하여 수도시설관리권을 출자하여 지방공기업법 제3장과 제4장의 규정에 따라 법인을 설립할 수 있으며(제1항·제3항), 이러한 수도시설관리권을 물권으로 보고 여기에 민법 중 부동산에 관한 규정을 준용하도록 하고 있다(제4항). 그리고 지방자치단체가 단독 또는 연합으로 상하수도사업을 위하여 설립한 법인은 전문상하수도사업자의 법적 지위를 취득한다(제2조 제4호 가목). 그런데 수도사업자가 수도시설관리권을 출자하여 법인을 설립한다는 것은 상하수도의 구조개편 전략과 관련하여 어떠한 의미를 갖는 것일까?

이러한 출자방식은 2000년 초반에 행정자치부를 중심으로 검토된 공사화 방안을 의미하는 것으로 볼 수 있다. 행정자치부는 2001년 7월 한국자치경영협회에 '지방상수도 발전방안'이라는 용역을 발주하여 전국 단일, 행정단위별, 수계별, 권역별 등 각종 공사화 대안을 모색한 바 있으며, 2002년 5월 '지방상수도 광역공사화 추진단'을 구성하여, 수차례의 논의를 거쳐 상수도사업을 전국 30개 권역별로 공사화하는 방안을 정책기조로 설정하였다. 즉 7개 특·광역시 상수도사업은 독립적으로 공사화, 이외 시·군 단위의 상수도사업은 전국 23개 권역별로 통합하여 광역공사화를 계획하였다.

특히 서울, 부산 등 7대 특·광역시의 경우 상수도사업본부로서 직영형태로 운영되고 있으며 급수인구규모, 시설용량, 수익규모 등에서 다른 지자체에 비하여 월등한 경쟁력을 갖추고 있어 공사화에 유리한 조건을 갖추고 있다. 따라서 이들 7개 특·광역시의 경우 자체적으로 현재의 자치단체 직영기업에서 공사로 전환하면, 해당 지방자치단체는 공공상하수도사업자의 지위에서 출자자의 지위로 전환되고, 상수도 사업본부의 종사자의 신분은 지방공무원에서 지방공사의 직원으로 전환된다. 물론 이 과정에서 특·광역시 지방공사를 거점으로 하여 인근 지방자치단체의 상하수도사업을 통합할 수도 있으며, 지방공사로 전환된 이후 다음 단계로 인근 지방자치단체의 상하수도사업을 통합 또는 인근 지방자치단체의 상하수도사업에 대한 위·수탁을 확대하는 방안 등이 검토될 수 있다.[15]

법안이 예정하고 있는 출자는 지방자치단체인 공공상하수도사업자가 소유권을 가지고 있는 시설을 대상으로 하는 이른바 유형출자가 아니라 수도시설관리권이라는 의제된 물권에 대한 이른바 무형출자를 통하여 지방공사를 설립하는 방식이다. 현재 수도시설의 소유권 자체를 전문사업자에게 넘기는 유형자산의 출자는 수도자산의 매각과 함께 현행법상 허용될 수 없으며 또한 바람직하지 못한 것으로 보는 것이 일반적인 견해이다.[16] 특히, 민간기업이 출자나 유상 인수를 통하여 자산의 소유권까지 가지게 되면 부가가치세법 등 현행 세법상으로 많은 부담을 지게 될 것이고, 이는 결국 수도요금의 인상으로 이어질 것이기 때문에 지역주민 등 소비자의 반발이 예상되기 때문이다. 그러나 수도사업의 구조개편이라는 국가의 중요한 정책목표를 설정하였음에도 불구하고 그 실현방식으로 민영화나 획기적인 민간참여를 배제한 채 공공부문 내에서 만의 경쟁체제를 구축하는 것으로 그치는 경우에 과연 소기의 정책목표를 실현할 수 있을지 의문이다. 이에 대해서는 후술한다.

우리나라의 수도사업 분야에서 출자모델이 적용된 대표적인 사례

---

15) 김길복, 전게서(각주 2), 85면.
16) 김성수, 전게논문(각주 4), 105면 이하.

로는 국가가 광역상수도시설에 대한 소유권을 가지고 있는 상태에서 그 시설관리권을 한국수자원공사에 출자한 것을 들 수 있다. 1998년 이전에 광역상수도의 건설은 국가의 부담으로 국가가 건설하였으며, 광역상수도의 건설이 완료되면서 국유재산으로 취득하였다. 그리고 그 운영을 한국수자원공사에 이양하기 위하여 소유권 자체를 대상으로 출자하는 방식을 검토하였으나 국유재산법상 출자목적물인 수도시설을 공공용재산으로 사용하는 한 용도폐지가 불가능하여 유형자산의 출자는 불가능하다는 결론이 내려졌다. 따라서 국유재산법과의 모순과 충돌을 방지하고 출자목적을 달성하기 위하여 수도시설관리권을 무형자산으로 물권화하여 출자한 것이다.

자치단체가 지방공사에 수도시설관리권을 출자하게 되면 자치단체의 수도사업과 관련된 모든 책임은 전문사업자로 이전된다. 즉 지방공사가 수도법상 수도사업자로서의 지위를 취득하며 이 새로운 수도사업자는 수도사업과 관련된 현재 또는 미래의 투자 및 운영상의 모든 권리와 의무의 주체가 되고 장기적으로 요금을 통하여 투자비용을 회수하며, 자치단체는 출자자로서 지방공사의 수익에 대하여 출자비율에 따라서 정기적으로 배당을 받는다. 출자방식에서는 지방공사가 법적으로 사업자의 지위를 가지기 때문에 사업구조에 있어서도 상당한 변화가 예상된다. 즉 전문사업자는 수도 서비스의 모든 면에 있어서 소비자인 지역주민과 직접 상대하게 되고, 수도사업에 요구되는 정치적 · 사회적 제약조건과 경제적 · 환경적 기준에도 직접 대응해야 한다. 즉 수도사업자인 지방공사는 일반적인 사업으로 제반 법률이나 환경을 준수하며 고객의 수요에 맞추어 수도사업을 경영하게 된다.[17]

(2) 출자를 통한 지방공사 방식의 한계와 입법적 과제

이미 언급한 바와 같이 법안상의 출자는 수도시설관리권만을 그

17) 이달곤, 전게서(각주 5), 83면.

대상으로 하는 이른바 무형출자에 제한되고 있다. 이는 현행 국유재산법, 공유재산 및 물품관리법 등의 관련규정에 비추어 이른바 유형출자는 불가하다는 것에 근거를 두고 있으나 실제로는 수도시설의 매각 등 수도시장을 완전하게 민간부문에 개방할 경우에 발생할 수 있는 주민의 반발 등 정치적인 고려가 작용한 결과라고 할 수 있다. 따라서 법안은 적어도 당분간은 수도사업의 공공성을 계속하여 유지하고 공공부문 내에서의 경쟁을 통하여 사업자를 육성하겠다는 의도를 가지고 있는 것으로 볼 수 있다.

그러나 물산업지원법안을 제기하게 된 국내외 물산업의 환경과 현재 우리가 처한 상황에 비추어 상하수도사업에 대한 근본적인 구조개편의 필요성과 시급성을 고려할 때 정부가 법안을 통하여 추진하는 '불완전한 공사화' 형태의 구조개편 방향은 현실적이기는 하지만 소극적이고 단기적인 처방에 치우쳐 있다는 평가를 할 수밖에 없다. 다시 말하자면 외국의 유수한 세계적인 물기업과 국내외의 물시장에서 경쟁할 수 있는 기업을 육성하는 목표가 공공부문에 국한되어서는 곤란하다. 후술하는 바와 같이 법안이 규정하고 있는 상하수도 위탁의 경우에도 수탁자는 여전히 공공부문에 한정되고 있다. 물산업이 타 산업분야에 비하여 가지는 특수성에도 불구하고 경쟁체제를 공공무문에 한정시키는 것은 장기적인 관점에서 세계적인 경쟁력을 가지는 물사업자를 육성하기에는 미흡하다.

따라서 법안은 중단기적으로 실현가능성이 희박하다고 하더라도 장기적인 관점에서 민간기업이 수도산업에 보다 적극적으로 참여할 수 있도록 입법적인 배려를 할 필요가 있다. 보다 구체적으로 말한다면 출자방식은 수도시설관리권만을 대상으로 할 것이 아니라 지방자치단체인 수도사업자가 지방공사나 민간기업에 수도시설의 소유권을 이전할 수 있는 가능성이 열려있는 것이어야 한다. 이러한 매각방식 또는 유형출자가 이루어지는 경우에 한하여 지방공사가 지방자치단체로부터 재정적·행정적으로 독립하여 진정한 의미의 책임경영이 가능해지며, 경쟁을 통한 수도사업의 구조개편이 속도를 낼 수 있다.

그러나 수도시설 소유권의 매각 또는 출자가 법률상 가능하기 위해서는 지방자치단체가 소유하고 있는 공공용물로서 수도시설에 대한 공용폐지가 선행되어야 한다. 그런데 과거 지방재정법의 규정과는 달리 현행 공유재산 및 물품관리법은 공용폐지의 요건과 절차를 간소화하였다.[18] 공유재산법 제11조에 따라서 지방자치단체의 장은 다음 각 호의 어느 하나에 해당하는 경우에 제16조에 따른 공유재산심의회의 심의를 거쳐야 한다. 1. 대통령령으로 정하는 기준에 따라 행정재산의 용도를 변경하거나 폐지하려는 경우. 2. 일반재산을 행정재산으로 용도변경하려는 경우. 이 절차에 따라서 지방자치단체의 장은 공유재산 중 행정재산, 행정재산 중 공공용재산에 속하는 지방자치단체의 수도시설에 대한 공용폐지를 행한 이후에 그 소유권을 지방공사에 출자할 수 있다.

또 하나의 방법으로는 법안이 수도사업의 구조개편에 관하여 수도법, 공유재산법과의 관계에 있어서 일종의 특별법의 성격을 가지

---

18) 구 지방재정법 제82조 제1항은 “행정재산 및 보존재산은 이를 대부·매각·교환·양여·신탁 또는 대물변제하거나 출자의 목적으로 하지 못하며, 이에 사권을 설정할 수 없다”는 원칙을 선언하고 다만, 다음의 경우에는 그 예외를 인정하였다. 1. 그 용도 또는 목적에 장애가 없는 한도내에서 사용 또는 수익을 허가하는 경우. 2. 행정재산 또는 보존재산으로서의 성질을 유지할 것을 조건으로 국가 또는 다른 지방자치단체에 양여하는 경우. 3. 국가·다른 지방자치단체 등 다른 법인 또는 개인소유의 재산과 교환하여 그 교환받은 재산을 행정재산 또는 보존재산으로 관리하고자 하는 경우. 그리고 이 규정에 위반한 행위는 무효가 된다. 그런데 지방자치단체가 소유하는 수도시설의 소유권을 지방공사와 같은 공기업에 출자하는 경우는 위 세 가지 예외사유에 해당하지 않기 때문에 결국 법적으로 어려운 일이었으며, 이것이 실제로 시행되는 경우에도 그 출자행위는 무효가 되었다.

고 있다는 점을 고려한다면 수도시설의 소유권에 대한 출자결정에 일종의 集中效를 부여하여 출자결정이 있는 경우 공용폐지가 이루어진 것으로 의제하는 것이다. 공유재산 및 물품관리법은 제2조의2에서 "공유재산 및 물품의 취득 · 유지 · 보존 및 운용과 처분에 관하여는 다른 법률에 특별한 규정이 있는 경우를 제외하고는 이 법이 정하는 바에 의한다"라고 하여 그 일반법적인 성격을 분명히 하고 있기 때문에 특별법적 성격을 가지는 물산업지원법안에서는 위와 같이 집중효를 인정하는 특칙을 둘 수 있을 것이다.

2) 출자를 통한 주식회사의 설립

4월 법안은 출자를 통한 법인설립의 또 다른 방식으로 지방자치단체가 단독 또는 연합으로 외국인 및 외국법인을 포함한 자와 공동출자하여 상법에 의한 주식회사를 예정하고 있다(제9조 제2항). 이렇게 하여 설립되는 주식회사는 지방공사와 같이 수도시설관리권의 수탁자가 될 수 있다. 법안이 예정하고 있는 주식회사는 지방공기업법 제77조의3 제1항에 의하여 지방자치단체가 수도사업을 효율적으로 수행하기 위하여 자본금 또는 재산의 2분의 1 미만을 출자 또는 출연하여 외국인 및 외국법인을 포함하여 지방자치단체 이외의 자와 공동으로 상법에 의한 주식회사를 설립할 수 있는 규정에 근거를 두고 있다.

위 규정에 의하여 설립되는 주식회사 형태의 이른바 출자법인은 기존에 지방공기업 형태인 직영기업, 지방공사, 지방공단과 더불어 제4의 지방공기업으로서 민관이 공동으로 출자한 민관합동법인이며, 일종의 제3섹터 방식이다. 이를 통하여 물산업지원법안은 수도사업의 구조개편을 위한 민간참여를 조심스럽게 허용한 것으로 볼 수 있다. 그러나 위에서 언급한 지방공사의 형태가 '불완전한 공사화'의 한계를 넘어서지 못하듯이 출자법인의 경우에도 여전히 그 운영에 있

어서는 지방자치단체의 干與와 감독을 벗어나기 어렵다.[19]

더욱이 출자법인은 위에서 언급한 지방공사와 같이 수도시설에 대한 소유권을 출자받는 것이 아니라 수도시설관리권을 그 대상으로 하는 이른바 무형출자에 해당하는 것이기 때문에 수도사업에 대한 구조개편 방식으로는 지방공사 방식과 함께 일정한 한계를 보이고 있다. 결국 법안은 지방공사와 출자법인을 통하여 기존의 수도사업자인 지방자치단체와는 별도의 법인에게 수도사업자의 지위를 부여하여 수도사업의 효율성과 합리성을 제고하겠다는 목적을 추구하는 것이지만, 출자의 대상을 수도시설관리권에 한정하고 여전히 지방자치단체와 공공부문이 주도하는 방식이라는 점에서 수도사업의 경쟁력과 효율성을 획기적으로 제고하는 구조개편의 방식으로는 평가하기 어렵다.

3) 상하수도사업의 위탁

(1) 확대된 위탁방식 — 이른바 양여계약

수도사업의 구조개편과 관련하여 법안이 가장 비중을 두고 있는 방식은 위 · 수탁이다. 그런데 법안이 예정하고 있는 위탁방식은 현행 수도법 제23조가 규정하고 있는 위탁보다는 그 범위를 확대하고 있다는 것이 특징적이다. 수도법 제23조 제1항은 일반수도사업자는 수도사업을 효율적으로 운영 · 관리하기 위하여 대통령령으로 정하는 바에 따라 수도시설의 운영 · 관리에 관한 업무의 전부 또는 일부를 대통령령으로 정하는 전문기관 또는 지방자치단체인 수도사업자에게 위탁할 수 있다고 규정하고 있다. 이에 비하여 4월 법안 제8조 제1

19) 예를 들어 지방자치단체의 장은 지방자치단체가 자본금 또는 재산의 4분의 1 이상을 출자 또는 출연한 출자법인 또는 출연법인에 대하여 경영상황에 관한 보고 및 서류의 제출을 요구하거나 당해 지방자치단체의 출자 또는 출연과 관련된 업무 · 회계 · 재산에 대한 검사를 할 수 있으며, 경영개선을 위하여 지도 · 조언 또는 권고를 할 수 있다(제77조의4조).

항에 의하면 지방자치단체인 수도사업자는 수도사업의 전문화 및 운영 · 관리의 효율화를 도모하고 국제경쟁력의 강화를 위하여 대통령령으로 정하는 바에 따라 단독 또는 공동으로 수도시설의 설치 및 운영 · 관리에 관한 업무의 전부 또는 일부를 전문상하수도사업자에게 위탁할 수 있도록 하였다. 다시 말하자면 수도법상의 위탁이 수도시설의 운영과 관리에 관한 업무(수도시설관리권)에 국한되어 있는 것에 비하여 4월 법안은 운영과 관리는 물론 그에 더하여 수도시설의 설치를 포함하고 있다는 점이 특징적이다.

이러한 위탁방식은 수도법에 의한 위탁계약에 비하여 계약의 상대방인 전문상하수도사업자에게 보다 포괄적인 권리와 의무를 인정하는 讓與契約(Concession Contract, Konzessionsvertrag)의 형태에 해당하는 것으로 볼 수 있다. 양여계약이란 통상 자치단체와 전력, 가스, 상하수도 등의 분야의 전문사업자 간에 체결되는 계약으로서, 지방자치단체는 이와 관련된 시설의 소유권을 보유하고 전문사업자에게 투자재원의 조달을 포함한 시설의 설치 및 관리, 운영에 관한 제반 사항을 위탁하는 계약의 형태이다.[20] 실무상 양여계약은 기존 시설의 확충과 개선을 위한 대규모 투자를 가능하게 하며, 서비스 보급의 확대와 품질에 대한 시급한 개선이 동시에 필요한 경우에 가장 효과적인 방식으로 평가되고 있다.

양여계약은 실정법상의 용어가 아니며 학문적으로도 그 개념이 명확하게 정의되고 있지 아니하다. 실제로 양여계약은 도로교통, 상하수도 서비스, 폐기물 처리를 비롯한 환경행정 등 영역에 따라서 매우 다양한 형태가 존재하기 때문에 법적 개념으로 이를 정의하는 것은 용이한 것이 아니다.[21] 다만, 다양한 영역에서 양여계약이 가지

---

20) K. Stern, Zur Problematik des energiewirtschaftlichen Konzessions-vertrags, AÖR 84(1959), 137면; M. Zacher, Energiewirtschaftliche Konzessionsverträge, 1982.

21) 양여계약이라는 용어는 프랑스어로 'contract de concession'이라고 부르

는 공통분모라고 할 수 있는 것은 인간의 생존에 필요한 서비스의 공급과 그에 대한 반대급부를 대상으로 하여 장기간 그리고 표준적인 법률관계의 형성을 그 목적으로 한다는 것이다. '장기성'과 '표준성'을 특징으로 하는 양여계약은 일반적으로 일정한 서식의 표준계약서의 형태를 띠고 있으며(법안 제8조 제4항, 제21조 제2항 2호), 이를 법적으로 체계화한 K. Stern에 의하면 다음과 같은 주요한 내용을 담고 있다.[22]

는데, 그 유래는 1917년 프랑스의 끄롬(Crome)에 의하여 최초로 사용되었다. 그는 상하수도 등 네트워크를 필요로 하는 사업자에게 자치단체가 도로나 토지 등 'domaine public'(공용재산)을 포괄적으로 사용할 수 있도록 허용한다는 의미에서 '양여(讓與)'라는 계약의 명칭을 사용하고 있다. P. Tettinger, Grundlagen des Konzessionsvertragsrechts, DVBl. 1991, 786면 이하(787면). 양여계약을 통하여 지차단체가 전문사업자에게 계약기간 동안 해당 지역의 상하수도 사업권을 사실상 넘긴 것과 같은 효과가 발생한다. 그러나 법적으로는 자산의 소유권이나 사업자로서의 지위는 계속하여 자치단체가 보유하며, 세법이나 다른 관련 법률 역시 양여계약 체결 이전과 동일하게 적용된다.

22) 1. 도로와 토지에 대한 사용조항(Wegebenutzungsklausel) - 이를 근거로 전문사업자에게 신규투자 등 시설의 확장 및 개·보수를 위하여 자치단체의 부동산을 사용할 수 있는 권리가 발생한다.
2. 운영조항(Betriebsklausel) - 이를 근거로 전문사업자에게 상하수도 시설을 운영과 서비스 공급이 가능한 상태로 유지하고 그에 따르는 공급업무를 실제로 수행할 의무가 발생한다.
3. 배타성 조항(Ausschließlichkeitsklausel) - 이를 근거로 전문사업자에게 해당 자치단체의 지역적 관할범위 안에서 배타적으로 사업을 수행할 수 있는 권리가 부여된다.
4. 계약체결 의무조항(Kontrahierungsklausel) - 이를 근거로 전문사업자에게 해당 자치단체의 지역에 거주하는 주민인 경우에는 특정인을 가리지 아니하고 고객과 양여계약의 조건에 상응하는 서비스 공급을 위한 계약체결의 의무가 부과된다.
5. 요금조항(Tarifklausel) - 이를 근거로 전문사업자가 요금의 수준을 결정하는 경우에 해당 자치단체에게 일정한 협력권을 부여한다.
6. 수익자부담금조항(Abgabeklausel) - 자치단체가 전문사업자에게 자치단체 소유의 토지와 도로의 사용허가 및 배타적인 사업권 부여의 대가로 전문사업자가 지불하는 수익자부담금에 관한 조항이 필요하다.

양여계약의 특징으로는 전문상하수도사업자가 자치단체를 대위하여 자신의 이름과 부담으로 계약기간 동안 해당 공공서비스의 공급사업 전반을 경영한다는 점이다. 따라서 시설의 통상적인 운영과 관리를 위한 경상적 지출뿐만 아니라 새로운 투자나 개·보수 등 시설의 확장과 개선에 필요한 자본적 지출의 책임을 전적으로 부담하게 되는 것이다. 반면에 전문사업자는 자신의 부담으로 시설의 설치와 관리업무를 수행하는 반대급부로서 고객에 해당하는 자치단체의 주민과 체결한 서비스 공급계약을 매개로 하여 수도요금인 사용료를 부과하고 그 수입을 통하여 비용을 회수하고 이윤을 보장받는다. 다시 말해서 양여계약의 당사자인 전문상하수도사업자는 계약기간 동안 주민들에게 상하수도서비스를 공급하기 위한 시설의 투자와 운영에 있어서의 모든 위험과 책임을 부담한다.

(2) 양여계약의 법적 성격

상하수도 사업에 대하여 자치단체와 전문사업자 간에 체결되는 양여계약은 통상적인 민법상의 계약으로서 사법의 원리가 적용되는 것인가 혹은 요금의 부과·징수 등 일종의 공권력 행사가 위탁되는 것이기 때문에 공법의 원리가 적용되는 공법상 계약으로서의 성격을 가지는 것인가? 혹은 양자의 성격을 모두 가지는 일종의 변종계약(Vertrag sui generis)으로서 보아야 하는가? 양여계약의 법적 성격을 둘러싼 논란은 지난 수십년 간 학계와 실무계 모두에서 현재까지도 계속되고 있다.[23] 그런데 도대체 양여계약의 법적 성격을 가리는 것

---

7. 계약기간에 대한 조항(Laufzeitklausel) – 양여계약의 존속기간에 대한 합의가 문서화된다.
8. 종료조항(Entschaftsklausel) – 양여계약의 종료 시에 시설물에 대한 최종적인 귀속과 처리에 관련되는 내용을 포함한다.
9. 환매조항(Heimfallklausel) – 양여계약의 종료시 해당 상하수도 시설물에 대하여 무상 또는 인하된 가격으로 환매할 수 있는 권한을 자치단체에게 부여하는 조항이다.

23) 이에 대한 상세한 논의는 김성수, 상하수도 양여계약의 개념과 법적 가능

이 현실적으로 어떤 의미와 실익을 갖는 것일까?

우선 양여계약이 공법상 계약(öffentlich-rechtlicher Vertrag)의 성격을 가지는 경우에는 행정의 법률적합성원칙과 행정법의 일반원칙에 따르는 엄격한 적법성 심사가 이루어진다. 특히 이 중에서도 중요한 의미를 가지는 것이 행정의 법률적합성원칙으로서 양여계약이라는 독특한 계약형식으로서 그 체결을 수권하는 법률적 근거가 요구되며(법률의 유보), 양여계약의 내용은 관련되는 법령의 규정이 정하는 내용뿐 아니라 과잉금지의 원칙, 신뢰보호의 원칙, 평등의 원칙 등에 위반하지 말아야 한다. 다시 말하자면 양여계약에 대한 엄격한 적법성 통제가 이루어진다는 의미이다. 공법상 계약으로서 법적 근거와 관련하여 흔히 문제가 제기되는 부분은 양여계약이라는 특수한 형태의 계약을 실정법규가 명시적으로 인정하는 경우가 거의 없다는 점이다. 따라서 행정법이론적으로 양여계약의 법적 근거가 결여되는 경우에는 그 적법성을 인정하기 어렵다는 견해도 있다.[24)]

반면에 양여계약의 법적 성격을 통상적인 민법상의 계약으로 보는 경우에는 민법상 계약의 하자와 무효이론이 적용된다. 다시 말하자면 양여계약은 민법 및 관련규정과 민법상의 원칙에 의하여 유효와 무효가 결정되며, 이 경우 사적자치의 원칙에 의하여 그 허용의 범위가 비교적 광범위하게 인정된다. 사법상 계약의 성질을 가지는 양여계약은 공법상 계약이 아니기 때문에 특별하게 그 체결을 수권하는 법령상의 근거가 필요한 것은 아니다. 물론 경우에 따라서는 사법상 양여계약을 체결할 수 있는 법령상의 근거가 있을 수 있지만, 이 경우에 법적 근거는 일종의 확인적·주의적 규정에 불과할 뿐 창설적 의미를 가지는 것은 아니기 때문에 법령상의 근거 여부와는 관

성, 법학논총 제23집 제1호, 2006, 한양대학교 법학연구소, 14면 이하.

24) Volker Schlette, Die Verwaltung als Vertragspartner. Empirie und Dogmatik verwaltungsrechtlicher Vereinbarungen zwischen Behörde und Bürger. 1999, 80면 이하.

계없이 자치단체와 전문상하수도사업자는 자유롭게 양여계약을 체결할 수 있다. 물론 이 경우에도 위에서 언급한 바와 같이 민법상 계약의 하자이론이 적용되므로 계약에 무효사유가 있으면 그 효력을 인정할 수 없다.[25)]

양여계약에 대해서 외국의 학설과 판례는 사법적 성격을 가지는 민법상의 계약으로 이해하는 것이 일반적이다. 수도법에 규정된 위탁계약과 물산업지원법상의 양여계약 역시 원칙적으로 사법적 효과의 발생을 목적으로 하는 민법상의 계약이며, 그 적법성을 판단함에 있어서는 민법상의 계약원리에 의한다. 다만, 상하수도 위탁관리를 위한 양여계약은 필연적으로 수도법, 하수도법 등 행정법규와 관련이 있고, 이들 법규는 일종의 강행규정이기 때문에 전문상하수도사업자와 자치단체 간에 양여계약을 통한 합의는 이들 규정의 내용이나 행정법의 일반원칙에 위반하는 경우에는 위법, 무효가 된다.

(3) 수도사업자의 지위 변경과 요금징수권의 문제

양여계약이 통상적인 민법상 계약과는 달리 공법적 요소를 가지고 있고 그에 따르는 적법성 통제를 받고 있기 때문에 기존의 법안이 이러한 법적 문제를 해결하기 위하여 기존의 관련법규와의 상호충돌이나 위반 여부를 고려하고 있는지 면밀하게 검토할 필요가 있다. 그 중에서도 가장 핵심적인 문제는 양여계약에 의하여 수도시설의 설치와 관리권을 수탁받은 전문사업자가 지방자치단체를 대위하여 법률상 수도사업자의 지위를 취득하여 상하수도 서비스를 공급받는 소비자에게 공과금에 해당하는 사용료를 직접 부과하고 강제로

25) 이와 같이 양여계약의 법적 성격을 공법상 계약 또는 민법상 채권계약 중 어느 하나로 그 성격을 규명하는 것도 필요하지만, 양여계약은 원칙적으로 사법상 계약의 성격을 가지면서도 수도법, 하수도법 등 관련 행정법규들과 밀접한 관련을 맺고 있으므로 그 적법성에 대한 평가 역시 이러한 행정법규의 내용에 대한 위반 여부가 검토되어야 한다. 이러한 의미에서 양여계약이 이중적 성격 또는 변종적 성격을 가지고 있다는 견해가 제시되고 있음을 위에서 언급하였다.

징수할 수 있는가 하는 것이다.[26)]

(가) 전문사업자의 법적 지위

수도법은 수도사업을 일반 수요자 또는 다른 수도사업자에게 수도를 이용하여 원수나 정수를 공급하는 사업으로 정의하고, 이를 일반수도사업과 공업용수도사업으로 구분하고 있다. 이에 따라 일반수도사업이란 일반 수요자 또는 다른 수도사업자에게 일반수도를 사용하여 원수나 정수를 공급하는 사업이며, 일반수도사업자는 일반수도사업의 인가를 받아 이를 경영하는 자이다(제3조 제18호 내지 제23호). 결국 수도사업자는 수도사업의 인가를 받아 주체적으로 수요자와 다른 수도사업자에게 원수나 정수를 공급하는 자라고 할 수 있으며, 지방자치단체는 수도법과 지방자치법에 의한 대표적인 수도사업자이다. 그런데 수도법은 수도요금의 부과와 그 체납이 있는 경우 지방세법의 예에 따라서 강제로 징수할 수 있는 권한을 수도사업자인 지방자치단체에게 부여하고 있다(제68조 제1항).

그렇다면 양여계약을 통하여 수도시설의 설치, 관리 및 운영을 수탁받은 전문사업자는 법적으로 수도사업자의 지위를 취득하는 경우에 한하여 소비자에게 자신의 이름으로 사용료를 부과 · 징수할 수 있다. 이와 관련하여 4월 법안은 양여계약의 상대방인 전문상하수도사업자의 지위와 관련하여 수도법 제28조, 제29조, 제32조, 제33조 제1항, 제36조, 제37조 및 제61조를 적용하는 경우에는 상하수도사업자로 본다는 규정을 두고 있다(제8조 제5항).[27)] 이러한 준용규정은 예시적인 성격이라기보다는 수도관리와 관련하여 개별 업무와 영역

26) 또한 지방자치단체의 위임을 받은 전문사업자도 수도사업자로서 부가가치세법상 수돗물의 공급에 대하여 부가가치세를 면제받을 수 있는지도 문제될 수 있다.

27) 第28조(정수처리기준), 제29조(수질검사와 수량분석), 제32조(건강진단), 제33조 제1항(소독 등 위생조치), 제36조(교육), 제37조(급수의 긴급정지 등) 및 제61조(타인 토지에의 출입 등).

에 따라서 수도사업자의 지위를 부여하는 것이므로 나열적인 것으로 보아야 한다. 따라서 위 규정이 수도요금의 징수에 대한 수도법 제68조를 준용하지 않기 때문에 사용료의 징수와 관련하여서는 여전히 지방자치단체가 수도사업자의 지위를 유지하고, 전문사업자는 수도의 설치, 관리, 운영과 관련하여 수도법상의 위탁계약보다 포괄적인 권리와 의무를 인정하는 양여계약의 수탁자임에도 불구하고 법적으로 수도사업자가 될 수 없다.

(나) 사용료 징수권과 법률유보원칙

이미 언급한 바와 같이 양여계약은 수도법상의 위탁계약에 비하여 전문사업자의 권리와 의무가 매우 포괄적으로 인정될 수 있기는 하지만 그 법적 성격은 여전히 민법상의 채권계약이다. 따라서 수도시설의 소유권을 타인에게 출자 또는 매각하는 물권적 양도행위는 아니기 때문에 수도사업자로서 사용료를 부과하고 징수하는 지방자치단체의 권한과 의무는 여전히 건재하다. 다시 말하자면 양여계약에도 불구하고 수도사용료 결정권, 부과권, 징수권은 여전히 수도사업자인 지방자치단체가 보유한다는 의미이다. 그렇기 때문에 양여계약을 통하여 전문사업자가 수도사업자로서의 법적 지위를 취득하지 않는 한 그에게 직접 사용료의 징수권이라는 고권적 권한을 부여하는 것은 현행법상 허용되기 어렵다.[28] 한편, 현행법상 지방자치단체의 사용료 부과에 대한 불복방법은 일반적인 행정소송절차에 의하는 것이므로 사용료부과의 취소 또는 무효확인을 구하는 소송에서 피고적격은 지방자치단체의 장이 갖고 있다.

---

28) 수도법상 기존의 위탁계약에 있어서도 지방자치단체와 전문사업자 간에 체결되는 실시협약은 사용료의 부과 및 징수와 관련되는 검침, 요금의 고지 및 수납, 고객관리 등 기술적 사항만을 전문사업자의 권리 · 의무로 정할 수 있을 뿐이다. 물론 이러한 기술적인 업무를 통하여 전문사업자는 '사용료의 부과와 징수에 준하는 권리와 의무'를 행사하고 부담할 수 있으며, 소비자가 체납한 사용료 문제를 지방자치단체와 공동으로 해소할 수 있다.

만약, 법률적 근거에 의하여 전문사업자가 지방자치단체의 주민인 고객을 상대로 하여 서비스의 제공에 대한 사용료를 부과, 징수하는 권한을 부여받는 경우에는 이른바 公務受託私人의 지위를 갖는 것으로 볼 수 있다. 그런데 지방자치단체가 자신의 업무수행을 위한 권한을 사인에게 위임하는 경우 위임하는 권한의 범위와 행사절차 등에 대하여 미리 법률로써 상세히 규정하는 것이 일반적이다. 특히 사용료의 부과 및 징수와 같은 이른바 고권적 행정작용은 주민의 자유와 권리를 침해하고 제한하는 행위이므로 헌법 제37조 제2항과 법률유보원칙의 최소한으로서의 의미를 갖는 침해유보설의 입장에서도 당연히 법률적 근거가 요구된다. 따라서 양여계약을 통하여 전문사업자에게 요금의 부과 · 징수권을 부여하기 위해서는 수도법이나 하수도법 또는 물산업지원법 등에서 이에 대한 법률적 근거가 마련되어야 한다. 사용료의 부과와 징수 문제는 법률우위원칙과 더불어 전형적으로 법률유보의 원칙도 적용되는 것이다.[29] 결론적으로 민법상 채권계약의 성격을 가지는 양여계약은 사용료의 부과와 징수라는 행정상 권력관계를 규율할 수 없으며, 사용료의 부과를 대상으로 하는 행정상 법률관계의 당사자는 지방자치단체와 그 주민인 고객일 뿐이다.[30]

---

29) 김성수, 전게논문(각주 23), 32면.

30) 다만, 전문사업자는 양여계약을 근거로 하여 고객인 주민들과 체결한 기존 서비스 공급계약을 이전받거나 신규로 서비스 계약을 맺을 수도 있는데, 전문사업자는 이러한 공급계약에 의한 채권채무관계를 바탕으로 사실상 요금의 부과 및 징수에 준하는 업무를 원활하게 수행할 수 있을 것이다. 이는 상하수도와 유사한 공공서비스인 전기, 가스 등의 공급에 있어서 사용료를 고권적으로 부과하고 이것에 체납되면 강제적으로 징수하는 행정상 법률관계가 없이도 고객들과 체결한 공급계약만으로 얼마든지 사용료를 부과, 징수하면서 사업을 안정적으로 수행하고 있기 때문이다.

Ⅲ. 구조개편을 위한 재원조달

상하수도사업의 구조개편을 지속적, 효과적으로 추진하고 물시장을 경쟁력을 가진 산업으로 육성하기 위해서는 이를 위한 안정적인 재원의 확보가 무엇보다 중요하다. 특히 물산업 분야의 해외진출을 모색하기 위한 마케팅 비용 등 초기 진입비용을 지원하고 이와 관련되는 연구개발 및 인력의 양성을 위해 별도의 재원이 필요하다. 정부는 이와 같이 상하수도의 구조개편과 물산업 육성을 위한 재원조달 방안으로 기금이나 특별회계의 설치를 그 동안 심도 있게 고려하였다. 물론 상하수도사업의 구조개편 등을 위하여 소요되는 재원을 안정적으로 조달하기 위하여 기금을 설치하는 것이 가능하다면 가장 효과적인 수단이라고 할 수 있다. 그러나 신규로 기금을 설치하는 경우에는 국가재정법 제14조에 의하여 엄격한 심사를 받아야 하고,[31] IMF 등 국제기구와 재정부, 감사원 등 국가기관은 정부 재정운영의 건전성과 투명성을 제고하기 위하여 오래 전부터 신규로 기금을 설치하는 것을 억제하고 유사한 기금과 특별회계의 통폐합을 권고해 왔다.

물산업지원법을 준비하면서 환경부가 제시한 이른바 '물산업육성기금'의 재원은 1. 정부 일반회계에서의 출연금. 2. 환경개선특별회

31) 기획재정부장관은 기금에 대하여는 제1호 내지 제4호의 기준에 적합한지 여부를 심사하고, 특별회계에 대하여는 제4호 및 제5호의 기준에 적합한지 여부를 심사하여야 한다. 이 경우 미리 자문회의에 자문하여야 한다(제2항, 개정 2008.2.29). 1. 부담금 등 기금의 재원이 목적사업과 긴밀하게 연계되어 있을 것. 2. 사업의 특성으로 인하여 신축적인 사업추진이 필요할 것. 3. 중·장기적으로 안정적인 재원조달과 사업추진이 가능할 것. 4. 일반회계나 기존의 특별회계·기금보다 새로운 특별회계나 기금으로 사업을 수행하는 것이 더 효과적일 것. 5. 특정한 사업을 운영하거나 특정한 세입으로 특정한 세출에 충당함으로써 일반회계와 구분하여 계리할 필요가 있을 것.

계법에 의한 환경개선특별회계로부터의 출연금. 3. 다른 기금으로부터의 출연금. 4.기금의 운용으로 생기는 수익금. 5. 수도 및 하수도사용에 따른 부담금(요금의 100분의 5 범위 내). 6. 수도사업자 등의 출연금으로 조달하는 것으로 예정하였다. 그러나 이러한 재원 중 특히 문제가 되는 것은 수도 및 하수도 요금에 부가되는 부담금이라고 할 수 있다. 이는 결국 소비자인 국민이 부담하는 것으로서 수도요금에 부가된 추가적 부담금이며, 헌법재판소의 결정례에 의할 경우 특별부담금의 성격을 가지는 것이다.[32] 그런데 물산업육성기금의 재원조달을 위한 재정목적을 가진 특별부담금은 헌법재판소가 그 헌법적 정당화 요건으로 설정한 4가지의 요건을 가감 없이 모두 충족하여야만 합헌으로 평가될 수 있다.[33] 또한 부담금은 부담금관리기본법에 의하여 까다로운 심사를 받아야 하기 때문에 기금 또는 부담금을 신설하는 것은 정치적으로 예민한 사항이며, 실정법적으로나 법이론적으로 많은 문제를 야기할 수 있다.

이러한 상황에서 정부는 한때 기금안을 포기하고 구조개편을 위한 재원으로서 지방자치단체에 물산업육성특별회계를 설치하는 방안을 검토하였다. 그러나 특별회계 역시 국가재정법 제14조, 제15조에 따라 기금과 마찬가지로 그 설치에 있어서 까다로운 심사를 거쳐야 하며, 특별회계의 신설을 제한하고 기존의 특별회계 간의 통폐합을 추진하는 것인 정부의 기본정책이라는 점에서 기금과 그 사정이 크게 다르지 아니하다.[34] 따라서 최근 정부는 기금과 특별회계를 대신

32) 이에 대한 상세한 논의는 김성수, 특별부담금의 헌법적 정당화 요소에 대한 연구, 한국법제연구원 현안분석 2005-02, 2005.6.

33) 4가지 헌법적 정당화 요소는 1. 납부의무자들과의 집단적 동질성. 2. 납부금 지출의 집단적 효용성. 3. 부담금 목적에 대한 납부의무자들의 객관적 근접성. 4. 부담금 목적에 대한 납부의무자들의 집단적 책임성이다.

34) 국가재정법 제15조는 기획재정부장관이 특별회계 및 기금이 다음 과 같은 사유가 있는 경우 이를 폐지하거나 다른 특별회계 또는 기금과 통합할 수 있도록 규정하고 있다. 1. 설치목적을 달성한 경우. 2. 설치목적의 달성이

하여 정부의 일반회계로부터 상하수도의 운영에 필요한 비용을 보조 또는 융자해 주거나 농어촌 등 취약지역 또는 관리권역에 따른 통합 운영, 평가결과가 우수한 상하수도사업자 등에 대한 재정지원을 하는 방향으로 선회하였다. 물론 국가의 일반회계에서 수도사업의 구조개선과 기타 물산업 육성을 위한 정책을 재정적으로 지원하는 것이 정상적인 방법이기는 하지만 현재 우리나라 재정운용의 상황을 고려할 때 장기적인 관점에서 안정적으로 재원조달이 가능할지는 현재로서는 예측하기 어렵다.

Ⅳ. 수도요금의 결정구조와 수도사업위원회

1. 현행법상 상하수도 사용료에 대한 결정구조

수도사업자인 지방자치단체가 제공한 수도 서비스에 대한 반대급부로서 고객인 주민이 부담하는 요금은 사용료의 일종으로서 그에 대한 결정은 지방의회의 권한이다. 지방자치법 제39조 제1항 제4호에 의하여 지방의회는 법령에 규정된 것을 제외한 사용료 · 수수료 · 분담금 · 지방세 또는 가입금의 부과와 징수에 대한 사항을 의결한다. 또한 지방의회는 사용료 · 수수료 또는 분담금의 징수에 관한 사항을 조례로 정하고(제139조 제1항), 그 징수는 지방세 징수의 예에 따른다(제140조 제2항). 지방공기업법 역시 지방자치단체는 지방직영기업의 급부에 대하여 조례가 정하는 바에 의하여 요금을 징수할 수 있으며

불가능하다고 판단되는 경우. 3. 특별회계와 기금 간 또는 특별회계 및 기금 상호 간에 유사하거나 중복되게 설치된 경우. 4. 그 밖에 재정운용의 효율성 및 투명성을 높이기 위하여 일반회계에서 통합 운용하는 것이 바람직하다고 판단되는 경우.

(제22조 제1항), 이 경우 제1항에 따른 요금은 적정하여야 하고 지역간 요금수준의 형평을 도모하여야 하며, 급부원가를 보상하면서 기업으로서 계속성을 유지할 수 있도록 결정되어야 한다(제22조 2항, 2011.8.4. 개정).

이와 같이 현행법의 구조상 수도 서비스에 대한 사용료의 액수를 포함하여 부과 및 징수와 관련된 사항을 결정하는 것은 지방의회의 전속적인 권한이며, 지방자치단체의 장은 지방의회의 의결에 따라서 부과와 징수업무를 실제로 집행한다. 이미 언급한 바와 같이 수돗물의 공급을 받은 자가 수돗물의 요금을 내지 아니하면 지방자치단체인 수도사업자는 지방세 체납처분의 예에 따라 징수할 수 있는데(수도법 제68조 제1항), 자치단체의 장이 체납업무를 총괄한다. 결국 이와 같은 법체계가 형성된 기본적인 원인은 우리 헌법 117조 제1항이 주민의 복리에 관한 사무를 처리하기 위하여 조례와 규칙 등 자치에 관한 규정을 제정할 수 있는 권한을 자치단체에게 부여하고, 이를 받아 지방자치법이 상하수도의 설치와 관리를 자치단체의 고유한 자치사무로 규정하고 있기 때문이다.

따라서 현재 중앙정부는 사용료의 적정한 수준 등에 대하여 일반적인 기준과 방향만을 제시하고 있다. 만약 지방자치단체가 수도사용료를 인상하는 경우에는 중앙정부의 방향제시에 따라서 지방물가대책위원회 또는 소비자정책심의위원회의 사전 심의를 거쳐서 이를 지방의회가 의결하고 자치단체의 장이 개정된 조례를 공포하는 절차를 밟게 된다. 이와 같이 수도사용료에 대한 결정권한을 지방자치단체의 전속적인 관할로 하고 있기 때문에 종래 우리나라에서는 지방자치단체별로 차등적인 사용료가 적용되어 왔다. 그러므로 전국에 소재하는 167개의 지방자치단체가 모두 수도사업자로서 서로 다른 차등적 사용료를 부과하는 것이다.

특히 이러한 차등적 사용료는 지방자치단체별로 취수여건, 상수원의 오염도, 시설의 노후도 등에 따른 상수생산비용에서 차이가 발생하고, 자치단체별로 요금의 현실화에 대한 정책이 상이하기 때문에 생산원가 및 사용료에서 차이가 발생하는 것이다.[35] 이와 같이 수도사용료와 관련하여 구조적 요인과 정치적 요인이 결합하여 상하수도사업자 간의 통폐합이나 광역화를 통한 구조개편에 상당한 장애요인이 존재하게 된 것이다. 따라서 상하수도사업의 구조개편을 위해서는 중앙정부가 수도사용료의 결정과 관련하여 보다 강력한 조정권한을 가지는 것이 필요하다.

2. 사용료 결정에 대한 중앙수도사업위원회의 역할

법안이 예정하고 있는 구조개편의 방향이 완전한 민영화를 지양하고 출자를 통한 공사화, 투자법인의 설립 등에 중점을 두고, 무엇보다 양여계약에 초점이 맞추어져 있기 때문에 지방자치단체는 여전히 현행법상 사용료의 결정에 대하여 주도적인 권한을 가지고 있다. 따라서 수도사업자의 지위가 변경되지 않는 양여계약의 경우는 물론 출자를 통한 지방공사화, 출자법인의 설립 방안에서도 지방공기업으로서의 기능이 전면에 나서는 한 전문상하수도사업자와 지방공사, 주식회사 등이 자율적으로 요금을 결정하고 사업자 간의 경쟁을 통하

35) 이를 보다 구체적으로 보면 2004년을 기준으로 서울 등 7대 특·광역시의 평균 생산원가는 톤당 523원인 반면 농어촌지역 등의 83개 시·군의 평균 생산원가는 톤당 948원으로 약 1.8배의 가격차이가 있다. 이와 같은 지역적 편차와 더불어 수도사용료의 현실화율도 지역적으로도 역시 상당한 차이가 있다. 그 이유는 특히 시·군지역의 경우 주민의 직접선거에 의하여 선출되는 지방자치단체의 장과 지방의회의원들이 재선 등을 의식하여 수도사용료의 현실화에 대하여 상당히 소극적이기 때문이다. 현재 7대 특·광역시의 경우 사용료의 현실화율이 98%인 반면에 군지역은 평균 65% 수준으로 지방상수도의 재정자립도에서 많은 차이를 보이고 만성적인 투자부족으로 인한 질적·양적 서비스에서 격차를 심화시키고 있다. 이달곤, 전게서(각주 5), 199면, 200면.

여 수도사업을 합리화하고 구조조정을 촉진하기는 현실적으로 어렵다.

따라서 수도사업 전반을 총괄하고 상하수도사업을 합리화하기 위하여 환경부에 설치되는 중앙수도사업위원회는 지방자치단체가 사용료를 현실화하는 노력을 지속적으로 기울일 수 있도록 조정하고 유도하는 적극적 역할을 수행할 필요가 있다. 법안에 따르면 상하수도사업의 효율적인 경영과 공정한 경쟁 환경의 조성 및 소비자의 권익보호에 관한 사무를 수행하기 위하여 환경부에 중앙수도사업위원회를 설치하며(제21조 제1항), 지방자치단체도 조례가 정하는 바에 따라서 지방수도사업위원회를 설치할 수 있다(제3항). 그런데 중앙수도사업위원회가 심의·의결하는 사항 중에는 상하수도 요금이 포함된다(제2항 제4호). 중앙수도사업위원회는 지방자치단체별로 차등화되어 있는 요금체계를 권역별 또는 수계별로 대단위로 개편하여 공사화나 양여 등 다양한 방법을 통하여 당해 지역에 속하는 지방자치단체 간에 자연스럽게 구조개편이 이루어질 수 있도록 유도하는 방안을 강구할 필요가 있다.

또한 정치적인 이유로 수도사용료를 현실화하지 않는 지자체에 대해서는 연차적으로 상하수도요금 현실화계획을 수립하도록 요구하고, 그 이행 여부와 속도에 대하여 평가한 후 국고보조와 재정적 지원을 연계하는 정책을 추진하여야 한다. 중앙수도사업위원회는 단순한 자문기구나 심의기관에 그치는 것이 아니라 자신이 관할하는 사항에 대해서는 의결권을 가지고 있기 때문에 자치단체의 요금결정권을 내용으로 하는 자치권에 대한 본질적인 침해를 가져오지 않는 한도 내에서 자치단체를 구속하는 요금 가이드라인을 제시하고 그 이행 여부를 점검하고 평가한다. 또한 중앙수도사업위원회는 장기적으로는 수도사업이 민영화되는 시점에서 수도사용료의 수준을 경쟁을 통하여 안정적으로 유지하고 상하수도시장의 구조개편을 마무리하여 역량 있는 물기업을 육성할 수 있는 정책적 기반을 조성하여야 할 것이다.

V. 결 론

수도시장을 합리화하고 현행의 구조를 개편하는 것은 마실 물을 대상으로 하는 세계시장의 변화에 대응하고 산업의 경쟁력을 높이기 위한 것이지만, 다른 한편으로는 우리나라 공공 서비스 분야에서 대표적으로 비효율이 누적되어 온 상하수도를 대상으로 하는 공공부문의 개혁이라는 차원에서 접근할 필요가 있다. 물론 공공부문의 개혁이 너무 급격하게 이루어지는 경우에는 이에 종사하는 공직자나 서비스를 제공 받는 일반 국민도 고용안정과 서비스 가격인상 등에 대하여 거세게 저항할 수 있다. 따라서 수도시장의 구조개편이라는 거대한 개혁담론에 직면한 정부의 어려운 입장을 이해하지 못하는 것은 아니다.

다만, 정부의 물산업지원법안이 지향하는 '공공부문 내의 경쟁'을 통하여 수도사업의 개혁과 구조개편이 과연 어느 정도의 정책적 성과를 거둘 수 있을지 의문이다. 구조개편의 방안으로 법안이 제시한 공사화, 출자법인, 양여 등의 방법은 매우 신중하고 점진적인 접근방법으로서 개혁의 과정에서 발생하는 부작용을 최소화 할 수 있는 장점이 있지만 근본적인 처방이라고 보기는 어렵다. 특히 세계적인 경쟁력을 가지는 물기업을 육성하겠다는 정부의 정책이 실효성을 가지려면 수도사업을 민간부문에 획기적으로 개방하고 이들에게도 일정한 지원과 육성방안을 적용하는 입법론이 필요하다.

물론 현행 민간투자법에 따라 상하수도, 중수도 등에 대하여 민간투자가 가능하지만, 시설의 소유권을 민간부분의 사업시행자가 보유하는 이른바 BOO 방식은 수도법, 하수도법, 지방자치법, 공유재산 및 물품관리법 등 관련법규에 비추어 원천적으로 불가능하다. 또한 상하수도사업은 공공성이 강하고 수익성이 보장되기 어렵기 때문에 이를 보전하기 위한 민간투자법상 각종의 세제 및 금융지원, 부대사업 등이 허용되어야 한다. 그러나 실제로 민간자본이 투자되는 상하수도 시설에 대한 사회적 수요가 충분하다고 볼 수 없어서 이러한 지원제도가 실제로 집행되거나 특별한 의미를 가질 수 있을지 의문이다.

법안에 의하여 설치되는 중앙수도사업위원회는 상하수도사업 전반에 걸쳐서 구조개편을 총괄적으로 조정하는 매우 중요한 기능을 가지고 있으며, 우리나라에서 수도시장에 대한 완전한 민영화와 경쟁체제가 확립되기 전까지 상하수도사업 정책 전반을 조율할 중심기관이다. 따라서 재정지원과 국고보조를 포함하여 상하수도와 관련된 중요한 정책에 대한 결정기능은 독립성과 전문성을 가진 중앙수도사업위원회가 담당하도록 하고, 환경부를 비롯한 정부 부처는 이를 집행하도록 이원화된 구조를 정착시켜 나갈 필요가 있다.

제6장 상하수도 양여계약의 개념과 법적 가능성

Ⅰ. 문제의 제기

현행법상 상수도와 하수도의 설치 및 관리에 관한 권한과 의무의 주체는 지방자치법에 의한 지방자치단체이다. 지방자치법 제9조 제2항 제4호 자목 및 차목은 상수도·하수도의 설치 및 관리와 간이급수시설의 설치 및 관리의 업무를 지방자치단체의 사무로 규정하고 있고 수도법 제2조 제3항[1]은 지방상수도 사업의 경우 특별시장·광역시장·시장·군수가 그 주체가 되며 도지사는 지원업무를 담당하도록 하고 있으며 수도법 제12조 역시 "수도사업은 국가·지방자치단체 또는 한국수자원공사가 경영하는 것을 원칙으로 한다.[2] 다만, 지방자치단체 등을 대신하여 민간사업자에 의하여 수돗물을 공급하

1) 수도법 제2조 제3항
특별시장·광역시장·시장·군수(광역시의 군수를 제외한다)는 관할구역의 주민에게 수돗물이 안정적으로 공급되도록 수도시설의 관리 등에 노력하여야 하며, 도지사는 관할구역의 수도사업자에 대하여 기술적·재정적 지원을 하여야 한다.

2) 한국수자원공사법 제9조 제1항 제2호는 수도시설(일반수도 중 지방상수도 및 간이상수도를 제외한다)의 개발과 이용에 관한 사업(이른바 광역상수도사업)의 주체로서 한국수자원공사를 지정하고 있다 이에 따라 현행 법령에 의하여 광역상수도사업은 한국수자원공사가, 지방상수도 및 간이상수도사업은 자치단체가 수행하도록 이원화되어 있다.

는 것이 필요하다고 인정되는 경우에는 그러하지 아니하다"고[3] 하여 지방상수도 사업의 주체를 지방자치단체로 명시하고 있다. 또한 하수도의 경우에도 하수도법은 제3조의 제2항과 제5조 제1항에서 하수도 사업의 주체를 지방자치단체의 장으로 명시하고 있다.

현재 우리나라의 지방상수도 및 하수도 사업은 극심한 비효율과 경쟁력 악화라는 구조적인 문제를 노정하고 있다.[4] 우선 국내 수도 산업은 광역상수도, 지방상수도, 하수도 등 물의 처리단계에 따라서 수직적으로 분절되어 물의 자연적 흐름에 따르는 체계적이며 효율적인 관리가 어려운 상태이다. 특히 지방상수도 사업의 경우 전국 167개 지방자치단체별로 수평적으로 분절되어 있어, 서울특별시와 부산광역시를 비롯한 7개의 광역자치단체를 제외하고는 시 · 군 단위로 수행되어 평균 급수인구가 13만 명 내외인 영세한 규모로서 수도사업자의 경쟁력을 제고하기에는 근본적인 한계가 존재한다.

현재 우리나라의 지방상수도 및 하수도 사업자인 지방자치단체의 열악한 재정여건과 한정된 조직규모상 시설 · 장비 · 인력 양성을 위한 투자가 적절히 이루어지지 못하고 있어[5] 상하수도 시설의 운영 · 관리에 비효율과 낭비의 결과가 초래되고 있다.

이러한 우리나라 상수도 및 하수도 사업의 구조적인 문제와 더불어 일종의 공익사업으로 국가의 보호를 받아왔던 정보통신, 전력, 가스, 상하수도 등의 유틸리티 산업에 대해서도 시장개방에 대한 압력이 거세지고 있다. 이러한 국내외의 상황 하에서 우리나라의 수도산업 전반에 대한 구조개편은 불가피한 것이며 수도산업의 구조개편

3) 이 규정은 장차 민간자본의 유치나 수도사업의 민영화를 통하여 민간의 수도사업자가 수도사업을 경영할 수 있는 가능성을 열어둔 것이기는 하지만, 실제 이러한 방식의 수도사업은 현재 시행되지 않고 있다.

4) 이에 대한 상세한 분석과 대책에 대해서는 서울대학교 행정대학원, 지방상수도 효율화 사업모델 및 가격정책 연구, 2004.11, 26면 이하.

5) 실제로 지방자치단체가 법정 표준인력을 확보한 정수장은 약 50%에 불과하다.

은 이에 따르는 법·제도의 정비가 뒷받침되어야 소기의 목적을 달성할 수 있다.

최근 지방자치단체들은 이러한 상수도 및 하수도 사업의 비효율성과 구조적인 문제점을 개선하기 위하여 수도법과 하수도법에 규정된 이른바 전문기관 위탁 방식을 점차 도입하기 시작하였다.

이에 따라 현재 실시되고 있는 위탁 방식이 가지고 있는 문제점을 지적하면서 지방자치단체의 계약 상대방인 전문기관에게 보다 포괄적인 권리와 의무를 인정하는 양여계약의 가능성이 타진되고 있다. 양여계약은 기존 시설의 확충과 개선을 위한 대규모 투자를 가능하게 하며, 서비스 보급 확대와 서비스 품질의 시급한 개선이 동시에 필요한 경우에 가장 효과적인 방식으로 평가되고 있다.

그러나 양여계약은 실무상의 용어일 뿐 법률용어는 아니기 때문에 그 법적 성격과 개념에 대한 철저하고 근본적인 연구가 필요하다. 현행 수도법 등에 규정된 위탁관리 방식이 양여계약의 형태를 포함할 수 있는지 그것이 가능하다면 수도법 제 제23조의 규정이 양여계약에 대한 충분한 법적 근거를 제공할 수 있는지의 문제가 검토되어야 하는데, 이를 위해서는 특히 현재 실시되고 있는 위탁관리 방식과 양여계약의 법적 성격에 대한 비교와 평가가 선행되어야 한다. 또한 양여계약이 사법적 효과를 발생시키는 일반적인 민법상의 계약이라고 하더라도 수도법, 하수도법 등 관련법률들은 행정법규로서 일종의 강행규범이기 때문에 계약의 내용이 관련법규에 저촉되는지 엄격한 평가와 검토가 필요하다.

Ⅱ. 양여계약의 개념과 법적 성격

1. 양여계약의 실무상 개념 및 장·단점

이미 언급한 바와 같이 양여계약은 실정법상의 용어가 아니며 학문적으로도 그 개념이 명확하게 정의되지 않고 있다. 따라서 양여계약은 다분히 실무상의 개념으로 통상 자치단체와 전력, 가스, 상하수도, 전철 등 지역 공공 서비스(Local Public Services) 분야의 전문사업자 간에 체결되는 계약이며, 자치단체는 이와 관련된 시설의 소유권을 보유하고 전문사업자에게 시설 설치 및 관리 등 해당 공공 서비스의 공급에 관한 제반사항을 전문사업자 자신의 명의와 비용으로 수행하도록 위탁하는 계약형태라고 할 수 있다.[6)]

양여계약에 있어 전문사업자는 자치단체 대신 자신의 이름과 자신의 부담으로 계약기간 동안 해당 공공 서비스의 공급사업 전반을 경영하게 된다. 따라서, 시설의 통상적인 운영 · 관리를 위한 경상적 지출뿐만 아니라 새로운 투자나 개 · 보수 동 시설의 확장과 개선에 필요한 자본적 지출의 책임을 전적으로 부담하게 되는 것이다. 반면에 전문사업자가 자기의 부담으로 시설의 설치와 관리업무를 수행함에 따른 반대급부로서 고객에 해당하는 자치단체 주민인 사용자와 체결한 서비스 공급계약을 매개로 사용료를 부과하고 그 수입을 통하여 비용을 회수하고 이윤을 보장받는다.[7)]

---

6) K. Stem, Zur Problematik des energiewiπ schaftlichen Konzessions-vertrags, AöR 84(1959), 137면 이하; M. Zacher, Energiewirtschaft-liche Konzessionsverträge, 1982.

7) 다시 말해서 전문사업자는 자치단체에서 계약기간 동안 주민들에게 해당 공공서비스를 공급하기 위한 시설의 투자와 운영에 있어서의 모든 위험을 감당하게 된다 한편 기존 시설은 대개 전문사업자에게 무상으로 임차되지만, 건설부채가 있는 경우 계약을 통하여 전문사업자가 이의 전부 또는 일부를 떠맡기도 한다. 서울대학교 행정대학원, 전게 연구보고서, 75면.

상하수도 서비스 공급에 있어 양여계약은 시설 확장, 노후시설 개선, 유수율 제고 등을 위한 대규모 투자와 서비스 품질 개선이 시급한 자치단체의 경우 실질적인 효과를 기대할 수 있는 사업형태로 평가되고 있다. 자치단체의 입장에서는 전문사업자가 자기 명의와 비용으로 시설 설치 및 관리 등 상하수도 서비스 공급에 관한 제반 사항을 담당하게 되므로 예산과 인력을 다른 분야로 전환하여 활용할 수 있다는 장점이 있다. 반면, 양여계약은 여타의 다른 위탁관계를 규율하는 계약형태에 비하여 전문사업자가 부담해야 하는 비용과 리스크가 크기 때문에, 사업 여건이 열악한 자치단체의 경우에는 수익성이 확보되지 않아 계약이 성사되기 어려운 측면이 있다.

자치단체의 입장에서는 대개의 양여계약 형태가 가지는 구조적 복잡성으로 인해 계약의 체결 및 사후 관리에 고도의 전문성과 관리능력이 요구된다. 이로 인해 광역적으로 체결된 서비스 인구 1천만 명 규모의 양여계약에 있어서는 중앙정부 차원에서 별도 규제기구를 설치하여 계약을 관리하고 전문사업자를 감시 · 감독하는 사례가 나타나고 있기도 하다.[8] 그러나, 많은 경우에는 자치단체가 양여계약 체결 시에 다양한 성과목표(수질, 보급률, 유수율 등), 투자계획의 협의방식, 요금조정 방식, 분쟁조정 절차 등을 계약서에 구체적으로 명시하고 이러한 내용을 바탕으로 전문사업자와 협력하면서 직접 사업을 규제 · 감독하게 된다.

여기에서 양여계약이 다른 계약형태와 다른 중요한 특성을 지적할 수 있는데, 양여계약은 이른바 성능제시형(Performance(or Output)-Oriented Procurement Process) 계약 방식이라는 점이다. 자치단체는 계약서에 전문사업자에게 요구하는 내용 중 요구되는 서비스와 질적

8) 실제 아르헨티나 부에노스아이레스 광역권 양여계약 사례의 경우 별도의 독립 규제기구인 ETOSS가 수도인 부에노스아이레스시와 인근 17개 자치단체들을 대신하여 이러한 업무를 담당하고 있다.

수준에 대해 구체적으로 정의할 뿐 서비스의 적용방법 내지 방식에 대해서는 규정하지 않는다.[9)]

다른 기반시설과는 달리 상하수도는 70% 이상이 지하에 매설되어 있어 육안으로 살펴볼 수 없다는 고유한 특징이 있는데 상하수도 시설의 정확한 현황과 상태를 파악하고 이를 최적으로 개선할 방법을 찾는 데는 상당한 시간이 소요되기 때문이다.[10)]

양여계약을 통해 전문사업자가 장기간의 계약기간 동안 도시의 중요 기반시설인 상수도 · 하수도의 설치 및 관리 업무 전반을 수행하게 됨에 따라 도시의 균형적 발전을 위해서는 자치단체와의 계속적 커뮤니케이션과 협력을 통한 여타 도시계획과의 양적 · 시기적 조화가 요구된다.

전문사업자는 자치단체의 상하수도 사업과 관련되는 모든 비용과

---

9) 이처럼 시설물 및 자산의 종류, 크기, 공법, 설계방법 등을 결정하지 않고 요구되는 서비스만을 정의하는 이유는, 전문사업자가 최대한의 창의력을 발휘하여 요구되는 서비스를 만족시키기 위한 다양한 아이디어를 도출하고 이를 바탕으로 계약기간 전체에 걸쳐 자치단체와의 협력을 통해 가장 효율적인 서비스 공급방법을 모색하도록 하기 위해서이다.

10) 효율적인 시설 관리를 위해서는 적합한 지리정보시스템(GIS)을 개발하여야 하고, 최적화를 위한 네트워크 모델링을 하여야 하며, 누수 등의 데이터를 수집하여야 하는 등 상당한 시간이 걸리는 일련의 과업들이 요구된다. 이러한 과업들이 완수되어야만 계약서에 정한 목표를 달성하기 위한 실제적인 계획 수립과 시설 공사 등을 착수할 수 있는 것이다. 이처럼 지하 매설 비율이 높은 상하수도 시설을 전체생애주기(Life Cycle) 동안 설치와 관리에 들어가는 총 비용을 극소화하려면 상당한 시간과 노력의 투입이 불가피하며, 전문사업자에게 위탁할 경우 양여예약과 같은 성능제시형 계약 방식이 요구되는 것이다. 또한, 계약에 모든 투자계획을 확정할 경우 계약기간 후반부에 적정 투자가 이루어지지 않아 시설의 성능이 급격히 저하될 우려가 있으며, 장기간에 걸쳐 변화하는 고객의 니즈에 대응하고 혁신기술이나 경영기법을 도입하는데 지장을 받을 수 있다. 특히, 극심한 가뭄이나 홍수 등 예상치 못한 사건이 발생할 경우 적기에 적정한 대응을 하기 어려울 수 있는 것이다 이러한 사정으로 인해 상하수도 분야에 있어서는 더욱 양여계약과 같은 성능제시형 계약 방식이 요구되는 것이다.

리스크를 계약기간 동안 전적으로 부담하게 되는데, 이에 따라 계약을 통해 요금 결정권과 징수권을 함께 갖는다.[11] 계약기간은 전문사업자의 투자비 회수를 고려하여 통상 25년 내지 30년 정도이지만 중국 내 대도시의 경우 50년이라는 초장기의 계약이 체결되기도 한다. 이처럼 기간이 길고 투자 규모가 큰 양여계약의 특성상 계약서 작성 시에 자치단체와 전문사업자 간의 핵심적인 쟁점은 다양한 리스크에 대한 체계적인 認知, 효과적 배분 및 경제적 대응방안의 마련이라고 할 수 있다.

2. 양여계약의 유래와 법적 구성요소

양여계약은 주로 전기, 가스, 상하수도 등 지역적으로 일정한 네트워크를 형성하고 있고 주민의 생존에 필수적인 서비스의 공급을 담당하는 사업을 그 대상으로 한다는 특징이 있다. 역사적으로 양여계약은 이와 같이 주민의 생존을 배려하는 공급행정(Vorsorgeverwaltung)이 자치단체의 중요한 행정활동의 대상으로 등장하는 유럽사회의 20세기 초반으로 그 유래가 거슬러 올라간다. 물론 공급행정은 직영체제와 위탁행정 등 그 형태에서 국가마다 다소의 차이가 있지만 위탁행정의 형태를 취하는 국가의 자치단체는 주민에게 공급행정을 시행하기 위하여 필요한 토지와 도로의 소유권을 확보하고 도로나 교통법상의 제 규정을 제정할 수 있는 권한을 가진다. 이러한 법과 제도를 바탕으로 실제로 공급업무를 담당하는 사업자는 네트워크 사업이 가지는 특수성으로 인하여 전문적인 관점에서 복잡한 시설의 설치와

11) 물론 이는 양여계약의 일반적인 속성 중의 하나를 학문적인 관점에서 설명하는 것이다. 그러나 요금의 결정권과 징수권은 자치단체의 고유한 권한이며 또한 이는 일종의 공권력 행사의 형태이기 때문에 이를 양여계약의 대상으로 하기 위해서는 사업자의 요금결정권과 징수권을 인정하는 법적 근거가 반드시 필요하다. 이에 대해서는 상세하게 후술한다.

관리업무를 담당한다. 따라서 자연스럽게 자치단체와 사업자 간에는 원활한 공급행정과 수익성의 보전을 위해서 다양한 내용을 담아내는 계약의 형태가 필요하며 이것이 양여계약이 출현하게 된 계기를 제공하였다.[12)]

다양한 영역에서 양여계약이 가지는 공통분모라고 할 수 있는 것은 인간의 생존에 필수적인 서비스의 공급과 그에 대한 반대급부를 대상으로 하여 장기간 그리고 표준적인 법률관계의 형성을 그 목적으로 한다는 것이다. "長期性"과 "標準性"을 특징으로 하는 양여계약은 일반적으로 일정한 서식의 표준계약서 형태를 띠고 있다.[13)]

---

12) 상하수도 분야에 있어 자치단체가 전문사업자에게 서비스 공급을 위탁하는 계약형태가 발달해 온 국가는 단연 프랑스이다. 프랑스의 수도사업은 1777년 정부가 세느강 물을 취수하여 관로를 통해 파리시 일부 지역에 공급할 수 있는 15년 기간의 배타적 권리, 즉 양여권(the concession)을 페리어(the Perrier) 형제에게 부여함에 따라 시작되었다. 특히 1853년 12월에는 나폴레옹 3세의 명에 의해 제네럴데죠(Generale des Eaux)社가 설립되었는데, 제네럴데죠는 자치단체를 대신하여 수도사업을 담당하는 전문회사로서 리옹시와 최초로 수돗물 공급을 위한 일종의 양여계약(concession contract)을 체결하였다. 그러나, 1917년이 돼서야 프랑스의 끄롬(Crome)에 의해 최초로 "contract de concession(양여계약)"이라는 법적인 개념이 사용되기 시작하였다. 여기에서 그는 상하수도 등 네트워크를 필요로 하는 사업자에게 자치단체가 도로나 토지 등 "domaine public(공용재산)"을 포괄적으로 사용할 수 있도록 허용한다는 의미에서 "양여(讓與)"라는 계약의 명칭을 사용하고 있다. P. Tettiner, Grundlinien des Konzessionsvertragsrechts, DVBl. 1991, 786면 이하(787면).

13) 이를 법적으로 체계화한 독일의 K.Stern에 의하면 다음과 같은 주요한 내용을 담고 있다. 1. 도로와 토지에 대한 사용조항(Wegebenutzungsklausel)-이를 근거로 전문사업자에게 신규 투자 등 시설의 확장 및 개·보수를 위하여 자치단체의 부동산을 사용할 수 있는 권리가 발생한다.
2. 운영조항(Betriebsklausel) - 이를 근거로 전문사업자에게 상하수도 시설을 운영과 서비스 공급이 가능한 상태로 유지하고 그에 따르는 공급업무를 실제로 수행할 의무가 발생한다.
3. 배타적 조항(Ausschliesslichkeitsklausel) - 이를 근거로 전문사업자에게 해당 자치단체의 지역적 관할범위 안에서 배타적으로 사업을 수행할 수 있는 권리가 부여된다.

3. 양여계약의 법적 성격

양여계약은 단순 민법상의 계약으로서 사법의 원리가 적용되는 것인가 혹은 공법의 원리가 적용되는 공법상 계약으로서의 성격을 가지는 것인가? 양여계약의 법적 성격을 가리는 것이 현실적으로 어떤 의미와 실익을 갖는 것인가?

우선 양여계약이 공법상 계약(oeffentlich-rechtlicher Vertrag)의 성격을 가지는 경우에는 행정의 법률적합성원칙과 행정법의 일반원칙에 따르는 엄격한 적법성심사가 이루어진다. 특히 이 중에서도 중요한 의미를 가지는 것이 행정의 법률적합성원칙으로서 양여계약은 양여계약이라는 독특한 계약형식으로서 그 체결을 수권하는 법률적 근거가 요구되며(법률의 유보), 양여계약의 내용은 관련되는 법령의 규정상 명시적 내용뿐 아니라 과잉금지의 원칙, 신뢰보호의 원칙, 평등의 원칙 등에 위반되지 않아야 한다(법률의 우위, 행정법의 일반원칙). 공법상계약으로서 법적 근거와 관련하여 실무상 늘 문제가 제기되는 것은 양여계약이라는 특수한 형태의 계약을 관련법규가 명시적으로 인정하는 경우가

4. 계약체결 의무조항(Kontrahierungsklausel) - 이를 근거로 전문사업자에게 해당 자치단체의 지역에 거주하는 주민인 경우에는 특정인을 가리지 아니하고 고객과 양여계약의 조건에 상응하는 상하수도의 서비스 공급을 위한 계약체결의 의무가 발생한다.

5. 요금조항(Tarifklausel) - 이를 근거로 전문사업자가 요금의 수준을 결정하는 경우에 해당 자치단체에 일정한 협력권을 부여한다.

6. 수익자부담금조항(Abgabeklausel) - 자치단체가 전문사업자에게 자치단체 소유의 토지와 도로의 사용허가 및 배타적인 사업권 부여의 대가로 전문사업자가 지불하는 수익자부담금에 관한 조항이 필요하다.

7. 계약기간에 관한 조항(Laufzeifklausel) - 양여계약의 존속기간에 대한 합의가 문서화된다.

8. 종료조항(Entschaftsklausel) - 양여계약의 종료 시에 시설물에 대한 최종적인 귀속과 처리에 관련되는 내용을 포함한다.

9. 환매조항(Heimfallklausel) - 양여계약의 종료 시에 해당 상하수도 시설물에 대하여 무상 또는 인하된 가격으로 환매할 수 있는 권한을 자치단체에게 부여하는 조항을 말한다. K. Stern, AöR 84(1959), 311면.

거의 없다는 것이다. 따라서 행정법 이론적으로 양여계약의 법적 근거가 결여되는 경우에는 그 적법성을 인정하기 어렵다는 문제가 있다.[14)]

반면에 양여계약의 법적 성격을 민법상의 계약으로 보는 경우에는 민법상 계약의 하자와 무효이론이 적용된다. 다시 말하자면 양여계약은 민법 및 관련규정과 민법상의 원칙에 의하여 유효와 무효가 결정되며, 이 경우 사적자치의 원칙에 의하여 그 허용의 범위가 광범위하게 인정되어 자치단체와 전문사업자는 자유롭게 양여계약을 체결할 수 있다. 물론 이 경우에도 위에서 언급한 바와 같이 민법상 계약의 하자이론이 적용되므로 계약의 무효사유가 있으면 그 효력을 인정할 수 없다.

양여계약에 대해서 외국의 학설과 판례는 양여계약을 사법적 성격을 가지는 민법상의 계약으로 이해하는 것이 일반적이다. 그 핵심적인 이유는 자치단체가 전문사업자에게 상하수도 시설의 설치와 관리업무를 수행토록 하기 위하여 자치단체의 도로나 토지 등 재산을 이용하도록 권리를 부여하는 법률관계는 행정법상 일반인의 도로 일반이용권(Gemeingebrauch)을 침해하지 않는 한 민법상의 규정에 의하여 규율되기 때문이다.[15)]

독일의 경우 연방행정법원은 전문사업자가 상하수도의 설치와 관리를 위하여 일시적으로 자치단체의 도로와 토지를 사용하는 경우는 물론 비교적 장기간에 걸쳐 지하를 이용하여 시설물을 관리하는 재

14) 이에 대한 상세한 논의는 Volker Schlette, Die Vewaltung als Vertragspartner. Empirie und Dogmatik verwatungsrechtlicher Vereinbarungen zwischen Behoerde und Buerger. 1999, 80면 이하.

15) 물론 도로의 이용관계는 행정법상 법률관계라고 볼 수도 있지만 상하수도의 설치와 관리라는 일종의 공급행정작용을 수행하기 위하여 도로나 토지에 대한 일반이용이 일시적으로 침해를 받는 것은 무시할 수 있을 정도로 경미한 것이다. 그러므로 경미한 행정법상의 법률관계에 대한 침해는 전문사업자가 자치단체의 재산을 사용하는 보다 근본적인 민법상 법률관계를 변경할 정도의 의미를 갖는 것은 아니기 때문이다.

산의 사용관계도 자치단체와 전문사업자 간의 양여계약을 통한 계약상의 私法的 사용권이 존재하면 충분한 것이며 재산사용의 허가 등 별도의 행정처분이 필요한 것은 아니라고 보고 있다.[16]

전문사업자가 자치단체의 부동산 등을 사용하는 대가로 지불하는 사용료는 공법상 부담금의 하나인 양여부담금(Konzessionsabgabe)의 성격을 가지는 것이 아니기 때문에 그에 대한 체납 시에 자치단체는 공법상의 강제징수를 할 수 없다. 다시 말하자면 여기에서 말하는 "사용료"는 전형적인 민법상의 계약에 따라는 합의에 의하여 발생하는 금전채무로서 채무불이행이 있는 경우에는 민법과 민사소송법이 정하는 절차에 의한다. 결론적으로 상하수도 사업의 전문사업자와 자치단체 간에 신규의 시설 투자를 포함하는 시설 관리와 관련된 일체의 포괄적인 권리와 의무를 위탁하는 양여계약은 사법적 효과의 발생을 목적으로 하는 민법상의 계약이며, 그 적법성 판단에 있어서는 민법상의 계약원리에 의한다. 다만, 상하수도 위탁관리를 위한 양여계약은 필연적으로 수도법, 하수도법 등 행정법규와 관련을 맺고 있고 이들 법규들은 일종의 강행규정이기 때문에 상하수도 전문사업자와 자치단체 간에 계약을 통한 합의는 이들 규정의 내용이나 행정법의 일반원칙에 위반하는 경우에는 위법 무효가 된다. 양여계약의 법적 한계와 적법성 판단에 대한 문제는 후술한다.

Ⅲ. 양여계약과 현행 상하수도 관리형태와의 비교

1. 현행 상하수도 사업의 법적 형식

이미 언급한 바와 같이 우리나라의 지방상수도와 하수도 사업이

16) BVerwGE 29, 248.

운영되는 법적 형태는 지방자치단체의 일반행정조직 또는 지방직영기업이다.[17] 예를 들어 서울특별시의 경우에 상수도사업을 관장하는 조직은 상수도사업본부로서 이는 크게 보면 지방공기업에 해당하는 형태이지만 이른바 직영기업으로서 지방공사나 지방공단과 같은 독립적인 법적 형식은 아니다. 지방공기업법에 의한 지방직영기업은 자치단체가 행정기관형(예를 들어 상수도사업본부, 수도국, 수도과, 상수도사업소, 공영개발사업단)으로 직접 설치 · 경영하는 형태(제2조 제1항)로서 넓은 의미에서 지방공기업의 한 형태라 할 수 있다. 지방직영기업의 직원은 지방공무원이고, 행정기구의 일부로서 일반행정조직과 혼재되어 있다. 따라서 지방직영기업은 다른 지방행정 기능과 명확히 구별되지도 않으며 특별하게 제도적으로 뒷받침되는 예도 거의 없다.[18]

우리나라의 지방상수도와 하수도 사업이 거의 예외 없이 지방자치단체의 직영형태를 유지하고 있는 것은 전통적으로 지방자치법상 상수도 · 하수도의 설치 및 관리(제9조 제2항 제4호 자목)와 간이급수시설의 설치 및 관리(차목)를 지방자치단체의 사무로 규정하고 있는 것과 무관하지 않다. 여기에서 주목할 것은 지방자치법이 상수도 · 하수도의 설치 및 관리를 지방자치단체의 사무로 규정하는 것은 지방자치단체가 반드시 이를 직접 설치하고 관리하라는 의미로 해석할 수는 없다는 점이다 이미 지방공기업법은 상수도와 하수도 사업을 지방직영기업 형태와 더불어 지방자치단체로부터 조직상 독립한 지방공사나 지방공단 형태인 이른바 간접경영 방식을 채택할 수 있음을 규정하고 있기 때문이다.[19] 더 나아가 지방상수도와 하수도 사업

---

17) 2005년 4월 현재 상수도는 167개 단체 중 106개, 하수도는 167개 단체 중 53개가 지방공기업법에 의한 지방직영기업을 설치하고 있으며 나머지는 일반행정조직이다.
(2005년도 상하수도사업 지방공기업 전환 추진지침, 행정자치부)

18) 권형신/이상용/이재성, 한국의 지방재정, 607면.

19) 지난 2002년 5월 행정자치부는 “지방상수도 광역공사화 추진단”을 구성하여 수차례의 논의를 거쳐서 7대 특 · 광역시는 독립공사화를 추진하고,

은 그 사업주체인 지방자치단체가 시설관리권을 공공부문 및 민간부문에 위탁하는 형태도 가능하며, 그 소유권 및 시설관리권을 타인에게 출자하는 방식과 더불어 이를 민영화하는 방식을 통하여 사업자를 변경하는 것도 가능하다. 그 이유는 헌법규정을 포함하여 지방자치법, 지방공기업법, 수도법 등 관련법규가 이러한 다양한 방식을 명시적으로 금지하는 규정을 두고 있지 않으며 수도법과 하수도법은 단지 상수도와 하수도 사업의 주체를 열거하고 있기 때문이다.

2. 상하수도 설치 및 관리업무의 위탁가능성

1) 위탁의 법적 근거 및 대상기관

(1) 상수도 설치 및 관리업무

수도법 제23조 제1항은 "일반수도사업자(지방자치단체인 일반수도사업자를 말한다. 이하 이 조에서 같다)는 수도사업을 효율적으로 운영·관리하기 위하여 대통령령으로 정하는 바에 따라 수도시설의 운영·관리에 관한 업무(이하 "수도관리업무"라 한다)의 전부 또는 일부를 대통령령으로 정하는 전문기관 또는 지방자치단체인 수도사업자에게 위탁할 수 있다. 이 경우 일반수도사업자는 다른 일반수도사업자와 공동으로 수도관리업무를 위탁할 수 있다." 고 규정하여 상수도 관리업무에 대한 위탁의 법적 근거를 마련하고 있는 반면, 상수도설치업무에

기타 시·군은 23개 정도의 권역별 공사화를 정책의 기조로 설정하였다. 우선 7대 특·광역시의 경우 자체적으로 현재의 자치단체 직영기업에서 공사로 전환하면 해당 자치단체는 지방상수도사업자의 지위에서 출자자의 지위로 전환되고 상수도사업본부의 종사자는 그 신분이 공무원에서 지방공사의 직원으로 전환된다. 7대 특·광역시에서 공사화가 추진되는 이유는 이들이 현재 상수도사업본부의 형태로 수도사업을 시행하고 있으며, 나름대로 급수인구의 규모, 시설용량, 수익규모 등에서 일정한 경쟁력을 갖춘 것으로 평가되기 때문이다. 지방상수도사업의 효율적인 공사화 추진 전략 연구, 한국지방공기업학회, 2004.8, 85면.

대해서는 명시적인 위탁 근거를 두고 있지는 않다.

한편, 수도법 시행령 제36조 제1항은 지방자치단체가 수도법 제23조 제1항에 따라 수도시설을 위탁할 수 있는 전문기관을 다음과 같이 열거하고 있다.

1. 「한국수자원공사법」에 따른 한국수자원공사
2. 「한국환경공단법」에 따른 한국환경공단
3. 「지방공기업법」에 따른 지방직영기업 · 지방공사 및 지방공단
4. 「건설산업기본법」 제2조에 따른 토목건축공사업자인 법인
5. 「엔지니어링산업 진흥법」 제2조에 따른 건설부문 상하수도 분야와 환경부문 수질관리 분야의 엔지니어링사업자인 법인
6. 「기술사법」 제6조에 따른 건설부문 상하수도 및 환경 분야와 환경부문 수질관리 분야의 기술사사무소
7. 수도관리업무를 수행할 능력이 있다고 인정되어 환경부령으로 정하는 기관
8. 지방자치단체인 일반수도사업자가 수도관리업무를 수행할 능력이 있다고 인정하여 지방자치단체의 조례로 정하는 자 또는 지방자치단체가 아닌 수도사업자의 경우는 다른 법령으로 정하는 자(단순위탁 중 슬러지의 수거 · 처리 등 단순하고 반복적인 업무를 위탁하는 경우만 해당한다)

따라서, 현행 수도법 체계는 공공부문뿐만 아니라 민간부문까지 지방자치단체가 수도시설을 위탁할 수 있는 전문기관으로 포함하고 있어 이른바 "수도관리시장"에 진출할 수 있는 기회를 법령상 부여하고 있다.[20] 실제 2003년 12월 30일 충청남도 논산시는 수도법상

20) 여기에서 "수도관리시장"이라는 개념은 수도시설관리권을 중심을 하는 공급과 수요가 발생하는 시장을 의미한다. 다시 말하자면 수도관리시장은 기본적으로 수도관리 서비스와 이에 대한 대가인 위탁수수료 등이 수요자와 공급자 사이에서 거래되는 시장이라고 할 수 있다. 수도 서비스를 공급하고 있는 자치단체 중에는 재정, 기술, 인력 등의 측면에서 경쟁력이 떨어져 적정 수준의 가격에 양질의 수돗물을 공급할 수 없는 수도사업자들

지방상수도에 대한 사업권을 가지고 있지 않는 수자원공사와 협약을 체결하여 그 관리운영권을 위 규정에 따라 위탁함으로써 수도관리시장에 진출한 우리나라 최초의 사례를 제공하였고[21] 외국계 민간기업인 베올리아가 마산시 를 상대로 국내 수도관리시장 진출을 시도한 바도 있다.[22]

(2) 하수도 설치 및 관리 업무

하수도법 제19조의2 제1항은 "공공하수도관리청은 다음 각 호의 어느 하나에 해당하는 자(이하 '관리대행업자'라 한다)에게 공공하수도의 운영 · 관리 업무를 대행하게 할 수 있다. 1. 대통령령으로 정하는 시설 · 장비 및 기술인력 등의 요건을 갖추어 환경부장관에게 등록한 자, 2. 지방공기업법 제2조 제1항 제6호의 사업을 수행하는 지방공사 또는 지방공단으로서 환경부령으로 정하는 바에 따라 환경부장관에게 신고한 자"로 규정하고 있어 상수도에 준하는 위탁가능성을 열어 두고 있다.[23]

한편, 하수도법에서는 수도법과는 달리 지방자치단체가 설치업무를 위탁할 수 있는 명시적인 법적 근거를 두고 있다는 것이 특징인

은 수도관리시장이 형성될 경우 수요자로 등장하게 된다. 반면에 기존의 수도 서비스와 관련된 경쟁력을 갖추고 있는 사업자들은 관리 서비스에 대한 경쟁력을 활용하여 일정한 이윤을 창출할 수 있기 때문에 공급자로 등장하게 된다.

21) 서울대학교 행정대학원, 지방상수도 효율화 사업모델 및 가격정책 연구, 2004.11

22) 외국계 민간기업인 베올리아 워터가 2001년부터 수자원공사와 공동으로 마산시를 대상으로 유수율제고 투자사업을 비롯한 장기 운영관리사업을 추진하였으나 공무원, 지방의회, 시민단체 등의 반발로 2004년 5월 최종 무산되었다.

23) 여기에서 공공하수도관리청이란 하수도법 제18조 제1항에 따라 공공하수도를 관리하는 지방자치단체의 장이며, 공공하수도 관리의 주체는 시장 · 군수 · 구청장과 같은 기초자치단체의장으로, 시 · 군의 경우에는 상수도와 하수도의 관리주체가 동일함을 알 수 있다.

데[24] 수도법과 하수도법을 관장하는 정부 부처가 환경부로 동일[25]하다는 점에서 이처럼 하수도법과는 달리 수도법에 유독 설치업무에 대한 위탁 근거가 없다는 점은 단순한 입법적 미비라고 보는 것이 타당할 것이다.

하수도법 시행령 제42조 제2항은 하수도법 제74조 제3항에 따라 지방자치단체가 공공하수도에 관한 공사업무를 위탁할 수 있는 기관을 다음과 같이 열거하고 있다.

1. 한국환경공단
2. 「한국수자원공사법」에 따른 한국수자원공사
3. 「한국토지주택공사법」에 따른 한국토지주택공사
4. 「지방공기업법」에 따른 지방공사 및 지방공단
5. 「한국농어촌공사 및 농지관리기금법」에 따른 농어촌공사
6. 하수도시설을 운영·관리할 능력이 있는 기관으로서 환경부령으로 정하는 기관(관리에 관한 업무의 위탁으로 한정한다)
7. 그 밖에 다른 법령에 따라 공공하수도의 공사를 위탁받을 수 있는 기관

또한 하수도법 시행규칙 제76조는 하수도법 시행령 제42조 제2항 제7호에서 "환경부령이 정하는 기관"을 다음과 같이 규정하고 있다.

1. 건설산업기본법에 의한 토목건축공사업자인 법인
2. 엔지니어링 기술진흥법에 의한 건설부문 상하수도분야 및 환경부문 수질관리분야의 엔지니어링활동주체인 법인

24) 1993년 12월 10일 신설된 하수도법 제8조는 "공공하수도의 설치·개축 또는 수선에 관한 공사(이하 "공공하수도에 관한 공사"라 한다)와 유지는 이 법에 특별한 규정이 있는 경우를 제외하고는 공공하수도관리청이 이를 하여야 한다 다만, 공공하수도관리청이 필요하다고 인정하는 경우에는 공공하수도에 관한 공사를 대통령령이 정하는 기관에 위탁할 수 있다"고 규정하고 있다.

25) 수도법은 환경부 상하수도국 내 수도정책과가, 하수도법은 환경부 상하수도국 내 생활하수과가 담당하고 있다.

3. 환경기술개발및지원에관한법률에 의한 수질분야방지시설업에 등록한 법인

이처럼 현행 하수도법 체계는 지방자치단체가 하수도 관리와 설치 업무를 위탁할 수 있는 기관으로 공공부문뿐만 아니라 민간부문까지 포함하고 있다. 특히 하수도의 경우 상수도보다 위탁의 법적 근거가 일찍 마련되었으며 위탁 대상기관의 범위 또한 넓은 것이 특징이다. 실제 하수도에 대한 설치 및 관리 업무의 위탁은 2003년 최초의 사례가 성사된 상수도의 경우보다 활발하게 이루어지고 있다.

2) 위탁의 법적 성격

상수도 · 하수도 설치 및 관리 업무의 위탁이라는 행정작용은 정부조직법 제6조 제1항과 제3항 등에서 말하는 행정권한의 위임 또는 위탁에 해당하는 것으로 볼 수 있다. 위 규정에 따라 행정기관은 법령이 정하는 바에 의하여 그 소관사무의 일부를 보조기관 또는 하급행정기관에 위임하거나 다른 행정기관 · 지방자치단체 또는 그 기관에 위탁 또는 위임할 수 있으며, 이 경우 위임 또는 위탁을 받은 기관은 특히 필요한 때에는 법령이 정하는 바에 의하여 위임 또는 위탁을 받은 사무의 일부를 보조기관 또는 하급행정기관에 재위임할 수 있다(제1항). 또한 행정기관은 법령이 정하는 바에 의하여 그 소관사무 중 조사 · 검사 · 검정 · 관리업무 등 국민의 권리 · 의무와 직접 관계되지 아니하는 사무를 지방자치단체가 아닌 법인 · 단체 또는 그 기관이나 개인에게 위탁할 수 있다(제3항).[26]

일반적으로 행정권한의 위임과 위탁은 관할 행정관청이 그 권한

26) 여기에서 주목할 것은 정부조직법 제6조 제1항에 따라서 지방자치단체는 상수도 · 하수도 설치 및 관리 업무를 수도법과 하수도법이 정한 전문기관 이외에 자에게도 위탁할 수 있다는 점이다. 즉, 지방자치단체는 자신의 상수도 · 하수도의 설치 및 관리 업무를 다른 지방자치단체나 그 기관(즉 특 · 광역시의 상수도사업본부나 시 · 군의 상하수도사업소 등)에 위탁하여 수행할 수 있다.

의 전부 또는 일부를 다른 행정기관 등에 실질적으로 이전하여 수임기관의 권한으로 행사하게 하는 것을 말한다.[27] 이는 행정권한의 위임과 위탁에 관한 규정 제2조에도 잘 나타나 있는데, "위탁"이라 함은 각종 법률에 규정된 행정기관의 장의 권한 중 일부를 다른 행정기관의 장에게 맡겨 그의 권한과 책임 하에 행사하도록 하는 것을 말하며(제2호), "민간위탁"이라 함은 각종 법률에 규정된 행정기관의 사무 중 일부를 지방자치단체가 아닌 법인 · 단체 또는 그 기관이나 개인에게 맡겨 그의 명의와 책임 하에 행사하도록 하는 것을 말한다(제3호).

상수도 · 하수도의 설치와 관리는 지방자치법이 규정한 지방자치단체 고유의 행정적 과제이며 이를 수행하기 위한 지방자치단체의 권한과 의무는 전형적인 행정기관의 소관사무인 것이 명백하므로 이를 타인에게 위임하거나 위탁하는 경우에는 위 정부조직법의 규정이 적용되는 것으로 보아야 한다. 이와 관련하여 흥미로운 것은 이미 정부조직법 제6조 제3항은 행정기관이 그 소관사무 중 조사 · 검사 · 검정 · 관리업무 등 국민의 권리 · 의무와 직접 관계되지 아니하는 사무인 이른바 비고권적 행정작용(nicht-hoheitliche Verwaltungstaetigkeit)을 지방자치단체가 아닌 법인이나 단체 또는 민간부문에 위탁할 수 있도록 규정하고 있는 것이다.[28] 이 규정과 더불어 수도법 시행령 제36조는 이미 언급한 바와 같이 상황이 허락하는 경우에는 수도관리시장에 민간부문이 광범위하게 참여할 수 있는 제도적 틀을 마련한 것으로 볼 수 있다.

수도법 제22조는 "국가 또는 지방자치단체는 수도사업에 드는

27) 김동희, 행정법 Ⅱ, 22면.

28) 관계법령이 조사나 관리업무 등 주로 기술적 · 전문적 성격의 업무를 자치단체가 아닌 법인이나 단체, 기타 사인에게 맡겨 이를 시행하도록 하는 것을 권한의 위탁으로 설명하는 것이 일반적이다. 특히 이러한 경우 사인을 공무수탁사인(Der Beliehene)이라고 부른다. 김성수, 개별행정법, 131면.

비용의 전부 또는 일부에 대하여 민간자본을 유치할 수 있다"고 규정하고 있는데, 이는 지방자치단체로부터 상수도·하수도의 설치 및 관리 업무를 위탁받은 전문사업자가 수도사업에 드는 비용을 스스로 조달하게 되는 경우와는 무관한 규정이라 할 수 있다.[29]

3) 위탁계약의 법적 성격

이미 언급한 바와 같이 수돗물의 공급이라는 지방자치단체의 업무는 단순 급부행정작용으로서 행정청이 우월한 위치에서 행하는 공권력작용과는 구별된다. 따라서 이는 업무수행의 주체가 행정기관일 뿐 그 성격은 사인이 제공하는 용역이나 재화의 공급과 유사한 성격을 가지는 것을 부인할 수 없다. 즉, 실무적으로 지방자치단체와 전문기관인 수자원공사 간에 체결된 위탁계약의 내용인 수도시설관리권에는 요금의 징수권을 포함하고 있음에도 불구하고 여전히 그 법적인 권한은 위탁자인 지방자치단체가 행사한다. 따라서 전문기관은 사용량의 검침과 요금의 고지, 수납 등 사실상의 징수업무만을 위탁받아 시행하고 있는 것이라 할 수 있다.

만약 사용료의 부과권과 징수권 자체를 위탁계약을 통해서 사업자에게 법적으로 이양하는 경우에는 수도법상 사업자 지위의 변동이 발생하여 전문기관이 수도법상 법적인 의미에서 사업자가 된다. 이 경우 전문기관은 위탁계약으로 인하여 용역을 공급하는 수탁자의 입장에서 스스로 수돗물을 공급하는 사업자가 되므로 부가가치세법 제12조 제1항 제2호에 의하여 면세의 혜택을 누릴 수 있다.

29) 수도법의 담당부서인 환경부는 그 동안 담당자의 비공식적인 견해와 2005년 4월 29일자 수도법 입법예고를 통하여 본 조항이 「사회기반시설에 대한 민간투자법」의 규정에 따라 수도사업에 민간자본을 유치하는 경우를 염두에 둔 것임을 밝히고 있다.

3. 양여계약과 기존의 계약형태와의 차이점

양여계약과 기존의 계약형태가 갖는 차이점을 비교해 보면 양여계약에서는 전문사업자가 자신의 명의와 비용으로 상수도 또는 하수도의 설치 및 관리 업무 전반을 수행하게 된다. 또한 계약서에는 전문사업자가 설치해야 할 시설이나 서비스 공급방식을 규정하는 것이 아니라 제공하여야 하는 서비스와 그 질적 수준만을 제시하는 이른바 성능제시형(Performance(or Output)-Oriented) 계약방식이라는 특징을 갖고 있다.

반면, 기존 계약형태의 핵심적인 특징은 전문사업자는 계약에서 양여계약과는 달리 정한 시설의 개선에 있어서만 자신의 비용으로 설치업무를 수행하게 되는데, 특히 급수 확대를 위한 신규 시설의 설치업무는 여전히 지방자치단체가 담당하게 된다. 또한 양여계약에서 전문사업자는 지역주민인 사용자들로부터 직접 요금을 징수하여 자신의 비용을 회수하는 것과는 달리 기존의 계약형태에서는 전문사업자는 지방자치단체로부터 일종의 수수료를 지급받게 되는 것이다. 이에 따라 수돗물 자체는 부가가치세법상 면세에 해당되나 전문사업자에게는 일종의 용역 제공에 따른 부가가치세 납세의무가 발생하게 된다. 이러한 비용회수 방식의 차이는 계약 방식의 차이와도 관련이 있다. 양여계약이 성능제시형(Performance-Oriented) 방식인데 비해 기존의 계약형태는 방법제시형(Means(or Output)-Oriented) 방식이라는 특징을 갖기 때문이다.

그런데, 계약 방식이 성능제시형인지 또는 방법제시형인지가 과연 무슨 의미를 갖는 것일까? 이는 계약기간 동안 지방자치단체와 전문사업자가 실제로 사업을 진행하는 과정에 있어 커다란 차이를 가져오게 된다. 즉, 논산시 협약과 같은 기존의 계약형태는 기본적으로 방법제시형(Means-Oriented) 계약 방식이라 할 수 있는데, 이러한 방식에서는 계약의 내용에 서비스 공급의 수단이 되는 주요시설의 사양과 서비스 공급 방식 등에 대해 규정하고 있어 이에 대한 변경이 필요한 경우 계약당사자인 지방자치단체와 전문사업자 간에 반드시 재계약을 위한 협의가 이루어져야 한다. 이로 인해 당초 의도한 지방상하수도 사업 효율화라는 목표달성에는 지장이 초래될 수 있는데, 중요한 의사결정에 있어 지방자치단체의 개별적 동의가 요구되므로 전문사업자의 창의성이 충분히 발휘되기 어렵고, 또한 서비스 개선의 적시성이 확보되기 어렵기 때문이다. 반면, 양여계약과 같은 성능제시형(Performance-Oriented) 계약 방식에 있어서는 계약의 내용에 전문사업자가 제공하여야 하는 서비스와 그 질적 수준만을 규정하고 있으므로 서비스 공급을 위한 주요시설의 사양이나 공급 방식의 변경이 필요할 경우 지방자치단체와 전문사업자 간에 이에 대한 공동의 협의와 결정만 있으면 되는 것이지 재계약까지 요구되는 것은 아니다. 따라서, 양여계약과 같은 성능제시형 계약 방식에서는 장기간의 계약기간 동안 계약변경이라는 다소 지루하고 복잡한 절차 없이도 얼마든지 사정변경과 기술 발전 등에 따라 전문사업자는 지방자치단체와 협력하면서 최적의 서비스 공급 방법(Means)를 모색할 수 있는 것이다.

4. 양여계약의 특징

기존의 계약형태에 비하여 양여계약이 가지는 결정적인 특징은 무엇보다 사업수행과 관련된 전문사업자의 포괄적 권리와 의무를 인정하는 것이다. 이는 양여계약은 사업의 규제 및 감독 업무를 제외한 시설의 설치 및 관리와 관련된 제반사항을 대상으로 하며, 전문사업자는 자신의 이름과 부담으로 사업을 수행하고, 또한 계약서에서 제시된 서비스와 그 질적 수준을 충족시키는 한에서 사업수행에 있어 최대의 창의력을 발휘할 수 있다는 특징을 갖기 때문이다. 결국 전문사업자는 지방자치단체와의 양여계약 체결을 통해서 준사업자의 지위를 획득하여 마치 자기 사업처럼 시설의 설치 및 관리 업무를 수행하게 되며, 이에 따르는 리스크도 부담한다. 그리고, 이러한 포괄적인 권리와 의무는 기존의 계약형태에서처럼 전문사업자가 단순히 용역 제공에 대한 대가 형태로 지방자치단체로부터 정기적인 수수료를 지급받는 것이 아니라, 자신이 양여계약을 바탕으로 지방자치단체와 기존고객 간에 체결된 공급계약을 이전받거나, 신규로 공급계약을 체결하여 상하수도 서비스 공급에 대한 사용료를 부과·징수하여 시설의 설치와 관리에 소요되는 비용을 회수하게 된다. 이러한 사업자 지위변동에 준하는 법률관계를 통하여 전문사업자는 스스로 수돗물을 공급하는 자로써 부가가치세법상 면세사업자가 된다.

Ⅳ. 현행법상 양여계약의 가능성과 한계에 대한 평가

1. 행정의 법률적합성원칙

양여계약은 공법상 법인으로서 행정주체인 지방자치단체가 당사자가 되는 것으로서 일종의 행정계약이다. 여기에서 행정계약의 의미를 행정청이나 행정주체가 그 당사자가 된다는 의미로 보면 행정계약에서는 공법적 효과 발생을 목적으로 하는 공법상 계약(oeffentlich-rechtlicher Vertrag)과 순수한 사법상의 효과 발생을 의도로 체결되는 민법상 계약을 모두 포함한다. 그런데 행정작용의 행위형식으로서의 행정계약에 적용되는 공법적 원리로서 가장 중요한 것은 행정의 법률적합성원칙이다. 행정의 법률적합성원칙의 내용은 크게 행정작용의 법적 근거를 요구하는 법률의 유보원칙(Vorbehalt des Gesetzes)과 법률의 내용에 대한 위반을 금지하는 법률의 우위원칙(Vorrang des Gesetzes)으로 구분된다.

2. 양여계약과 법률유보원칙

1) 침해유보

양여계약의 적법성 요건으로서의 법률유보원칙은 양여계약을 체결하기 위한 법적 근거가 마련되어 있는가의 문제로 귀결된다. 특히 양여계약과 관련하여 문제가 되는 것은 양여계약의 내용 중에 자치단체와 계약의 상대방이 되는 전문사업자의 기본권이나 기타의 공법상 · 사법상 권리를 침해하는 내용이 포함되어 있는가의 여부이다. 법률유보이론 중 이른바 침해유보설은 국민의 자유와 권리를 침해하는 내용의 행정작용은 법적 근거가 필요하다는 이론으로 오늘날 법률유보의 최소한으로 이해된다. 다시 말하자면 국민의 자유와 권리를 침해하고 제한하는 행정작용은 어떠한 경우에도 당연히 법률적 근거가 요구되며 이를 결여한 경우에는 위법한 행정작용으로 평가된다.[30]

그런데 양여계약 중에는 자치단체 주민들에 대한 상하수도 서비스 제공에 대한 계약체결의 의무나 자치단체의 시설 사용에 대한 수익자부담금조항 등 사업자의 권리를 제한하는 내용이 포함되어 있기 때문에 법적 근거에 대한 논란이 제기될 수 있다. 이와 관련하여 행정계약을 체결함에 있어서 당사자의 합의는 법적 근거를 대신하는 것이므로 별도의 법적 근거가 필요하지 않다는 부정설과 사업자의 기본권 보호를 위하여 법적 근거가 요구된다는 긍정설로 대별할 수 있다.

---

30) 김성수, 일반행정법, 35면.

2) 부 정 설

후술하는 법률의 우위원칙이 행정계약에 전면적으로 적용되며, 이에 대해서는 異論이 제기되지 않는 것과는 달리 법률유보원칙의 적용 여부에 대해서는 이미 오래 전부터 격렬한 논쟁이 계속되고 있다. 이와 관련하여 판례의 대부분과 일부 학설에 의하면 행정계약의 체결은 법률유보의 원칙이 적용되지 않는다는 견해를 제시하고 있다.[31] 그러므로 행정청 또는 행정주체는 행정행위 등 고권적 행정행위에 대하여 법적 근거가 필요한 것과는 대조적으로 행정계약의 경우 별도의 법적 근거 없이 계약을 통하여 법률관계를 형성할 수 있다는 것이다. 물론 행정계약은 상대방인 개인과의 합의가 필요한 것이므로 계약의 장애사유는 상대방이 계약에 응하지 않거나 법률의 내용에 위반하는 경우에 한한다는 것이다. 행정계약에 당사자의 합의 이외의 별도의 법적 근거가 필요하지 않다는 견해는 자치단체의 상대방인 사업자가 전적으로 자발적 의사에 의하여 양여계약을 체결한 것이므로 이것이 법적 근거를 대신할 수 있다는 것이다.

3) 긍 정 설

판례의 다수 입장과 일부 학설의 주장과는 달리 다수의 문헌에서는 법률유보의 원칙이 양여계약을 비롯한 행정계약에도 전면적으로 적용되는 것으로 이해하고 있다.[32] 즉 법률유보의 원칙은 행정청 또는 행정관청이 구체적으로 행하는 행정작용의 다양한 법적 형식과는 무관하게 모든 행위형식과 영역에서 일종의 공통분모의 역할을 행한다는 것이다.

긍정설은 개인적 의사와 일반적인 법률의 의미를 서로 다른 영역

31) 대표적으로 Hattstein, Verwaltungsrechtliche Betreuungspflichten, 172면; Holznagel, Konfliktlösung durch Berthandlungen, 224면 이하.

32) 대표적으로 Bosse, Subordinationsrechtlicher Vertrag, 51면 이하; Schimpf, Verwaltungsrechtlicher Vertrag, 176면 이하.

에 존재하는 것으로 보며, 이들 상호간에 상보적 기능을 부인한다. 물론 이와 같은 긍정설에 대해서는 비판의 목소리가 없는 것은 아니며, 그러한 비판은 크게 두 가지 이유를 제시하고 있다. 첫째, 계약당사자인 특정 개인의 의사표시는 오직 당사자의 권리에 제한에만 적용되는 것이고 유사한 지위에 있는 모든 개인의 일반적인 법적 지위에 변동을 초래하는 것은 아니기 때문에 계약을 통한 권리제한은 매우 예외적인 경우에 해당할 뿐이라는 것이다. 그렇기 때문에 이러한 제한적 · 개별적 · 예외적 상황에 의하여 법률유보원칙이라는 일반적인 헌법원리가 침해받는 것은 아니기 때문에 기본권제한의 법률형식은 여전히 입법자의 권한으로 남아 있다는 점을 고려할 때 굳이 행정계약의 법적 근거를 엄격하게 고집할 필요가 없다는 것이다. 둘째, 기본권의 포기도 기본권주체의 일종의 자유권의 행사를 의미하는 것이기 때문에, 기본권의 포기의 경우에도 반드시 헌법적 또는 법률적 근거를 요구하는 것은 개인의 자유를 부당하게 제한하는 결과가 된다는 비판이 제기된다.[33]

4) 소 결

(1) 법치주의원리와 최소한의 법률유보

행정계약의 체결에 있어서 과연 법적 근거가 요구되는 것인지, 또한 이러한 법률유보원칙에 따르는 요청에도 불구하고 그것이 결여되는 경우에 계약의 효력을 위법 · 무효로 볼 것인지에 대해서 명확한 결론을 내리기 어려운 것이 현실이다. 다만, 행정청과 개인 간에 체결되는 행정계약 중 공법상 계약의 성격을 인정하는 경우에는 비교적 행정의 법률적합성원칙을 엄격하게 적용하여야 하기 때문에 법적 근거의 부재는 계약의 위법성과 무효의 원인을 제공할 수 있다.

---

33) 대표적인 판례와 학설로는 BVerwGE 42, 331(335); Seer, Verständigungen im Steuerverfahren 160aus 이하; Holznagel, 전게논문, 225면 이하.

그러나 양여계약을 민법상의 계약이라고 본다면 극단적으로 수도법이나 하수도법에 양여계약을 체결할 수 있는 법적 근거가 전혀 없더라도 계약의 위법성이나 무효의 문제는 발생하지 않는다. 양여계약이 비록 민법상의 계약이기는 하지만 자치단체가 지역주민에게 상하수도와 관련되는 공공서비스를 제공하는 일종의 비권력적 생존배려 행정작용이라는 점을 고려한다면 위에서 논의한 법률유보의 원칙, 기본권 제한의 법률형식, 권력분립의 원칙 등 헌법상의 논의와 더불어 양여계약의 공공성 · 투명성 · 명확성 등 법치행정의 이념을 보장하기 위하여 최소한의 법적 근거를 마련하는 것이 바람직하다.

(2) 수도법 제23조, 하수도법 제19조의2 등의 의미

상하수도 관리와 관련하여 기존에 체결된 계약형태의 근거가 되는 수도법 제23조와 하수도법 제19조의2는 어떠한 의미를 가지는 것으로 보아야 하는가? 결론적으로 말한다면 위 규정들은 위탁계약의 법적 근거를 창설하는 규정이 아니라 그의 행정법적 존재를 확인하는 규정이다. 단순하게 말한다면 상하수도 관리업무에 대한 위탁계약은 위 규정이 없더라도 적법하게 성립하며 계약의 내용에 따르는 효력을 발생한다. 그럼에도 불구하고 이러한 규정이 존재하는 이유는 상하수도의 관리와 관련되는 위탁계약의 내용과 절차를 명확하게 규율할 필요성이 있기 때문이다. 이는 이미 언급한 바와 같이 지방자치단체와 계약의 상대방이 되는 전문사업자의 기본권 보호라는 의미와는 달리 행정청이 체결하는 계약 내용에 대한 투명성과 계약의 성립 및 이행의 절차에 대한 예측가능성을 보장하기 위한 것이다. 이렇게 볼 때 행정계약에 대한 법률유보원칙은 민주주의원리나 기본권 보장의 시각보다는 국가행정작용의 예측가능성과 투명성을 보장하는 법치주의원리에서 그 정당성을 찾을 수 있다. 특히 우리나라와 같이 부패 문제를 완전히 청산하지 못한 행정문화를 가진 곳에서는 행정계약의 내용과 절차를 법적으로 투명하고 명확하게 규율할 필요

성이 매우 크다.[34)]

(3) 양여계약의 법적 근거

그렇다면 위 수도법이나 하수도법의 규정은 기존의 계약형태뿐만 아니라 양여계약을 체결할 수 있는 충분한 법적 근거가 될 수 있는가? 민법적 성질을 가지는 행정계약으로서의 양여계약은 기본적으로 사적자치를 바탕으로 하는 개인의 계약자유라는 기본권을 실현하는 것이므로 계약의 투명성과 예측가능성을 보장하기 위한 행정법적인 규제는 최소한으로 그쳐야 하는 것이 원칙이다. 그렇다면 현행 수도법 제23조와 하수도법 제19조의 2는 기본적으로 양여계약을 체결할 수 있는 최소한의 법률적 근거를 제공하고 있으므로 일종의 필요조건을 충족하고 있다고 보여진다. 여기에서 말하는 "수도시설을 위탁하여 운영할 수 있다", "공공하수도의 공사업무를 위탁할 수 있다"는 규정은 단순히 시설 관리업무의 위탁만을 의미하는 것은 아니다. 즉, "수도시설의 위탁운영", "관리업무의 위탁"은 기존시설에 대한 관리만을 위탁할 수 있다는 좁은 의미뿐만 아니라 계약의 상대방인 전문사업자에게 신규의 투자를 통하여 건설된 상하수도 시설의 관리와 운영을 위탁할 수 있다는 광의로 해석할 수 있는 여지가 얼마든지 있기 때문이다. 또한 양여계약에 있어 지방자치단체의 상하수도 관리업무는 물론 설치업무에 대한 위탁까지 함께 이루어져야 하는데, 이미 설명한 바와 같이 현행 수도법과 하수도법의 체계에서도 상하수도 설치업무 위탁에 대한 법적 근거가 마련되어 있다고 볼 수 있다.[35)]

---

34) 홍준형/김성수/김유환, 행정절차법제정연구, 58면.

35) 현행 수도법은 상수도 설치업무에 대해서는 명시적인 위탁 근거는 두고 있지는 않지만, 환경부의 2002년 11월 11일 자유권해석에서 수도법 제17조 제3항은 "수도시설을 효율적으로 운영하기 위한 시설의 개·보수 및 운영관리에 필요한 시설의 설치 등도 전문기관에 위탁할 수 있는 업무의 범위에 해당된다"고 해석하고 있다. 반면, 하수도법의 경우 하수도 설치업무 위탁에 대한 명시적인 법적 근거를 마련하고 있는데, 하수도법 제16

기존의 계약형태를 넘어서서 보다 포괄적인 성격을 가지는 양여계약의 경우에 계약내용의 투명을 높이고 이행절차의 예측가능성을 통한 계약의 존속력과 공정성을 보장하기 위해서는 양여계약의 기본적 중요사항을 정하는 규정이 정비되는 것이 보다 바람직할 것이다. 특히 대부분의 상하수도 관리 및 운영을 대상으로 하는 양여계약은 실시협약 형태의 표준계약서가 널리 활용될 것으로 예상되기 때문에 법적인 정비의 필요성은 더욱 크다고 볼 수 있다.

3. 양여계약과 법률우위의 원칙

1) 일 반 론

행정의 법률적합성원칙의 하나로서 행정작용에 대한 헌법과 법률의 우월성을 의미하는 법률우위의 원칙(Vorrang des Gesetzes)은 모든 행정작용은 헌법과 법률이 규정하는 구체적인 내용에 위반되어서는 아니 된다는 것을 말한다. 이른바 "위반금지(Abweichungsverbot)원칙"으로서의 법률우위의 원칙은 국민의 대의기관인 의회가 제정하여 일반적인 의미의 민주적 정당성이 부여된 법률이 행정기관이 행하는 행정작용보다 우위에 있기 때문에 그에 대한 위반은 위법하며 그에 따르는 법적 효력을 인정할 수 없다는 내용으로 이해된다. 달리 보면 행정청이 행하는 모든 행정작용은 법률에 위반할 수 없기 때문에 반드시 법률의 내용을 적법하게 집행하여야 한다는 점에서 일종의 "적용강제(Anwendungsgebot)원칙"이라고 표현할 수도 있다. 앞서 언급한 법률유보원칙의 적용범위에 대해서는 상당한 이견이 존재하는 반면 법률우위의 원칙은 행정기관의 법적 행위, 사실행위 등을 가리지

조 제1항은 "지방자치단체의 장이 아닌 자는 공공하수도관리청의 허가를 받아 공공하수도에 관한 공사 또는 유지를 할 수 있다. 다만, 대통령령이 정하는 경미한 유지는 허가없이 이를 할 수 있다"고 규정하고 있는 것이다.

아니하고 모든 형태의 행정작용에 대해서 전면적으로(uneingeschränkt) 이해되고 있다.

물론 양여계약을 포함하는 행정계약의 경우에는 계약당사자의 사적자치와 계약의 자유가 존중되어야 하므로 당사자가 원하는 경우에는 법률이 의도하는 법적 효과를 배제할 수도 있다는 견해도 제시되고 있다. 법률이 행정행위 등 다른 형식의 행정작용에 대하여 일정한 내용의 행정작용을 금지하고 있는 경우에 계약당사자가 스스로 원하여 계약의 형식을 통하여 법률이 금지하고 있는 사항을 기꺼이 감수하겠다면 이를 금지할 명분이 없다는 주장이다.[36] 일부 자유계약이론을 강조하는 학자들은 그 논거에서 다소 차이를 보이기는 하지만 전반적으로 행정계약에 법률우위원칙은 적용되지 않거나 매우 제한적인 적용 가능성만을 인정하고 있다.

그러나 학자들의 압도적인 다수설과 판례는 행정의 법률적합성원칙의 하나인 법률우위원칙은 명령과 강제를 수반하는 침해적 행정작용은 물론 수익적 행정작용 등 행정작용의 법적 형태 여하를 불문하고 전면적으로 적용된다는 입장을 보이고 있다. 법률우위원칙은 행정청이 상대방인 개인과 계약의 형식을 통하여 의도하는 법률효과가 법률의 내용에 저촉되는 것을 금지하는 것이기 때문에 이른바 "법률의 지휘를 받는 계약형성"(Gesetzdirigierte Vertragsgestaltung)이라는 명제가 성립한다.[37] 이러한 원칙은 비단 행정법의 영역뿐만 아니라 민법과 형법에서도 당사자가 계약을 통하여 동의하는 부문은 자신의 법적 영역에 한정되며 제3자의 권익이나 일반적인 공익에 대한 동의나 포기는 허용되지 않는다. 주지하는 바와 같이 행정법규는 개인적인 권익을 보호하는 기능을 가지는 경우도 있으나 대부분의 경우에

---

36) Kottke, Subordinationsrechtlicher Vertrag, 48면 이하; Salzwedel, öffentlich- rechtlicher Vertrag, 19면 이하.

37) Schmitt-Assmann, Allgemeines Verwaltungsrecht als Ordnungsidee, 266면.

는 공공의 안녕과 질서, 공익의 실현을 의도하는 목적을 가지는 것이 보다 일반적이다.

따라서 상하수도 일괄 양여계약의 적법성 요건으로서 법률우위의 원칙은 행정법규의 성질을 가지는 수도법, 하수도법의 규정내용에 위반하지 않을 것을 요구한다. 특히 관심의 대상이 되는 것은 양여계약을 통하여 전문사업자에게 사용료의 부과와 징수권을 부여할 수 있는지, 이럴 경우 수도법 등이 규정하고 있는 사업자의 범위를 위반하는 것은 아닌지, 이와 관련하여 부가가치세의 납세의무가 면제될 수 있는 것인지 등의 문제가 심도 있게 검토되어야 한다. 만약 양여계약의 내용들이 현행법에 저촉될 수 있는 것이라면 이를 극복하기 위한 입법론에 대한 논의도 필요할 것으로 보인다.

2) 요금징수권의 문제

(1) 지방자치단체의 요금징수권과 출자 방식과의 차이점

지방자치단체는 수돗물의 공급과 하수도 서비스에 대한 반대급부로서 사용료를 부과하고 징수하는 권한을 가진다.[38]

따라서 현행 수도법 제23조에 의하여 지방자치단체와 전문사업자 간에 수도시설관리권 위탁을 위한 실시협약을 체결하는 경우 요

---

38) 수도법 제68조 제1항은 "수돗물의 공급을 받은 자가 수돗물의 요금, 급수설비에 관한 공사의 비용 또는 제71조에 따른 원인자부담금을 내지 아니하면 지방자치단체인 수도사업자는 지방세 체납처분의 예에 따라 징수할 수 있다."고 하여 수도법상 수도사업자인 지방자치단체가 수돗물의 공급에 대한 사용료의 부과와 징수의 권한을 가지고 있음을 분명히 하고 있다. 하수도법 역시 제73조에서 "공공하수도관리청은 이 법 또는 이 법에 따른 명령이나 처분 또는 조례의 규정에 따른 사용료 · 점용료 그 밖의 부담금을 납부하지 아니한 자가 있을 때에는 지방세체납처분의 예에 따라 이를 징수할 수 있다."고 규정하여 사용료의 징수권한을 공공하수도관리청에게 부여하고 있다. 그런데 여기에서 말하는 공공하수도관리청은 하수도법 제18조 제1항에 의하여 시장 · 군수 · 구청장이기 때문에 하수도의 사용에 대한 사용료의 부과권한은 기초자치단체의 장이 행사한다.

금의 부과와 징수권은 지방자치단체가 가지는 원칙이다.[39] 물론 수도법상 수도시설관리권의 내용에는 요금징수권이 포함되고 있으나, 지방자치단체와 전문사업자 간에 위탁계약 체결을 통하여 이전될 수 있는 범위는 공권력을 제외한 사용량 검침과 요금의 고지 및 수납 등 기술적인 사항에만 국한된다.

이에 비하여 지방자치단체가 수도시설관리권이라는 물권을 수자원공사에게 출자하여 유상으로 양도하는 경우에는 이른바 물권적 위탁에 해당하는 형식이기 때문에 자연스럽게 요금의 징수권이라는 공권력행사의 권한도 전문사업자로 이전된다.[40] 수도시설관리권을 유상으로 양도하는 출자를 통하여 전문사업자는 물권인 시설관리권을 지방자치단체가 보유하는 지분과 함께 공유의 형식으로 이에 대한 소유권을 취득하는 것이므로 이제 요금의 징수권을 채권적 위탁의 형태가 아니라 시설관리권을 공유하는 소유자로서 자신의 권한으로 행사하는 것이다. 이 경우 전문사업자는 수도법상 스스로 사업자의 지위를 얻으며 부가가치세법에 의하여 지방자치단체를 위하여 용역을 공급하는 자가 아니며 자신의 사업으로서 수돗물을 공급하는 사업자이므로 부가가치세법 제12조 제1항 제2호(수돗물의 공급)에 의하여 부

---

39) 즉, 전문사업자는 계약을 통해 사용량 검침과 요금의 고지 및 수납 등 징수업무를 사실상 대행할 수 있지만, 계약의 내용상 여전히 요금의 징수권자는 위탁자인 지방자치단체인 것이다. 요금의 징수는 위탁계약의 다른 비권력적 관리업무와는 달리 일종의 공권력의 행사로서 고권적 행정작용(hoheitliche Verwaltung)에 속하므로 이는 단순한 채권적 계약을 통하여 수탁자인 전문사업자가 행사할 수 없다.

40) 여기에서 수도시설관리권을 출자한다는 의미는 지방자치단체가 단독 또는 공동으로 기존의 상수도시설을 전문사업자에게 유상으로 양도하여 물권적 위탁관계가 성립하는 것을 말한다. 한편, 수도시설관리권의 유상양도 형식을 띠는 출자를 통하여 지방자치단체는 지분을 가지고 전문사업자와 수도시설을 공유하며, 수탁자인 전문사업자는 지방자치단체에 수도사업에 대한 공유 지분에 상응하는 경영권을 보장한다. 김성수, 우리나라 수도산업의 육성방안과 과제, 한국행정연구소 수도산업 정책 세미나, 2004.11. 29, 15면.

가가치세 납부의무가 면제되는 것으로 보아야 한다. 결국 기존의 계약형태나 양여계약과 같이 채권적 성격의 계약은 요금의 징수와 같은 공권력행사를 그 대상으로 할 수 없는 것이므로, 이를 양여계약의 대상으로 하려는 경우에는 수도법이나 하수도법의 개정이 필요하다. 또한 채권계약의 경우에는 여전히 지방자치단체가 수도사업자나 하수도사업자의 지위를 가지고 있고, 전문사업자는 단순히 상하수도 시설의 관리권만을 행사하게 되는 것이다.

(2) 양여계약을 통하여 사업자에게 사용료 징수권을 부여할 수 있는가?

– 요금징수권과 법률우위원칙

수도법 제3조 제26호는 "수도시설관리권이라 함은 수도시설을 유지·관리하고 그로부터 생산된 원수 또는 정수를 공급받는 자에게서 요금을 징수하는 권리"라고 그 개념을 정의하고 있는데[41] 양여계

41) 한국수자원공사법 제20조 제1항은 수도시설관리권의 법적 성격과 관련하여 "시설관리권은 이를 물권으로 보며, 이 법에 특별한 규정이 있는 경우를 제외하고는 민법 중 부동산에 관한 규정을 준용한다"고 하여 이를 물권의 일종으로 이해하고 있다. 수도시설관리권과 유사한 성질의 시설관리권은 관련법규에 의하여 모두 민법상의 부동산에 관한 규정을 준용하고 있다. 예를 들어 사회간접자본시설에대한민간투자법 제27조 제1항은 수도시설관리권과 유사한 운영관리권을 물권으로 보며, 법률에 특별한 규정이 있는 경우를 제외하고는 민법 중 부동산에 관한 규정을 준용하도록 규정하고 있다. 또한 유료도로법도 제11조에서 유료도로관리권을 물권으로 보며, 이 법에 특별한 규정이 있는 경우를 제외하고는 역시 민법 중 부동산에 관한 규정을 준용하도록 하고 있다. 한국수자원공사법 제19조 제2항에서는 한국수자원공사가 시설관리권의 설정을 받은 때에는 대통령령이 정하는 바에 따라 국토해양부장관 또는 환경부장관에게 이를 등록하도록 하여 물권변동에 대하여 규율하고 있다. 한편 한국수자원공사법 제20조 제1항은 시설관리권을 처분가능한 물권으로 인정하고 있음에도 불구하고 동시에 제2항에서는 "시설관리권은 양도·출자 및 저당권을 목적으로 하는 경우 외에는 이를 처분하지 못한다"고 규정하여 법률상 처분에 대한 제한을 가하고 있어서 시설관리권은 결과적으로 "제한적 목적으로 처분이 가능한 특수한 물권"으로서의 성격을 가진다. 따라서 시설관리권은 예컨대

약의 법적 근거를 이루는 수도법 제23조에 의하여 수도시설관리권에 대한 위탁이 이루어지는 것이므로 전문사업자가 수도시설관리권의 중요한 내용인 요금징수권도 동시에 수탁 받는 것으로 해석할 수 있다.

문제의 핵심은 양여계약이 기존의 계약형태와 같은 채권적 계약에 불과한 것인지 아니면 출자 방식과 같은 일종의 물권적 유상양도 행위에 해당하는 것인지를 가리는 일이다.

양여계약은 기존의 계약형태에 비하여 전문사업자의 권리와 의무가 매우 포괄적으로 인정 될 수 있기는 하지만 그 성격은 여전히 민법상의 채권계약이다. 따라서 출자와 같은 물권적 양도행위가 아니기 때문에 사용료를 대상으로 하는 지방자치단체의 권리와 의무는 건재하다. 그렇기 때문에 채권적·사법적 양여계약을 통하여 직접 전문사업자에게 사용료의 징수권이라는 일종의 고권적 권한을 부여하는 것은 현행법상 허용되기 어렵다고 볼 것이다.[42]

한편, 현행법상 지방자치단체의 사용료 부과에 대한 불복방법은 일반적인 행정소송절차에 의하는 것이므로 피고는 지방자치단체의 장이다. 전문사업자가 지방자치단체의 주민인 고객을 상대로 서비스 제공에 대한 사용료를 부과·징수하는 권한을 부여받은 경우에는 이른바 공무수탁사인(Der Beliehene)의 지위를 갖는 것으로 볼 수 있다. 공무수탁사인이란 관계법령에 의하여 조사나 관리 업무 등 주로 기

위 규정이 명시하지 않는 처분목적인 임대차의 대상이 되지 못한다. 김성수, 상게논문, 16면.

42) 기존의 계약형태에 있어서도 지방자치단체와 전문사업자 간에 체결되는 실시협약은 사용료의 부과와 징수와 관련되는 검침, 요금의 고지 및 수납, 고객관리 등 기술적 사항만을 전문사업자의 의무로 정할 수 있을 뿐이다. 물론 이러한 기술적인 업무를 통하여 전문사업자는 “사용료의 부과와 징수에 준하는 권리”를 행사할 수 있으며 고객이 체납한 사용료 문제를 지방자치단체와 공동으로 노력하여 보다 효과적으로 해소할 수 있을 것이다.

술적 · 전문적 성격의 행정업무를 지방자치단체가 스스로 행하지 아니하고 법인이나 단체, 기타 당해 분야의 전문성을 가지는 사인에게 필요한 권한을 위탁하여 행사하는 제도이다. 그런데 지방자치단체가 자신의 업무수행을 위한 권한을 사인에게 위탁하는 경우 위탁하는 권한의 범위와 행사절차 등에 대하여 미리 법률로써 상세히 규정하는 것이 일반적이다. 특히 사용료의 부과 및 징수와 같은 이른바 고권적 행정작용(hoheitliche Verwaltungstätigkeit)은 주민의 자유와 권리를 침해하고 제한하는 행위이므로 법률유보의 최소한인 침해유보(Eingriffsvorbehalt)의 입장에서 당연히 법률적 근거가 요구된다. 따라서 양여계약을 통하여 전문사업자에게 요금의 부과 · 징수권을 부여하기 위해서는 수도법이나 하수도법에 이에 대한 법적 근거가 마련되어야 한다.

이미 언급한 바와 같이 현재 수도법 제3조 제26조의 수도시설관리권에 대한 규정이 이와 같은 법적 근거가 될 수는 없으며, 요금징수를 직접적으로 규정하고 있는 수도법 제68조, 하수도법 제73조에 필요한 입법적 보완이 이루어져야 한다. 따라서 사용료의 부과와 징수 문제는 법률우위원칙과 더불어 전형적인 법률유보원칙도 적용되는 것이다. 물론 양여계약이라는 민법상 계약의 당사자는 지방자치단체와 전문사업자이므로 전문사업자가 요금의 부과와 징수와 관련되는 지방자치단체의 사무를 보조하면서 과실로서 고객에게 손해가 발생한 경우에는 지방자치단체가 국가배상책임을 지는 경우는 있을 수 있다.[43] 그러나 이 경우에도 전문사업자는 고객과 요금 부과와

43) 이 경우 전문사업자는 국가배상법 제2조에 의하여 넓은 의미의 공무원에 해당한다. 여기서 넓은 의미의 공무원이란 국가공무원법이나 지방공무원법에 의한 공무원은 아니지만 국가나 지방자치단체로부터 공무를 위탁받아 이에 종사하는 자이다. 따라서 여기에서 공무원은 법적인 의미라기보다는 국가와 지방자치단체의 실질적인 업무를 수행하는 기능적 측면에서의 종사자이다. 김성수, 일반행정법, 588면.

관련하여 행정법상 직접적인 권리의무관계를 가지는 것은 아니므로 사용료의 부과와 같은 행정처분의 권한은 여전히 지방자치단체가 보유하며 이에 대한 불복은 행정소송절차에 의한다. 결론적으로 양여계약은 요금의 부과와 징수라는 행정상 권력관계를 규율할 수 없으며 이 경우 사용료 부과와 관련되는 행정상 법률관계의 당사자는 지방자치단체와 그 주민인 고객일 뿐이다.

Ⅴ. 수도사업자의 개념

현행 수도법이나 하수도법을 비롯한 실정법규는 수도사업자나 하수도사업자의 개념을 규정하고 있지 않기 때문에 양여계약이나 출자의 경우 사업자의 지위가 변경되는지는 불분명하다. 수도사업자 자신이 스스로 수돗물을 공급하는 경우에는 부가가치세법에 의하여 면세의 대상이 된다는 점에서 조세법적으로도 사업자의 개념을 파악하는 것이 매우 중요하다.

1. 실정법과 판례에 나타난 사업자의 개념

사업자의 개념을 정형적으로 규정하고 있는 실정법 조항으로는 부가가치세법 제2조 제1항을 들 수 있다. 이에 따르면 “사업자란 영리의 유무에 불구하고 사업상 독립하여 재화 또는 용역을 공급하는 자”로서 부가가치세법에 의하여 부가가치세를 납부할 의무를 지는 자를 말한다. 이와 더불어 대법원의 판례는 일관하여 사업자의 개념에 대하여 독자적인 해석을 견지하고 있는데, 현재 학설과 행정실무에서는 원칙적으로 이러한 대법원의 판례를 그대로 수용하고 있다. 이에 따르면 사업자란 “부가가치를 창출해 낼 수 있는 정도의 사업

형태를 갖추고 계속·반복의 의사로 재화 또는 용역을 공급하는 자"를 말한다.[44]

이와 같이 대법원의 판례는 사업자의 개념을 그 기초가 되는 사업 개념을 중심으로 해석·구성하고 있는데, 법령의 문언에서는 사용하지 않는 "계속·반복의 의사"라는 징표를 추가하고 있는 것이 특징이다. 판례의 이러한 입장은 부가가치세법에만 국한되는 것은 아니다. 동일하게 "사업"의 개념이 사용되고 있는 소득세법상 "사업소득"의 개념에 있어서도 대법원은 소득세법상 사업소득에 해당하는 것인가의 여부는 그 사업이 영리를 목적으로 하고 있는지와 그 규모·회수·양태 등에 비추어 사업활동으로 볼 수 있을 정도의 "계속성과 반복성"을 중요한 개념적 징표로 들고 있다.[45]

2. 수도사업의 주체와 수도사업자

수도사업자란 "수도시설을 유지·관리하고 그로부터 생산된 원수 또는 정수를 공급하며 이를 공급받는 자로부터 요금을 징수하는 자"로써 "계속적·반복적 의사"가 전제되어 있는 자이다. 수도시설관리권은 수도사업자가 보유하는 것이 매우 자연스러운 것으로서 수도사업자와 수도시설관리권자는 표리의 관계에 있으며 양자는 분리할 수 없다.

그렇다면 현행법상 수도사업자는 과연 누구인가? 수도법 제3조 제8호는 "지방상수도란 지방자치단체가 관할 지역주민, 인근 지방자치단체 또는 그 주민에게 원수나 정수를 공급하는 일반수도로서 광역상수도 및 마을상수도 외의 수도를 말한다"라고 그 개념을 정의하고 제12조 제1항에서는 "수도사업은 지방자치단체가 경영하는 것을

44) 대판 1986.9.9. 86누 216; 1990.2.27. 89누2646; 1995.2.10. 93누18396; 1999.9.17. 98두16705.

45) 대판 1996.2.23. 95누10969; 1996.12.6. 86누3913.

원칙으로 한다"라고 하여 지방자치단체를 수도사업자로 보고 있다. 그러나 이 경우에는 지방자치단체가 스스로 수도시설을 관리 · 유지하고 주민들에게 수돗물을 공급하며 요금을 징수하는 이른바 "직영"의 형태를 전제로 한 것이어서 시설관리권의 출자를 통하여 전문사업자에게 이양되거나 또는 정부가 추진하고 있는 7대 특 · 광역시 수도사업의 공사화가 이루어지는 경우에는 사업자의 변경이 불가피하다. 반면에 수도법 제23조 제1항에 의하여 시설관리권을 채권적 계약에 의하여 전문사업자에게 위탁하는 경우에는 단순한 행정업무의 위임과 위탁 관계에 불과할 뿐이므로 수도법상 수도사업자의 지위가 변경된 것으로는 볼 수 없다.[46)]

직영의 형태를 제외한 출자 · 공사화 등의 경우에 지방자치단체는 지방자치법 제9조 제2항 제4호 자목에 의하여 전체적인 상수도사업을 관할하는 권한을 행사하는 자로서 여전히 지방상수도사업의 주체이기는 하지만 스스로 사업자는 아니다. 그런데 현행법은 이와 관련되는 규정을 두고 있지 아니하므로 법령상으로 수도사업의 주체와 수도사업자를 구분하고 수도사업자의 개념을 명확하게 규정하는 입법적 과제를 해결할 필요가 있는 것이다.

46) 계약의 내용에 "사용료의 부과와 징수와 관련되는 검침, 요금의 고지 및 수납, 고객관리 등 기술적 사항"을 포함하고 그에 따라서 "고객이 납부한 사용료가 전문사업자 명의의 계좌로 입금"되도록 정하는 경우 전문사업자는 수도시설의 관리, 수돗물의 공급, 요금의 징수를 비교적 장기간인 계약기간 동안 "계속적 · 반복적 의사"를 가지고 수행할 것임이 전제되므로 사실상의 수도사업자임이 인정될 수 있다.

Ⅵ. 하수도를 포함한 양여계약의 가능성

1. 하수도 양여계약의 법적 근거

이미 수차례 언급한 바와 같이 하수도법은 수도법 제23조와 유사한 규정을 두고 있어 하수도에 대해서도 상수도 분야에서 이루어지고 있는 기존의 계약형태는 물론 양여계약의 체결까지도 가능할 수 있음을 알 수 있다. 더욱이 하수도법은 하수도관리업무와 별개로 설치업무에 대해서도 별도의 위탁 근거를 두고 있으므로 상수도의 경우보다 명확한 양여계약의 법적 근거가 마련된 것으로 볼 수 있다. 즉 하수도법 제19조의2 제1항은 “공공하수도관리청은 관리대행업자에게 공공하수도의 운영 · 관리업무를 대행하게 할 수 있다”고 하고, 제74조 제3항은 “지방자치단체의 장은 공공하수도에 관한 공사업무를 대통령령이 정하는 관계전문기관에 위탁할 수 있다”고 규정하고 있는 것이다. 그런데 여기에서 공공하수도관리청이란 공공하수도를 관리하는 지방자치단체의 장이며(하수도법 제18조 제6호), 공공하수도 관리의 주체는 시장 · 군수 · 구청장과 같은 기초자치단체의 장이다). 이 역시 지방상수도의 관리주체와 동일하다. 따라서, 하수도법 제19조의2와 제74조 제3항은 지방자치단체가 지방자치법상 의무인 하수도의 설치 및 관리 업무를 동시에 전문사업자에게 위탁하는 사법상의 효력을 가지는 양여계약의 법적 근거가 될 수 있다.

2. 사용료의 부과 · 징수의 법적 근거

하수도 양여계약은 기본적으로 민법상의 채권계약으로서 사법상의 효과를 발생시킨다는 점에서 상수도 양여계약과 동일한 법적 성질을 가지는 것으로 볼 수 있다. 다만, 이 경우에 하수도 양여계약은 하수도법을 비롯한 관련 행정법규의 내용에 위반되어서는 안 된다는 법률의 우위원칙을 준수하여야 한다. 여기에서는 상수도의 경우와 마찬가지로 하수도를 대상으로 지방자치단체와 위 하수도법과 동법 시행령, 시행규칙 등에서 정하는 전문사업자 간에 양여계약을 체결하여 사용료의 부과와 징수권을 전문사업자가 행사하는 경우에 하수도법에 대한 위반 여부가 문제될 수 있다.[47)]

따라서 우선 문제가 될 수 있는 부분은 양여계약을 통하여 전문사업자에게 하수도 사용료의 부과와 징수권을 부여할 수 있는가 하는 것이다. 이미 언급한 바와 같이 양여계약은 상수도 분야에서 기존에 이루어지고 있는 계약형태에 비하여 전문사업자의 권리와 의무가 매우 포괄적으로 인정될 수 있기는 하지만 그 성격은 여전히 민법상의 채권계약이다. 따라서 출자와 같은 물권적 양도행위가 아니기 때문에 사용료 부과를 대상으로 하는 지방자치단체의 권리와 의무는 건재하다. 그렇기 때문에 채권적 · 사법적 양여계약을 통하여 직접 전문사업자에게 사용료의 부과와 징수권이라는 일종의 고권적 권한을 부여하는 것은 현행법상 허용되기 어렵다. 다만 실시협약을 통해 하수도 사용료의 부과와 징수와 관련되는 검침, 요금의 고지 및 수납, 고객관리 등 기술적 사항만을 전문사업자의 의무로 정할 수 있을 뿐이다. 물론 이러한 기술적 업무를 통하여 전문사업자는 "사용료의 부과와 징수에 준하는 권리"를 행사할 수 있으며, 고객이 체납한 사용료에 대해서는 수도사업의 주체로서 요금의 부과 및 징수권

---

47) 이와 관련하여 하수도법 제65조 제1항은 "공공하수도관리청은 공공하수도를 점용 또는 사용하는 자로부터 점용료 또는 사용료를 징수할 수 있다. 이 경우 점용료 또는 사용료의 징수에 관하여는 대통령령이 정하는 기준에 따라 당해 지방자치단체의 조례로 정한다."고 하고, 제2항에서 "제1항의 규정에 따른 수입금은 공공하수도에 관한 용도 외에는 이를 사용할 수 없다."고 규정하고 있다. 즉 하수도의 사용에 대한 요금의 부과와 징수의 권한을 지방자치단체의 장으로 못을 박고, 더욱이 요금의 수입의 사용 목적을 공공하수도에 관한 비용 외에는 지출을 금하고 있다.

을 갖는 지방자치단체와 공동으로 노력하여 해소하여야 할 것이다.

3. 사업자의 포괄적 권리와 의무

하수도법 제65조 제2항에서 "제1항의 규정에 의한 수입금은 공공하수도에 관한 용도 이외에는 사용할 수 없다"고 규정하고 있다. 그런데 "공공하수도에 관한 용도"이 무엇을 의미하는지 분명하지 않기 때문에 해석의 여지를 남기고 있다. 만약, 위 의미가 "공공하수도를 현재의 상태로 유지하고 관리하는 비용"으로 좁게 해석하는 경우에는 양여계약을 통하여 전문사업자가 고객에게 부과한 요금수입을 가지고 신규의 투자나 기존의 시설에 대한 대규모의 개·보수를 하기 어렵다는 견해가 제기될 수도 있다. 그러나 위 규정의 의미를 이와 같이 좁게 해석할 필요는 없다고 본다. 그 이유는 하수도 역시 일종의 네트워크(network) 사업으로서 기존의 하수도 시설과 신규 시설은 상호 연결되어 있으므로 기존의 시설과 신규의 시설을 물리적으로는 구별할 수 있으나 기능적으로 구별하기 어렵기 때문이다.

따라서 "공공하수도에 관한 비용"은 기존의 시설을 관리하고 유지하기 위한 비용뿐만 아니라 기존 시설의 효용과 편익을 증진하기 위한 대대적인 개량이나 보수 작업 또는 신규의 시설을 설치하는 데 소요되는 일체의 비용이라고 넓게 해석할 수 있을 것이다. 이렇게 본다면 전문사업자가 양여계약을 통하여 사용료의 부과와 징수의 권한을 스스로 행사하는 것이 허용되는가의 여부와는 관계 없이 사용료 수입을 통하여 조성된 재원은 광범위하게 공공하수도에 관한 비용으로서 지출되고 사용될 수 있는 것으로 보아야 한다. 따라서 양여계약을 통하여 전문사업자가 신규의 투자나 대규모의 개량 및 보수 작업을 위하여 고객으로부터 징수한 사용료를 지출한다[48]고 하더라도

48) 한편, 전문사업자가 계약기간 동안 시설 투자에 대한 전적인 의무를 부담

하수도법 제65조 제2항에 위반되는 것은 아니라고 판단된다.

4. 소결 — 상하수도 일괄 양여계약은 가능하다

이상에서 논의한 바와 같이 하수도의 관리와 운영을 규율하고 있는 하수도법은 기본적으로 수도법과 동일한 골격을 유지하고 있음을 확인할 수 있다. 즉 양 법률 모두 상하수도의 관리업무에 대한 위탁계약을 체결할 수 있는 근거를 가지고 있기 때문에 보다 포괄적인 사업자의 권리와 의무를 인정하는 양여계약의 성립근거를 제공할 수 있다. 따라서 상하수도 일괄 양여계약에 대한 표준계약서를 마련하고 이에 따라 지방자치단체와 전문사업자 간에 실시협약을 체결하는 것은 현행법상 허용될 수 있는 것으로 보인다.

현재 우리나라 시 · 군의 지방상하수도 사업은 주민들에게 지속적으로 양질의 서비스를 공급하기 어려울 정도로 만성적인 투자 및 전문인력 부족에 처해 있다. 이에 따라 일부 지방자치단체는 전문사업자와의 위탁계약을 통해 투자 확대와 전문성 보완을 원하는 것으로 파악되고 있다.[49] 앞서 언급한 바와 같이 시설의 설치 및 관리와 관련된 모든 비용을 전문사업자가 부담하게 되는 양여계약에 있어서 전문사업자가 부담한 비용의 회수에 대한 법적인 안전장치가 필요한데, 특히 시설 투자비의 경우 규모가 크고 회수기간이 긴데다 법적으로 상하수도 시설에 대한 민간의 소유권이 인정되지 않아 더욱 그

하는 양여계약형태에 있어 일반적으로 사업 초기에 상당한 투자가 이루어지고 이는 계약기간 전체에 걸쳐 사용료로 회수된다. 따라서, 실제 투자가 고객으로부터 징수된 사용료를 통해 이루어지는 것은 아니며(비록 이를 통해 회수되기는 하지만), 전문사업자의 자본이나 차입금 또는 프로젝트 파이낸싱 등을 통해 조달된다고 보는 것이 타당하다.

49) 서울대학교 행정대학원, 지방상수도 효율화 사업모델 및 가격정책 연구, 2004.11

려하다. 이에 전문사업자가 지방자치단체가 소유하는 상하수도 시설에 안심하고 투자할 수 있는 법적인 보호장치 마련이 절실히 요구된다.

따라서, 수도법과 하수도법상의 규정을 근거로 하고 전문사업자가 일부 또는 전부의 투자 부담을 갖는 위탁계약(기존의 계약형태를 비롯하여 변형된 리스계약과 양여계약 등이 이에 해당)에 대해서 수도법과 하수도법상에 "사회간접자본시설에 대한 민간투자법"에 준하는 전문사업자 투자분에 대한 체계적인 관리 및 보호 장치가 마련되어야 할 것이다.[50] 즉, 향후 수도법과 하수도법의 개정을 통하여 전문사업자의 시설 투자분을 물권에 준하는 권리로 인정하고 주무관청인 환경부장관에게 등록하여 상하수도 시설 투자에 대한 전문사업자의 권리를 보호할 필요가 있다.

Ⅶ. 부가가치세의 부담 문제

1. 기존과 같은 형태로 계약을 체결하는 경우

현행 수도법상 전문사업자는 수도사업자가 될 수 없기 때문에 기존과 같은 계약형태로 수도시설의 관리와 운영을 담당하고 지방자치단체로부터 수수료 성격의 대가를 수수하는 경우에는 부가가치세

50) "사회간접자본시설에 대한 민간투자법"은 민간사업자가 자신의 부담으로 시설을 설치하는 경우 시설이 준공되면 그 소유권은 기부채납을 통해 국가나 지방자치단체에 귀속시키지만, 민간사업자는 자신의 투자분에 대해 이에 상응하는 시설관리권을 부여받게 된다. 이때 시설관리권은 물권으로 간주되어 부동산과 관련한 규정이 준용되며 주무관청이 대장을 두어 관리하게 되므로 민간이 부담한 투자비가 법적·제도적으로 보호받을 수 있는 것이다.

법 제7조의 규정에 의한 용역의 공급에 대한 부가가치세의 납세의무자가 되는 것이 원칙이다. 즉, 지방자치단체와 전문사업자 사이에 지방상수도 관리업무에 대한 위탁계약을 체결하여 전문사업자가 시설물을 개량·대체하고 수돗물을 직접 생산하여 고객에게 공급하고 있으나 지방자치단체로부터 이에 대한 반대급부로서 수수료 성격의 대가를 받는다면 이는 약정된 대가(이윤이 포함된 실적에 대한 금액 등)가 아닐지라도 이는 부가가치세법 제1조 제2항, 부가가치세법 제7조의 규정에 의한 재산적 가치가 있는 용역을 공급한 것으로 보아 부가가치세의 과세대상인 거래행위라는 것이다.

물론 이 경우 전문사업자는 매입세액에 대한 공제가 이루어지겠지만 10%에 달하는 부가가치세를 부담하게 되면 결국 지방자치단체가 지급하는 수수료의 액수도 높아질 수밖에 없으므로 전문사업자가 사업에 참여하는 실익이 그만큼 줄어들게 되고 고객인 주민의 부담은 늘어난다. 즉 지방자치단체와는 달리 법인세의 납세의무가 있는 전문사업자가 지방상수도 사업을 효율화·합리화하더라도 일정 부분은 부가가치세로 유출되기 때문에 실제로 주민들이 납부하는 사용료에는 긍정적인 효과를 미치기 어렵다는 근본적인 문제가 있다.

2. 리스계약이나 양여계약을 체결하는 경우

이에 반해, 리스계약이나 양여계약을 체결하는 경우에 전문사업자는 사실상 준수도사업자의 지위를 가지는 것으로서 자신의 명의와 계산으로 수돗물을 공급하는 자이므로 부가가치세법 제12조 제1항 제2호의 규정에 의하여 부가가치세가 면제되어야 할 것이다. 지방상수도 시설에 대한 소유권은 여전히 지방자치단체에 있지만 전문사업자가 자신의 책임 하에 시설물에 대한 개·보수의 업무를 수행하며 수돗물을 직접 생산하여 공급하고, 수질관리, 사용량 검침, 요금의 고지 및 징수, 고객관리 등 포괄적인 관리업무를 수행하기 때문이다. 또한 계약의 내용으로 단순히 요금의 관리주체를 변경하게 되면, 전문사업자가 요금을 고권적으로 부과하고 이것이 체납되면 강제적으로 징수할 공권력을 갖지 않더라도 사실상의 요금부과와 징수업무를 수행하는 것이기 때문이다. 따라서 이러한 경우에는 전문사업자를 당해 수도시설물에 대한 관리운영권을 사용·수익하는 사실상의 수도사업자로 보아야 하고 이 경우 부가가치세법 제12조 제1항 제2호에 의하여 부가가치세가 면제되는 것으로 보아야 한다는 것이다. 이는 국민의 생활필수품에 대하여 부가가치세를 면제하는 입법취지와도 부합하는 것이다.

3. 국세청의 유권해석과 소결

우선 현행 수도법 제23조에 의한 기존과 같은 형태로 위탁계약을 통하여 전문사업자가 지방자치단체 소유의 수도시설을 관리·운영하고 그 대가로 수수료를 받는 경우에는 부가가치세법상 납세의무자가 되는 것은 자명하다. 그러나 기존과 같은 계약형태에 있어 전문사업자가 지방자치단체가 소유하는 정수장, 취수장, 관로 등의 전체 또는 일부에 대한 통상적인 운영관리 수준을 넘어서서, 위 시설을 포함하여 전문사업자가 소유하는 정수장 등 시설을 사용하여 정수된 수돗물의 공급에 부수하여 시설운영 및 개선업무, 사용량 검침, 요금의 고지 및 징수, 고객관리 등 업무를 수행하는 경우도 상정할 수 있다. 이때에는 전문사업자가 사실상 수도사업자의 지위에서 스스로 상수도 서비스를 제공하는 것이므로 비록 수수료의 형식으로 그 대가를 받는 경우에도 부가가치세법 제12조 제1항 제2호의 규정에 의하여 부가가치세가 면제되는 것으로 볼 수 있다는 것이 국세청의 유권해석이다.

따라서 부가가치세법상 납세의무자를 결정함에 있어서 중요한 문제는 전문사업자가 수도법상 수도사업자에 해당하는가의 여부가 아니라 기능적 관점에서 보아 지방자치단체와 마찬가지로 주도적으로 고객에게 수돗물을 공급하는 자인가 하는 것이다. 기존의 계약형태에 비하여 전문사업자에게 보다 포괄적인 권리와 의무를 인정하는 양여계약의 경우에 전문사업자가 자신의 명의와 계산에 의하여 "수돗물의 공급"이라는 비권력적 급부행정작용을 마치 지방자치단체와 유사하게 주된 업무로 수행하고 기타 운영관리와 관련된 부수적 업무(시설의 개·보수, 검침, 고객관리 등)를 처리한다면 부가가치세법상 수돗물의 공급행위로 보고 면세의 대상으로 하는 것이 타당하다.

4. 하수도의 부가가치세 문제

상수도의 경우와 같이 만약 전문사업자가 지방자치단체 소유의 하수도를 대상으로 양여계약을 체결하여 필요한 서비스를 고객에게 제공한다면 비록 요금 징수권을 갖지 않는다 하더라도 사실상 하수도사업자의 지위가 인정될 수 있다. 그러나 하수도의 경우에는 전문사업자가 사실상 하수도사업자의 지위를 인정받는다 하더라도 고객에게 제공되는 최종 서비스는 부가가치세 부과대상이 된다. 수돗물의 경우 부가가치세법 제12조 제1항에 의하여 기초생활필수품으로서 면세의 대상이 되지만 하수도서비스에 대해서는 법률상 면세의 대상이라는 명시적인 규정이 없기 때문이다.

다만, 현재 우리나라에서 하수도 서비스는 모두 지방자치단체가 직접 주민에게 공급하고 있는 상황으로, 부가가치세법 제12조 제18호에 의해 "국가·지방자치단체 또는 지방자치단체조합이 공급하는 재화 또는 용역으로서 대통령령이 정하는 것"에 해당되어 면세 적용을 받고 있다. 그러나 하수도 서비스 역시 주민의 생활에 필수적인 용역이고 또한 수돗물 사용량을 기준으로 상수도요금과 함께 고지·부과·징수되고 있다는 점에서 이는 입법적 불비라고 볼 수밖에 없다.[51]

51) 실무 측에서는 "수돗물에 대해 법적으로 면세 근거를 마련한 것은 국가·지방자치단체가 아닌 수자원공사가 수돗물을 공급하고 있는 상황을 반영한 것으로 볼 수 있으나, 하수도 서비스의 경우 모두 지방자치단체가 공급하고 있어 법 개정의 필요성이 없었던 것"으로 이해하기도 한다.

제7장 수도시설관리위탁계약과 수도산업의 효율화를 위한 법적 과제[1)]

—수도법 제23조 제1항에 의한 위탁계약을 중심으로—

Ⅰ. 문제의 제기

현재 우리나라의 수도산업은 국내외로 여러 가지 복잡한 요인에 의하여 형성된 도전에 직면하고 있다. 우선 국내 수도산업은 거의 세계에서 유일하게 광역상수도, 지방상수도, 하수도 등 물의 처리 단계에 따라서 수직적으로 세분화되어 물의 자연적 흐름에 따르는 체계적이며 효율적인 관리가 어려운 상태이다. 특히 지방상수도의 경우 전국 167개 시·군단위로 수평적으로 분화되어 서울특별시를 비롯하여 7개의 광역자치단체를 제외하고는 평균 급수인구가 10만 명 미만의 영세규모로 운영되어 수도사업자의 경쟁력을 제고하는데, 커다란 문제를 가지고 있다.

양질의 마실 물을 생산하여 수요자에게 공급하는 것은 고도의 전문인력이 확보되어야 가능한 일이지만 현재 우리나라의 지방상수도 사업자인 지방자치단체의 열악한 재정여건상 시설·장비·인력양성을 위한 투자가 적절히 이루어지지 못하고 있다. 실제로 지자체가 법정 표준인력을 확보한 정수장은 약 50%에 불과하며, 상수도사업에

---

1) 이 논문은 한양대학교의 재정지원에 의하여 이루어졌음.

종사하는 지자체의 공무원은 일종의 순환보직으로서 그 전문성과 사명의식이 희박하다. 또한 지자체의 열악한 재정형편상 노후한 상수도관의 개량 · 보수 · 교체 등 시설의 개 · 보수를 위하여 적절한 시기에 필요한 투자가 이루어지지 못하기 때문에 수도시설에 대한 운영관리에 비효율과 낭비의 결과가 초래되고 있다.

이러한 우리나라의 지방상수도의 구조적 문제와 더불어 서비스 산업에 대한 개방이 활발하게 논의되고 있는 상황에서 종래에는 일종의 공익사업으로 국가의 보호를 받아왔던 정보통신, 가스, 전력을 비롯한 에너지, 상하수도 등의 유틸리티 산업에 대해서도 시장개방에 대한 압력이 거세지고 있다. 특히 마시는 물의 경우에는 세계적으로 진행되고 있는 개방화에 의하여 소수의 다국적 물기업들이 세계의 물시장을 급속하게 잠식하고 있다. 이러한 국내외의 상황 하에서 우리나라의 물 또는 수도산업 전반에 대한 구조개편은 불가피한 것이며 물산업의 구조개편은 이에 따르는 법제도의 정비가 뒷받침되어야 소기의 목적을 달성할 수 있다.

따라서 본 연구는 지방상수도사업을 대상으로 하여 몇 가지 중요한 법적인 주제들에 대한 심층적인 분석을 시도하고자 한다.

첫째, 대부분 지방상수도사업의 주체로서 지방자치단체의 직접적인 행정기관이나 지방직영기업의 형태로 운영되는 현행 지방상수도사업의 법적 성격을 규명하기로 한다.

둘째, 지방상수도사업의 효율성을 제고하기 위하여 수도법 제23조에 따라서 지방자치단체인 수도사업자는 수도사업을 효율적으로 운영하기 위하여 대통령령이 정하는 전문기관에 수도시설을 위탁하여 운영할 수 있다고 규정하고, 동법 시행령 및 시행규칙을 통하여 전문사업자 등 공공부문에 대한 위탁경영을 규정하고 있다. 그런데 여기에서는 위탁경영의 법적 성격은 무엇이며, 그 수단으로써 사용되고 있는 계약은 단순한 사법상 계약인지의 검토가 필요하다. 이와 관련하여 수도법 제12조 제1항에 의하면 수도사업은 국가·지방자치단체 또는 한국수자원공사가 경영하는 것을 원칙으로 하지만 동조 동항 단서 규정은 민간사업자가 지방자치단체 등을 대신하여 수돗물을 공급하는 것이 필요하다고 인정되는 경우에는 수도사업의 주체가 될 수 있음을 인정하고 있다. 따라서 여기에서 문제가 되는 것은 지방자치단체가 수도사업자인 경우 수도법 제23조가 공공부문에 대한 수도시설의 위탁관리를 허용하는 것과 같은 단순한 시설관리권을 민간에게 위탁할 수 있는 것인지, 아니면 이를 넘어서서 개인이나 사법인이 스스로 수돗물을 공급하는 수도사업자가 되어 수도사업의 주체가 변경될 수 있는 가능성을 열어둔 것인지 역시 법적인 검토를 요한다.

셋째 위에서 언급한 바와 같이 지방자치단체가 상수도사업자인 경우 초래되는 구조적 문제들을 해결하기 위한 대안으로서 지방자치단체가 소유·관리·운영하는 수도사업을 공공부분이나 민간부문에게 전적으로 이양하는 대안을 모색한다. 이를 보다 상세하게 살펴보면 우선 지방상수도사업자인 지방자치단체가 소유하는 수도시설의 소유권을 공공부분이나 민간사업자에게 양도하는 이른바 유형적 출자형태를 고려할 수 있을 것이다. 또 하나의 대안으로는 수도시설에 대한 소유권은 지방자치단체가 계속 보유하면서 수도법 제3조 제26호에 규정된 수도시설관리권을 공공부문이나 민간부문에 이양하는 이른바 무형적 출자형태를 고려해 볼 수 있다. 여기에서 수도시설관리권이라 함은 수도시설을 유지·관리하고 그로부터 생산된 원수(原水) 또는 정수(淨水)를 공급받는 자로부터 요금을 징수하는 권리를 말한다. 그런데 수도법에는 수도시설관리권의 법적 성격에 대해서는 직접적인 규정을 두고 있지 않지만, 이와 유사한 성격을 가지는 권리에 대하여 다른 법률들은 이를 민법상의 물권에 준하는 것으로 보고 있다.

그러나 수도시설에 대한 소유권이나 시설관리권을 양도하는 경우에 모두 실질적인 수도사업자의 지위는 이제 양수인인 전문사업자 등 공공부문이나 민간사업자가 행사하게 된다. 따라서 문제되는 것은 현행법상 수도사업자의 지위가 변경되는 것이 허용될 수 있는가의 문제가 제기되며, 만약 현행법상 이것이 불가능하다면 바람직한 입법정책적 대안은 무엇인지 논의되어야 한다. 마지막으로 지방상수도사업이 완전히 민영화되어 지방자치단체의 손을 떠나 민간사업자에게 넘어가는 경우 법적으로 고려되어야 할 사항들은 무엇인지 간략히 서술하여 보기로 한다.

Ⅱ. 현행 지방상수도사업의 법적 성격

이미 언급한 바와 같이 우리나라 지방상수도사업이 운영되는 법적 형태는 지방자치단체의 일반행정조직 또는 지방직영기업이다. 예를 들어 서울시의 경우에 수도사업을 관장하는 조직은 상수도사업본부로써 이는 크게 보면 지방공기업에 해당하는 형태이지만 이른바 직영기업으로서 지방공사나 지방공단과 같은 독립적인 법적 형식은 아니다. 지방공기업법에 의한 지방직영기업은 지방자치단체가 행정기관형(예를 들어 상수도사업본부, 수도국, 수도과, 상수도사업소, 공영개발사업단)으로 직접 설치·경영하는 형태(제2조 제1항)로써 협의의 지방공기업을 말한다. 지방직영기업의 직원은 지방공무원이고, 행정기구의 일부로서 일반행정조직과 혼재되어 있다. 따라서 지방직영기업은 다른 지방행정기능과 명확히 구별되지도 않으며 특별하게 제도적으로 뒷받침되는 예도 거의 없다.[2] 단지 지방공기업법을 적용함으로써 재정

2) 권형신/이상용/이재성, 「한국의 지방재정」, 607면.

부분에 있어서는 특별회계의 설치를 통한 독립채산제를 실시하는 등 다소의 재정적 독립성이 유지되지만, 특히 인사면에서는 순환보직제 등 다른 행정부서와 거의 같은 형태를 유지하고 있다.

한국의 지방상수도사업이 거의 예외 없이 지방자치단체의 직영에 의한 공기업형태를 유지하고 있는 것은 전통적으로 지방자치법상 상수도 · 하수도의 설치 및 관리(제9조 제2항 제4호 자목)와 간이급수시설의 설치 및 관리(차목)를 지방자치단체의 사무로 규정하고 있는 것과 무관하지 않다. 물론 지역주민의 일상적인 생활과 밀접히 관련되고 있는 상수도와 하수도 등의 설치 및 관리업무가 당해 지역을 관할하는 자치단체의 중요한 책무라는 것은 법적으로나 논리적으로 부정할 근거는 없다. 다만, 여기에서 주목할 것은 지방자치법이 상수도의 설치와 관리를 지방자치단체의 사무로 규정하는 것은 지방자치단체가 반드시 이를 직접 설치하고 관리하라는 의미로 해석할 수는 없다는 점이다. 다시 말하자면 이미 지방공기업법은 간이상수도사업을 비롯한 상수도사업을 지방직영기업의 형태와 더불어 지방자치단체로부터 조직상 독립한 지방공사나 지방공단의 형태인 이른바 간접방식으로 경영할 수 있음을 규정하고 있기 때문이다.[3] 더 나아가 지방상수도사업은 그 사업주체인 지방자치단체가 시설관리권을 공공부문 및 민간부문에 위탁하는 형태도 가능하며, 그 소유권 및 시설관리권을 타

3) 지난 2002년 5월 행정자치부는 "지방상수도 광역공사화 추진단"을 구성하여 수차례의 논의를 거쳐서 7대 특 · 광역시는 독립공사화를 추진하고, 기타 시 · 군은 23개 정도의 권역별 공사화를 정책의 기조로 설정하였다. 우선 7대 특 · 광역시의 경우 자체적으로 현재의 자치단체 직영기업에서 공사로 전환하면 해당 지방자치단체는 지방상수도사업자의 지위에서 출자자의 지위로 전환되고 상수도사업본부의 종사자는 그 신분이 공무원에서 지방공사의 직원으로 전환된다. 7대 특 · 광역시에서 공사화가 추진되는 이유는 이들이 현재 상수도사업본부의 형태로 수도사업을 시행하고 있으며, 나름대로 급수인구의 규모, 시설용량, 수익규모 등에서 일정한 경쟁력을 갖춘 것으로 평가되기 때문이다. 지방상수도사업의 효율적인 공사화 추진전략 연구, 한국지방공기업학회, 2004, 85면.

인에게 출자하는 방식과 더불어 이를 민영화하는 방식을 통하여 사업자를 변경하는 것도 가능하다. 그 이유는 헌법규정을 포함하여 지방자치법, 지방공기업법, 수도법 등 관련법규가 이러한 다양한 방식을 명시적으로 금지하는 규정을 두고 있지 않으며 수도법은 단지 상수도사업의 주체를 열거하고 있기 때문이다.

그렇다면 지방자치법 제9조 제2항 제4호 자목과 차목에 규정된 상수도의 설치와 관리가 지방자치단체의 사무라는 것은 어떤 의미로 새길 수 있을까? 이는 지자체가 상수도의 설치와 관리를 통하여 지역주민에게 양질의 수돗물이 충분하게 공급되어야 하는 최종적인 책임을 지고 있다는 의미로 이해할 수 있을 것이다. 따라서 주민에게 질 좋은 물을 공급하여야 하는 것은 지자체가 가지는 지방자치법상의 책임인 동시에 헌법 제117조에 규정된 주민의 복리에 관한 사항으로서 상수도의 설치와 관리라는 사무가 완전하게 민영화되지 않는 한 법률이나 헌법의 개정을 통해서도 이를 지자체로부터 박탈할 수 없다. 다만, 여기에서 주목할 것은 상수도의 설치 및 관리의 구체적인 형태나 운영주체에 대해서는 지방자치법이나 헌법이 침묵을 지키고 있기 때문에 상수도의 설치 및 관리 업무를 반드시 지자체가 직접 수행할 법적·논리적 필연성은 없다는 점이다. 따라서 지자체는 수도법 등 관련법규가 이를 허용한다면 수도사업을 영업으로 하는 개인이나 법인 등이 상수도 시설을 설치하거나 관리하도록 할 수 있다. 그러나 지자체가 상수도의 설치 및 관리를 스스로 행하든 혹은 타인에게 이를 위탁하든 어떠한 경우라도 양질의 수돗물이 지역주민에게 공급되도록 하는 사무에 있어서는 헌법이나 지방자치법, 기타 관련 법률상 불가양(不可讓)·불가침(不可侵)의 최종적인 책임을 지고 있다는 것이 헌법이나 지방자치법의 관련조항에 대한 합리적인 해석이라고 볼 것이다.

따라서 지방자치단체가 타인에게 상수도의 설치와 관리에 대한 업무를 위탁하거나 그 소유권 및 시설관리권을 출자한 이후에 이러한 위탁관리나 출자 방식이 자신이 이를 직접 시행하는 것보다 오히려 효율성이 떨어지거나 주민에게 양질의 수돗물 공급이 이루어지지 못한다고 판단하는 경우에는 언제든지 관리권의 수탁자나 소유권 또는 시설관리권을 피출자자로부터 회수할 수 있다. 그 이유는 이미 언급한 바와 같이 현행 헌법과 지방자치법에 의하여 상수도의 설치 및 관리에 관한 업무는 지방자치단체의 고유한 권한에 속하는 것이기 때문이다.

Ⅲ. 지방상수도사업에 대한 타인의 참여에 대한 법적 평가

1. 전문사업자 등 공공부문에 대한 위탁가능성(수도법 제17조 제3항)

1) 위탁에 대한 법적 근거와 관리기관

이미 언급한 바와 같이 수도법은 제23조 제1항은 “지방자치단체인 일반수도사업자는 수도사업을 효율적으로 운영 · 관리하기 위하여 대통령령으로 정하는 바에 따라 수도시설의 운영 · 관리에 관한 업무의 전부 또는 일부를 대통령령으로 정하는 전문기관 또는 지방자치단체인 수도사업자에게 위탁할 수 있다”고 규정하고 있다. 이에 따라 수도법 시행령 제36조 제1항은 지방자치단체가 수도시설을 위탁할 수 있는 전문기관으로 1. 한국수자원공사법에 따른 한국수자원공사. 2. 한국환경공단법에 따른 한국환경공단. 3. 지방공기업법에 따른 지방직영기업 · 지방공사 및 지방공단. 4. 건설산업기본법 제2조에 따른 토목건축공사업자인 법인. 5. 엔지니어링산업 진흥법 제2조에 따른 건설부문 상하수도 분야와 환경부문 수질관리 분야의 엔지니어링사업자인 법인. 6. 기술사법 제6조에 따른 건설부문 상하수도 및 환경분야와 환경부문 수질관리 분야의 기술사사무소. 7. 수도관리업무를 수행할 능력이 있다고 인정되어 환경부령으로 정하는 기관. 8. 지방자치단체인 일반수도사업자가 수도관리업무를 수행할 능력이 있다고 인정하여 지방자치단체의 조례로 정하는 자 또는 지방자치단체가 아닌 수도사업자의 경우는 다른 법령으로 정하는 자(단순위탁 중 슬러지의 수거 · 처리 등 단순하고 반복적인 업무를 위탁하는 경우에만 해당한다).

위 규정에 의하여 한국수자원공사, 한국환경공단, 지방공단이나 지방공사와 같은 공공부문의 전문사업자들은 수도사업 서비스의 관리업무를 위탁받음으로써 이른바 "수도관리시장"에 진출할 수 있는 기회를 법령상 부여받고 있다.[4] 또한 실제로 최근 충청남도 논산시는 수도법상 지방상수도에 대한 사업권을 가지고 있지 않는 전문사업자에게 그 관리운영권을 위 규정에 의하여 위탁하여 수도관리시장에 진출한 최초의 사례를 제공하였다.[5] 따라서 수도법, 동법 시행령과 시행규칙을 통하여 공공부문의 관련사업자(이하 수도산업전문사업자라고 부르기로 한다)들이 위탁경영의 형태를 통하여 시장에 참여할 수 있는 법적 · 제도적 여건이 마련되어 있다고 평가할 수 있다. 결국 현행

4) 여기에서 "수도관리시장"이라는 개념은 수도시설관리권을 중심을 하는 공급과 수요가 발생하는 시장을 의미한다. 다시 말하자면 수도관리시장은 기본적으로 수도관리 서비스와 이에 대한 대가인 위탁수수료 등이 수요자와 공급자 사이에서 거래되는 시장이라고 할 수 있다. 수도 서비스를 공급하고 있는 자치단체 중에는 재정, 기술, 인력 등의 측면에서 경쟁력이 떨어져 적정 수준의 가격에 양질의 수돗물을 공급할 수 없는 수도사업자들은 수도관리시장이 형성될 경우 수요자로 등장하게 된다. 반면에 기존의 수도 서비스와 관련된 경쟁력을 갖추고 있는 사업자들은 관리 서비스에 대한 경쟁력을 활용하여 일정한 이윤을 창출할 수 있기 때문에 공급자로 등장하게 된다.

5) 한국수자원공사, 지방상수도 효율화 사업모델 및 가격정책, Work Shop자료, 2004.11, 2면.

법제도 하에서도 수도의 관리를 위한 시장이 형성되어 있으므로 공공부문 내의 경쟁은 이론적으로 가능하다고 볼 수 있다. 다만, 현실적으로 수도관리시장의 공급자로서 주도적인 역할을 수행하는 공공부문의 사업자가 없는 상태이고, 위탁관리를 통하여 수도사업의 효율성을 증진시키겠다는 적극적인 의사를 가지고 있는 지방자치단체가 수요자로서 나서지도 않는 상황이기 때문에 시장을 통한 효율성의 제고와 개선이라는 목표는 거의 실현되고 있지 못하다.

그런데 여기에서 주목할 것은 대통령령인 수도법 시행령에 의하여 이미 공공부문뿐만 아니라 토목건축공사업자인 법인이나 건설부문 상하수도분야 및 환경부문 수질관리분야의 엔지니어링 활동주체인 법인 등 민간부문의 전문기관의 참여도 법적으로 허용되고 있다는 점이다. 다시 말하자면 현재까지는 수도관리시장의 수요자와 공급자가 제대로 형성되지 않아서 위탁관리업무가 활발하게 이루어지고 있지는 않지만, 이미 법제도는 공공부문뿐만 아니라 민간부문의 전문기관에도 널리 시장참여의 가능성을 열어두고 있다는 것이다.

2) 수도시설위탁의 법적 성격

수도법 제23조가 지방자치단체인 수도사업자가 수도사업을 효율적으로 운영하기 위하여 전문기관에 수도시설을 위탁하여 운영할 수 있는 가능성을 열어놓고 있는데, 여기에서 수도시설의 위탁운영은 어떠한 법적 성격을 가지는 행정작용인지가 문제될 수 있다. 이와 관련하여 수도시설의 운영에 대한 위탁에 관한 업무는 전적으로 위탁기관인 지방자치단체와 수탁기관인 전문사업자 등 전문기관간의 계약을 통하여 이루어지고 있는데, 이러한 위탁행정의 개념과 이를 위한 계약의 법적 성격을 적극적으로 규명할 필요가 있다.

수도시설사업의 위탁이라는 행정작용이 정부조직법 제6조 제1항과 제3항 등에서 말하는 행정권한의 위임 또는 위탁에 해당하는 것으로 볼 수 있다. 위 규정에 의하여 행정기관은 법령이 정하는 바에 의하여 그 소관사무의 일부를 보조기관 또는 하급행정기관에 위임하거나 다른 행정기관 · 지방자치단체 또는 그 기관에 위탁 또는 위임할 수 있으며, 이 경우 위임 또는 위탁을 받은 기관은 특히 필요한 때에는 법령이 정하는 바에 의하여 위임 또는 위탁을 받은 사무의 일부를 보조기관 또는 하급행정기관에 재위임할 수 있다(제1항). 또한 행정기관은 법령이 정하는 바에 의하여 그 소관사무 중 조사 · 검사 · 검정 · 관리 업무 등 국민의 권리 · 의무와 직접 관계되지 아니하는 사무를 지방자치단체가 아닌 법인 · 단체 또는 그 기관이나 개인에게 위탁할 수 있다(제3항).

일반적으로 행정권한의 위임과 위탁은 관할행정관청이 그 권한의 전부 또는 일부를 다른 행정기관 등에 실질적으로 이전하여 수임기관의 권한으로 행사하게 하는 것을 말한다.[6] 이러한 의미에서 수도법 제23조에 의하여 수도관리시설에 대한 위탁이 있는 경우, 기존의 수도사업자인 지방자치단체로부터 수탁자인 공공부분의 전문기관이 수도관리에 대한 업무에 관한 권한과 의무를 위탁받아 이를 대외적으로 수행한다.

수도의 설치와 관리는 지방자치법이 규정한 자치단체 고유의 행정적 과제이며 이를 수행하기 위한 자치단체의 권한과 의무는 전형적인 행정기관의 소관사무인 것이 명백하므로 이를 타인에게 위임하거나 위탁하는 경우에는 위 정부조직법의 규정이 적용되는 것으로 보아야 한다. 이와 관련하여 흥미로운 것은 이미 정부조직법 제6조 제3항이 소관사업 중 관리업무와 같은 비고권적 행정작용(nicht-hoheitliche Verwaltungstaetigkeit)을 지방자치단체가 아닌 법인이나 단체 또는 민간부문에 위탁할 수 있도록 규정한 것이다.[7] 이 규정과

---

6) 김동희, 「행정법 Ⅱ」, 22면; 박윤흔, 「행정법강의(하)」, 38면; 김남진/김연태, 「행정법 Ⅱ」, 23면.

7) 관계법령이 조사나 관리업무 등 주로 기술적 · 전문적 성격의 업무를 지방자치단체가 아닌 법인이나 단체, 기타 사인에게 맡겨 이를 시행하도록 하

더불어 수도법 시행령 제36조는 이미 언급한 바와 같이 상황이 허락하는 경우에는 수도관리시장에 민간부문이 광범위하게 참여할 수 있는 제도적 틀을 마련한 것으로 볼 수 있다.

3) 위탁계약의 법적 성격

수도사업자인 지방자치단체와 관리시설의 위탁받아 이를 경영하는 공공부문의 전문사업자들 간에 체결되는 위탁관리협약은 계약의 일종이다. 그렇다면 이는 단순한 사법상의 계약에 불과한가? 이미 언급한 바와 같이 수돗물의 공급이라는 자치단체의 업무는 단순 급부행정작용으로써, 행정청이 우월한 위치에서 행하는 공권력 작용과는 구별된다. 따라서 이는 업무수행의 주체가 행정기관일 뿐 그 성격은 사인이 제공하는 용역이나 재화의 공급과 유사한 성격을 가지는 것을 부인할 수 없다. 그렇다면 수돗물의 공급이라는 단순 공급행정작용을 공공부문의 전문기관에 위탁하는 계약은 일반적인 사법상의 계약과 근본적으로 동일하다는 논리가 충분히 가능하다.

그렇다면 수돗물의 공급을 비롯한 시설의 관리업무는 순수한 비권력적 급부행정작용으로써 권력적 요소는 전혀 포함하고 있지 않은가? 만약 그러하다면 자치단체와 사업자 간에 체결되는 위탁계약은 순수하게 사법상의 계약이고, 여기에는 민법 등 사법의 규정만이 적용되는 것일까?

결론부터 말한다면 수도시설의 위탁계약은 요금의 징수와 같은 전형적인 공권력 작용을 포함하고 있으며, 따라서 위탁계약의 성격은 공법상 계약(öffentlich-rechtlicher Vertrag)에 해당한다.[8] 수도요금

는 것을 권한의 위탁으로 설명하는 것이 일반적이다. 특히 이러한 경우 사인을 공무수탁사인(Der Beliehene)이라고 부른다. 김성수, 「개별행정법」, 131면.

8) 다만, 실무적으로 지방자치단체와 수도산업전문사업자 등 공공부문과의 위탁관리계약의 내용은 수도시설관리권이 요금의 징수권을 포함하고 있음에도 불구하고 여전히 위탁자인 지방자치단체가 행사한다. 그러나 수자원

의 강제징수와 관련하여 수도법 제68조 제1항은 수돗물의 공급을 받은 자가 수돗물의 요금, 급수장치에 관한 공사의 비용 또는 제71조의 규정에 의한 원인자 부담금을 납부하지 아니한 경우, 지방자치단체인 수도사업자는 지방세체납처분의 예에 의하여 이를 징수할 수 있다고 규정하고 있다. 다시 말하자면 수도시설의 관리와 운영을 위한 위탁계약의 내용에는 수돗물의 공급을 포함하여 시설의 개·보수 등 관리를 위한 전반적인 업무가 모두 포함되므로 당연히 요금의 징수업무와 같은 고권적 행정업무(hoheitliche Verwaltungstätigkeit)도 그 대상이 된다.[9]

2. 민영사업자에 대한 위탁가능성(수도법 제12조 제1항 단서)

이미 수차례 언급한 바와 같이 수도법 제12조 제1항에 따라 수도사업은 국가·지방자치단체 또는 한국수자원공사가 경영하는 것을 원칙으로 하지만, 지방자치단체 등을 대신해 민간사업자에 의하여 수돗물을 공급하는 것이 필요하다고 인정되는 경우에는 그러하지 아니하다고 규정하고 있다. 그렇다면 단서규정에서 말하는 민간사업자의 수돗물공급은 어떠한 의미로 이해하여야 하는가?

이는 수돗물의 공급, 수도시설의 설치와 관리라는 지방자치단체의 과제 자체를 민간사업자에게 항구적으로 민영화하여 이러한 과제를 자치단체의 업무에서 배제하겠다는 이른바 과제의 민영화(Aufgabenprivatisierung)의 의미로 이해할 수는 없다고 보여진다. 만약 위 규정의 의도가 과제의 민영화를 의도하는 것이라면 이는 지방자

공사는 사용량의 검침과 요금의 고지업무 등 사실상의 징수업무를 위탁받아 시행하고 있다.

9) 따라서 요금의 징수와 같은 공권력 행정작용을 위탁하는 것을 공법상 계약의 내용으로 하는 경우 요금체납에 대한 소멸시효는 지방재정법 제82조 제1항에 따라서 민법과는 달리 5년의 단기소멸시효가 적용된다.

치법 제9조 제2항 제4호 자목의 폐지가 전제되어야 하기 때문이다. 따라서 위 규정은 정부조직법 제6조 제3항, 수도법 제23조 등과 함께 민간수도사업자에 대한 시설과 경영의 위탁을 통하여 지자체의 수도업무와의 보완 또는 경쟁관계를 염두에 둔 것으로 보는 것이 보다 합리적이다.

Ⅳ. 수도사업에 있어서의 민관협력을 위한 입법정책적 과제

1. 민관협력의 의의

국가의 과제를 수행하는 새로운 형태로서 민관협력제도는 이미 많은 나라들에서 건축법, 경제행정법, 지방자치법, 환경법, 사회보장법, 교육법 등에서 광범위하게 활용되고 있으며 최근 그 양적·질적 발전을 경험하고 있다. 민관협력제도가 국가공행정작용의 실현을 위한 비교적 새로운 행위형식이라는 점에서 과거에 학계에서는 주로 민영화(Privatisierung)의 개념 속에서 이 문제를 논의하였다.

그러나 민영화와 민관협력은 그 목적과 기능 면에서 상이한 제도라고 말할 수 있다. 민영화는 종래에 행정기관과 같은 행정주체에 의하여 수행되던 공적 과제를 사인이 주체가 되어 담당하는 것으로서, 그 목적은 무엇보다도 공적 과제의 전부 또는 일부가 공공부문으로부터 민간부문으로 이양되어 공공부문의 인적·물적 부담을 경감하는데 있다. 물론 민영화의 경우에도 과제의 이양을 대상으로 하여 공공부문과 민간부문 간의 협상과 타협이 이루어질 수 있다. 그러나 민영화는 공공부문과 민간부문이 어떠한 과제를 협력적으로 수행하기보다는 그들의 업무는 상호간에 엄격히 분화된다. 즉 민간부문은 공적 과제를 수행하고 공공부문은 이를 통제·감독하는 형태가 일반적이다. 그러므로 민영화를 문제를 다루는 관련문헌들은 대체로 마지막 부분에서 민영화로 인한 공익상의 폐해발생을 방지 또는 제거하기 위한 충분한 공공성 통제장치가 존재하는가의 여부를 검토하는 것이 일반적이다. 따라서 민영화가 일단 이루어지면 공공부문과 민간부문 간의 이해관계는 상당한 정도로 대립되며 민관협력에 특유하고 본질적인 협력주체 간의 지속적인 시너지적 요소는 발견되지 않는다.[10]

민영화에 비하여 민관협력의 목적은 공공부문과 민간부문 간의 협력과 상호주의를 통하여 양자에 공통되는 이익을 극대화한다는 것이다. 그러므로 민관협력의 본질적인 개념적 징표는 지속적인 시너지 효과이다. 이를 위해서 공공부문과 민간부문에 공통되는 관심사항이 설정되고 이를 달성하기 위한 수단의 선택, 구체적인 실천방법이 끊임없는 의사교환과 협력을 통하여 모색된다.[11]

---

10) 김성수, 「개별행정법」, 152면 이하.

11) 민관협력의 개념적 징표로서는 다음과 같은 요소들이 제시될 수 있다. 1. 공공부문과 민간부문의 대등성. 민관협력에 참여하는 모든 당사자는 협상과 의사교환의 과정에서 동일한 권리를 가지고 이를 행사할 것. 그러므로 어느 한 당사자가 제기한 견해와 이에 대한 반론은 협상의 과정에서 동일한 영향력을 미쳐야 한다. 2. 공통의 이익창출을 위한 목표의 설정. 3. 파트너적 협력관계에서 나타나는 시너지 효과. 4. 참여당사자의 독자성 보장과 책임회피의 금지. 5. 공법상 계약 등을 통한 협력관계의 제도화 등이다. Sung-Soo Kim/Hiroshi Nishihara, Vom paternalistischen zumpartnerschaftlichen Rechtsstaat. Entwicklungen im öffentlichen Recht Koreas und Japans an der Schwelle zum 21. Jahrhundert, Nomos Verlagsgesellschaft. 2000, 19면.

2. 수도사업에 있어서의 민관협력의 가능성

이미 언급한 바와 같이 수도법은 제23조를 통하여 지방자치단체는 전문사업자 등 공공부문에 대한 수도시설의 위탁경영을 시행하고 있다. 이는 수도사업에 대한 일종의 外注形態라고 할 수 있다. 물론 지방자치단체가 수도사업에 대한 관리와 운영을 외부의 전문 공공기관에 위탁하는 것도 광의로 보면 민관협력의 한 형태라고 볼 수 있다. 그러나 수도시설의 위탁경영은 단지 시설의 운영에 대한 보다 전문적 지식과 노하우를 가진 기관에 이를 위탁하는 것에 중점을 두고 있는 것으로써 민관협력의 중요한 징표인 위탁자와 수탁자 간의 상시적인 협력과 이를 통한 시너지효과가 결여되고 있다.

수도시설을 대상으로 하는 지자체와 전문사업자 등 공공부문 간의 위탁경영은 수도요금의 징수권 등 공권력 행사의 요소를 포함하고 있으므로 계약의 형태로 수행되고 있으나 사실상 그 법적 속성은 수도사업의 관리를 위한 단순한 채권채무관계에 지나지 않는다. 다시 말한다면 이는 일종의 "매우 어정쩡한 협력관계"로써 지방상수도사업을 대상으로 하는 보다 적극적이고 효율적인 민관협력의 형태라고 볼 수는 없다. 이와 관련하여 수도관리시장의 형성을 바라는 업계에서는 이미 오래 전부터 현재의 단순 위탁계약방식 이외에 출자나 자회사의 설립을 통한 보다 전향적인 위탁관리를 가능하게 하는 법규정이 미비되어 있는 이유로 시장을 통한 수도사업 전반의 효율성 개선이 거의 이루어지지 못하고 있다고 거듭 문제를 제기하고 있다. 또한 수도사업의 경쟁력과 산업의 효율성을 제고하기 위해서 업계에서는 리스계약(Lease Contract),[12] 양여계약(Concession

---

12) 리스계약은 지방자치단체는 수도시설의 확장이나 시설개선 등 투자를 담당하고, 전문사업자에게는 수도사업의 경영만을 위탁하는 형태를 말한다. 전문사업자는 법적으로 요금의 징수권은 없으나 직접 고객에게 요금을 고지하고 이를 수령하는 등 사실상의 징수권을 행사한다. 일반적으로 계약

Contract),[13] 전문기업에 의한 합병·인수(Mergers & Acquisitions)[14]의 다양한 민관협력의 형태를 요구하고 있으나 역시 이를 뒷받침할 수 있는 법적 근거는 아직 정비되지 못한 상태이다.

따라서 수도사업의 위탁관리는 계약을 통하여 이루어질 수 있지만 특히 최근에는 기존 수도사업자의 경우 수도시설을 자산형태로 타 사업자에게 출자함으로써 지분을 보유한 상태에서 위탁관리를 맡

기간은 8년에서 15년 사이로 장기이다. 리스계약의 장점으로는 신규시설에 대한 투자수요가 거의 존재하지 않고, 기존시설의 운영효율을 제고하기 위한 것이 목표인 경우 매우 효과적인 형태이다. 그러나 지자체나 사업자 모두에게 주민의 요구, 지방의회의 정치적 고려 등에 의하여 계약의 관리가 어려운 것이 단점이다. 순수한 형태의 리스계약은 현실적으로 드문 편이며, 대부분 전문사업자가 계약에 따라서 일부 시설의 개선을 위한 투자의 책임을 부담한다. 현재 수도법 제23조 제2항에 의한 위탁계약이 리스계약에 유사한 것으로 보는 것이 일반적인 견해이다.

13) 양여계약은 지방자치단체가 수도시설에 대한 소유권을 보유하고, 전문사업자에게 신규투자 등을 포함한 수도사업의 경영 전반을 위탁하는 형태이다. 통상적으로 적격심사와 경쟁입찰의 방법을 거쳐서 최저요금을 제안한 사업자와 양여계약을 체결하며, 전문사업자는 운영과 투자에 대한 포괄적인 리스크를 부담한다. 양여계약의 내용으로는 성과목표(보급률, 품질 등), 성과표준, 투자계획의 협의, 요금조정방식, 분쟁조정절차 등이 포함되며 자치단체는 계약서에 명시된 사항에 대하여 사업을 관리한다. 계약기간은 투자비의 회수를 고려하여 25년에서 50년의 장기로 하는 것이 일반적이다. 양여계약은 급수의 확대를 위한 대규모 투자와 서비스 품질의 시급한 개선이 동시에 필요한 경우 가장 효과적인 방법이라고 평가된다. 반면에 지방자치단체의 입장에서는 양여계약을 장기에 걸쳐 관리하는 것이 매우 복잡한 업무에 속하며 계약의 성공 여부는 사업자와 소비자 간의 후생을 분배하는 과정에서 필연적으로 요구되는 자치단체의 규제수준에 의하여 결정된다.

14) 합병과 인수는 전문사업자가 운영회사, 간접시설, 자산 등을 소유하며, 수도시설에 대한 투자 및 운영 등 수도사업 전반을 전적으로 주도하는 형태이다. 이는 양여계약에 비하여 보다 급진적인 형태로서 전문사업자가 사업의 리스크를 전적으로 부담하므로 자산관리 최적화의 유인을 갖게 되어 최대의 효율향상을 기대할 수 있다. 반면에 합병과 인수방식은 전문사업자가 이윤의 추구를 사업경영의 최고의 목표로 설정함으로 인하여 독점적 가격 형성과 서비스의 질 저하 등에 따르는 소비자의 보호방안이 절실하게 요구된다.

길 수 있어야 한다는 주장이 제기되고 있다. 이러한 형태의 보다 적극적인 위탁관리형태는 지방자치단체가 위탁관리를 담당하는 수도사업자의 지분을 보유하고 경영권을 행사함으로써 수요자와 공급자 사이에 보다 밀접한 관계가 형성될 수 있는 경우라고 할 수 있다. 즉, 단순위탁계약을 통한 경영보다는 공통적인 이해의 증진과 시너지효과의 극대화를 위한 보다 적극적인 민관협력의 새로운 형태가 창출될 수 있는 것이다.

그런데 여기에서 이야기하는 위탁관리는 단순한 계약을 통한 "채권적 위탁관계"를 넘어서서 지분의 출자를 통하여 수도사업 경영에 있어서의 일정한 결정권을 행사하는 "물권적 위탁관계"를 의미한다. 또한 물권적 위탁의 경우에는 수도시설관리권이라는 일종의 수도사업경영권을 출자하는 경우와 지방자치단체가 소유하는 수도시설의 일체를 출자 · 양도하여 일정한 경영권을 행사하는 형태로 구분할 수 있는데, 전자를 "부분적 · 물권적 위탁관계"라고 부를 수 있다면 후자는 "전면적 · 물권적 위탁관계"로 볼 수 있다. 수도사업의 민관협력을 위한 물권적 위탁관계를 넘어서는 보다 진전된 사업형태로서는 지방자치단체, 전문사업자, 기타 공공부분의 사업자, 민간부문 등이 공동출자의 형식으로 별도의 법인을 설립하여 수도사업을 경영하는 것을 상정할 수 있다.[15)]

그러나 수도법 제23조에 의한 이른바 "채권적 위탁"과 더불어 자치단체의 시설관리권이나 소유권을 출자하는 "물권적 위탁" 방식은 수도법에 규정된 수도사업자의 사실상의 변경을 수반하는 것으로서 현행법상 이러한 방식이 허용될 수 있는지 검토되어야 한다. 또한 지방자치단체가 전문사업자 등 공공부분의 전문기관에 시설관리권이

15) 이러한 형태는 지방자치단체가 수도시설관리권이나 소유권을 전면적으로 위탁하는 경우에 비하여 지방자치단체의 지분과 경영권을 보다 "심리적으로" 확실하게 확보할 수 있고 그에 따르는 수도사업의 경영에 대하여 일정한 정도의 통제 · 감독권을 행사할 수 있다는 장점이 있을 수 있다.

나 소유권을 출자하는 방식의 민관협력이 행하여지기 위해서는 전문사업자가 지방상수도사업에 참여하는 것을 금지한 한국수자원공사법 제9조 등에 대한 개정이 요구된다.

또한 수도법에는 수도사업자에 대한 개념의 정의가 결여되어 시설의 소유자가 그 주체인지 혹은 실제로 수도시설을 관리하고 운영하는 자가 수도사업자인지 불명확하다. 따라서 현행 수도관리권에 대한 채권적 위탁관계를 넘어서는 물권적 위탁관계가 가능해지거나 별도의 법인을 설립하기 위해서는 현행 수도법, 한국수자원공사법, 지방공기업법, 사회기반에 대한 민간투자법 등 관련법규의 상세한 분석과 더불어 필요한 경우 적절한 입법정책적 대안을 제시하는 것이 시급하다고 볼 것이다.

Ⅴ. 지방상수도시설관리권의 출자를 통한 지방상수도사업자와 전문사업자 등 공공부분과의 협력 가능성

1. 상수도시설관리권의 유상양도를 통한 출자(이른바 무형출자)

이미 언급한 바와 같이 현행 수도법 제23조에 의한 시설관리의 위탁계약은 현재의 상수도시설을 그 대상으로 하고 있어서 신규의 투자가 이루어지거나 대대적인 시설의 개·보수가 필요한 경우 재차 이를 계약의 내용으로 추가하거나 변경하여야 하는 등 적극적으로 수도사업을 확장하는데 한계를 노정하고 있다. 또한 자치단체의 장, 지방의회나 지역주민의 정치적 고려나 요구가 거세지는 경우 위탁계약의 내용을 수시로 변경 또는 수정해야 하는 등 위탁관리의 안정성과 계속성을 보장하기 어렵다.[16] 여기에서 수도시설관리권을 출자한다는 의미는 지방자치단체가 단독 또는 공동으로 기존의 상수도시설을 전문사업자 등에 유상으로 양도하여 물권적 위탁관계가 성립하는 것을 말한다. 상수도시설관리권의 유상양도의 형식을 띠는 출자를 통하여 지방자치단체는 지분을 가지고 전문사업자와 수도시설을 공유하며 수탁자인 전문사업자는 지방상수도사업에 대하여 지방자치단체의 공유지분에 상응하는 경영권을 보장하는 것이다.

2. 수도시설관리권의 법적 성격

지방상수도사업자인 지방자치단체가 수도시설관리권을 유상으로 양도하여 이를 출자하기 위해서는 우선 이것이 양도가 가능한 독립적 의미의 재산권인가 하는 것이 문제될 수 있다. 이와 관련하여 수도법에서는 수도시설관리권의 법적 성격에 대한 직접적인 규정을 두지 않고, 다만 제3조 제26호에서 "수도시설관리권이라 함은 수도시설을 유지 · 관리하고 그로부터 생산된 원수 또는 정수를 공급받는 자로부터 요금을 징수하는 권리를 말한다"고 그 개념을 정의하고 있다. 이와 관련하여 한국수자원공사법은 제19조 제1항에서 "국토해양부장관은 수도시설의 관리권을, 환경부장관은 하수종말처리시설의 관리권을 공사에 대하여 설정할 수 있다"고 규정하여 시설관리권을 공사에 부여하고, 그 법적 성질에 관하여 제20조 제1항에서 "시설관리권은 이를 물권으로 보며, 이 법에 특별한 규정이 있는 경우를 제외하고는 민법 중 부동산에 관한 규정을 준용한다"고 하여 물권의 일종으로 이해하고 있다. 또한 제19조 제2항에서는 공사가 시설관리권

16) 이러한 문제점을 개선하기 위하여 최근 전주시 등 일부 지방자치단체는 당해 수도사업에 대한 부채를 인수해 줄 것을 조건으로 수도시설에 관한 관리운영권인 수도시설관리권을 한국수자원공사에 출자하는 방식으로 전문사업자가 이를 위탁관리하여 줄 것을 희망하고 있다.

의 설정을 받은 때에는 대통령령이 정하는 바에 따라 국토해양부장관 또는 환경부장관에게 이를 등록하도록 하여 물권변동에 대하여 규율하고 있다. 또한 한국수자원공사법 제20조 제1항은 시설관리권을 처분 가능한 물권으로 인정하고 있음에도 불구하고 동시에 제2항에서는 "시설관리권은 양도 · 출자 및 저당권의 목적으로 하는 경우 외에는 이를 처분하지 못한다"고 규정하여 법률상 처분에 대한 제한을 가하고 있어서 시설관리권은 결론적으로 "제한적 목적으로 처분이 가능한 특수한 물권"으로서의 성격을 가진다. 따라서 예컨대 시설관리권은 위 규정이 명시하지 않은 처분목적인 임대차의 대상이 되지 못한다.

물론 위 규정은 수도산업전문사업자의 시설권리권 설정에 관한 성격을 규정한 것이지 수도법에 의한 지방상수도사업의 시설관리권을 법적 성격을 직접 규정한 것은 아니기 때문에 양자는 그 법적 성격을 달리할 수도 있다는 반론도 가능하다. 그러나 공공시설의 관리권은 실정법상 특수한 성격을 가지는 물권을 규정되는 것이 일반적이다.[17]

수도시설관리권과 유사한 성질의 시설관리권이 관련법규에 의하여 모두 물권으로 인정되고 민법상의 부동산에 관한 규정을 준용하고 있으므로 수도시설관리권 역시 양도나 출자가 가능한 통상적인 물권으로 보는 것이 합리적이다. 다만, 수도법상의 명문규정은 없으나 상수도시설은 민간의 자본을 유치하여 건설하는 사회간접자본시설이나 유료도로와는 달리 지방자치단체가 소유하고 관리하는 시설

---

17) 예를 들어 사회기반시설에대한민간투자법 제27조 제1항은 수도사실관리권과 유사한 운영권리권을 물권으로 보며, 위 법률에 특별한 규정이 있는 경우를 제외하고는 민법 중 부동산에 관한 규정을 준용하도록 규정하고 있다. 또한 유료도로법도 제11조에서 유료도로관리권을 물권으로 보며, 이 법에 특별한 규정이 있는 경우를 제외하고는 역시 민법 중 부동산에 관한 규정을 준용한다.

로서 수도시설의 관리와 운영을 위한 목적으로만 그 처분이 제한되는 특수한 물권의 성격을 가지고 있는 것으로 볼 수 있다.

3. 시설관리권 출자에 대한 법적 근거와 적법성

수도시설관리권이 출자나 양도가 가능한 물권으로서의 성격을 가지고 있다 하더라도 현행 수도법이나 관련법규가 이를 실제로 허용하고 있는가 하는 것은 별도로 검토가 필요한 사안이다. 이와 관련하여서는 현행법의 해석상 지방자치단체의 시설관리권에 대한 출자가 가능하다는 긍정적 견해와 그렇지 못하다는 부정적 견해가 제시되고 있다.

1) 긍정적 견해

지방자치단체가 관리 · 운영하는 상수도시설을 전문사업자 등 타인에게 출자할 수 있다는 견해는 그 법적 근거로서 지방재정법 제18조 제1항과 한국수자원공사법 제4조 제4항을 들고 있다. 지방재정법 제18조 제1항은 "지방자치단체는 법령의 규정에 의하여 출자할 수 있도록 정하여진 단체, 지방공기업법에 의한 지방공사 · 지방공단 외의 단체에 대하여는 출자를 할 수 없다. 다만, 지방자치단체가 지방공기업법 제2조의 규정에 의한 사업을 지방자치단체 외의 자와 공동으로 할 경우에는 그러하지 아니하다"고 규정하여 공익법인에 대한 지방자치단체의 출자가능성을 인정하고 있다. 또한 한국수자원공사법 제4조 제4항은 "국가는 댐건설및주변지역지원등에관한법률 제2조의 규정에 의한 댐사용권, 수도법 제3조의 규정에 의한 수도시설관리권 및 하수종말처리시설관리권을, 지방자치단체는 수도시설관리권을 공사에 출자할 수 있다"고 규정하여 자치단체가 수도산업전문사업자에 출자할 수 있음을 인정하고 있다.

이와 더불어 긍정설은 출자가능성에 대한 법적 근거로서 수도법

제12조 제1항과 제22조를 들고 있다. 우선 수도법 제12조 제1항은 “수도사업은 국가 · 지방자치단체 또는 한국수자원공사가 경영하는 것을 원칙으로 한다. 다만, 지방자치단체 등을 대신하여 민간사업자에 의하여 수돗물을 공급하는 것이 필요하다고 인정되는 경우에는 그러하지 아니하다”고 규정하여 예외적으로 민간사업자에 의한 수돗물의 공급가능성을 열어두고 있다. 또한 수도법 제22조는 “국가 또는 지방자치단체는 수도사업에 드는 비용의 전부 또는 일부에 대하여 민간자본을 유치할 수 있다”고 규정하여 수도사업에 필요한 민간자본의 유치가능성을 인정하고 있다.

지방자치단체가 수도산업전문사업자에 수도시설관리권을 출자할 수 있음을 긍정하는 견해는 이와 같은 실정법적 근거와 더불어 수도사업자와 시설관리권을 분리하는 이분법을 주장하고 있다. 이에 따르면 수도법은 수도시설의 소유와 운영체제를 구분하여 그 소유는 국가 또는 지자체에 부여하고, 관리 · 운영에 관하여는 민간자본의 투자 또는 전문기관에 의한 위탁운영이 가능하도록 하고 있으며, 대표적으로 수도법 제12조 제1항에서 수도사업은 국가 · 지자체 또는 수공이 경영하는 것을 원칙으로 하되 예외적으로 민간사업자에 의해 수도사업이 운영될 수 있도록 민간의 참여를 보장하고 있다. 또한 수도법 제22조에서는 수도사업에 필요한 시설투자비의 일부 또는 전부에 대하여 민간자본의 유치를 허용하고 있으며 민간자본이 투자된 시설은 사회기반시설에 대한 민간투자법에 의해 민간부문이 수도법상 수도시설관리권에 준하는 관리운영권을 보유할 수 있도록 규정하고 있다. 그리고 “수도시설관리권은 수도사업자가 이를 가진다”고 규정한 수도법 제21조 제1항 본문은 동조 표제 및 단서와의 해석균형상 “수도시설의 유지 · 관리는 수도사업자가 이를 가진다”고 보아 수도법 제3조에서 규정하고 있는 수도시설관리권의 개념과는 달리 사실상의 유지 · 관리를 의미하는 것으로 제한하여 해석되어야 한다.

또한 수도법 제23조에 따라 지자체로부터 출자를 받아서 운영하든 위·수탁 계약을 체결하여 운영하든 지방상수도시설에 대한 소유권은 지자체가 계속 보유하며 수공은 자기의 책임 하에 시설물에 대한 개·대체와 수돗물의 공급, 수질관리, 사용량 검침, 요금고지, 고객관리 등 사실상 위탁 범위에 있어서는 양자 간의 실질적 차이는 존재하지 않는다.

마지막으로 한국수자원공사법 제9조 제1항 제2호의 지방상수도 및 마을상수도에 관한 수공의 직접 참여를 배제한 규정은 수도산업 전문사업자가 동 사업에 관한 사업인가를 직접 받아서 수도사업자가 될 수 없다는 것이지 사실상 지자체로부터 수도시설을 위탁받아 간접적으로 관리·운영하는 것을 금지하는 것은 아니다. 수도시설을 유지·관리하고 수요자로부터 요금을 징수할 있는 수도시설관리권은 수도사업자가 갖는 권리이기는 하나 수도시설의 소유권 및 요금승인권(인가관청)은 계속 지자체에 유보되는 것이므로 수도사업권과 이를 분리하여 수자원공사에 출자할 수 있다. 다만, 이와 관련하여 현행법상 출자형태를 통한 위탁관리가 가능하도록 명시적인 규정이 미비되어 있는 것에 불과하다.

2) 부정적 견해

지방자치단체가 수자원공사 등 공공부문의 전문사업자에게 수도시설관리권을 출자하는 방식으로 이를 양도할 수 없다는 견해는 수도에 관한 기본법인 수도법 제3조 제8호와 한국수자원공사법 제9조 제1항 제2호를 그 근거로 제시하고 있다. 우선 수도법 제3조 제8호는 "지방상수도라 함은 지방자치단체가 관할 지역주민·인근지방자치단체 또는 그 주민에게 원수 또는 정수를 공급하는 일반수도로서 광역상수도 및 간이상수도 외의 수도를 말한다"고 규정하여 지방상수도사업자로서 지방자치단체 이외의 다른 사업자의 참여를 명시적으로 불허하고 있다. 또한 한국수자원공사법 제9조는 수자원공사의 사업범위에 대하여 규정하고 있는데, 제1항 제2호에서 "수도시설(일반수도 중 지방상수도 및 마을상수도를 제외한다)의 개발과 이용에 관한 다음 명목의 사업. 가. 수도시설의 건설. 나. 수도시설의 사용 및 유지·관리. 다. 수도시설의 사용 및 유지·관리 등을 위한 시설의 정비"로 하여 지방상수도사업 및 마을상수도사업을 수도산업전문사업자의 업무영역에서 역시 명시적으로 배제하고 있다.

이와 관련하여 한국수자원공사법 제4조 제4항은 "지방자치단체는 수도시설관리권을 수자원공사에 출자할 수 있다"고 규정하고 있어서 수도시설관리권은 특수한 물권으로서 출자할 수 있는 점을 고려한다면 혹시 위 규정에 의하여 이것이 허용될 수 있지 않은가 하는 의문이 제기될 수 있다. 그러나 수자원공사법 제9조 제1항 제2호에 의하여 수도산업전문사업자는 광역상수도의 수도시설의 유지와 관리 등의 업무는 수행할 수 있지만 지방상수도와 마을상수도의 유지와 관리권은 법률상 명시적으로 배제되는 것이어서 결과적으로 지방자치단체는 지방상수도의 수도시설관리권을 수도산업전문사업자에 출자할 수 없는 것으로 보아야 한다. 또한 수도법 제23조는 지방자치단체가 공공부문의 전문사업자에게 수도시설을 위탁하는 규정이고 한국수자원공사법 제9조 제4항은 수도산업전문사업자가 국가 또는 지방자치단체로부터 사업의 위탁을 받아 이를 시행할 수 있는 근거규정으로서 수도시설의 출자와는 별도로 지방자치단체와 수도산업전문사업자 간의 수도시설의 위·수탁관계를 특별히 규정하고 있다.

이러한 규정들의 취지를 고려하여 보면 지방자치단체가 수도산업전문사업자에게 지방상수도의 수도시설관리권을 적법하게 위탁할 수 있고 출자의 가능성을 명시적으로 배제하고 있음에도 불구하고 한국수자원공사법 제43조 제4항의 규정을 지방자치단체가 수도산업전문사업자에 지방상수도의 수도시설관리권을 광역상수도의 경우와 마찬

가지로 출자할 수 있다고 해석하는 것은 한국수자원공사법 제4조 제4항과 수도법 및 한국수자원공사법의 다른 관련규정과 조화를 이룰 수 없는 법규의 확대해석이다.

4. 판 단

이상에서 살펴본 바와 같이 현행법상 지방자치단체가 수도시설관리권을 수도산업전문사업자에 출자하는 방식이 법적으로 허용될 수 있는가에 대하여 긍정설과 부정설이 제시하고 있는 논지들을 소개하였다. 결론부터 이야기한다면 현행법상 이러한 출자방식은 허용되기 어렵다. 이와 관련하여 세부적인 사항들에 대하여 다음과 같은 논거들이 제시될 수 있다.

1) 수도법 제12조 제1항의 민간인의 수돗물 공급, 제22조에 규정된 민자유치제도와 출자 방식의 차이점

위 규정들은 예외적으로 민간인이 수돗물의 공급자가 될 수 있으며, 수도사업에 필요한 시설투자비의 전부 또는 일부에 대하여 민간자본의 투자를 허용하고 있다. 그러나 수도법 제12조 제1항 단서에서 지방자치단체 등을 대신하여 민간사업자에 의하여 수돗물을 공급하는 것이 필요하다고 인정하는 경우라는 것은 긍정설에서 주장하듯 개인에게 수도시설관리권의 출자를 통한 민간참여를 허용하는 것은 결코 아니라는 점을 유의할 필요가 있다. 다시 말하자면 위 후단의 규정은 개인이 지방자치단체를 대신하여 “단순한 수돗물의 공급”이라는 제한적인 용역제공의 업무만을 담당하는 것을 의미할 뿐 시설관리권의 출자를 통하여 수도사업에 대한 전반적인 관리 · 운영업무를 수행하는 것은 아니다. 이는 결국 수도법 제23조가 규정하는 단순한 수도시설의 위탁관계를 민간에게 개방하는 것을 상정한 규정에 불과하며, 이 경우 지방상수도사업의 사업자 지위에 대한 변경이 이루어지는 것도 물론 아니다.

따라서 긍정설이 주장하는 지자체로부터 출자를 받아서 운영하든 위·수탁 계약을 체결하여 운영하든 지방상수도시설에 대한 소유권은 지자체가 계속 보유하며 수공은 자기의 책임 하에 시설물에 대한 개·대체와 수돗물의 공급, 수질관리, 사용량 검침, 요금고지, 고객관리 등 사실상 위탁 범위에 있어서는 양자 간의 실질적 차이는 존재하지 않는다는 견해는 수도법 제23조에 의한 이른바 "채권적 위탁관계"와 출자를 통한 "물권적 위탁관계"와의 구별을 이해하지 못하는 것이다. 다만, 현재까지 수도시설의 위·수탁관계는 수자원공사 등 주로 공공부문의 전문사업자만이 그 대상이 되었으나 장차 수도관리 시장이 형성되어 활성화되는 경우에는 민간사업자에게도 그 문호를 개방할 수 있다는 가능성을 염두에 둔 규정이므로 지방자치단체가 타인에게 수도시설관리권을 출자하여 일정한 범위에서 수도사업에 대한 공동경영을 그 목적으로 하는 제도와는 상이한 것임이 분명하다.

또한 수도법 제22조에서 규정하고 있는 민간자본의 유치제도는 그 주체가 지방자치단체로서 자신이 소유 또는 관리하는 사회간접자본시설에 대하여 필요한 자본의 전부 또는 일부를 민간으로부터 조달하고 민간사업자에게 일정한 범위의 관리운영권을 인정하는 것이다. 물론 이를 통하여 민간사업자는 일종의 물권인 관리운영권을 행사한다는 점에서 원리금의 상환권 등 단순한 채권적 권리 이상을 행사한다.

그러나 중요한 것은 민간자본의 유치의 경우에 그 주체는 항상 지방자치단체와 같은 공공부문이며[18] 만약 수도시설이라는 사회간접자본시설에 민간자본을 투자하여 개인이 관리운영권을 갖는다고 하더라도 수도법상 수도사업의 주체는 여전히 지방자치단체가 된다.

---

18) 김성수, 「일반행정법」, 415면.

다시 말하자면 민간자본의 유치가 이루어진 이후에도 수도사업자의 변경이 이루어지는 것은 아니라는 점에서 실질적으로 수도사업권자의 지위변경이 수반되는 출자제도와는 근본적으로 구별된다. 지방자치단체가 수자원공사 등 공공부문의 전문사업자에게 수도시설관리권을 출자하는 경우에는 요금의 결정권 등 자치단체가 제한적 규제권은 행사하지만 자본적 구성이나 경영의 측면에서 수도사업의 무게중심은 수도산업전문사업자로 옮겨가게 된다. 따라서 지방자치단체나 국가 등 공공부문이 그 사업의 주체적으로 수행하고 민간자본을 유치한 개인에게 다양하고 광범위한 통제와 규제권을 행사하는 민자유치제도와는 그 성격을 달리하게 되는 것이다.

2) 수도사업자와 수도시설관리권은 불가분 일체의 개념이다

(1) 수도시설관리권의 내용

현행법상 출자 방식이 가능하다는 긍정설에 의하면 수도시설관리권은 수도사업자가 갖는 권리이기는 하나 수도시설의 소유권 및 요금승인권(인가관청)은 계속 지자체에 유보되는 것이므로 수도사업권과 이를 분리하여 수공에 출자할 수 있으나 현행법상 출자형태를 통한 위탁관리가 가능하도록 명시적인 규정이 미비되어 있는 것에 불과하다고 주장한다. 그러나 수도법 제3조 제26호가 규정하고 있는 바와 같이 "수도시설관리권"이라 함은 수도시설을 유지 · 관리하고 그로부터 생산된 원수 또는 정수를 공급받는 자로부터 요금을 징수하는 권리라고 그 개념을 정의하고 있다. 따라서 수도시설관리권의 핵심적인 내용은 두 가지로서 하나는 시설관리권이며 다른 하나는 요금의 징수권인데, 양자의 권리를 행사하는 주체는 시설의 관리와 요금의 징수에 대하여 계속적 · 반복적이며 영업적 의사를 가지고 있을 것을 요구한다. 따라서 이는 전형적으로 "사업자"라는 개념을 필요로 하며 이에 대한 실정법과 법원의 판례를 검토할 필요가 있다.

(2) 실정법과 판례에 나타난 사업자의 개념

사업자의 개념을 정형적으로 규정하고 있는 실정법조항으로는 부가가치세법 제2조 제1항을 들 수 있다. 이에 따르면 "사업자란 영리의 유무에 불구하고 사업상 독립하여 재화 또는 용역을 공급하는 자"로서 부가가치세법에 의하여 부가가치세를 납부할 의무를 지는 자를 말한다. 이와 더불어 대법원의 판례는 일관되게 사업자의 개념에 대하여 독자적인 해석을 견지하고 있는데, 현재 학설과 행정실무에서는 원칙적으로 이러한 대법원의 판례를 그대로 수용하고 있다. 이에 따르면 사업자란 "부가가치를 창출해 낼 수 있는 정도의 사업형태를 갖추고 계속 · 반복의 의사로 재화 또는 용역을 공급하는 자"를 말한다.[19)]

이와 같이 대법원의 판례는 사업자의 개념을 그 기초가 되는 사업 개념을 중심으로 해석 · 구성하고 있는데, 법령의 문언에서는 사용하지 않는 "계속 · 반복의 의사"라는 징표를 추가하고 있는 것이 특징이다. 판례의 이러한 입장은 부가가치세법에만 국한되는 것은 아니다. 동일하게 "사업"의 개념이 사용되고 있는 소득세법상 "사업소득"의 개념에 있어서도 대법원은 소득세법상 사업소득에 해당하는 것인가의 여부는 그 사업이 영리를 목적으로 하고 있는지와 그 규모 · 회수 · 양태 등에 비추어 사업활동으로 볼 수 있을 정도의 "계속성과 반복성"을 중요한 개념적 징표로 들고 있다.[20)] "부가가치를 창출할 수 있을 정도의 사업형태를 갖추고"의 표현과 "그 규모 · 회수 · 양태 등에 비추어 사업활동으로 볼 수 있을 정도"라는 표현은 외형상 표현은 상이한 것이지만 일반거래관념 또는 사회통념에 따라 사업자라는 개념에는 어떠한 재화나 용역의 "계속적 · 반복적" 공급의 의사와

---

19) 대판 1986.9.9. 86누216; 1990.2.27. 89누2646; 1995.2.10 93누18396; 1999.9.17. 98두16705.

20) 대판 1996.2.23. 95누10969; 1996.12.6. 86누3913.

이에 따르는 실질적인 활동이 이루어져야 하는 것이다.

(3) 상수도사업의 주체와 상수도사업자

그렇다면 수도사업자라는 개념은 일응 어떻게 정의할 수 있을까? 이에 대해서는 수도법이나 관련법규가 구체적인 규정을 두고 있지 않기 때문에 법적으로 불명확한 상태이다. 그러나 사회통념이나 일반적 거래관념에 따라 수도사업자란 "수도시설을 유지 · 관리하고 그로부터 생산된 원수 또는 정수를 공급하며 이를 공급받는 자로부터 요금을 징수하는 자"를 말한다. 물론 이러한 수도시설의 관리, 수돗물의 공급, 요금의 징수에는 "계속적 · 반복적 의사"가 전제되어 있어야만 이를 수도사업자로 볼 수 있는 것이다. 그리고 이와 같이 수도시설의 관리와 요금의 징수를 위한 수도시설관리권은 수도사업자가 보유하는 것이 매우 자연스러운 것으로서 수도사업자와 수도시설관리권자는 표리의 관계에 있으며 양자는 분리할 수 없다.

이러한 의미에서 수도법 제21조 제1항 역시 일반수도의 수도시설관리권은 일반수도사업자가 이를 가진다고 규정한 것이다 그렇다면 현행법상 수도사업자는 과연 누구인가? 이미 언급한 바와 같이 수도법 제3조 제8호는 지방상수도는 지방자치단체가 그 주민에게 원수 또는 정수를 공급하는 일반수도라고 그 개념을 정의하고 제23조에서는 "지방자치단체인 수도사업자"라고 하여 지방자치단체를 수도사업자로 보고 있다. 그러나 이 경우에는 지방자치단체가 스스로 수도시설을 관리 · 유지하고 주민들에게 수돗물을 공급하며 요금을 징수하는 이른바 "직영기업형태"를 전제로 한 것이어서 시설관리권의 출자를 통하여 수도산업전문사업자에게 이양되거나 또는 정부가 추진하고 있는 7대 특 · 광역시 수도사업의 공사화 · 공단화가 이루어지는 경우에는 사업자의 변경이 불가피하다. 왜냐하면 출자 · 공사화 등의 경우에는 이미 수도시설의 관리 및 수돗물의 공급과 요금징수의 업무가 수도산업전문사업자 등에 의하여 계속적 · 반복적으로 이루어지기 때문이다. 반면에 수도법 제23조에 의하여 시설관리권을 채권적 계약에 의하여 수도산업전문사업자 등 공공부문의 전문사업자에게 위탁하는 경우에는 단순한 행정업무의 위임과 위탁관계에 불과할 뿐이므로 수도사업자의 지위가 변경된 것으로는 볼 수 없다. 물론 지방자치단체가 수도산업전문사업자에 시설관리권을 출자한 경우에도 지방자치단체는 여전히 수도시설을 소유하며 인가관청으로서 요금에 대한 승인권을 가지고 있다.[21] 그러나 이러한 일시적이고 제한적인 통제나 규제권을 가지고 있다고 하여도 수도사업자로서 수도사업에 대한 계속성과 반복성을 가지고 있는 것으로 보기 어렵다. 따라서 직영의 형태를 제외한 출자 · 공사화 등의 경우에 지방자치단체는 지방자치법 제9조 제2항 제4호 자목에 의하여 전체적인 상수도사업을 관할하는 권한을 행사하는 자로서 여전히 지방상수도사업의 주체이기는 하지만 스스로 사업자는 아니다. 그런데 현행법은 이와 관련되는 규정을 두고 있지 아니하므로 법령상으로 수도사업의 주체와 수도사업자를 구분하고 수도사업자의 개념을 명확하게 규정하는 입법적 과제를 시급하게 해결할 필요가 있는 것이다.

3) 수도법과 한국수자원공사법의 체계적 해석

이미 언급한 바와 같이 한국수자원공사법 제4조 제4항은 “국가는 댐건설및주변지역지원등에관한법률 제2조의 규정에 의한 댐사용권, 수도법 제3조의 규정에 의한 수도시설관리권 및 하수종말처리시설관리권을, 지방자치단체는 수도시설관리권을 공사에 출자할 수 있다”고 규정하여 자치단체가 수도산업전문사업자에 출자가능성을 인

21) 수도법 제38조에 의하여 지방상수도사업자인 자치단체는 지방자치단체의 조례를 통하여 수도요금을 결정한다. 다만, 출자 또는 위탁관리의 경우 사업자의 수익성과 요금의 공공성을 조화시키기 위하여 수도사업자, 지방자치단체의 장 및 지역주민대표 등이 참여하는 ‘가칭’ 수도요금심의위원회의 심의를 거쳐 조례로 결정하는 것도 하나의 대안으로 검토될 수 있을 것이다.

정하고 있다. 따라서 현행법상 출자방식의 허용성을 주장하는 긍정설은 이 조항에 따라서 수도산업전문사업자에 대한 지방자치단체의 시설관리권 출자를 인정하는 견해를 제시하고 있음은 이미 지적한 바 있다.

그러나 수자원공사법 제9조 제1항 제2호에 의하여 수자원공사는 광역상수도의 수도시설의 유지와 관리 등의 업무는 수행할 수 있지만 지방상수도와 마을상수도의 유지와 관리권은 법률상 명시적으로 배제하고 있다. 그렇다면 한국수자원공사법 제4조 제4항에서 말하는 지방자치단체의 수도산업전문사업자에 대한 시설관리권의 출자는 수도법과 한국수자원공사법의 전체적인 체계를 고려한 법의 체계적 해석(systematische Auslegung der Gesetze)상 전적으로 수자원공사 본래의 업무영역에 속하는 광역상수도시설의 출자에 한정되는 것으로 보아야 한다.

이를 통하여 현재 상수도사업에 대한 입법자의 의도는 지방자치단체에게는 지방상수도사업과 마을상수도사업에 대한 관할권을, 한국수자원공사에 대해서는 광역상수도사업과 다목적댐 등 수자원개발시설의 건설과 운영 등에 대한 역할을 분담하겠다는 뜻으로 이해할 수 있다. 물론 상수도사업에 대한 수도산업전문사업자와 지방자치단체 간의 역할분담에 대한 명시적인 규정은 존재하지 않지만 상수도사업 분야에서 오래 계속된 입법자의 의도와 법령의 역사적 성립과정, 관련규정의 목적을 고려하여 볼 때 현행법상 지방자치단체가 수도산업전문사업자에게 지방상수도사업의 시설관리권을 출자하는 것은 적법한 행위로 평가할 수 없다. 결국 현행 법령의 체계적 해석과 더불어 역사적 · 목적론적 해석(historischteleologische Auslegung der Gesetze)의 결과 수도산업전문사업자가 자치단체의 시설관리권 출자의 형식으로 지방상수도사업에 참여하게 위해서는 이를 위한 법령의 개정이 반드시 수반되어야 한다.

4) 요금징수권의 문제

현행법상 출자 방식이 가능다는 긍정설은 수도법 제23조에 따라 지자체로부터 출자를 받아서 운영하든 위·수탁계약을 체결하여 운영하든 지방상수도시설에 대한 소유권은 지자체가 계속 보유하며 전문사업자는 자기의 책임 하에 시설물에 대한 개·대체와 수돗물의 공급, 수질관리, 사용량 검침, 요금고지, 고객관리 등 사실상 위탁 범위에 있어서는 양자 간의 실질적 차이가 존재하지 않는다는 점을 강조하고 있다. 그러나 이미 수차례 언급한 바와 같이 수도시설의 위·수탁관계는 일종의 채권적 위탁관계로서 수자원공사 등 공공부문의 전문사업자가 지방상수도의 관리와 운영에 매우 제한적 역할만을 할 수 있다는 한계가 존재한다. 대표적인 것이 바로 요금의 징수권이다.

물론 위·수탁관계에 있어서도 수도산업전문사업자가 검침업무와 요금의 고지 등 징수업무를 사실상 대행하고는 있지만 위·수탁계약의 내용상 여전히 요금징수권자는 위탁자인 지방자치단체이다. 요금의 징수는 위·수탁계약의 다른 비권력적 관리업무와는 달리 일종의 공권력의 행사로서 고권적 행정작용(hoheitliche Verwaltung)에 속하므로 이는 단순한 채권적 계약을 통하여 수탁자인 수도산업전문사업자가 행사할 수 없다. 물론 수도법상 수도시설관리권의 내용에는 요금의 징수권이 포함되고 있으나 이것이 계약의 내용을 통하여 검침과 요금의 고지 등 단순 관리업무만을 그 대상으로 하고 있는 것이다. 그러므로 이 경우에는 수도산업전문사업자가 부가가치세법상 위탁업무라는 일종의 용역을 공급하는 사업자가 되는 것이므로 부가가치세의 납부의무를 지게 되고, 이는 결국 수도요금에 전가되어 소비자인 자치단체 주민의 부담으로 이어진다는 문제를 안고 있다.[22]

---

22) 이와 관련하여 부가가치세법 제12조 제1항 제2호는 "수돗물의 공급 부가가치세가 면제됨"을 규정하고 있으며, 다시 부가가치세법기본통칙 12-0-1

이에 비하여 지방자치단체가 수도시설관리권을 수도산업전문사업자에게 출자하는 경우는 이른바 물권적 위탁에 해당하는 형식이기 때문에 자연스럽게 요금의 징수권이라는 공권력 행사의 권한도 수도산업전문사업자에 이전된다. 수도시설관리권의 출자를 통하여 수도산업전문사업자는 물권인 시설관리권을 지방자치단체가 보유하는 지분과 함께 공유의 형식으로 이에 대한 소유권을 취득하는 것이므로 이제 요금의 징수권을 채권적 위탁의 형태가 아니라 시설관리권을 공유하는 소유자로서 자신의 권한으로 행사하는 것이다. 이 경우 수도산업전문사업자는 부가가치세법상 수도사업자인 것은 분명하지만 지방자치단체를 위하여 용역을 공급하는 자가 아니며 자신의 사업으로서 수돗물을 공급하는 사업자이므로 부가가치세법 제12조 제1항 제2호(수돗물의 공급)에 의하여 부가가치세 납부의무가 면제되는 것으로 보아야 한다.

5. 시설관리권의 출자 방식

이미 언급한 바와 같이 민관협력의 본질적인 개념적 징표는 지속적인 시너지효과이다. 따라서 공공부문과 민간부문에 공통되는 관심

(수돗물의 정의)에 따르면 "수돗물은 수도법상의 수도사업자가 도관에 의하여 공급하는 물과 수도법상의 수도사업자에게 직접 공급하는 수도사업(공업용 수도사업 및 전용수도를 포함한다)용 물(원수)을 말한다"고 하여 수도사업자가 공급하는 수돗물은 면세의 대상이 된다고 규정하고 있다. 그러므로 수도산업전문사업자가 자치단체의 위탁을 받아 수돗물을 공급하는 경우에는 용역의 공급에 해당하여 부가가치세의 납부의무를 지게 되므로 결국 이는 수도요금으로 전가되어 소비자인 주민들의 잠재적인 저항요인으로 남게 된다. 이는 결국 수도시설관리권의 시장의 형성을 통한 효율적인 상수도사업을 어렵게 만드는 요인으로 계속 남아 있게 될 것이다. 물론 이러한 부가가치세의 부담은 출자의 형식을 통하여 수도산업전문사업자가 지방상수도사업을 행하는 경우에도 여전히 문제로 남는다. 따라서 수도법의 관련규정을 개정하여 출자 형식의 경우에 수도사업자가 수도산업전문사업자임을 명백히하는 입법적 조치가 요망된다.

사항이 설정되고 이를 달성하기 위한 수단의 선택, 구체적인 실천방법이 끊임없는 의사교환과 협력을 통하여 모색된다. 수도법 제23조 제1항에 의하여 이루어지는 현재의 위·수탁관계에서는 위탁자인 지방자치단체와 수탁자인 수도산업전문사업자 간에 실질적이며 파트너적인 협력관계가 존재한다고 보기 어렵다. 위탁자인 지방자치단체는 단순히 채권계약을 통하여 수도시설의 관리와 관련된 제 문제를 수탁자인 수도산업전문사업자에게 위임하고 자신은 수도시설의 소유권을 보유한 채 인가관청으로서 수도요금에 대한 인가권만을 행사한다. 이는 민관협력을 통한 시너지효과의 창출과 극대화라는 목표에는 미치지 못하는 "원시적 형태"의 민관협력형태로서 수도시설의 관리에 대한 보다 전문성이 있는 타인에 대한 업무의 위탁과 위임에 불과하다.

이에 비하여 출자 방식의 경우에도 기본적으로 지방상수도의 관리와 운영은 수자원공사와 같은 전문사업자가 담당하고 지방자치단체 또는 정부는 요금이나 환경문제에 대한 규제권을 담당할 것으로 예상되어 근본적으로 위·수탁관계와 마찬가지로 실질적인 민관협력을 기대하기는 어려울 것으로 예상된다. 따라서 출자 방식의 경우에 지방자치단체는 요금이나 환경적 규제보다는 전문사업자인 수자원공사의 경영에 보다 적극적으로 참여하여 상호간에 이익을 극대화하는 방향으로 실질적인 민관협력관계가 이루어질 것이 요망된다. 이 경우 군소 지방자치단체는 시설관리권을 출자하여도 수도산업전문사업자와 비교하여 자본적 지분에 있어서는 왜소성을 벗어날 수 없으므로 소수자보호를 위한 제도적 장치를 마련하는 것이 중요하다. 이와 관련하여 수도산업전문사업자는 회사의 최고의결기구인 이사회를 구성함에 있어서 주식의 수가 아닌 민간의 전문가로 구성하며, 이 경우 지방자치단체의 이해관계를 반영할 수 있는 이사선임제도가 반드시 마련되어야 한다.[23] 물론 군소 지방자치단체의 이해관계가 매우

---

23) 한국수자원공사, 지방상수도 효율화 사업모델 및 가격정책 Work Shop

다양할 것으로 예상되기는 하지만 지방자치단체의 이익을 대변하는 이사는 수자원공사 등 전문사업자의 경영과 관련되는 의사결정을 내리기 이전에 관련 지방자치단체의 최대공약수에 해당하는 의사를 미리 조정할 의무를 수도산업전문사업자의 정관에 명시할 필요가 있다.

6. 상수도시설소유권의 유상양도를 통한 출자(이른바 유형출자)

지방자치단체가 수도법상의 수도시설관리권을 수자원공사 등 공공부문의 전문사업자에게 출자하는 이른바 무형출자와는 달리 지방자치단체가 소유한 수도시설의 소유권을 수자원공사 등에 출자하여 양도하는 방식을 유형출자라고 부를 수 있다. 따라서 소유권 자체를 양도하는 유형출자는 무형출자의 방식을 넘어서는 적극적인 형태이므로 현행 수도법이나 한국수자원공사법은 이러한 유형출자 방식에 대하여 충분하고 적절한 입법적 근거를 가지고 있지 못하다. 따라서 무형출자를 가능하게 하기 위하여 필요한 입법적 과제는 유형출자의 경우에도 동일하게 요청된다고 볼 수 있다. 지방자치단체가 수자원공사 등 전문사업자에게 유형출자의 방식으로 수도시설의 소유권을 양도하게 위해서는 수도법, 한국수자원공사법 등의 개정이 선행되어야 한다.

여기에 대하여 유형출자의 경우에는 지방자치단체가 공유재산으로서 소유하는 수도시설 자체를 수자원공사 등에게 이전하는 것이므로 공유재산 및 물품관리법상 행정재산인 수도시설의 용도를 폐지하여 이를 일반재산으로 변경하여야 비로소 가능하다는 문제가 있다. 이와 관련하여 지방자치단체가 소유 · 관리하는 공유재산의 처리를 규정하고 있는 공유재산 및 물품관리법 및 동법 시행령은 우선 공유재산의 종류로서 행정재산과 일반재산을 구분하고 있다(공유재산 및 물품관리법 제5조 제1항). 또한 동법은 행정재산을 공용재산, 공공용재산,

자료, 2004.11, 13면.

보존재산, 기업용재산으로 세분하고 있다(제2항). 이 중에서 지방상수도시설은 행정재산 중 공용재산에 해당하는 것이라고 할 수 있다. 여기에서 공용재산은 지방자치단체가 직접 사무용·사업용 또는 공무원의 거주용으로 사용하거나 사용하기로 결정한 재산과 사용을 목적으로 건설 중인 재산이므로 수도시설은 전형적으로 지방자치단체가 직접 상수도사업에 사용하기 위하여 건설한 시설로서 공용재산에 해당하는 것이다.

그런데 공유재산 및 물품관리법 제19조에 의하면 "행정재산은 대부·매각·교환·양여·신탁 또는 대물변제하거나 출자의 목적으로 하지 못하며, 이에 사권을 설정하지 못한다"는 원칙을 선언하고 다음의 경우에는 그 예외를 인정하였다. 1. 행정재산의 용도와 성질을 유지하는 조건으로 대통령령으로 정하는 바에 따라 국가 또는 다른 지방자치단체에 양여하는 경우. 2. 해당 지방자치단체 외의 자가 소유한 재산을 행정재산으로 관리하기 위하여 교환하는 경우. 3. 공익사업을 위한 토지 등의 취득 및 보상에 관한 법률 제4조에 따른 공익사업의 시행을 위하여 해당 행정재산의 목적과 용도에 장애가 되지 아니하는 범위에서 공작물의 설치를 위한 지상권 또는 구분지상권을 설정하는 경우.

그렇다면 지방자치단체가 소유하는 수도시설을 한국수자원공사, 한국환경공단 등 공공부문의 전문사업자에게 출자하기 위해서는 공유재산 및 물품관리법상 공물의 공용폐지절차를 거쳐 이를 일반재산으로 전환하여야 한다. 공유재산 및 물품관리법에 의하여 일반재산은 이를 대부·매각·교환·양여·신탁하고 사권을 설정할 수 있으며, 매각, 양여, 교환의 대상이 될 수 있다. 그러나 지방자치단체가 소유하는 행정재산으로서 공용재산인 수도시설은 공유재산 및 물품관리법 시행령이 정하는 기준에 의하여 행정재산으로 계속하여 존치할 필요가 없는 경우에 한하여 공유재산심의회의 심의를 거쳐 그 용도를 폐지할 수 있다(제11조).

이와 관련하여 공유재산 및 물품관리법 시행령 제8조는 “지방자치단체의 장은 행정재산이 다음 어느 하나에 해당하는 경우에는 그 재산의 일부 또는 전부에 대하여 그 용도를 변경하거나 폐지할 수 있다”고 규정하고 있다. 1. 행정재산이 사실상 행정 목적으로 사용되지 않게 된 경우. 2. 행정재산인 국제경기장 등 체육시설, 국제회의장 등 회의시설, 국제전시장 등 전시장, 그 밖의 공공시설로서 그 일부를 원래 용도로 사용하지 아니하기로 한 경우. 3. 법 제43조의3에 따른 위탁재산의 개발을 위하여 필요한 경우. 그런데 일부에서는 위 규정이 공용폐지의 요건으로서 행정재산을 사실상 사용하지 않는 때이거나, 사용할 필요가 없는 때를 들고 있으며, 출자대상이 되는 수도시설이 수돗물의 공급이라는 용도를 그대로 유지하는 것이기 때문에 공용폐지가 불가하여 수도시설의 소유권을 출자할 수 없다는 부정적 견해를 제시하고 있다.[24] 그러나 이미 언급한 바와 같이 수도시설의 소유권을 수도사업전문사업자에게 출자하는 경우에는 이미 수도시설은 공유재산 · 행정재산 · 공용재산으로서의 지위를 상실하는 것으로 보아야 한다. 다시 말하자면 공유재산 및 물품관리법 제5조 제2항 제1호에서 규정하는 행정재산 · 공용재산으로서의 상수도시설은 지방자치단체가 ‘직접’ 상수도사업에 사용하거나 사용하기로 결정한 재산과 사용을 목적으로 건설 중인 재산이므로, 이 경우 지방상수도사업자의 사업자가 지방자치단체라는 것을 전제로 하고 있기 때문이다. 따라서 지방자치단체의 상수도시설 소유권을 수도사업전문사업자에게 출자하는 방식으로 이를 양도하는 경우에는 상수도사업자는 수도사업전문사업자로 변경되며, 이 때 상수도시설은 공유재산 및 물품관리법 제11조가 규정하는 행정재산 · 공용재산으로서 계속하

24) 한국수자원공사, 지방상수도 효율화 사업모델 및 가격정책 work shop 자료, 2004.11. 12면.

여 존치할 필요가 없는 경우에 해당하기 때문이다.

결론적으로 지방자치단체는 자신이 소유하는 상수도시설의 용도를 폐지하여 일반재산으로 전환하고 한국수자원공사나 한국환경공단 등 공공부문의 전문사업자에게 이를 출자하여 양도할 수 있다. 이 경우에도 역시 지방자치단체는 수도산업전문사업자와 수도시설의 소유권을 공유하며 그 지분에 따라서 시설관리권의 출자의 경우보다 더욱 광범위하게 수도산업전문사업자가 경영에 참여할 수 있는 기회가 보장되어야 한다.

Ⅵ. 지방상수도사업이 완전 민영화될 경우의 법적 고려사항

지방상수도사업이 완전하게 민영화된다는 것은 이제까지 지방자치단체가 지방자치법과 수도법에 의하여 수행하던 상수도의 설치 및 관리라는 업무 자체를 민간 사업자의 손으로 넘기고 자신은 더 이상 이에 참여하지 않게 되는 것을 의미한다. 이른바 국가적 과제 자체의 민영화를 통하여 탈국가화가 이루어진다는 것이다. 지금까지 언급한 바와 같이 수도시설관리권의 출자, 소유권의 출자 등을 통하여 지방자치단체는 상수도사업에 대한 사업자로서의 지위를 상실하는 것이지만 지방상수도사업에 관련되는 전반적인 업무에 대한 최종적 권한은 여전히 행사한다. 다시 말하자면 위탁경영이나 출자를 통하여 자치단체는 상수도사업에서 상당히 멀어지는 것이지만 결코 이로부터 결별하는 것은 아니다. 따라서 지방자치단체는 위·수탁계약은 물론 출자방식의 경우에도 이러한 상수도사업형태가 비효율적이거나 지역주민, 지방의회의 정치적 요구가 있을 경우 극단적으로 출자지분을 회수하여 다시 직영체제로 복귀할 가능성은 아직 법적으로 남아 있다.

그러나 수도사업이 민영화된다는 의미는 이제 지방자치단체는 법률상 지방자치단체의 업무 중 하나인 지방상수도사업을 더 이상 수행하지 않는 것으로서 지방자치법 제9조 제2항 제4호 자목의 "상수도의 설치 및 관리"라는 조항이 지방자치법에서 삭제된다. 단지 이 경우 예상할 수 있는 지방자치법의 개정은 "지방자치단체는 주민에게 양질의 수돗물이 저렴한 가격으로 충분하게 공급될 수 있도록 보장할 책임을 진다"는 정도의 내용을 담을 수 있을 것이다. 이른바 주민의 생존에 필수적인 재화나 용역의 공급에 대한 "보장책임"(Gewaehrleistungspflicht)은 헌법 제117조에 규정된 주민의 복리에 관한 지방자치단체의 의무로써 이는 민영화 이후에도 포기될 수 없는 본질적인 부분이기 때문이다. 물론 이러한 보장책임이 상수도요금이나 사업자에 대한 지방자치단체의 규제권을 포함할 수는 있겠지만 주로 상수도사업자에 대한 재정적 · 행정적 지원책이 주류를 이루는 것으로 보아야 할 것이다.

지방상수도사업이 민영화되는 경우 법적으로 또한 중요하게 고려되어야 하는 사항은 상수도사업자의 이른바 보편적 서비스(Universaldienst)의 제공의무와 그에 대한 보상대책이다. 다시 말하자면 민영화 이후에도 주민들이 상수도사업자의 수돗물공급에 대한 최소한의 권리를 확보하기 위하여 수도법 또는 지방자치법에 수돗물 공급에 대한 사업자의 최소한의 보편적 서비스의 내용이 무엇인지 명시하는 것이 필요하다. 또한 사업자가 전국의 지역을 불문하고 수요자인 주민에게 반드시 공급하여야 하는 보편적 서비스는 필연적으로 사업자의 영업상의 손실을 초래하는 것이므로 이에 대한 금전적 보상대책이 반드시 마련되어야 한다. 보상의 재원을 일정한 규모이상의 이익을 창출하는 수도사업자에게 부담시키는 부담금 및 기금방식으로 조성할 것인지 혹은 국가 또는 지방자치단체의 일반예산으로 충당할 것인지의 문제는 입법정책적인 과제로서 심도 있는 논의가 필요하다. 수도사업의 민영화에 따르는 법이론적 논의나 입법적 대안의 제시 등은 다음 연구의 기회로 미루기로 한다.

Ⅶ. 맺는 말

수도산업의 개편에 대한 정책적 과제가 물과 같은 흐름이라면 관련법규는 이것이 흐르게 하는 도관과 같다. 위기에 처한 한국의 지방상수도사업를 위한 탈출구를 찾고자 시작한 것이 특·광역시 상수도사업의 공사화와 수자원공사 등 공공부문의 전문사업자에게 수도시설관리권을 위탁하여 경영하는 방식이다. 그러나 이러한 위탁경영은 지방상수도사업의 효율성과 경쟁력을 제고하기 위한 근본적인 처방이 될 수 없는 매우 어정쩡한 미봉책에 불과하다. 또한 위탁계약은 위탁자인 자치단체의 정치적 상황 등 불확실하고 불안정적인 요소가 너무도 많아서 그 지속성과 안정성을 보장하기 어렵다. 이와 더불어 위탁관리라는 용역의 제공으로 인하여 수탁자가 부가가치세의 납부의무를 부담하고 이것이 수도요금에 전가되어 소비자의 부담으로 돌아온다는 것은 이 제도가 가지는 또 하나의 커다란 문제점으로 지적되고 있다. 물론 위탁관리제도가 활성화되면 자연스럽게 수도관리시장이 형성되고 공공부문의 전문사업자는 물론 더 나아가 경쟁력을 갖춘 민간사업자의 등장을 통하여 수도사업의 효율성이 증대될 것으로 기대한다.

그러나 수도사업에 대한 민간의 참여나 민영화 문제를 본격적으로 논의하기에는 아직 여건이 성숙되지 않는 것이 우리의 현실임을 감안할 때 공공부문에서 경쟁력 있는 물산업의 사업자를 육성한다는 것은 국가적으로 매우 긴요한 일이다. 이와 관련하여 정부는 7대 특·광역시의 지방상수도사업을 공사화하는 방안을 추진 중이다. 또한 사정이 열악한 군소 지방자치단체들은 상수도사업과 관련된 부채를 인수할 것을 조건으로 수도산업전문사업자에게 수도시설의 관리권이나 소유권을 출자하는 방식으로 수도사업의 경영혁신을 꾀하고 있다. 그러나 수도시설관리권의 위탁경영방식과는 달리 시설관리권이나 소유권의 출자는 지방상수도사업의 사업자가 자치단체로부터 수도산업전문사업자로 전환되는 것을 의미하므로 현행법상 그 허용성 여부가 문제될 수 있다.

이와 관련하여 현행 수도법과 관련법규들은 시설관리권 등의 출자를 통한 보다 적극적인 위탁 방식에 대하여 명시적 금지규정이나 전체적인 법체계상 이를 부정적으로 보고 있다. 법이라는 도관의 녹이 수도산업과 사업자를 육성하는 정책과제의 원활한 흐름과 순환을 여기저기에서 막고 있는 것이다. 따라서 수도법을 비롯한 관련법규를 조속히 개정하여 지방자치단체가 수자원공사를 비롯한 공공부문의 전문사업자에게 수도시설관리권과 소유권을 직접 출자할 수 있는 규정을 신설하고 수도법에는 수도사업자의 개념을 명확하게 규정할 필요가 있다. 여기에서 수도사업자는 자치단체와 같이 형식적으로 상수도사업을 주관하는 수도사업의 주체와는 달리 실제로 수도와 관련된 관리업무를 계속적·반복적으로 수행하는 자이며, 이는 관련법의 개정을 통하여 수자원공사뿐만 아니라 장기적으로는 민영화를 통하여 민간 개인이나 법인에게도 그 문호가 개방되어야 한다.

결국 한국의 물산업은 잠정적으로 공공부문 간의 경쟁력 있는 사업자를 육성하는데 그 목표를 두고 장기적으로는 민간기업도 국·내외의 물산업에 적극 참여할 수 있는 정책적 배려가 요구된다. 결국 이들이 외국의 다국적 물기업으로부터 우리의 “물 주권”을 지켜줄 수 있는 건강한 상비군이기 때문이다.

제8장 상수도사업의 통합과 인가권 조정

Ⅰ. 문제의 제기

우리나라의 수도는 일반수도, 공업용수도, 전용수도로 구분되고, 일반수도는 광역상수도와 지방상수도, 마을상수도로 구분된다. 상수도 개발계획과 관련하여 보면, 수도법에 의거 국토해양부장관이 수립하는 수도정비기본계획과 이 수도정비기본계획을 바탕으로 환경부장관이 수립하는 전국수도종합계획이 있다. 이와 같은 법제 하에서는 내용적으로 유사한 전국적인 수도개발계획이 중앙부처에서 각기 수립되고 있다는 것이 문제점으로 지적되고 있다. 광역상수도와 공업용수도 사업의 인가는 국토해양부장관이 하며, 한국수자원공사가 광역상수도사업의 사업자이다. 지방상수도의 경우는 환경부장관이 인가권자이고, 그 운영은 162개 광역 및 기초지방자치단체가 맡고 있다. 지방상수도는 지방자치법에 따라 지방자치단체(서울특별시, 광역시에 한함)와 시 · 군(기초지방자치단체)별로 그 운영구역이 나누어져 있다. 이는 자연적 수계를 중심으로 또는 수자원의 적정한 공급범위를 기준으로 그 운영주체가 정해진 것이 아니고 행정구역에 따라 획일적으로 구분된 지방자치단체가 그 운영주체가 되는 것이기 때문에 수도서비스의 지역적 불균형, 사업규모의 불균형이 초래되고 있다. 특히 면 이하의 지역에서의 수도공급에 문제점이 존재한다. 이와 같은 영세분절된 사업구조로 인해 관리 측면에서의 비효율과 함께 지방

자치단체의 열악한 재정문제로 인하여 노후화된 관로시설의 조속한 개선에 어려움을 겪고 있다.[1)]

광역상수도와 지방상수도의 설치에 있어서 중복투자 문제도 지속적으로 지적되고 있는 사항이다. 1991년 96.0%에 달했던 전국 광역상수도 취수장의 가동률은 2004년 57.2%까지 떨어졌는데,[2)] 이는 광역상수도와 지방상수도의 개발에 중복투자가 이루어지고 있을 뿐만 아니라 상호 조정이 매우 미흡함을 의미하는 것이다. 이와 같은 현상은 광역상수도와 지방상수도 설치계획의 인가업무가 국토해양부와 환경부로 분리되어 있어 양 부처 간의 사전협의가 충분하지 않거나 상호간 그 의견이 반영되지 아니한다는 점에 기인한다. 이와 같은 사례는 국토해양부와 환경부 간에 물수요 산정에 있어서도 상호 조율이 원활하지 못한 이유에서 발생된 것이다. 또한, 2010년 현재 우리나라의 상수도 보급률은 도시지역의 경우 99.4%에 달하지만 군단위의 경우 읍지역은 90.5%, 면지역은 56.1%에 불과한 것으로 나타나 있는데, 이와 같은 부조화는 농어촌 지역에 대한 수도시설 투자부족으로 인한 것이라 할 것이다. 수계의 물이용 상황에 비추어 일반적으로 상류지역의 하수가 하류지역의 상수도 원수로 이용되고 있는 현실에서 하천 대부분의 지역이 상수도의 원수이자 하수방류 지수의 역할을 하기 때문에 광역적인 상하수도체계의 일체성을 구축해야 할 일은 불가피하다는 지적이 있다.[3)]

이렇게 세분화된 수도사업자는 각각의 자체적인 의사결정과 집행으로 인해 규모의 영세성 및 비효율적인 운영과 더불어 수도시설에 대한 과잉·중복투자 등 많은 문제점을 안고 있다. 따라서 이들을

---

1) 김해룡, “수자원 관리법제에 대한 평가와 법제 개선”, 토지공법연구 제52집, 2011, 4면.

2) 2010년에는 광역상수도 취수장의 가동률이 67.7%, 지방상수도 정수장의 가동률이 전국 평균 74.8%까지 상승하였다.

3) 김해룡, 상게 논문, 5면 참조.

일정한 권역으로 통합함으로써 규모의 경제를 실현하고 수도사업의 전체적인 운영의 합리화와 효율화를 추진하여야 한다. 광역상수도와 지방상수도를 연계 운영할 때 나타나는 효과는 그림에서와 같이 광역상수도와 지방상수도를 연계함으로써 발생하는 수직적 통합에 따른 효과와 개별 지방상수도를 통합하는 수평적 통합에 따른 효과로 구분된다. 수직적 통합효과는 광역상수도 의존도를 높임으로써 나타나는 대체효과 및 광역상수도 운영효율화 효과이며, 수평적 통합효과는 규모의 경제를 확보하게 됨으로써 나타나는 효과이다.[4)]

<그림> 광역상수도와 지방상수도 연계

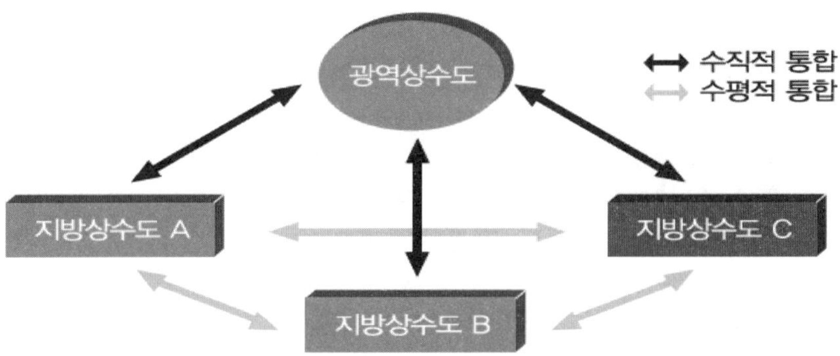

* 출처: 권형준(2009), "수도통합의 효율적 추진방안", Journal of Water Policy & Economy 통권 제13호, 2009년 12월호.

Ⅱ. 물기본권 실현과 수도사업의 통합

지방상수도 간의 통합, 광역상수도와 지방상수도 간의 통합은 효율

---

4) 권형준, 앞의 논문 참조.

적인 물관리라는 국가목표의 실현과 더불어 이를 통하여 국민의 물 기본권 실현에 중요한 전제요건이 된다는 점은 이미 지적하였다. 특히 최근 법원의 판례는 물을 포함하는 환경문제와 관련하여 수질오염에 원인을 제공하는 행정청의 처분에 대한 취소를 구하는 주민소송에서 주민들의 원고적격을 광범위하게 인정하고 있다. 이러한 법원의 판례는 물이용관계가 좁은 권역의 장소적 한계를 극복하고 광역화하고 있다는 점을 의미하는 것으로서 광역권 물관리를 위한 통합의 필요성을 시사하고 있다.

대법원 판례는 일관되게 환경영향평가 대상지역 안에서 거주하는 주민의 원고적격을 인정하고 있는데, 대표적으로 대법원의 이른바 새만금판결을 들 수 있다.

> "공유수면매립면허처분과 농지개량사업 시행인가처분의 근거법규 또는 관련법규가 되는 구 공유수면매립법(1997.4.10. 법률 제5337호로 개정되기 전의 것), 구 농촌근대화촉진법(1994.12.22. 법률 제4823호로 개정되기 전의 것), 구 환경보전법(1990.8.1. 법률 제4257호로 폐지), 구 환경보전법 시행령(1991.2.2. 대통령령 제13303호로 폐지), 구 환경정책기본법(1993.6.11. 법률 제4567호로 개정되기 전의 것), 구 환경정책기본법 시행령(1992.8.22. 대통령령 제13715호로 개정되기 전의 것)의 각 관련규정의 취지는, 공유수면매립과 농지개량사업시행으로 인하여 직접적이고 중대한 환경피해를 입으리라고 예상되는 환경영향평가 대상지역 안의 주민들이 전과 비교하여 수인한도를 넘는 환경침해를 받지 아니하고 쾌적한 환경에서 생활할 수 있는 개별적 이익까지도 이를 보호하려는 데에 있다고 할 것이므로, 위 주민들이 공유수면매립면허처분 등과 관련하여 갖고 있는 위와 같은 환경상의 이익은 주민 개개인에 대하여 개별적으로 보호되는 직접적·구체적 이익으로서 그들에 대하여는 특단의 사정이 없는 한 환경상의 이익에 대한 침해 또는 침해우려가 있는 것으로 사실상 추정되어 공유수면매립면허처분 등의 무효확인을 구할 원고적격이 인정된다."(대법원 2006.3.16. 선고 2006두330).

그런데 같은 사건에서 대법원은 환경영향평가 대상지역 주민뿐만 아니라 환경영향평가 대상지역 밖에서 거주하는 주민도 당사자가 환경침해 사실을 입증함으로써 원고적격을 인정받을 수 있다고 다음과 같이 판시하였다.

> "환경영향평가 대상지역 밖의 주민이라 할지라도 공유수면매립면허처분 등으로 인하여 그 처분 전과 비교하여 수인한도를 넘는 환경피해를 받거나 받을 우려가 있는 경우에는, 공유수면매립면허처분 등으로 인하여 환경상 이익에 대한 침해 또는 침해우려가 있다는 것을 입증함으로써 그 처분 등의 무효확인을 구할 원고적격을 인정받을 수 있다."(대법원 2006.3.16. 선고 2006두330).

물론 이 판결은 공유수면매립면허처분으로 인하여 발생할 수 있는 연안해양 생태계의 파괴 등의 문제에 관련된 것이기는 하지만 물문제를 비롯한 환경생태계에 대한 침해는 광역적인 것이므로 국지적인 문제해결이 당연히 상당한 한계를 가질 수밖에 없다는 점을 암시하고 있다. 따라서 특히 수질문제는 비점오염원이나 국소적인 침해원인을 발견하고 이에 대응하는 방식으로는 해결하기 어렵기 때문에 물관리의 통합과 광역화의 필요성이 더욱 강조된다.

최근 대법원은 원거리 격지에 있는 공장설립승인처분으로 인하여 수도관로를 통하여 상수원으로부터 물을 공급받고 있는 주민들이 수질 침해를 이유로 위 승인처분을 취소하는 항고소송을 제기한 사건에서 다음과 같이 판시하였다.

> "행정처분의 직접 상대방이 아닌 자로서 그 처분에 의하여 자신의 환경상 이익이 침해받거나 침해받을 우려가 있다는 이유로 취소소송을 제기하는 제3자는, 자신의 환경상 이익이 그 처분의 근거법규 또는 관련법규에 의하여 개별적·직접적·구체적으로 보호되는 이익, 즉 법률상 보호되는 이익임을 입증하여야 원고적격이 인정되고, 다만 그 행정처분의 근거법규 또는

관련법규에 그 처분으로써 이루어지는 행위 등 사업으로 인하여 환경상 침해를 받으리라고 예상되는 영향권의 범위가 구체적으로 규정되어 있는 경우에는, 그 영향권 내의 주민들에 대하여는 당해 처분으로 인하여 직접적이고 중대한 환경피해를 입으리라고 예상할 수 있고, 이와 같은 환경상의 이익은 주민 개개인에 대하여 개별적으로 보호되는 직접적·구체적 이익으로서 그들에 대하여는 특단의 사정이 없는 한 환경상 이익에 대한 침해 또는 침해 우려가 있는 것으로 사실상 추정되어 법률상 보호되는 이익으로 인정됨으로써 원고적격이 인정되며, 그 영향권 밖의 주민들은 당해 처분으로 인하여 그 처분 전과 비교하여 수인한도를 넘는 환경피해를 받거나 받을 우려가 있다는 자신의 환경상 이익에 대한 침해 또는 침해 우려가 있음을 증명하여야만 법률상 보호되는 이익으로 인정되어 원고적격이 인정된다(대법원 2006.3.16. 선고 2006두330 전원합의체 판결; 대법원 2006.12.22. 선고 2006두14001 판결 등 참조). 이 사건 공장설립승인처분의 근거법규 및 관련법규인 구 산업집적활성화 및 공장설립에 관한 법률(2005.8.4. 법률 제7678호로 개정되어 2006.8.5. 시행되기 전의 것, 이하 '공장설립법'이라 한다) 제8조 제4호가 산업자원부장관으로 하여금 관계 중앙행정기관의 장과 협의하여 '환경오염을 일으킬 수 있는 공장의 입지제한에 관한 사항'을 정하여 고시하도록 규정하고 있고, 이에 따른 산업자원부장관의 공장입지기준고시(제2004-98호) 제5조 제1호가 '상수원 등 용수이용에 현저한 영향을 미치는 지역의 상류'를 환경오염을 일으킬 수 있는 공장의 입지제한지역으로 정할 수 있다고 규정하고, 국토의 계획 및 이용에 관한 법률(이하 '국토계획법'이라 한다) 제58조 제3항의 위임에 따른 같은 법 시행령(2006.8.17. 대통령령 제19647호로 개정되기 전의 것, 이하 같다) 제56조 제1항 [별표 1의2] 제1호 (라)목 (2)가 '개발행위로 인하여 당해 지역 및 그 주변 지역에 수질오염에 의한 환경오염이 발생할 우려가 없을 것'을 개발사업의 허가기준으로 규정하고 있는 취지는, 공장설립승인처분과 그 후속절차에 따라 공장이 설립되어 가동됨으로써 그 배출수 등으로 인한 수질오염 등으로 직접적이고도 중대한 환경상 피해를 입을 것으로 예상되는 주민들이 환경상 침해를 받지 아니한 채 물을 마시거나 용수를 이용하며 쾌적하고 안전하게 생활할 수 있는 개별적 이익까지도 구체적 · 직접적으로 보호하려는 데 있다고 할 것이다. 따라서 수돗물을 공급받아 이를 마시거나 이용하는 주민들로서는 위 근거법규 및 관련법규가 환경상 이익의 침해를 받지 않은 채 깨끗한 수돗물을 마시거나 이용할 수 있는 자신들의 생활환경상의 개별적 이익을 직접적 · 구체적으로 보호하고 있음을 증명하여 원고적격을 인정받을 수 있다. 원심이 적법하게 채택한 증거와 기록에 의하여 알 수 있는 다음과 같은 사정들, 즉 이 사건 공장설립 예정지인 김해시 상동면 매리 산 140-40 토지를 비롯한 그 일대 토지(이하 '이 사건 신청지'라 한다) 주변의 하천수는 소감천을 통해 낙동강에 합류하게 되는데, 상수원인 물금취수장은 소감천이 흘러내려 낙동강 본류와 합류하는 지점에 근접하여 위치하고 있는 점, 이 사건 공장 설립에 따라 사전환경성검토협의를 위해 제출된 검토서에 물금취수장이 주요보호 대상시설물의 하나로 기재되어 있고, 이 사건 공장설립으로 인한 수질오염 등이 물금취수장에 미치는 영향이 분석되어 있는 점, 사전환경성검토협의를 한 낙동강유역환경청장은 이 사건 공장설립이 물금취수장에 미치는 영향 등을 이유로 '이 사건 신청지를 대상 부지로 하는 공장설립은 바람직하지 않다'는 협의의견을 제시한 점 등을 종합하여 보면, 물금취수장은 이 사건 공장설립으로 인하여 그 근거법규 및 관련법규가 개별적 · 구체적 · 직접적인 환경상 이익으로서 보호하고 있는 '상수원 등 용수이용에 현저한 영향을 미치는 지역'이나 '수질오염에 의한 환경오염이 발생할 우려가 있는 개발행위의 주변 지역'에 위치한다고 볼 여지가 충분하고, 비록 나머지 원고들의 거주지역이 물금취수장으로부터 다소 떨어진 부산광역시 또는 양산시이기는 하나, 수돗물은 수도관 등 급수시설에 의해 공급되는 것이어서 수돗물을 공급받는 주민들이 가지게 되는 수돗물의 수질악화 등으로 인한 환경상 이익의 침해나 침해 우려는 그 거주 지역에 불구하고 그 수돗물을 공급하는 취수시설이 입게 되는 수질오염 등의 피해나 피해 우려와 동일하

> 게 평가될 수 있다고 할 것이다. 따라서 물금취수장에서 취수된 물을 수돗물로 공급받는 나머지 원고들로서는 이 사건 공장설립승인처분의 근거법규 및 관련법규에 의하여 개별적·구체적·직접적으로 보호되는 환경상 이익, 즉 법률상 보호되는 이익이 침해되거나 침해될 우려가 있는 주민으로서 원고적격이 인정될 수 있다고 할 것이다. 그럼에도 원심은, 나머지 원고들의 개별적·구체적 환경상 이익을 보호하고 있는 근거법규나 관련법규도 인정되지 아니할뿐더러 나머지 원고들이 이 사건 공장설립승인처분 전과 비교하여 수인한도를 넘는 건강상·환경상 이익을 침해받거나 침해받을 우려가 있다는 점을 증명하지 못하였다는 등의 이유로, 나머지 원고들의 원고적격을 부인하고 이 부분 소를 각하한 제1심 판결을 그대로 유지하였으니, 이러한 원심의 판단에는 원고적격에 관한 법리를 오해한 나머지 심리를 다하지 아니하여 판결 결과에 영향을 미친 위법이 있다고 할 것이다. 이를 지적하는 상고이유는 이유 있다."(대법원 2010.4.15. 선고 2007두16127 판결, 공장설립승인처분취소).

이 사건에서 대법원이 항고소송에서 원고들의 원고적격을 인정하면서 원거리 격지자의 경우에도 수돗물은 수도관 등 급수시설에 의해 공급되는 것이어서 수돗물을 공급받는 주민들이 가지게 되는 수돗물의 수질악화 등으로 인한 환경상 이익의 침해나 침해 우려는 그 거주 지역에 불구하고 그 수돗물을 공급하는 취수시설이 입게 되는 수질오염 등의 피해나 피해 우려와 동일하게 평가될 수 있다고 설시한 점을 주목할 필요가 있다. 이는 수돗물의 공급과 같이 물관리업무를 광역화할 필요성을 암시하는 것으로서 비록 원거리에서 수돗물을 공급받는 주민들의 경우에도 상류에서의 수질관리에 직접적이고 구체적인 이해관계를 가지고 있다는 점을 분명히 한 것이다.

이에 따라 2010년 7월 환경부는 "39개 권역별 수도통합계획"을 발표하여 광역상수도와 지방상수도 상호간 통합계획을 추진하고 있다. 그런데 이러한 수도사업의 통합을 당면한 정책과제로 추진함에 있어서는 지방상수도는 물론 광역상수도의 경우에도 여러 가지 헌법적 또는 법률적 문제가 제기될 수 있기 때문에 유의할 필요가 있다. 특히 수도사업의 통합이 강제적으로 이루어지는 경우에는 헌법이 지방자치단체에게 부여한 주민복리사업 등 포괄적인 자치권을 침해할 우려가 있다. 또한 지방자치단체가 소유한 공유재산을 처분 또는 양도함에 있어서는 공유재산 및 물품관리법 등에서 규정한 절차와 내용을 준수하여야 하며, 필요한 경우 별도의 법률을 제정하는 것도 검토할 필요가 있다.

Ⅲ. 헌법상 자치단체의 포괄적 자치권 침해 여부

지방자치단체는 헌법 제107조에 의하여 주민복리사업이나 재산을 관리하는 사무와 관련하여 포괄적 · 전권한적 자치권을 보장받고 있으며, 지방자치법에 의하여 상하수도의 설치와 관리에 관한 자치사무를 처리한다. 따라서 지방자치단체가 운영하는 지방상수도사업을 한국수자원공사의 광역상수도사업에 통합하는 경우에는 자치단체의 헌법상 또는 법률상 자치권과 지방상수도사업 운영권을 침해할 수 있다. 또한 주민복리사업으로서 자치단체가 상수도사업을 운영하는 것은 권한인 동시에 헌법상 · 법률상 의무에 해당하기 때문에 지방자치단체는 정당한 사유 없이 이러한 의무를 해태할 수 없다. 따라서 광역상수도사업과 지방상수도사업의 통합은 지방자치단체의 전적인 자유의사에 따라 자율적으로 이루어지는 경우에만 가능하며, 통합 이후에도 지방자치법의 개정이 없는 한 지방상수도사업은 자치단체의 자치사무로서 주민들에게 적절한 가격에 충분한 수돗물을 공급하는 권한과 의무는 법적으로 여전히 자치단체가 보유한다. 다만,

이 경우에는 한국수자원공사와 같은 광역상수도사업자가 출자를 통하여 자치단체가 소유하는 수도시설을 양도받아 지방상수도사업을 수행하는 것으로서 광역상수도사업자가 동시에 지방상수도사업자가 된다. 다시 말하자면, 지방상수도의 설치와 관리는 여전히 지방자치단체가 그 주체가 되지만 자치단체는 지방상수도사업자의 지위를 상실하고 광역상수도사업자가 지방상수도사업의 兼營者가 되는 것이다. 이 경우에는 지방상수도의 설치와 관리에 관한 권한과 의무를 여전히 지방자치단체가 가지고 있기 때문에 지방자치법에 대한 개정도 이루어질 필요가 없으며, 헌법적으로도 문제가 되지 않는다. 이를 통해 일부 지방자치단체의 경우 자연스럽게 광역상수도와 지방상수도의 수직적 통합이 이루어져서 국가 전체 물관리의 효율성을 제고하고 수도사업에 있어서의 규모의 경제를 실현할 수 있으며, 법적으로도 문제될 것이 없을 것으로 보인다. 그러나 출자를 통한 양도와는 달리 양여나 리스 등의 계약형태에서는 수자원공사가 자치단체의 수도시설을 무상으로 사용(lease)하는 것이므로 수도시설에 대한 양도가 이루어지는 것은 아니며 자치단체가 여전히 지방상수도 수도사업자로서의 지위를 갖는다.

Ⅳ. 공유재산 및 물품관리법에 의한 재산의 처리절차와 법적 한계

1. 지방상수도 간의 통합

지방자치단체가 소유한 재산을 규율하는 '공유재산 및 물품관리법'에 의하면 수도시설은 이 법 제5조 제2항의 행정재산으로서 공용재산에 속한다. 행정재산 중 공용재산이란 "지방자치단체가 직접 사무용 · 사업용 또는 공무원의 거주용으로 사용하거나 사용하기로 결정한 재산과 사용을 목적으로 건설 중인 재산"을 말하는데, 수도시설은 지방자치단체가 수도사업용으로 사용하는 재산이다. 공유재산법은 위에서 언급한 공용재산 외에 행정재산을 공공용재산, 기업용재산, 보존재산으로 구분하고, 이외에 자치단체가 소유하는 기타의 재산을 일반재산으로 구분하고 있다. 일반재산은 구 공유재산법상 이른바 잡종재산에 해당하는 재산이다. 일반재산은 자치단체가 재산의 경제적 가치에 중점을 두고 소유 · 관리하는 재산임에 비하여 행정재산은 재산적 가치보다는 자치단체의 행정목적 내지 주민의 복리증진, 문화적 가치의 창달을 위하여 소유하는 재산으로서 이러한 행정재산이 가지는 목적 외에는 사인에게 이를 양도하는 등 사권을 설정하지 못하는 것이 원칙이다.

이에 따라서 공유재산법 제19조 제1항은 "행정재산은 대부 · 매각 · 교환 · 양여 · 신탁 또는 대물변제하거나 출자의 목적으로 하지 못하며, 이에 사권을 설정하지 못한다"고 규정하고 "다만, 다음 각 호의 어느 하나에 해당하는 경우에는 그러하지 아니하다"고 하여 일정한 예외를 인정하고 있다.[5)]

그런데 자치단체가 소유한 행정재산으로서 공용재산인 수도시설

---

5) 제19조(처분 등의 제한) ① 행정재산은 대부 · 매각 · 교환 · 양여 · 신탁 또는 대물변제하거나 출자의 목적으로 하지 못하며, 이에 사권을 설정하지 못한다. 다만, 다음 각 호의 어느 하나에 해당하는 경우에는 그러하지 아니하다.
  1. 행정재산의 용도와 성질을 유지하는 조건으로 대통령령으로 정하는 바에 따라 국가 또는 다른 지방자치단체에 양여하는 경우
  2. 해당 지방자치단체 외의 자가 소유한 재산을 행정재산으로 관리하기 위하여 교환하는 경우
  3. 「공익사업을 위한 토지 등의 취득 및 보상에 관한 법률」 제4조에 따른 공익사업의 시행을 위하여 해당 행정재산의 목적과 용도에 장애가 되지 아니하는 범위에서 공작물의 설치를 위한 지상권 또는 구분지상권을 설정하는 경우

을 다른 자치단체와 통합한다는 것은 유상 또는 무상으로 다른 자치단체에게 양도하거나 자산 및 부채를 일괄하여 다른 자치단체가 양수하는 것을 의미하는 것인데, 위 법규정에 따라 수도시설을 매각 또는 양여하는 행위라고 볼 수 있다. 따라서 공유재산법 제19조 제1항에 의하면 공용재산으로서 행정재산인 수도시설은 양도나 사권설정이 원칙적으로 허용되지 않는 것이지만 수도시설에 대한 통합의 목적과 내용이 기존의 수도시설로서의 용도와 기능을 계속하여 유지하는 것에 있기 때문에 1. 행정재산의 용도와 성질을 유지하는 조건으로 대통령령으로 정하는 바에 따라 국가 또는 다른 지방자치단체에 양여하는 경우, 2. 해당 지방자치단체 외의 자가 소유한 재산을 행정재산으로 관리하기 위하여 교환하는 경우 등 예외사유에 해당하여 공유재산법의 해석상 통합을 위한 처분이 허용되는 것으로 보아야 한다.

다만, "대통령령으로 정하는 바에 따라" 양여가 이루어지는 것이므로 이 법 시행령은 이에 대해서 규정하고 있다.[6] 시행령 제11조 제1호는 "다른 법령에 따라서 행정재산의 소유권이 변동되는 경우"를 상정하고 있으므로 수도시설을 규율하는 수도법이나 다른 법령에서 자치단체 간의 수도시설에 대한 통합가능성을 규정하는 근거를 요구하고 있다. 따라서 공유재산법과 동법 시행령의 관련규정을 유기적으로 해석하여 보면 수도법 등 관련법령에서 자치단체 간의 수도시

---

6) 제11조(처분 등의 제한) 법 제19조 제1항 제1호에 따라 행정재산의 용도와 성질을 유지하는 조건으로 국가 또는 다른 지방자치단체에 양여하는 경우는 다음 각 호의 어느 하나에 해당하는 경우로 한다.

1. 다른 법령에 따라 해당 지방자치단체의 사무가 국가나 다른 지방자치단체로 이관(移管)됨에 따라 행정재산의 소유권이 변동되는 경우
2. 기존도로의 확장 · 축소로 인하여 「도로법」 제20조에 따른 도로 관리청 또는 「국토의 계획 및 이용에 관한 법률」 제43조 제3항에 따라 해당 지방자치단체의 조례로 정하는 관리청이 지방자치단체 간에 변경되는 경우

설 통합과 양도를 위한 법적 근거만 마련된다면 수도시설의 통합은 법적으로는 특별하게 문제가 될 것이 없다.

그러나 입법의 체계로 볼 때 공유재산법과 시행령의 규정방식은 문제가 있는 것으로 보인다. 그 이유는 공유재산법 제19조 제1항 제1호는 행정재산을 국가나 다른 지방자치단체에게 양여하는 방식과 내용을 대통령령에게 위임하고 있는데, 동법 시행령 제11조 제1호는 다른 법령에 따라서 행정재산의 소유권이 이전되는 경우를 규정함으로써 행정재산이 이전되는 요건을 재차 다른 법령에 근거를 두어 정할 것을 요구하고 있다. 법률이 일정한 사항을 시행령에 위임하는 경우 시행령은 그 위임된 범위 안에서만 일정한 사항을 규정하는 것이 위임입법의 한계를 준수하는 것이기 때문에 시행령이 다시 법령에 일정한 사항을 규정할 것을 요구하는 것은 위임입법의 한계를 일탈한 것으로 모법의 취지에 반하고, 더 나아가 위임입법을 하는 경우 법률이 구체적으로 그 범위를 정하라는 헌법 제75조에도 위반할 가능성이 있다.

따라서 공유재산법 제19조 제1항 제1호 '대통령령이 정하는 바에 따라'라는 문구를 삭제하고 동법 시행령 제11조 제1호의 내용을 직접 법률로서 규정하도록 개정할 필요가 있다. 이렇게 되는 경우에 한하여 수범자는 공유재산법이 규정하는 행정재산의 양도에 대한 요건이 충족되더라도 다른 법령에서 행정재산에 대한 소유권 이전을 위한 법적 근거를 별도로 마련하여야 한다는 점을 예측할 수 있기 때문에 법률의 명확성과 예측가능성 원칙에도 부합한다. 다시 말하자면 행정재산의 이전가능성이 공유재산법과 더불어 별도의 법적 근거를 요한다는 2중의 법률유보를 시행령 단계에서 비로소 알 수 있다면 법치주의원리에 입각한 법률의 명확성과 예측가능성원칙은 실현되기 어렵다는 것이다.

2. 광역상수도와 지방상수도 간의 통합

지방상수도 상호간의 이른바 수평적 통합과 더불어 지방상수도사업과 광역상수도사업 간의 수직적 통합의 경우에도 공유재산법상 행정재산의 양도에 대한 요건이 그대로 적용된다. 다만, 광역상수도와 지방상수도 간의 통합은 자치단체가 소유한 수도시설을 한국수자원공사에게 양도하는 것이므로 공유재산법 제19조 제1항 제1호가 규정하는 '국가'에 한국수자원공사를 포함할 수 있는지 문제가 된다. 이는 헌법상 국가에게 부여된 거시적인 물관리 의무를 보다 효율적으로 수행하기 위하여 설립한 공기업으로서 한국수자원공사가 이른바 국가의 간접행정(staatsmittelbare Verwaltung)의 형태로 인정받을 수 있는가의 법이론적인 문제와 헌법, 한국수자원공사법 및 수도법의 관련 실정법 규정의 해석이라는 두 가지 문제를 제기한다.

우선 첫 번째 문제와 관련하여 국가는 국가에게 부여된 과제를 수행하기 위하여 두 가지 방식을 선택할 수 있는데, 하나는 국가가 스스로의 행정기관을 통하여 공적 과제를 처리하는 방식으로서 이를 국가직접행정(staatsunmittelbare Verwaltung)이라고 부른다. 이에 비하여 국가가 수행하는 공적 과제 중에서 업무의 전문성이나 특수성을 고려하여 국가기관을 사용하지 아니하고 별도의 특수법인 또는 영조물 등을 설립하여 그들로 하여금 조직과 재정상의 자율성을 유지하면서 보다 효율적이고 전문적으로 공적 과제를 수행하는 경우가 있는데, 이를 국가의 간접행정작용(staatsmittelbare Verwaltung)이라고 한다. 이러한 국가의 공적 과제수행 방식의 차이에도 불구하고 이를 수행하는 궁극적인 주체가 국가라는 점에서는 근본적이고 본질적인 차이가 존재하는 것은 아니다. 흔히 국가의 간접행정을 수행하는 조직법상의 형태는 공법상의 법인(Körperschaften des öffentlichen Rechts), 공법상의 영조물(Anstalten des öffentlichen Rechts)과 공법상의 재단

(Sfiftungen des öffentlichen Rechts)으로 구분되며, 이외에 국가간접행정의 형태로 지방자치단체를 추가하는 견해도 있다.

그런데 한국수자원공사의 경우에는 공법상의 법인과 영조물이 결합된 일종의 영조물법인으로서 헌법과 한국수자원공사법, 댐건설 및 주변지역지원 등에 관한 법률, 수도법 등이 부여한 공적 과제를 수행하기 위하여 설립된 인적 · 물적인 조직의 결합체라고 할 수 있다. 공법상 영조물법인은 공행정목적을 지속적으로 수행하기 위하여 설립되는 인적 · 물적 결합체로서 권리능력 있는 행정의 단일체를 말한다. 다시 말하자면 한국수자원공사와 같이 공법상의 영조물법인은 법령상 자신에게 부여된 업무를 자기책임의 원칙에 따라서 수행할 수 있는 권리와 의무를 가지는데, 이를 위하여 상당한 정도의 재정적, 조직적 자율성이 인정된다. 공법상의 영조물법인은 국가가 모든 공적 과제를 독점적으로 수행하는 과정에서 발생할 수 있는 재정적, 사항적 애로를 극복하고 보다 효율적인 업무수행을 위한 조직이라는 점에서 국가적 과제의 분권화와 자율화에 기여하며, 독립된 업무주체에게 공적 과제를 이전함으로써 국가의 행정적, 재정적 부담을 완화하는 기능을 수행한다. 영조물법인은 독립한 행정주체이지만, 공법상 사단법인과는 달리 구성원이 없으며, 인적 요소로서는 영조물의 사무를 수행하는 영조물 소속 직원과 영조물의 외부에서 영조물이 공급하는 용역 내지 공적 서비스를 이용하는 일반 국민인 이용자가 존재한다.

이와 같은 국가행정조직의 형태로 보았을 때 한국수자원공사가 헌법과 관련법령에 따라 부여된 공적 과제를 수행하는 영조물법인으로서 국가의 간접행정조직의 한 형태라는 점을 고려한다면 공유재산법 제19조 제1항 제1호가 규정하는 '국가'의 범위에 포함되는 것은 의문의 여지가 없다. 따라서 지방자치단체가 한국수자원공사에게 지방상수도시설을 양도하여 그 시설이 계속하여 수도사업의 용도와 성질을 유지하는 경우에는 수도법 등 관련법령에서 그 법적 근거를 마련하는 것이 선행된다면 공유재산법상으로 문제가 될 것이 없다.

두 번째로 헌법을 포함하여 한국수자원공사법, 수도법 등 관련 법령에서 한국수자원공사와 자치단체 간에 수직적 통합을 허용하고 있는지 검토할 필요가 있다. 한국수자원공사법은 제9조에서 한국수자원공사의 사업 범위와 내용을 규정하면서 제1항 제2호의 수도시설의 개발과 이용에 관한 다음의 사업 중 지방상수도를 명시적으로 배제하였다.

가. 수도시설의 건설.
나. 수도시설의 사용 및 유지 · 관리.
다. 수도시설의 사용 및 유지 · 관리 등을 위한 시설의 정비.

물론 지방자치단체가 행정재산으로 소유하고 있는 수도시설은 한국수자원공사가 직접 건설한 것은 아니지만 이를 한국수자원공사에게 양도하는 경우 한국수자원공사는 이 시설을 계속적으로 '사용'하여 자치단체의 주민에게 수돗물을 공급하고, 이 과정에서 지방상수도시설을 관리하고 정비하는 것이 불가피하기 때문에 한국수자원공사와 지방상수도사업 간의 통합을 위해서는 한국수자원공사의 사업범위를 규정한 한국수자원공사법의 개정이 필요하다. 이러한 입법정책적 과제는 기본적으로 현행 한국수자원공사법과 수도법이 광역상수도는 한국수자원공사의 업무로, 지방상수도는 자치단체의 권한과 의무로 2원화한 체계를 가지고 있는 것이기 때문에 양자 간의 통합이 가능하기 위해서는 두 법률에 대한 수정이 불가피하다는 점을 지적할 수 있다.

다음으로 수도법 제3조 제7호 · 제8호는 한국수자원공사와 자치단체가 담당하는 광역상수도와 지방상수도의 개념을 다음과 같이 규정하고 있다.

7. '광역상수도'란 국가 · 지방자치단체 · 한국수자원공사 또는 국토해양부장관이 인정하는 자가 둘 이상의 지방자치단체에 원수나 정수를 공급(제43조 제4항에 따라 일반 수요자에게 공급하는 경우를 포함한다)하는 일반수도를 말한다. 이 경우 국가나 지방자치단체가 설치할 수 있는 광역상수도의 범위는 대통령령으로 정한다.

8. '지방상수도'란 지방자치단체가 관할 지역주민, 인근 지방자치단체 또는 그 주민에게 원수나 정수를 공급하는 일반수도로서 광역상수도 및 마을상수도 외의 수도를 말한다.

이러한 입법체계는 위에서 언급한 바와 같이 현행 수도 관련 입법체계가 일반상수도의 두 축인 광역상수도와 지방상수도의 담당주체를 2원화 내지 2분화하고 있는 것으로부터 유래하는 것으로서 광역상수도와 지방상수도의 통합을 위해서는 당연히 그 업무영역에 대한 통합이 가능하도록 법체계가 정비되는 것이 선행되어야 한다. 물론 수도법은 제43조 제4항에서 "국토해양부장관은 대통령령으로 정하는 바에 따라 한국수자원공사로 하여금 광역상수도의 수돗물을 일반 수요자에게 공급하게 할 수 있다. 이 경우 미리 관계 특별시장 · 광역시장 · 특별자치도지사 · 시장 · 군수(광역시의 군수는 제외한다)의 동의를 받아야 한다"라고 규정하여 일정한 범위 안에서 광역상수도를 담당하는 한국수자원공사에게도 자치단체의 주민들에게 사실상 지방상수도사업을 할 수 있는 가능성을 열어놓고 있다.

그러나 동법 시행령 제56조는 한국수자원공사가 주민에게 직접 광역상수도를 공급할 수 있는 사유를 다음과 같이 한정하여 열거하고 있다.

제56조(일반 수요자에 대한 광역상수도 수돗물의 공급) 법 제43조 제4항에 따라 광역상수도의 수돗물을 일반 수요자에게 공급할 수 있는 경우는 다음 각 호에 해당하는 요건을 갖춘 경우로 한다.

1. 지방상수도나 그 밖의 다른 수단에 의하여 수돗물을 공급하는 것이 현저히 곤란하여 광역상수도에서 직접 공급할 수밖

에 없는 경우

2. 공공기관 · 군부대 · 학교 · 발전소 또는 1일 물사용량이 1천 톤 이상인 공장에 공급하는 경우

위에서 언급한 바와 같이 이러한 수도법령의 규정들은 결코 광역상수도사업자인 한국수자원공사에게 일반적으로 지방상수도사업자의 지위를 인정하겠다는 것이 아니고 극히 예외적인 사유가 존재하는 경우에 한하여 지방상수도의 기능대행을 허용하겠다는 입법적 취지를 가지고 있기 때문에 광역상수도와 지방상수도 간의 통합을 인정하는 수도법의 구조적이고 전면적인 개정이 선행되지 않는 한 현행법의 해석론으로는 양자 간의 통합은 불가능한 것으로 보아야 한다.

V. 지방상수도시설관리권의 이른바 무형출자

지방자치단체가 소유하고 있는 수도시설을 다른 지방자치단체 또는 수자원공사에게 유상으로 양도하는 것을 유형출자라고 한다면 수도시설관리권만을 양도하는 것을 무형출자라고 부를 수 있다. 이와 관련하여 수도법에서는 수도시설관리권의 법적 성격에 대한 직접적인 규정을 두지 않고, 다만 수도법 제3조 제26호에서 "수도시설관리권이란 수도시설을 유지 · 관리하고 그로부터 생산된 원수 또는 정수를 공급받는 자에게서 요금을 징수하는 권리를 말한다"고 그 개념을 정의하고 있다. 또한 한국수자원공사법은 제19조 제1항에서 "국토해양부장관은 수도시설의 관리권을 공사에 대하여 설정할 수 있고, 환경부장관은 하수종말처리시설의 관리권을 공사에 대하여 설정할 수 있다"고 규정하여 시설관리권을 전문사업자에게 부여하고, 그 법적 성격에 대하여 제20조 제1항에서 "시설관리권은 물권으로 보며, 이

법에 특별한 규정이 있는 경우 외에는 민법 중 부동산에 관한 규정을 준용한다"고 하여 물권의 일종을 이해하고 있다. 수도시설관리권과 유사한 성질의 시설관리권은 다른 법규에 의하여 물권으로 인정되고[7] 민법상 부동산에 관한 규정을 준용하고 있으므로 수도시설관리권 역시 양도나 출자가 가능한 통상적인 물권으로 보는 것이 합리적이다. 다만, 수도법상 명문규정은 없으나 상수도시설은 민간자본을 유치하여 건설하는 사회간접자본시설이나 유료도로와는 달리 지방자치단체가 소유하고 관리하는 시설로서 수도시설의 관리와 운영을 위한 목적으로만 그 처분이 제한되는 특수한 물권으로서의 성격을 가지고 있는 것으로 볼 수 있다.

한국수자원공사법 제4조 제4항에 의하여 국가는 댐건설 및 주변지역지원 등에 관한 법률 제2조 제3호에 따른 댐사용권과 수도법 제3조 제26호에 따른 수도시설관리권 및 하수종말처리시설관리권을 공사에 출자할 수 있고, 지방자치단체는 수도시설관리권을 공사에 출자할 수 있다. 따라서 일부에서는 이 조항에 따라서 지방자치단체가 지방상수도의 수도시설관리권을 수자원공사 등 수도산업 전문사업자에게 출자할 수 있다는 견해를 제시하고 있다. 그러나 이미 언급한 바와 같이 현행 수도 관련 입법체계가 일반상수도의 두 축인 광역상수도와 지방상수도의 담당주체를 2원화 내지 2분화하고 있기 때문에 지방자치단체가 수자원공사 등에게 출자할 수 있는 수도시설관리권은 수도법 제17조 제1항 제1호 등에 의하여 지방자치단체가 제한적으로 설치하는 광역상수도에 한정되는 것으로 보아야 한다. 따라서

---

7) 사회기반시설에 대한 민간투자법 제26조 제1항은 사회기반시설사업을 시행한 사업시행자가 제22조에 따라 준공확인을 받은 경우에는 제25조 제1항에 따라 무상으로 사용·수익할 수 있는 기간 동안 해당 시설을 유지·관리하고 시설사용자로부터 사용료를 징수할 수 있는 사회기반시설관리운영권을 갖는다고 하면서, 이러한 시설관리운영권을 물권(物權)으로 보며, 이 법에 특별한 규정이 있는 경우를 제외하고는 「민법」 중 부동산에 관한 규정을 준용하도록 규정하고 있다.

유형출자와 마찬가지로 지방자치단체가 지방상수도의 수도시설관리권을 무형출자의 형식으로 양도하려면 이를 위한 수도법과 관련법규의 개정이 선행되어야 한다.

Ⅶ. 광역상수도사업 인가권 조정

1. 문제의 제기

수도법 제17조에 따르면, 일반수도사업을 경영하려는 자는 대통령령으로 정하는 바에 따라 지방자치단체가 설치하는 광역상수도 외의 광역상수도(정수시설은 제외한다)의 경우에는 국토해양부장관의 인가를 받아야 하고, 국토해양부장관이 인가하는 광역상수도의 정수시설, 지방자치단체가 설치하는 광역상수도 및 지방상수도의 경우에는 환경부장관의 인가를, 마을상수도의 경우에는 시장 · 군수 또는 구청장의 인가를 받아야 한다. 현행법상 상수도 건설주체는 국가(국토해양부) 또는 지방자치단체이며, 상수도 운영도 한국수자원공사와 지방자치단체에 의하여 이루어지고 있다. 광역상수도의 경우 사실상 한국수자원공사가 건설 및 운영을 전적으로 담당하고 있다.

기후 변화로 인한 광역상수도의 안정성을 확보하기 위해서는 수도법에서 지방자치단체를 광역상수도사업자에서 제외하는 개정과 함께 지방자치단체의 광역상수도사업에 대한 환경부장관의 인가권을 폐지하는 방안을 심도 있게 고려하여야 한다. 이 문제는 원천적으로 수도법이 지방자치단체에게 광역상수도사업을 할 수 있는 사업자로 규정하고 있는 것과 표리의 관계에 있다. 개정 전 수도법 제17조는 다음과 같이 인가권자를 규정하고 있었다.

제17조(일반수도사업의 인가) ① 일반수도사업을 경영하려는 자는 대통령령으로 정하는 바에 따라 지방자치단체가 설치하는 광역상수도 외의 광역상수도(정수시설은 제외한다)의 경우에는 국토해양부장관의 인가를 받아야 하고, 국토해양부장관이 인가하는 광역상수도의 정수시설, 지방자치단체가 설치하는 광역상수도 및 지방상수도의 경우에는 환경부장관의 인가를, 마을상수도의 경우에는 특별자치도지사·시장·군수 또는 구청장의 인가를 받아야 한다. 인가된 사항을 변경(대통령령으로 정하는 가벼운 사항을 변경하는 경우는 제외한다)하려는 경우에도 또한 같다.

② 환경부장관이나 국토해양부장관이 제1항에 따른 인가를 하려면 미리 서로 협의하여야 한다. 이 경우 국토해양부장관이 정수시설이 포함된 광역상수도에 관하여 환경부장관과 협의하여 인가하면 그 정수시설의 설치·운영에 대한 환경부장관의 인가를 받은 것으로 본다.

③ 환경부장관, 국토해양부장관 또는 특별자치도지사·시장·군수·구청장(이하 "인가관청"이라 한다)은 제1항에 따라 일반수도사업을 인가하면 지체없이 고시하여야 한다

④ 환경부장관과 국토해양부장관은 매 연도의 일반수도사업에 관한 계획을 수립할 때에 서로 협의하여 효율적인 사업 운용이 될 수 있도록 하여야 한다.

[표 4-7] 2011.7.28. 개정 전 일반상수도 관리체계

구분	광역상수도	지방상수도	마을상수도
사업자	국가, 한국수자원공사 지방자치단체(2 이상) 국토해양부장관이 인정하는 자	지방자치 단체	지방자치 단체
사업 인가	국토해양부장관, 환경부장관 (지방자치단체가 설치하는 광역상수도 및 국토해양부장관이 인가하는 광역상수도 정수시설)	환경부장관	특별자치 도지사· 시장·군수 또는 구청장

그런데, 2011년 7월 28일에 개정되고 2012년 1월 29일부터 시행되는 개정 수도법은 제17조에서 다음과 같은 내용을 규정하고 있다.

> 제17조(일반수도사업의 인가) ① 일반수도사업을 경영하려는 자는 대통령령으로 정하는 바에 따라 다음 각 호의 구분에 따른 환경부장관, 국토해양부장관, 시·도지사, 또는 시장·군수(군수는 광역시의 군수를 제외하며, 이하 "인가관청"이라 한다)의 인가를 받아야 한다. 인가된 사항을 변경(대통령령으로 정하는 가벼운 사항을 변경하는 경우는 제외한다)하려는 경우에도 또한 같다.
>
> 1. 지방자치단체가 설치하는 광역상수도 및 지방상수도(제3호 및 제4호에 해당하는 광역상수도와 지방상수도는 제외한다)와 국토해양부장관이 인가하는 광역상수도의 정수시설: 환경부장관
> 2. 지방자치단체가 설치하는 광역상수도 외의 광역상수도(정수시설은 제외한다): 국토해양부장관
> 3. 도 또는 특별자치도의 관할구역에서 지방자치단체가 설치하는 시설용량 1일 1만 톤 이하인 광역상수도 및 지방상수도: 도지사 또는 특별자치도지사
> 4. 특별시 또는 광역시의 관할구역에서 지방자치단체가 설치하는 시설용량 1일 10만 톤 이하인 광역상수도 및 지방상수도: 특별시장 또는 광역시장
> 5. 마을상수도: 특별시장·광역시장·특별자치도지사·시장·군수(광역시의 군수는 제외한다)
>
> ② 환경부장관과 국토해양부장관이 제1항 제1호 및 제2호에 따른 인가를 하려면 미리 서로 협의하여야 하고, 시·도지사가 같은 항 제3호 및 제4호에 따른 인가를 하려면 환경부장관 및 국토해양부장관과 미리 협의하여야 한다. 이 경우 국토해양부장관이 정수시설이 포함된 광역상수도에 관하여 환경부장관과 협의하여 인가하면 그 정수시설의 설치·운영에 대한 환경부장관의 인가를 받은 것으로 본다.
>
> ③ 인가관청은 제1항에 따라 일반수도사업을 인가하면 지체 없이 고시하여야 한다.
>
> ④ 환경부장관과 국토해양부장관은 매 연도의 일반수도사업

에 관한 계획을 수립할 때에 서로 협의하여 효율적인 사업 운용이 될 수 있도록 하여야 한다.

⑤ 시 · 도지사는 일반수도사업(마을상수도는 제외한다)을 인가하면 인가한 내용을 환경부장관에게 지체없이 통보하여야 한다.

[표 4-8] 2011.7.28. 개정 후 일반상수도 관리체계

구분	광역상수도	지방상수도	마을상수도
사업자	국가 지방자치단체(2 이상) 지방자치단체(소규모)	지방자치단체 지방자치단체 (소규모)	지방자치단체
사업인가	국토해양부장관 (정수시설은 환경부장관), 환경부장관, 도지사 · 특별자치도지사 · 특별시장 또는 광역시장	환경부장관, 도지사 · 특별자치 도지사 · 특별시장 또는 광역시장	특별시장 · 광역시장 · 특별자치 도지사 · 시장 · 군수

2011년 7월 28일을 기준으로 개정 전 수도법과 개정 후 수도법 제17조를 비교하면 광역상수도에 대한 인가권이 개정 전에는 국토해양부장관과 환경부장관에 2원화되어 있었던 구조임에 비하여 개정 후에는 소규모 광역상수도의 경우에는 도지사나 특별시장, 광역시장에게 부여하는 3원체제로 보다 분권화되었다는 점이다. 다시 말하자면 기존에는 정수시설을 제외한 광역상수도에 대한 인가권은 국토해양부장관이 가지고 있었으며, 정수시설을 포함하여 지방자치단체가 설치하여 운영하는 광역상수도에 대해서는 환경부장관이 인가권을 행사하였다. 그런데 이러한 수도법의 규정에도 불구하고 실제로는 지방자치단체가 설치하는 광역상수도가 전무한 상태이다. 따라서 환경부장관에게 이에 대한 인가권을 부여하는 것은 광역상수도에 대한 통합관리를 통하여 국가 물관리업무의 효율성을 제고하려는 헌법이나 수도법의 취지와 목적에 부합하지 못하기 때문에 광역상수도에

대한 인가권을 국토해양부장관으로 일원화하는 것이 필요하다.

또한 현재 지방자치단체가 지방상수도를 확충하여 그 잉여분을 인근의 자치단체에게 지방상수도를 공급하여 실제로는 광역상수도사업을 시행하는 관행이 일반화되고 있는 것도 수도법이 지방자치단체에게 광역상수도사업을 할 수 있도록 법률상 허용하는 심리적 기저에서 출발하고 있는 것으로서 지방자치단체에게 광역상수도사업권을 배제하는 수도법 개정의 필요성도 이미 지적하였다. 그런데 개정된 수도법 제17조 제1항 제3호와 제4호는 각각 도 또는 특별자치도의 관할구역에서 지방자치단체가 설치하는 시설용량 1일 1만 톤 이하인 광역상수도 및 지방상수도는 도지사 또는 특별자치도지사에게 인가권을, 특별시 또는 광역시의 관할구역에서 지방자치단체가 설치하는 시설용량 1일 10만 톤 이하인 광역상수도 및 지방상수도의 경우에는 특별시장 또는 광역시장에게 인가권을 부여하고 있다. 이는 광역상수도에 대한 통합관리를 더욱 어렵게 하는 일종의 개악이라고 평가하지 않을 수 없다.

더욱이 이 규정에는 1만 톤 내지 10만 톤 이하 일반수도의 경우 광역상수도와 지방상수도 간의 기능상의 차이를 전혀 고려하지 않고 모두 그 인가권을 도지사 내지 특별·광역시장에게 주고 있어서 이들 광역자치단체 장들에게 광역상수도사업을 장려하는 듯한 왜곡된 물관리체계를 예정하고 있다. 이는 후술하는 바와 같이 광역상수도와 지방상수도 간의 수직적 통합과 지방상수도 상호간의 수평적 통합이 국가 물관리시스템의 효율성과 합리성을 제고하겠다는 정책목적을 시행하는 것과는 달리 수도법 제17조 제1항 제3호와 제4호의 규정은 지방자치단체로 하여금 광역상수도사업과 지방상수도사업의 겸영을 허용하겠다는 것인데, 이는 헌법과 수도법이 지향하는 통합적인 물관리 개념에 정면으로 반하는 것이다.

이미 언급한 바와 같이 헌법 제120조 제2항에 의하여 국가는 국토와 자원의 "균형 있는 개발과 이용"을 위하여 필요한 계획을 수립할 수 있는데, 수자원의 경우 균형 있는 개발과 이용이란 경제성장을 위한 경제적 관점의 물이용뿐만 아니라 이와 대척점에 설 수 있는 지속가능한 개발 또는 환경을 고려하는 개발과 이용이라는 목표도 동시에 균형적으로 달성하라는 취지라고 할 수 있다. 그렇다면 한정된 수자원을 최대한 효율적으로 이용하는 것이 환경과 지속가능한 개발과 더불어 기업과 개인의 경제활동에 반드시 요구되는 충분한 용수공급을 가능하게 함으로써 균형적으로 수자원을 이용하는 것으로 볼 수 있다. 국가가 한정된 수자원을 효율적으로 이용하기 위하여 최근 논의되고 있는 이른바 'smart water grid'라는 기법을 사용하는 것도 결국은 헌법이 요구하는 균형 있는 자원의 개발과 이용이라는 목표에 부합하는 것이다.

그런데 smart water grid 기법은 국가 내에서 이루어지는 물이용 전반을 관리할 수 있는 체계를 구축하는 것이므로 가능한 한 국가에서 이루어지는 모든 물이용 관계를 하나의 계기판에 일목요연하게 표시하여야 한다. 이를 위해서는 원칙적으로 국가의 물이용이 파편적으로 나누어지지 않고 통합되는 것이 무엇보다 중요하다. 마치 국가예산이 하나의 단일한 예산에 그 수입과 지출이 모두 계상되어야만 국민의 대표기관인 국회가 이를 효과적으로 통제할 수 있다는 이른바 통합예산주의원칙과 유사한 논리구조라고 할 수 있다. 만약, 국가의 예산이 하나의 단일한 예산안에 표시되지 않고 다양한 기금과 특별회계 등으로 여기 저기 숨어 있는 경우에는 국가재정에 대한 효율적인 관리나 통제는 기대하기 어렵다. 결국 통합적 물관리는 이와 같이 이곳 저곳에 산재해 있는 물이용 관계를 가시적인 관리시스템으로 모두 편입하자는 취지이기 때문에 효율적이고 균형 있는 물관리를 위해서는 반드시 요구되는 기술적인 전제라고 할 수 있다. 그러므로 헌법 제120조 제2항에 의한 물관리는 분산이 아닌 통합의

원리에 근거하는 경우에 한하여 균형 있게 이루어질 수 있는 것이다.

2. 제도개선 방안

물론 수도사업과 관련하여 지방자치권의 강화라는 차원에서 위 개정조항을 이해할 수 있으나, 지방자치단체는 지방상수도의 수질 등 품질개선과 지역주민에 대한 서비스의 향상에 노력을 경주하도록 하는 것이 무엇보다 중요한 일이다. 이에 비하여 기후변화에 따르는 국가의 전반적인 물관리 업무의 효율성이 강조되고 수도사업의 수직적·수평적 통합이 논의되고 있는 이 시점에서 지방자치단체에게 광역상수도에 대한 인가권을 확대하는 것은 국가의 정책목표에 부합하지 못하는 것이다. 실제로 수도법 제17조에 따라 지방자치단체가 일반수도사업으로서 광역상수도를 설치하는 경우에는 환경부장관의 인가를 받아야 하지만, 환경부장관이 이 조항에 의하여 지방자치단체가 설치하는 광역상수도에 대한 인가를 행한 사례는 현재까지 없다. 위에서 언급한 바와 같이 지방자치단체가 광역상수도사업을 하려는 경우에는 위 조항과 수도법 제3조 제7호의 적용을 받을 필요가 없이 제3조 제8호에 의하여 지방상수도사업의 광역화를 통하여 실질적으로는 광역상수도사업을 하는 것과 동일한 효과를 거둘 수 있다.

그런데 수도법 시행령은 제2조 제1항은 광역상수도의 범위에 대하여 다음과 같은 규정을 두고 있다.

> 수도법 시행령 제2조(광역상수도의 범위) ① 「수도법」(이하 "법"이라 한다) 제3조 제7호에 따라 국가가 설치할 수 있는 광역상수도의 범위는 다음 각 호와 같다.
> 1. 수자원의 합리적인 이용과 배분을 위하여 다목적댐이나 용수 공급을 위한 댐 등을 취수원으로 하여 물을 공급하려는 경우
> 2. 직할하천의 수계를 변경하여 물을 공급하려는 경우

3. 「'산업입지 및 개발에 관한 법률'」 제2조에 따른 산업단지가 지정되어 있는 지방자치단체에 물을 공급하려는 경우

4. 둘 이상의 광역시나 도의 관할구역에 걸쳐 물을 공급하려는 경우

위의 규정에서 보듯이 광역상수도는 국가의 수자원보호라는 거시적이고 광역적인 물관리가 필요한 경우에 설치하는 것이므로 지방자치단체가 지방상수도사업을 확장하여 광역상수도사업을 하는 것은 수도법이나 위 시행령 규정의 취지에 반한다. 물론 수도법 시행령 제2조 제2항은 지방자치단체가 공동으로 물을 공급하는 경우에 광역상수도의 설치를 예정하고 있으나, 이는 수도법 제3조 제7호에 따라 지방자치단체가 광역상수도사업을 할 수 있는 근거규정에 터 잡아 그 내용을 구체화하기 위한 것일 뿐 광역상수도의 본질에 부합하는 규정은 아니다.

따라서 수도법 제3조 제7호와 제17조 제1항 제1호에서 광역상수도사업에 대한 지방자치단체의 관여권, 환경부장관의 인가권과 함께 수도법 시행령 제2조 제2항도 삭제하는 것이 바람직하다. 현재까지 이 조항에 따라서 환경부장관이 지방자치단체의 광역상수도 설치에 대한 인가권을 실제로 행사한 사례가 없다는 사실도 이 조항이 사실상 사문화되었다는 것을 반증하는 것이기도 하다. 동시에 광역상수도에 대한 관할권은 국토해양부로 일원화하는 것이 바람직하다는 견해는 이미 제시하였다. 보다 우려하는 문제는 2011년 7월 28일 개정된 수도법이 도나 특별·광역시 등 광역자치단체는 다른 지방자치단체와의 협의를 거친 후 공동으로 광역상수도를 설치할 필요도 없이 단독으로 소규모의 광역상수도를 설치할 수 있도록 하고, 이 경우에는 국토해양부장관은 물론 환경부장관의 인가도 필요 없이 자신이 스스로 인가권을 행사한다는 점이다. 이는 국가 전체적으로 광역상수도의 수요와 공급에 대한 예측과 전망을 어렵게 하고 그에 따르는

과잉·중복투자와 국가 및 자치단체 재정의 낭비 등을 초래할 가능성이 크다. 물관리 시스템 통합과 효율성 제고라는 시대의 화두를 외면한 수도법개정안에 대하여 심각한 재고가 요구된다고 하겠다.

이처럼 정수시설을 제외한 광역상수도에 대한 인가권을 국토해양부장관으로 일원화하는 방안과 함께 '지방상수도를 통한 광역상수도의 우회 내지 회피 현상'으로 인해 발생하는 효율적 수자원관리 저해효과를 줄이는 방안도 모색할 필요가 있다. 지방상수도 개념에서 인근 지방자치단체 또는 주민에게 원수나 정수를 공급하는 것을 삭제하는 방안도 고려할 수 있으나, 이 방안에 대해서는 이른바 수평적 통합을 어렵게 하고 지방자치권을 과잉제한할 수 있다는 논란이 있을 수 있다. 따라서 지방상수도사업자 사업 범위에서 인근 지방자치단체 또는 주민에게 원수나 정수를 공급하는 것은 현행처럼 인정하되, 인근 지방자치단체에 원수나 정수를 공급하는 경우에는 사실상 광역상수도의 기능을 행하는 것이므로 이 경우 지방자치단체는 별도로 국토해양부장관의 인가를 받도록 해야 할 것이다. 만약, 자치단체가 자신의 수요를 충족시키기 위한 지방상수도와 인근 지방자치단체에 원수나 정수를 공급하는 지방상수도가 일체의 시설로서 양자의 구별이 물리적으로 어렵다고 판단되면 인근 자치단체에게 원수나 정수를 공급하려는 경우에는 자치단체에게 신청의무를 부과하고 국토해양부장관의 동의를 얻도록 하는 방안을 수도법에 명시할 필요가 있다. 다시 말해, '지방상수도'의 개념에서 '인근 지방자치단체에게 원수나 정수를 공급하는 일반수도'를 현행처럼 유지하되, 이 경우 자치단체의 신청의무와 함께 국토해양부장관의 인가 내지 동의권 규정을 수도법에 신설함으로써 '지방상수도를 통한 광역상수도의 우회 내지 회피 현상'의 문제를 해결할 필요성이 있다는 것이다.

제9장 광역상수도에 대한 민영화, 민간투자의 법적 문제

Ⅰ. 광역상수도의 민영화 문제

1. 문제의 제기

우리나라 수도법에는 지방상수도의 경우 일부 민간투자사업이나 민간위탁 운영제도 등이 도입되어 있으나 지방상수도사업은 법률상 지방자치단체가 그 주체가 된다. 다시 말하자면 지방상수도사업의 사업자는 지방자치단체인 것이다. 이는 지방자치법 제9조 제2항 제4호 자목(상수도 · 하수도의 설치 및 관리)뿐만 아니라 수도법 제17조 제1항에 의하여 법적으로 확인되고 있다. 이에 비하여 광역상수도의 경우에는 수도법 제3조 제7호가 '광역상수도'는 국가 · 지방자치단체 · 한국수자원공사 또는 국토해양부장관이 인정하는 자가 둘 이상의 지방자치단체에 원수나 정수를 공급(제43조 제4항에 따라 일반 수요자에게 공급하는 경우를 포함한다)하는 일반수도를 의미한다고 규정함으로써 문언상으로는 국토해양부장관이 인정하는 경우에는 민간사업자를 포함하여 누구라도 광역상수도사업을 할 수 있는 가능성을 열어놓고 있다.

따라서 일부 견해에 의하면 현행 수도법의 체계상 우리나라의 광역상수도사업은 지방상수도사업과는 달리 민영화를 포함하는 사적 공급이 허용된 것으로 우려하기도 한다.[1] 이러한 견해에 따르면 상수도 분야의 위탁운영이나 민간투자사업의 경우 국제적으로 국가별

정책적 자율성이 인정되는 자유무역협정 등에 의한 시장개방 대상은 아니지만, 민영화를 포함하는 사적 공급의 경우에는 곧바로 시장개방의 대상이 될 수 있다는 것이다. 이러한 상황은 결국 국가기간망인 광역상수도사업에 대한 권한이 외국기업에까지 제한 없이 허용될 수 있다는 의미로 해석될 여지를 초래하는 결과가 된다. 따라서 또 다른 국가기간망인 통신(기간통신사업자)이나 전력산업의 경우 자원안보의 필요성 때문에 외국인의 지분참여나 적대적 M&A 등을 엄격히 제한하고 있다는 점을 고려한다면 광역상수도에 대한 전면적인 민영화나 사적 공급보다는 지방상수도에 대하여 이루어지는 위·수탁제도나 민간투자에 한정할 것을 제안하는 견해도 있다.

2. 지방상수도, 광역상수도 민영화의 법적 가능성과 한계

1) 민영화의 개념

민영화라는 개념은 실무상 자주 사용되는 용어임에도 불구하고 이에 대한 명확한 법적인 정의는 존재하지 않는다. 그 이유는 민영화의 형태와 구체적인 실현방식이 너무나도 다양하게 나타난다는 데에서 연유하는 것으로 볼 수 있다. 그럼에도 불구하고 일반적으로 민영화란 "현재까지 국가나 지방자치단체 등 공공단체에 의하여 수행되어온 과제가 사적 부문으로 이전되는 것"을 의미한다. 다시 말하자면 공적 과제를 공공부분의 손을 떠나 민간부분이 담당한다는 의미이다. 예를 들어 이전에 정부가 독점하던 담배와 인삼제품의 생산과 판매가 완전히 민간부문으로 이전하고 이를 위한 시장이 형성되는 것과 같다.

민영화의 개념 중 중요한 의미를 가지는 것이 실질적 민영화

1) 광역상수도사업의 법적 안정성 강화를 위한 연구 - 해외사례 조사 및 이슈 검토 -, K-water 연구원 정책·경제연구소, 2011.5.25, 157면.

(materielle Privatisierung)와 형식적 민영화(formelle Privatisierung)의 개념이 그것이다. 실질적 민영화는 과거 행정주체에 의하여 생산, 공급, 유통되어온 재화나 용역이 개인의 손으로 넘어가는 경우를 말하며, 공적 과제의 민영화가 이루어진다는 점에서 과제의 민영화(Aufgabenprivatisierung)라고 부르기도 한다. 이에 비하여 형식적 민영화는 행정작용의 수행형식이나 법적 조직이 사법의 형태로 전환되는 것을 말한다. 예를 들어 과거에 전기나 가스의 공급사업의 수행주체인 국가나 지방자치단체가 독립적인 주식회사 형태의 법인이나 사기업을 설립하여 이로 하여금 가스나 전기의 공급업무를 담당하도록 하는 경우이다. 조직법상의 민영화에도 불구하고 국가나 지방자치단체와 같은 공공부분은 이러한 법인 또는 기업의 과반수 이상 또는 상당한 자본적 지분을 유지하여 형식적으로는 민영화를 이루기는 하였지만 실질적으로는 여전히 공적 과제 수행의 주체로 남아있는 경우가 많이 있다. 따라서 이러한 경우에는 흔히 조직민영화(Organisationsprivatisierung)라는 용어로 표현된다. 다시 말하자면 이때에는 재화나 용역의 공급주체에 관련하여 조직법상 변화를 가져오기는 하지만 실질적인 사업의 운영주체는 여전히 공공부분이다. 만약, 이러한 조직법상의 민영화와 함께 궁극적으로 국가 등이 전기나 가스 등의 공급업무 자체를 포기하고 이를 민간부문의 영역으로 전환시키는 경우에는 위에서 언급한 실질적인 민영화가 이루어질 수도 있다.[2)]

실질적 · 형식적 민영화의 개념과 함께 최근 문헌상에 등장하는 것이 재산권 민영화(Vermögensprivatisierung)와 기능적 민영화(funktionale Privatisierung)의 개념이다. 재산권 민영화는 국가나 지방자치단체가 보유하는 재산을 사인에게 매매 등의 방법을 통하여 양도하는 것을 말한

---

2) 김성수, 개별행정법 - 협력적 법치주의와 행정법이론 - 제2판, 법문사, 151면 이하.

다. 또한 재산권 민영화에는 국가나 지방자치단체가 공기업이나 사기업 등에 투자한 주식과 출자지분을 민간부분에게 양도하는 경우도 포함된다. 기능적 민영화란 대외적으로는 공공적인 과제의 수행권한과 의무는 여전히 국가 등 공공부분이 보유하면서 이러한 과제를 수행하는 과정에서 전문적인 지식을 보유한 개인이나 기업의 도움을 받는 경우를 말한다. 예를 들어 지방자치법 제104조 제3항에 따라서 이루어지는 개인 등에 대한 권한의 위탁이 이에 해당하며, 지방자치단체의 장은 이러한 업무에 대한 권한을 상실하거나 업무 자체가 개인 등에게 이전하는 것이 아니라 기술적인 필요에 의하여 사인의 도움을 받는데 그친다. 이러한 의미에서 지방자치단체의 장의 업무를 위탁받은 사인은 행정의 보조자(Verwaltungshelfer)의 역할을 수행한다고 할 수 있다.[3] 위에서 언급한 민영화의 네 가지 형태는 민영화 개념을 체계화하려는 학문적인 노력의 소산으로서 현장에서 이루어지는 민영화의 모습은 이러한 네 가지 형태가 서로 혼합된 형태로 나타나는 경우가 많이 있다.

2) 지방상수도, 광역상수도의 민영화

현재 수도법 제23조에 의하여 지방자치단체가 지방상수도를 대상으로 전문기관인 한국수자원공사나 환경환경공단 또는 다른 지방자치단체에게 등에 수도시설 운영 · 관리 업무를 위탁하는 형태는 위에서 언급한 기능적 민영화에 해당한다. 지방상수도를 대상으로 하는 이러한 위탁업무는 굳이 민영화라는 개념으로 포섭하지 않는다고 하더라도 전문기관의 도움을 받기 위한 법적인 근거도 마련되어 있기 때문에 법적으로 전혀 문제될 것이 없다. 이러한 의미에서 수도법상의 수도관리시설의 위탁은 가장 낮은 수준의 민영화형태라고 말할 수 있다.[4]

---

3) 김성수, 상게서, 152면.

4) 이에 대한 상세한 논의는 김성수, 수도시설관리위탁계약과 수도산업의 효율화를 위한 법적 과제, 환경법연구 제27집 제2호, 한국환경법학회, 2005.

문제는 지방상수도사업 자체를 지방자치단체에게서 떼어 내어 이를 사인의 손에 넘기는 이른바 과제의 민영화 내지 실질적 민영화가 가능한가 하는 점이다. 이미 언급한 바와 같이 이와 관련하여 지방자치법은 상하수도의 설치와 관리업무를 지방자치단체의 자치사무로 규정하고 있기 때문에 지방자치법이 이러한 입법상태를 고수하고 있는 한 지방상수도 업무에 대한 실질적 민영화 내지 과제의 민영화는 불가능하다. 따라서 지방상수도사업을 완전히 민간부분의 손에 넘겨서 그 사업 자체의 탈국가화를 가능하게 하게 위해서는 지방자치법을 개정하여 상하수도의 설치와 관리에 관한 자치단체의 권한과 의무를 완전히 떼어 내어 폐지하는 것이 필요하다. 그러나 이에 대한 국민적 합의가 부재한 상태에서 지방상수도의 민영화는 상당한 기간 동안 어려울 것으로 보인다. 다만, 현재 정부가 추진하고 있는 지방상수도사업에 대한 구조개편의 과정에서 5대 특별·광역시를 대상으로 또는 복수 자치단체를 통합하여 민간투자법 등에 의한 민관합동법인을 설립하거나 출자 등을 통하여 민간법인이 지방상수도사업을 시행하는 경우에는 부분적인 형태의 조직의 민영화 내지 재산권 민영화가 이루어질 수 있는 가능성은 배제할 수 없다.

그렇다면 관심의 대상인 광역상수도의 경우에 민영화의 가능성은 어떠할까? 이와 관련하여 수도법 제3조 제7호는 광역상수도의 개념에 대하여 "'광역상수도'란 국가·지방자치단체·한국수자원공사 또는 국토해양부장관이 인정하는 자가 둘 이상의 지방자치단체에 원수나 정수를 공급(제43조 제4항에 따라 일반 수요자에게 공급하는 경우를 포함한다)하는 일반수도를 말한다. 이 경우 국가나 지방자치단체가 설치할 수 있는 광역상수도의 범위는 대통령령으로 정한다"고 규정하여 "국토해양부장관이 인정하는 자"에 민간부문을 포함시킬 수 있는 여지를 인정하고, 「제17조 제1항에서도 "일반수도사업을 경영하려는 자는

9, 88면 이하.

대통령령으로 정하는 바에 따라 지방자치단체가 설치하는 광역상수도외의 광역상수도(정수시설은 제외한다)의 경우에는 국토해양부장관의 인가를 받아야 하고"라고 규정하여」 일반수도로서 광역상수도사업의 사업자 범위에서 명시적으로 민간부문을 배제하지 않았다.

따라서 지방상수도사업의 경우에는 이른바 실질적 민영화를 위하여 수도법 외에 별도로 지방자치법을 개정하여야 함에 비하여 광역상수도에 대한 민영화는 이미 수도법에 법적 근거가 있거나 아니면 민간부문의 참여를 명시적으로 보장하기 위하여 국토해양부장관이 인가하는 자의 범위에 민간부문을 추가하는 수도법의 개정만으로 가능하다는 견해가 제기될 수 있다. 그런데 과연 그럴까? 이미 언급한 바와 같이 수도법은 광역상수도의 개념과 사업인가에 대한 규정만을 두고 있을 뿐 그 범위에 대해서는 직접 규정하지 않고 이를 수도법 시행령에 위임하고 있다.

이에 따라서 수도법 시행령 제2조 제1항은 다음과 같이 광역상수도의 범위를 구체적으로 규정하고 있다. 1. 수자원의 합리적인 이용과 배분을 위하여 다목적댐이나 용수 공급을 위한 댐 등을 취수원으로 하여 물을 공급하려는 경우. 2. 직할하천의 수계를 변경하여 물을 공급하려는 경우. 3. 「산업입지 및 개발에 관한 법률」 제2조에 따른 산업단지가 지정되어 있는 지방자치단체에 물을 공급하려는 경우. 4. 둘 이상의 광역시나 도의 관할구역에 걸쳐 물을 공급하려는 경우.

물론 광역상수도의 구체적인 범위는 수도법에서 직접 법률로서 규정하는 것이 바람직한 것임은 재론을 요하지 않는다. 그러나 현행 수도법이 광역상수도의 범위를 수도법 시행령에 위임한 것은 앞서 지적한 바와 같이 수도법이 광역상수도 이외에 지방상수도, 공업용수도, 마을상수도 등을 포괄하여 규정하고 있기 때문에 광역상수도만을 중심으로 법체계를 구성하는데 한계가 있기 때문이다. 따라서 광역상수도만을 대상으로 별도의 입법이 이루어지거나 아니면 적어도 수도법의 한 장에 광역상수도에 관한 조항만을 집중적으로 배치하는 경우에는 광역상수도의 범위는 자연스럽게 법률로서 직접 규정하는 것이 바람직하다.

그러나 이러한 규정형식상의 차이에도 불구하고 본질적으로 중요한 문제는 광역상수도는 국가 전체의 수자원관리라는 국가의 헌법적 책무와 깊이 연관되어 있다는 사실이다. 따라서 단순히 광역상수도를 공급한다는 수도법상 광역상수도의 기능을 넘어서서 수자원에 대한 국가의 관리와 보전, 수자원에 대한 환경적 요소, 기후변화에 대응하는 국가의 수자원 활용전략 등 국가의 희소한 자원으로서의 물에 대한 공급과 배분에 대한 기본적인 사항이 바로 광역상수도의 직접적인 규율의 대상이 되는 것이다. 헌법 제120조에 따라서 수력과 같은 자연력과 자원은 국가가 그 개발과 이용을 엄격하게 규제하고, 국가의 직접적인 보호와 감독의 대상이 된다. 따라서 이러한 국가 차원의 물관리 업무와 직접적인 연관성을 가지는 광역상수도의 헌법적 기능과 위상을 고려하여 볼 때 비록 수도법의 관련규정이 형식논리적으로는 광역상수도에 대한 민영화의 가능성을 열어 놓은 것으로 보이지만 헌법 제120조의 규정취지를 고려하여 볼 때 적어도 광역상수도는 국가가 직접적인 관리와 감독을 행하거나 국가가 설립한 공기업 등을 통한 간접행정의 방식으로만 관리·공급할 수 있다는 해석상의 한계를 가지고 있는 것으로 보아야 한다.

그런데 헌법 제120조 제2항은 국가의 자원과 국토의 보호를 위한 책무를 부여한 규정이지만 동시에 이를 통하여 국민의 물에 대한 기본권을 실현하기 위한 수단이라는 의미도 동시에 가지고 있다. 다시 말하자면 국가의 물관리 책무는 그 자체가 자기목적이 아니며, 인간다운 생활을 영위할 수 있을 정도의 충분한 물에 대한 사용과 접근권을 그 내용으로 하는 물기본권을 실현하기 위한 것이다. 따라서 광역상수도를 민영화 하여 물에 대한 독과점 현상이 발생하거나 민간부분의 사업자가 지나치게 높은 사용료를 부과하는 경우 물을 이용하는 국민은 자신의 생존이나 경제활동에 필수적인 물을 이용할 수 없거나 접근 자체를 배제당하는 결과가 되는데, 이는 물기본권에 대한 국가의 과소보호금지의 원칙에 반하는 결과가 된다.[5]

아직은 물기본권의 성격, 내용, 체계 등에 대한 헌법적 논의는 본격적으로 이루어지지 않고 있지만 물의 이용이나 접근에 대한 국민의 기본권이 존재할 수 있는 현실적·법이론적 토대는 분명하게 존재하는 것으로 보아야 한다. 따라서 헌법 제120조는 물에 대한 국민의 기본권을 실현하기 위하여 헌법 제10조, 제11조, 제34조 등과 긴밀하게 연관되어 있다는 점을 고려하여 국가가 국민에게 충분하고 안정적인 물 공급 의무를 가지고 있다는 점을 판단한다면 광역상수도를 민간의 손에 넘기는 실질적 민영화는 헌법 제120조는 물론 위 기본권조항에도 반하는 것으로 보아야 한다.

따라서 수도법 제3조와 제17조 등에서 “국토해양부장관이 인정 또는 인가하는 자의”의 범위에는 순수한 사기업 내지 민간부문이 포함되는 것으로 해석하는 것은 헌법합치적 법률해석의 범위를 일탈하는 것으로서 허용될 수 없다. 따라서 광역상수도에 대한 민영화는 법률사항이 아닌 헌법사항이며, 이를 위해서는 마치 독일이 종래 우편업무에 대한 국가의 관할권을 헌법 개정을 통하여 배제하여 민영화하는 방식을 취한 것과 마찬가지로 우리의 경우에도 헌법을 개정하는 경우에만 광역상수도에 대한 실질적인 민영화가 가능하다고 보아야 한다.

---

5) Silke Ruth Lakowski, Das Menschenrecht auf Wasser, Die rechtlichen Vorgaben zur Sicherung der Grundversorgung mit Wasser und Sanitarleistungen im Rahmen einer ökologisch-nachhaltigen Wasserwirtschaftsordnung, Mohr Siebeck Tübingen, 2010, 422면.

3) 공업용수도의 경우

지방상수도 및 광역상수도에 대한 민영화를 둘러싸고 벌어지는 법적인 문제는 공업용수도의 경우에는 어떠한 판단의 준거를 제공할 수 있는가? 우선 수도법은 제3조 제10호에서 "'공업용수도'란 공업용수도사업자가 원수 또는 정수를 공업용에 맞게 처리하여 공급하는 수도를 말한다"고 하고 동조 제13호에서는 "'전용공업용수도'란 수도사업에 제공되는 수도 외의 수도로서 원수 또는 정수를 공업용에 맞게 처리하여 사용하는 수도를 말한다. 다만, 다른 수도에서 공급되는 물만을 상수원으로 하는 것 중 대통령령으로 정하는 것과 그 수도시설의 규모가 대통령령으로 정하는 기준에 못 미치는 것은 제외한다"고 규정하고 있다. 또한 수도법 제3조 제20호에서 "'공업용수도사업'이란 일반 수요자 또는 다른 수도사업자에게 공업용수도를 사용하여 원수나 정수를 공급하는 사업을 말하며", 동조 제23호는 "'공업용수도사업자'란 제49조 제1항에 따른 공업용수도사업의 인가를 받아 경영하는 자를 말한다"고 사업과 사업자의 내용 내지 범위를 규정하고 있다. 그런데 수도법 제48조 제1항 "국가는 「산업입지 및 개발에 관한 법률」 제2조 제8호에 따른 산업단지에 대하여 공업용수도시설을 설치하여 공업용수를 공급하거나 다른 수도사업자에게 공업용수도시설을 설치하여 공업용수를 공급하게 하여야 한다"고 규정하고, 이어 제49조에서 "① 공업용수도사업을 하려는 자는 대통령령으로 정하는 바에 따라 다음 각 호의 구분에 따른 국토해양부장관 또는 시도지사의 인가를 받아야 한다. 인가된 사항을 변경(대통령령으로 정하는 가벼운 사항을 변경하는 경우는 제외한다)하려는 경우에도 또한 같다. 1. 시설용량이 1일 1만톤을 초과하는 공업용 수도 : 국토해양부장관. 2. 시설용량이 1일 1만톤 이하인 공업용수도 : 시도지사. ② 국토해양부장관이 제1항 제1호에 따른 인가를 하려면 환경부장관과 미리 협의하여야 하고, 시도지사가 제1항 제2호에 따른 인가를 하려면 환경부장관 및 국토해양부장관과 미리 협의하여야 한다"는 내용을 두고 있다.

공업용수도 또는 전용공업용수도는 공업용으로 특수한 용도에 사용하는 수도를 의미하는 것으로서 지방상수도나 광역상수도와 같은 일반상수도와는 그 성격이 다르다. 따라서 공업용수도는 그 생산이나 공급 측면에서 국가나 지방자치단체는 물론 민간부문의 사기업을 포함하여 보다 전문성을 가진 사업자를 등장시키는 것이 가능할 뿐만 아니라 바람직한 것이라고 할 수 있다. 따라서 이러한 특수한 분야의 수도사업은 민영화의 가능성이 보다 큰 것으로 볼 여지가 있다. 이에 따라서 수도법은 공업용수도의 경우 '산업입지 및 개발에 관한 법률'에 의하여 공업용수도사업자로서 국가 또는 다른 수도사업자를 대등하게 예정하고 있는 것이다. 물론 국가 외에 다른 수도사업자가 공업용수도사업을 하려는 때에는 국토해양부장관의 인가를 받도록 규정하고 있어서 표면적으로는 수도법상 광역상수도의 경우와 큰 차이를 보이지 않고 있다. 그러나 반도체 생산에 필요한 초정밀수 등 특수한 용도의 공업용수도는 일반상수도사업자로서 국가, 자치단체, 공기업 등보다 이 분야에서 요구되는 기술과 경험을 축적한 특별한 사업자를 인가하는 것이 국가 전체의 산업생산이나 경제 전반에 긍정적인 효과를 가져온다는 점에서 전문성을 가진 민간부문의 사기업 또는 사인을 배제할 이유가 없으며, 오히려 이들을 보다 적극적으로 공업용수도사업에 참여시키는 것이 바람직하다. 이러한 의미에서 수도법 제48조와 제49조의 입법취지도 공업용수도사업을 민간에 개방하겠다는 것으로 보여지므로 별도의 법률 개정 없이 공업용수도에 대한 실질적 민영화는 현행법적으로 가능한 것으로 볼 수 있다.

Ⅱ. 광역상수도에 대한 민간투자

개념적으로 민간투자와 지방상수도 관리업무에 대한 민간위탁과는 구별할 필요가 있다. 지방상수도의 관리업무를 전문기관에 위탁관리하여 그 효율성을 높이기 위하여 수도법은 제23조에서 지방자치단체인 일반수도사업자는 수도사업을 효율적으로 운영·관리하기 위하여 대통령령으로 정하는 바에 따라 수도시설의 운영·관리에 관한 업무의 전부 또는 일부를 대통령령으로 정하는 전문기관 또는 지방자치단체인 수도사업자에게 위탁할 수 있다고 규정하고 있다. 이 경우 한국수자원공사나 한국환경공단 등 전문수탁기관은 수질관리 등 일정한 영역에서 수도사업자로서의 법적 지위를 가지는 것이지만, 지방자치단체는 수도시설에 대한 관리나 운영에 대한 위탁 이후에도 여전히 수도사업자로서의 지위를 원칙적으로 유지한다.[6]

이에 비하여 수도시설에 대한 민간투자는 수도시설의 건설과 운영에 대하여 일정 부분 민간자본을 투자하는 민관합동법인 내지 순수한 민간법인에게 일정 부분 수도사업을 개방하는 것이며, 그러한 한도 내에서 민간부문이 수도사업자의 지위에 서게 된다. '사회기반시설에 대한 민간투자법'은 제2조 제1호 바목·사목·아목에서 「댐건설 및 주변지역지원 등에 관한 법률」 제2조 제2호에 따른 다목적댐, 「수도법」 제3조 제5호에 따른 수도 및 「물의 재이용 촉진 및 지원에 관한 법률」, 제2조 제4호에 따른 중수도, 「하수도법」 제2조 제3호에 따른 하수도, 같은 조 제9호에 따른 공공하수처리시설, 같은 조 제10호에 따른 분뇨처리시설 및 「물의 재이용 촉진 및 지원에 관한 법률」 제2조 제7호에 따른 하·폐수 처리수 재이용시설을 민간투자가 가능한 사회기반시설로 규정하고 있다. 특히 수도법 제3조 제5호에 말하

---

6) 김성수, 상하수도 양여계약의 개념과 법적 가능성, 한양법학 제23집 제1호, 2006.6, 26면.

는 수도에는 일반수도·공업용수도 및 전용수도로가 포함되고, 일반수도에는 광역상수도가 포함되기 때문에 민간투자법에 따라 광역상수도 역시 사회기반시설로서 민간투자의 대상이 될 수 있다. 이에 따라 수도법 역시 수도시설에 대한 위탁관리와 더불어 제22조에서 국가 또는 지방자치단체는 「사회기반시설에 대한 민간투자법」으로 정하는 바에 따라 수도사업에 드는 비용의 전부 또는 일부에 대하여 민간자본을 유치할 수 있다고 규정하고 있으며, 민간투자법은 제3조에서 "이 법은 민간투자사업에 관하여 관계법률의 규정에 우선하여 적용한다"고 하여 수도시설에 대한 민간투자에 관하여는 수도법의 규정에 우선하여 민간투자법을 적용한다.

그런데 지방상수도를 포함하여 심지어 광역상수도나 댐도 민간투자가 아무런 법적 제한 없이 허용될 수 있을까? 이 문제는 지방자치단체가 소유한 지방상수도시설에 대한 전문기관에의 위탁제도보다는 세심한 법적인 검토가 필요하다. 그 이유는 수도에 대한 민간투자가 실제로는 '부분적인 실질적 민영화'(teilweise materielle Privatisierung)로서 우리 헌법이나 수도법 등 관련법령이 이를 원칙적으로 불허하는 사항이기 때문이다. 이미 언급한 바와 같이 지방상수도 간 또는 광역상수도와 지방상수도 간의 통합과 관련된 법적인 문제에 대하여 검토한 결과 지방자치단체가 소유한 수도시설은 공유재산으로서 행정재산이기 때문에 이를 통합한다는 것은 소유권의 양도와 같은 이전을 의미하기 때문에 공유재산법 등에 의한 절차와 요건이 충족되어야 한다. 이러한 통합은 결국 수도사업자로서의 지위를 변경하는 것이어서 수도법 등에 이에 대한 법적 근거를 두어야 한다.

민간투자법에 의한 민간투자는 여러 가지 형태가 있지만 수도시설에 대하여 민간자본을 투자하는 민간부문이 당해 시설에 대한 소유권을 취득하는 방식은 그들에게 수도사업자의 지위를 인정하는 것이어서 이것이 과연 관련법령에 의하여 허용될 수 있는지 검토가 필요하다. 민간투자법상 댐이나 광역상수도에 대한 민간투자가 허용된다고 하더라도 기후변화에 따라 수자원에 대한 관리가 국가의 헌법상 중대한 책무라는 인식이 점차로 강화되고 있는 상황에서 광역상수도에 대한 민간투자는 그에 상응하는 실정법 및 조리상의 한계가 존재한다는 점을 인식할 필요가 있다. 이미 광역상수도에 대한 민영화는 우리 헌법상 불가하다는 결론을 내린 상황에서 광역상수도나 댐에 대한 민간투자가 허용된다는 민간투자법의 규정을 어떻게 규범조화적으로 이해할 수 있을까? 이 문제를 검토하기 위해서는 민간투자법상의 사업추진방식을 살펴보아야 한다. 민간투자법 제4조는 민간투자사업을 다음 아래와 같은 방식으로 추진할 수 있다고 규정하고 있다.

1. 사회기반시설의 준공과 동시에 당해 시설의 소유권이 국가 또는 지방자치단체에 귀속되며 사업시행자에게 일정기간의 시설관리운영권을 인정하는 방식(제2호에 해당하는 경우를 제외한다). 이른바 BTO(Build-Transfer -Operate) 방식
2. 사회기반시설의 준공과 동시에 당해 시설의 소유권이 국가 또는 지방자치단체에 귀속되며, 사업시행자에게 일정기간의 시설관리운영권을 인정하되, 그 시설을 국가 또는 지방자치단체 등이 협약에서 정한 기간 동안 임차하여 사용·수익하는 방식. 이른바 BTL(Build-Transfer-lease) 방식
3. 사회기반시설의 준공 후 일정기간 동안 사업시행자에게 당해 시설의 소유권이 인정되며 그 기간의 만료 시 시설소유권이 국가 또는 지방자치단체에 귀속되는 방식. 이른바 BOT(Build-Operate-transfer) 방식
4. 사회기반시설의 준공과 동시에 사업시행자에게 당해 시설의 소유권이 인정되는 방식. 이른바 BOO방식(Build-Own-Operate) 방식
5. 민간부문이 제9조의 규정에 의하여 사업을 제안하거나 제12조의 규정에 의하여 변경제안을 하는 경우 당해 사업의 추진을 위하여 제1호 내지 제4호 외의 방식을 제시하여 주무관청이

타당하다고 인정하여 채택한 방식

6. 기타 주무관청이 제10조의 규정에 의하여 수립한 민간투자시설사업기본계획에 제시한 방식.

그런데 민간투자법 제4조는 민간투자사업의 추진방식을 열거한 것이 아니라 예시한 것이기 때문에 민간투자법의 취지를 벗어나지 않는 범위 안에서 주무관청이 민간투자시설사업기본계획에서 제시한 방법을 통하여 합리적이라고 판단하는 방식으로 민간투자사업을 추진할 수 있다.[7] 이에 따라서 민간투자사업기본계획은 다음과 같은 경우를 민간투자법 제4조 제6호가 규정한 사업으로 예시하고 있다.

1. 이른바 BLT(Build-Lease-Transfer) 방식 : 사업시행자가 사회기반시설을 준공한 후 일정기간 동안 타인에게 임대하고 임대기간 종료 후 시설물을 국가 또는 지방자치단체에게 이전하는 방식

2. 이른바 ROT(Rehabilitate-Operate-Transfer) 방식 : 국가 또는 지방자치단체 소유의 기존시설을 정비한 사업시행자에게 일정기간 동 시설에 대한 운영권을 인정하는 방식

3. 이른바 ROO(Rehabilitate-Own-Operate) 방식 : 기존시설을 정비한 사업시행자에게 당해 시설의 소유권을 인정하는 방식

4. 이른바 RTL(Rehabilitate-Transfer-Lease) 방식 : 사회기반시설의 개량·보수를 시행하여 공사의 완료와 동시에 당해 시설의 소유권이 국가 또는 지방자치단체에 귀속되며, 사업시행자는 일정기간 관리운영권을 인정받아 당해 시설을 타인에게 사용·수익하도록 하는 방식.

그렇다면 댐이나 광역상수도에 대한 민간투자가 민간투자법상 허용된다고 하더라도 당해 시설의 소유권이 귀속되는 추진방식에 따라서 그 허용성 여부가 결정된다고 할 것이다. 우선 광역상수도나 댐과 같은 사회기반시설에 민간자본을 투자하고 준공과 동시 또는 그

7) KDI 공공투자관리센터, 2009년도 민간투자 정책연구 보고서, 사회기반시설에 대한 민간투자법 해설, 48면.

이후에 그 소유권이 민간부문의 사업시행자에게 귀속되는 추진방식은 허용되기 어려운 것으로 보아야 한다. 이는 앞서 언급한 바와 같이 지방상수도의 경우 자치단체가 공유재산법에 따라 행정재산으로서 수도시설을 소유하는 것이기 때문에 자치단체 이외의 자가 그 소유권을 취득하려면 공유재산법 제19조 제1항 제1호에 따라 행정재산의 용도와 성질을 유지하는 조건으로 국가 또는 다른 지방자치단체에 양여하는 경우에 해당하여야 한다. 그런데 지방상수도와 광역상수도의 수직적 통합은 물론 자치단체 상호간의 이른바 수평적 통합의 경우에도 수도시설이 그 용도와 성질을 유지한 채 국가나 다른 자치단체에 양도되는 것을 의미하는 것이므로 위 규정의 해석에 의하여 그 통합이 가능한 것이다.

그러나 자치단체 수도시설의 용도와 性狀을 그대로 유지하는 경우에도 국가나 자치단체가 아닌 사인에게 그 소유권을 양도하는 경우에는 위 규정의 해석론을 벗어나는 것이어서 공유재산법의 개정을 통하여 그에 대한 명시적인 근거를 두어야 한다. 지방상수도 이외에 광역상수도나 댐에 대한 민간투자가 이루어지는 경우 그 시설에 대한 소유권을 민간부문의 사업시행자에게 인정할 수 있을까? 댐이나 광역상수도의 시설 또는 그 소유권은 국가, 한국수자원공사, 지방자치단체 등에 속하는 것이기 때문에 이에 대한 민간투자가 이루어지는 경우에도 민간부문의 사업시행자에게 소유권을 인정하는 것은 허용될 수 없다. 우선 '댐건설 및 주변지역지원 등에 관한 법률' 제3조는 댐 건설의 주체로서 국토해양부장관, 특별시장 · 광역시장 · 도지사 또는 특별자치도지사 및 기타 대통령령이 정하는 자를 규정하고 있는데, 동법 시행령 제2조에 따라 "대통령령이 정하는 자"는 한국수자원공사를 말한다. 그러므로 댐 역시 국가, 한국수자원공사 및 자치단체 등이 소유하는 행정재산으로서 일종의 공용재산이므로 국유재산법이나 공유재산법이 규정하는 바에 따라서 민간부문에 대한 소유권을 인정하는 경우에는 일정한 제한이 따른다. 국유재산법은 제11조 제2항에 따라서 일반재산에 대하여는 대통령령이 정하는 바에 따라서 사권설정이 허용되나 행정재산은 원칙적으로 사권설정이 금지된다. 또한 광역상수도시설의 경우에는 한국수자원공사법에 의하여 한국수자원공사의 자본금은 국가, 지방자치단체 또는 '한국정책금융공사법'에 따른 한국정책금융공사가 출자하되, 국가가 100분의 50 이상을 출자하여야 하므로(제4조 제2항), 민간부분의 출자는 허용되지 않는다. 또한 국가, 지방자치단체 또는 한국정책금융공사는 공사의 사업에 필요한 동산 또는 부동산을 공사에 현물로 출자할 수 있다(제3항).

따라서 한국수자원공사의 자산은 이와 같이 자본금, 현물출자로 이루어지는 것으로서 국유재산법에 의하면 정부기업이 직접 사무용·사업용 또는 그 기업에 종사하는 직원의 주거용으로 사용하거나 대통령령으로 정하는 기한까지 사용하기로 결정한 이른바 기업용재산으로 역시 행정재산의 일종이다. 그렇다면 이러한 기업용재산도 행정재산으로서의 성격을 유지하고 있는 한 국유재산법에 의하여 그에 대한 사권설정이 금지된다. 결과적으로 댐이나 광역상수도시설에 대한 민간투자는 민간투자법이나 수도법에 의하여 허용될 수 있지만 민간부문의 사업시행자에게 그 소유권이 귀속되는 BOT, BOO, ROO 방식 등의 민간투자사업은 허용되지 않는 것으로 보아야 한다.

그러므로 광역상수도와 댐에 대하여 민간투자사업을 시행하는 경우에는 사회기반시설의 준공과 동시에 당해 시설의 소유권이 국가 또는 자치단체에게 귀속되며 사업시행자에게 일정기간의 시설관리운영권을 인정하는 BTO 방식, 사회기반시설의 준공과 동시에 당해 시설의 소유권이 국가 또는 자치단체에 귀속되며, 사업시행자에게 일정기간의 시설관리운영권을 인정하되, 그 시설을 국가 또는 지방자치단체 등이 협약에서 정한 기간 동안 임차하여 사용·수익하는 BTL 방식, 사업시행자가 사회기반시설을 준공한 후 일정기간 동안 타인에게 임대하고 임대기간 종료 후 시설물을 국가 또는 자치단체에게 이전하는 BLT 방식, 사회기반시설의 개량 · 보수를 시행하여 공사의 완료와 동시에 당해 시설의 소유권이 국가 또는 자치단체에 귀속하며, 사업시행자는 일정기간 관리운영권을 인정받아 당해 시설을 타인에게 사용 · 수익하게 하고 일정한 임대료를 징수하는 RTL 방식 등은 허용될 수 있는 것으로 보아야 한다.

다만, 민간부문의 사업시행자에게 사회기반시설의 소유권을 귀속시키지 않고 관리운영권만을 인정하는 것은 허용될 수 있을까? 민간투자법에 의하여 사회기반시설사업을 시행한 사업시행자가 무상으로 사용 · 수익할 수 있는 기간 동안 해당 시설을 유지 · 관리하고 시설사용자로부터 사용료를 징수할 수 있는 권리를 사회기반시설관리운영권이라고 한다. 이러한 관리운영권은 주무관청에 등록하도록 하고, 등록한 관리운영권은 물권으로 보며, 이에 대해서는 민법상 부동산에 대한 규정이 적용되기 때문에 자치단체나 한국수자원공사의 행정재산에 속하는 수도시설의 관리운영권을 민간부문의 사업시행자에게 귀속시킬 수 있을지에 대한 의문이 제기될 수 있다. 그러나 관리운영권은 민간자본이 투자된 시설을 사용 또는 수익할 수 있는 무형의 권리에 불과하고 다만, 이것을 등록하는 경우 부동산에 준하는 물권으로 의제하는 것이기 때문에 사회기반시설의 소유권을 민간부문에 귀속시키는 것과는 성격이 다르다. 또한 수도법에 의하여 수도시설관리운영권에 대한 전문기관에의 위탁이 광범위하게 이루어지고 있음에도 불구하고 수도시설에 대한 소유권은 여전히 자치단체가 가지고 있으며, 수도사업자의 지위도 변경되는 것이 아니라는 점을 고려한다면 민간투자법에 의한 관리운영권을 민간부문의 사업시행자가 일정기간 보유한다고 하더라도 행정재산에 대한 소유권을 취득하는 것이 아니기 때문에 이러한 사업추진방식은 허용된다고 보아야 한다. 다만, 댐이나 광역상수도시설 등에 대한 민간투자가 이루어지는 경우 보다 통상적인 추진방식은 사회기반시설의 준공과 동시에 국가 또는 지방자치단체에게 그 소유권이 귀속되고 민간부문의 사업시행자에게는 이를 국가, 지방자치단체 또는 제3자에게 사용 또는 수익하도록 허용하고 이들로부터 일정기간 임대료를 수수하는 BTL, BLT, RLT 방식 등이 보다 현실적일 것으로 판단된다.

Ⅲ. 지방자치단체의 광역상수도 배분계획량 준수의무 확보방안

1. 문제의 제기

1) 배분계획량의 의의와 법적 성격

배분계획량이란 국토해양부장관이 수도법 제4조 제1항 제1호에 의하여 수립하는 수도정비기본계획에 따라서 각 지방자치단체에게 공급할 광역상수도의 공급량이다. 배분계획량이 결정되는 법률의 체계를 보면 일단 수도법의 규정에 따라 국토해양부장관이 수도정비기본계획을 수립하여 거시적인 차원에서 자치단체별로 배분계획량을 결정한다. 그러나 배분계획량은 그 자체로서는 비구속적인 행정계획에 포함된 일종의 가이드라인으로서 계획의 내용에 불과하므로 자치단체와 수자원공사 간에 배분계획량은 양자 간의 용수계약을 통하여 구체적인 물량이 결정된다.

한국수자원공사와 자치단체 간의 구체적인 배분계획량을 정하는 용수계약의 근거는 한국수자원공사법 제15조 제1항이다. 이에 따르면 한국수자원공사가 관리하는 수자원개발시설이나 수도시설에 의하여 공급되는 물·수자원개발시설 또는 그 수면을 사용하려는 자는 공사와 사용계약을 체결하여야 한다. 그런데 수자원공사와 광역상수도의 고객인 지방자치단체와의 용수계약을 체결할 수 있는 법적 근거는 위 조항이지만 계약체결에 관한 구체적인 내용은 이미 논의한 바와 같이 수자원공사의 내부적인 사무처리기준을 정한 수돗물공급규정에 따라 정하여진다.

국토해양부장관의 승인을 받아 제정된 수돗물공급규정은 수자원공사가 공급하는 수돗물에 관하여 관계법령이 정하는 사항을 제외하고 적용된다(제2조). 수돗물 사용계약(용수계약)에서 수자원공사와 고객인 자치단체 간에 '계약량'을 정하는데, '계약량'은 배분계획량에서 고객의 신청에 의해 수자원공사가 승낙한 계약물량을 말한다. 다시 말하자면 수도정비기본계획에 의하여 광역상수도가 공급될 지방자치단체에게 추상적인 '배분계획량'이 정하여지며, 이 한도 내에서 지방자치단체가 물량을 청약하고 수자원공사가 이를 승낙하면 그것이 구체적인 권리와 의무를 발생시키는 계약물량이 되는 것이다.

2) 배분계획량의 확보를 위한 투자의 위험성

이미 언급한 바와 같이 배분계획량은 수자원공사가 광역상수도를 건설하기 위하여 국토해양부의 승인을 얻어 물을 공급받을 지자체별로 공급을 예정하는 물량이다. 그런데 광역상수도공사가 완공된 후에 지자체가 할당된 배분계획량을 전량 사용한다면 아무런 문제가 없다. 그러나 사업 수립 시점과 사업 완료 후 실제로 물이 공급되는 시점까지는 상당한 시간적 간격이 있기 때문에 지자체는 여유 있는 배분계획량을 요구하는 경향이 있다. 따라서 어떠한 사정으로 실제로 시설이 완공된 후에 해당 지자체의 물 수요가 배분계획량에 못 미치는 경우가 발생할 수 있다. 이 경우 수자원공사는 배분계획을 변경할 수 있는데, 그에 앞서 수자원공사는 관련 수요자와 협의하여야 한다(수도시설운영관리규정 제28조).

한편 지방자치단체는 배분계획량을 자신을 위한 일종의 기득권으로 생각하는 경향이 있다. 또한 물 값은 양자 간의 용수계약에 따라서 실제로 공급받는 만큼만 내기 때문에 배분계획량만큼 물을 공급받지 않아도 수도기본계획에 정해진 배분계획량을 반납할 동기가 없다. 광역상수도를 설치하는 수자원공사는 각 지방자치단체별로 충분한 양의 광역상수도를 확보하기 위하여 댐을 건설하는 등 막대한 투자 및 관리비용을 지출하며, 이러한 광역상수도의 총량을 근거로 하여 지방자치단체별로 충분한 배분계획량을 국토해양부장관이 수도정비계획을 통하여 결정하는 것이다.

이에 비하여 지방자치단체는 광역상수도의 건설과 계획단계에서 물에 대한 사용을 추상적으로 약속하고 용수계약을 통하여 구체적인 물량을 정하였다고 하더라도 용수계약에서 정한 물량 이외의 추가수요가 발생하는 경우 이를 배분계획량을 통하여 충족하기보다는 자신이 설치하여 운영하는 지방상수도시설을 이용하여 필요한 물 수요를 충당하려는 경향이 있다. 이는 헌법상 국가의 수자원관리의무에 따라서 국가 또는 국가의 위임을 받은 수자원공사가 광역상수도 건설을 통하여 확보한 충분한 수자원에 소요된 투자비용을 회수하는데 불안정성을 제고시키는 위험요소로 지적되고 있다.

2. 국토해양부장관의 배분계획량 조정권과 지방자치단체의 優先消盡義務

1) 국토해양부장관의 배분계획량 조정권과 수자원공사의 조정신청권

국토해양부장관이 수도법상 수도정비기본계획에 따라서 각 지방자치단체별로 결정한 배분계획량에 대하여 지방자치단체는 이를 일종의 기득권으로 여기는 경향이 있으나 배분계획량은 결코 지방자치단체의 권리가 아니며, 국토해양부장관은 공익상 필요가 있는 경우 하더라도 그 내용을 취소 또는 변경할 수 있다.

2) 수도정비계획의 의의와 법적 성격

수도법 제4조에 따라서 국토해양부장관과 특별시장·광역시장·특별자치도지사·시장·군수(광역시의 군수는 제외한다)는 일반수도 및 공업용수도를 적정하고 합리적으로 설치·관리하기 위하여 10년마다 다음 각 호에 따라 수도의 정비에 관한 종합적인 기본계획(이하 "수도정비기본계획"이라 한다)을 수립하여야 한다(제1항) 1. 국토해양부장관의 경우에는 국가나 한국수자원공사가 설치·관리하는 광역상수도 및 공업용수도에 관한 수도정비기본계획의 수립. 2. 특별시장·광역시장·특별자치도지사·시장·군수(광역시의 군수는 제외한다)의 경우에는 그 특별시·광역시·특별자치도·시·군이 설치·관리하는 일반수도 및 공업용수도에 관한 수도정비기본계획의 수립. 이와 같이 수도정비기본계획은 수도의 정비에 대한 종합적이고 기본적인 행정계획으로서 일종의 장기종합계획에 해당한다. 수도법은 수도정비기본계획의 수립주체에게 그 수립의 의무만을 부과하고 있을 뿐 내용상으로는 행정기관에게 추상적인 행동기준만을 제시하고 있다는 점에서 국가예산과 같이 행정기관을 직접적으로 구속하는 행정계획에 비하여 그 법적 구속력이 현저히 떨어진다고 볼 수 있다. 더 나아가 수도정비기본계획은 국민의 권리와 의무에 구체적·직접적으로 영향을 미치지 않는 이른바 비구속적 행정계획에 불과하며, 그 내용인 배분계획량 역시 일종의 가이드라인이므로 이를 바탕으로 수도사업자와 고객 사이에 구체적인 권리와 의무가 발생하는 것은 아니다.

수도정비기본계획은 국토해양부장관이 국가 전체의 수자원을 고려하여 광역상수도의 수급과 관련된 정책목표를 공익적인 관점에서 제시하는 것이고 각 자치단체의 이익을 위하여 일정한 지위나 권리를 부여하는 목적이 결여되어 있는 것이기 때문에 자치단체는 수도정비기본계획에서 정하여지는 배분계획량에 대한 권리를 주장할 수 없는 것이다. 따라서 국토해양부장관은 지방자치단체에게 배분된 계획량이 과다하거나 불필요하다고 판단하는 경우 이를 변경 또는 취소(반납 포함)하기 위하여 수도정비기본계획의 내용을 수정할 수 있다. 배분계획량을 획정하는 것은 수자원공사가 물을 공급하거나 공급하고자 하는 지자체별로 수요조사를 통하여 배분계획량을 예정하고, 해당 지자체까지 공급하기 위한 수도시설의 건설규모를 결정하는 것으로서, 이를 최종적으로 국토해양부장관이 승인하여 수도정비기본계획에 포함시킨다.

그런데 일부 견해는 이러한 문제를 해결하기 위하여 수도법에 광역상수도사업자가 광역시설을 설치할 경우 수도정비기본계획에 따라 각 자치단체별로 광역상수도 배분계획량을 설정하여 이를 국토해양부장관에서 승인을 요청하도록 하고, 배분계획량을 변경할 필요가 있는 경우 이를 국토해양부장관에게 신고하고 상대방인 자치단체에게 그 변경을 요구할 수 있도록 하자고 제안하고 있다.

그러나 수도법은 일종의 행정법규로서 그 성격은 행정청과 사인간의 법률관계인 공법상의 권리와 의무를 규율하는 공법관계라고 할 수 있다. 따라서 수도법은 수도사업자와 고객으로서 자치단체 간의 용수계약 등 기본적으로 사법관계를 그 규율대상으로 하지 않기 때문에 광역상수도사업자인 수자원공사가 지방자치단체를 상대로 배분계획량의 변경을 요구하는 규정을 두는 것은 공법으로서 수도법의 체계에 부합하지 못한다. 따라서 수자원공사가 수도정비기본계획에 따라 각 자치단체별로 배정된 배분계획량에 대한 취소나 변경이 필요하다고 판단하는 경우에는 국토해양부장관을 상대로 그 취소나 변경(반납 포함)을 위한 신청권을 수자원공사에게 부여하는 것은 가능할 수 있을 것이다.

3) 배분계획량에 대한 법적 근거와 자치단체의 優先消盡義務

이미 언급한 바와 같이 지방자치단체는 국토해양부장관이 수도정비기본계획에 따라서 각 자치단체에게 가이드라인으로 제시한 배분계획량을 자신에게 법적으로 보장된 일종의 기득권으로 생각하는 경향이 있다. 반면에 지방자치단체는 경제적 효율성의 측면이나 재정운용의 여건 등을 고려하여 물에 대한 추가수요가 발생하는 경우 자신에게 할당된 배분계획량을 사용하지 아니하고 자신이 설치한 지방상수도를 확충하여 이를 충족시키는 경우가 일반적이다.

따라서 국가 전체의 충분한 물수요를 고려하여 광역상수도를 건설한 수도사업자에게는 사업에 따르는 상당한 리스크가 발생하고 잉여 수자원관리에 추가적인 재원이 소요되는 등 안정성과 장기성이 요구되는 광역상수도사업의 지속가능성이 크게 악화될 가능성이 있다. 그런데 이러한 상황은 광역상수도사업자의 리스크 증대라는 점을 넘어서서 헌법이 국가에게 위탁한 안정적이고 효율적인 수자원관리의 책무가 제대로 수행되지 못하는 문제와 직결된다.

그러므로 수도정비기본계획에 각 자치단체별로 할당한 배분계획량을 포함시키도록 수도법 제4조 제7항을 개정할 필요가 있다. 위 조항에 의하면 수도정비기본계획에는 1. 수도(전용수도는 제외한다)의 정비에 관한 기본방침. 2. 수돗물의 중장기수급에 관한 사항 3. 광역상수원 개발에 관한 사항. 4. 수도공급구역에 관한 사항. 5. 상수원의 확보 및 상수원보호구역의 지정·관리. 6. 수도(전용수도는 제외한다) 시설의 배치·구조 및 공급 능력. 7. 수도사업의 재원 조달 및 실시 순위. 8. 수도관의 현황 조사 및 개량·교체에 관한 사항. 9. 삭제(2010.6.8). 10. 광역상수도와 지방상수도를 연계하여 운영할 필요가 있는 지역의 통합 급수구역에 관한 사항. 11. 수돗물의 수질 개선에 관한 사항. 12. 수도시설의 정보화에 관한 사항. 13. 제74조 제1항에 따른 기술진단 결과에 따라 수도시설을 개선하기 위한 사항.

14. 인접 지방자치단체와의 지방상수도사업의 연계 운영에 관한 사항이 포함되나 이에 더하여 각 자치단체별로 할당된 배분계획량을 포함시켜서 그에 대한 법적 근거를 명시하여야 한다.

그런데 수도정비기본계획은 국민은 물론 행정청에게 조차 직접적인 법적 구속력을 가지는 것으로 보기에는 미흡한 종합적 장기계획이므로 그 내용에 자치단체별로 배분계획량을 포함시키기에는 계획의 성질상 부합하지 못하는 측면이 있음은 물론 그에 포함되는 경우에도 자치단체에게 직접적인 구속력을 가질 수 있을지 의문이다. 따라서 배분계획량에 대한 법적 구속력을 인정하기 위해서는 국토해양부장관이 자치단체별로 배분계획량을 정하는 경우 이에 후속하여 수자원공사와 배분계획량을 할당받은 지자체가 배분계획량을 대상으로 사용계약을 체결하기 위한 법적 근거를 수도법에 명시하는 방법을 고려할 필요가 있다. 현재 수자원공사와 지자체는 용수계약 이전에 이른바 물사용계약을 실무상 체결하고 있으므로 이를 발전적인 형태로 격상시켜 수도법에 근거를 두자는 것이다.

배분계획량 사용계약은 국토해양부장관이 수도정비기본계획에 따라서 각 자치단체에 승인 · 배분한 광역상수도의 총량을 대상으로 수자원공사와 지자체가 체결하는 계약이다. 배분계획량 사용계약을 통하여 자치단체에게는 할당받은 배분계획량을 우선적으로 소진할 의무가 부과될 수 있으며, 이를 준수하지 않고 자체시설을 확충하거나 타 지자체로부터 물을 공급받는 경우에는 우선소진의무에 위반하는 것으로 보아 채무불이행으로 인한 손해배상책임을 지게 함으로써 배분계획량의 법적 구속력을 확보하는 것이다.

배분계획량의 법적 구속력을 강화하여 광역상수도사업의 지속가능성과 안정성을 유지하는 다른 하나의 방법으로는 지방자치단체에게 물에 대한 초과수요가 발생하는 경우 지방자치단체가 설치하여 운영하는 지방상수도 또는 제17조 제1항에 의하여 지방자치단체가 설치하는 광역상수도는 수도정비기본계획에 따라서 각 자치단체별로 배분된 배분계획량을 우선적으로 사용하여야 한다는 의무규정을 수도법에 신설하는 것이다.

이러한 규정을 수도법에 두는 이유는 특히 배분계획량은 지방자치단체가 자신의 수요량을 계산하여 수자원공사를 통하여 국토해양부장관에게 신청한 물량이기 때문에 이 부분에 대해서 지방자치단체도 일정 부분 책임을 진다고 볼 수 있기 때문이다. 만약, 자치단체가 이러한 우선소진의무에 위반하여 지방상수도를 확충하거나 광역상수도를 설치하는 경우에는 수도사업에 대한 인가를 받지 않고 일반수도사업을 경영한 것에 준하는 벌칙을 부과할 수 있도록 수도법을 개정하는 방안을 검토하여야 한다. 이와 같이 배분계획량 사용계약 또는 수도법상 배분계획량의 우선소진의무를 수도법에 규정하는 것은 광역상수도사업의 지속가능성과 안정성을 보장하는 것이며, 이러한 공적 과제는 이미 헌법 제120조가 국가에게 부여한 수자원의 관리의무로부터 직접 도출되는 입법적 과제라고 할 수 있다.

또한 일본의 경우처럼 광역상수도요금에 이른바 책임수량제를 도입하는 문제를 신중하게 검토할 필요가 있다. 책임수량제란 수돗물을 공급받는 수도사업자가 사용계획량에 대해 일정한 요금을 부담하는 제도이며, 지역에 따라 연간·월간·일간으로 구분한 책임수량제를 채택하여 요금을 부과하고 있다. 책임수량이란 수급자 간의 계약물량으로 일간·월간·연간기준으로 결정되어 변경이 자유롭지 않으며 책임수량에 대해 고정요금을 부담하는 것은 물론 책임수량을 초과하여 사용하는 경우에는 초과요금이 부과되며, 계약량 결정기준 등은 수도용수 공급자에 따라 다양하게 결정된다. 책임수량에 부과되는 요금수입은 고정비 회수를 목적으로 부과되며, 장기적인 용수공급계약을 통해 고정비 회수는 물론 시설운영의 안정성이 보장된다.

다만, 우리나라의 경우 일본의 책임수량제와 같은 제도를 도입하는 경우에는 다음과 같은 점을 유의할 필요가 있다. 책임수량제 또는 위에서 언급한 (가칭)배분계약량 사용계약은 국토해양부장관이 각 지자체 별로 필요한 광역상수도의 할당된 총량을 그 대상으로 지자체와 수자원공사가 체결하는 계약이기 때문에 수자원공사의 총량 공급의무와 지자체의 우선소진의무가 주된 계약상의 의무로 등장하는 것이고, 구체적인 용수의 사용량을 정하여 그에 대한 요금을 정하는 용수계약과는 그 성격과 내용이 다르기 때문에 배분계획량 사용계약에서 지자체에게 요금납부의무를 부과하기는 현실적으로 어렵다. 또한 책임수량제 또는 배분계획량에 대하여 이미 일정한 사용료를 부과하는 경우에는 수자원공사가 광역상수도를 건설하는 비용 일부를 충당할 수 있으므로 광역상수도의 재정적 안정성에 크게 기여하는 것은 사실이다. 그러나 수도법상 광역상수도의 사업자는 수자원공사이므로 사업자가 광역상수도 건설 및 유지비용을 부담하는 것이 원칙이기 때문에 아직 광역상수도 시설을 건설하기 이전에 그 비용 일부를 지자체에게 부담시키는 것은 법률상 가능하다고 보기 어렵다. 또한, 책임수량제가 광역상수도사업의 안정성과 지속가능성을 제고하는데는 장점을 가질 수 있지만, 기본적으로 수도요금이 공과금의 하나로서 수돗물과 그에 관련된 서비스의 공급에 대한 반대급부로서 부담하는 사용료와 수수료 성격의 수익자부담금이라는 점을 간과할 수 없다. 다시 말하자면 광역상수도 요금을 산정함에 있어서는 수익자부담금의 산정에 적용되는 응익성의 원칙(Äquivalenzprinzip)과 비용부담의 원칙(Kostendeckungsprinzip)이 준수되어야 하는데, 실제로 공급받은 재화나 용역에 대한 대가 내지 고정비용을 기준으로 하지 않고 예상되는 물량에도 추가적으로 요금을 부과하는 경우에는 위 원칙과 과잉금지의 원칙에 위반하여 헌법상 평등권과 재산권을 침해할 수 있다는 비판을 받을 수 있다.

Ⅳ. 광역상수도사업자 범위 조정

1. 문제의 제기

수도법 제3조에 의하면, 수도는 일반수도, 공업용수도 및 전용수도로 구분된다. 일반수도는 다시 광역상수도, 지방상수도 및 마을상수도로 구분되고, 전용수도는 전용상수도와 전용공업용수도로 구분된다. 각 용어정의는 아래 [표 4-4]와 같다.

[표 4-6] 수도법상 수도의 종류

구 분		내 용
일반수도	광역상수도 (제3조 제7호)	국가 · 지방자치단체 · 한국수자원공사 또는 국토해양부장관이 인정하는 자가 둘 이상의 지방자치단체에 원수나 정수를 공급하는 일반수도
	지방상수도 (제3조 제8호)	지방자치단체가 관할 지역주민, 인근 지방자치단체 또는 그 주민에게 원수나 정수를 공급하는 일반수도로서 광역상수도 및 마을상수도 외의 수도
	마을상수도 (제3조 제9호)	지방자치단체가 대통령령으로 정하는 수도시설에 따라 100명 이상 2천 500명 이내의 급수인구에게 정수를 공급하는 일반수도로서 1일 공급량이 20세제곱미터 이상 500세제곱미터 미만인 수도 또는 이와 비슷한 규모의 수도로서 특별시장 · 광역시장 · 특별자치도지사 · 시장 · 군수(광역시의 군수는 제외한다)가 지정하는 수도
공업용수도 (제3조 제10호)		공업용수도사업자가 원수 또는 정수를 공업용에 맞게 처리하여 공급하는 수도
	전용상수도	100명 이상을 수용하는 기숙사 · 사택 · 요양소, 그

전용수도	(제3조 제12호)	밖의 시설에서 사용되는 자가용의 수도와 수도사업에 제공되는 수도 외의 수도로서 100명 이상 5천명 이내의 급수인구(학교 · 교회 등의 유동인구를 포함한다)에 대하여 원수나 정수를 공급하는 수도
	전용공업용수도(제3조 제13호)	수도사업에 제공되는 수도 외의 수도로서 원수 또는 정수를 공업용에 맞게 처리하여 사용하는 수도

특히, 수도법은 제3조 제7호에서 광역상수도의 개념을 "국가 · 지방자치단체 · 한국수자원공사 또는 국토해양부장관이 인정하는 자가 둘 이상의 지방자치단체에게 원수나 정수를 공급(제43조 제4항에 따라 일반 수요자에게 공급하는 경우를 포함한다[8])하는 일반수도를 말한다. 이 경우 국가나 지방자치단체가 설치할 수 있는 광역상수도의 범위는 대통령령으로 정한다"고 규정하고 있다. 이에 따라서 수도법 시행령 제2조 제2항은 지방자치단체가 설치할 수 있는 광역상수도의 범위와 관련하여 "법 제3조 제7호에 따라 지방자치단체가 설치할 수 있는

8) 제43조(국가가 설치하는 수도의 특례) ① 환경부장관이나 국토해양부장관은 일반수도사업자인 지방자치단체가 재정적 · 기술적 또는 지리적 조건 등으로 인하여 일반수도의 수도시설을 설치할 수 없거나 그 설치가 곤란하다고 인정하면 직접 일반수도의 수도시설을 설치할 수 있다.
② 환경부장관이나 국토해양부장관은 제1항에 따라 설치한 일반수도의 수도시설을 해당 지방자치단체에 위임하거나 한국수자원공사에 위탁하여 관리하게 할 수 있다.
③ 환경부장관이나 국토해양부장관은 제1항에 따라 수도시설을 설치하거나 제2항에 따라 수도시설을 위임 또는 위탁하여 관리하게 하려면 미리 행정안전부장관과 협의하여야 한다. 다만, 국토해양부장관이 설치하여 한국수자원공사에 위탁하는 시설의 경우에는 그러하지 아니하다.
④ 국토해양부장관은 대통령령으로 정하는 바에 따라 한국수자원공사로 하여금 광역상수도의 수돗물을 일반 수요자에게 공급하게 할 수 있다. 이 경우 미리 관계 특별시장 · 광역시장 · 특별자치시장 · 특별자치도지사 · 시장 · 군수(광역시의 군수는 제외한다)의 동의를 받아야 한다.

광역상수도의 범위는 지방자치단체 간의 협의에 따라 수도시설을 공동으로 설치하여 물을 공급하려는 경우로 한다"고 규정하고 있다.

그런데 실제로는 지방자치단체가 위 수도법의 규정과 시행령에 따라서 환경부장관으로부터 인가를 얻어 광역상수도를 설치하는 복잡한 과정을 거치지 않고 지방상수도사업으로 인가를 받아 남아도는 물을 인근 지방자치단체에 공급하는 경우가 많아서 이른바 '지방상수도를 통한 광역상수도의 우회 내지 회피 현상'이 벌어지고 있다. 다시 말하자면 수도법 제3조 제7호와 동법 시행령 제2조 제2항에도 불구하고 지방자치단체는 이를 회피하여 인근 지방자치단체에게 도매로 잉여분의 지방상수도를 공급하거나 지방상수도시설을 광역화하여 이를 공동으로 설치하는 사례가 다수 존재한다.

예를 들어 서울시를 포함하여 일부 지방자치단체가 인근 지방자치단체에게 원수나 정수를 공급하고 있는 것이 현실이다. 이를 보다 구체적으로 보면 2008년을 기준으로 9개 지방자치단체가 지방상수도 시설을 통하여 인근 지방자치단체에 원수 및 정수를 공급하고 있다. 한편, 환경부에서는 2007년부터 2009년까지 전국 9개 권역을 대상으로 '급수체계 조정방안 기본계획'을 수립하면서, 인근 자치단체에 원수 및 정수를 공급할 수 있는 자치단체를 신규로 추가하여 지방상수도 간 급수체계조정 대상지역을 선정하였다. 따라서 환경부의 계획에 의하여 지방상수도 간 급수체계의 조정작업이 이루어지는 경우에는 기존의 9개 지방자치단체 이외에 춘천시, 고성군, 순천시, 문경시가 지방상수도시설을 통하여 인근의 자치단체에 도매로 원수 및 정수를 공급하는 사업자가 되는 것이다.

광역상수도의 우회 또는 회피현상이 발생할 수 있는 것은 지방자치단체가 수도법 제3조 제7호에 따라 광역상수도를 설치하는 광역상수도 사업자의 지위를 가질 수 있으므로 이러한 법적 상태가 전반적인 광역상수도의 안정적이고 지속가능한 운영을 어렵게 하고 있는 것이 현재의 실정이다.

또한 위 수도법의 규정에도 불구하고 지방자치단체는 정식으로 광역상수도사업에 대한 인가를 회피한 채 수도법 제3조 제8호의 지방상수도사업자규정에 따라서 지방상수도사업과 함께 인근 지방자치단체에 대한 물 공급 활동을 통하여 실질적으로는 광역상수도사업을 행하는 사업자로서의 이중적 지위를 갖게 된다. 이러한 상황을 용인하는 수도법의 규정들은 결국 지방상수도사업과 광역상수도사업 간의 기능상의 차이와 역할에 대한 구별을 무색하게 만들고 국가의 기간 물 공급망이라고 할 수 있는 광역상수도에 대한 체계적이고 효율적이며 안정적이고 지속가능한 관리를 어렵게 하고 있는 것이다. 그러므로 기후변화에 따르는 국가의 헌법상 물관리 책무에 대한 새로운 인식과 더불어 이와 밀접하게 연관된 광역상수도사업의 장기적인 안정성을 보장하기 위해서는 수도법상 광역상수도사업자에 대한 보다 명확한 개념규정과 더불어 현행법상 분산된 광역상수도에 대한 인가권을 통합하는 문제 등 다수의 제도적, 정책적인 과제에 대한 입법적인 처리가 선행될 필요가 있다.

2. 제도개선 방안

앞에서 언급한 바와 같이, 헌법 제120조는 수자원에 대한 전반적이고 포괄적인 관리의무를 국가에게 부여하고 있고, 그에 따라 하천이나 댐, 광역상수도 등이 국가 수자원관리의 핵심적인 대상이 되는 것이므로 수도법에서 집중적으로 지방상수도에 대하여 규율하고 댐법이나 하천법과 함께 입법정책적으로는 광역상수도법을 별도로 제정하여 광역상수도에 대한 국가의 관리의무를 포함하여 범위, 사업자, 인가절차, 사업의 지속성 보장 등을 별도로 규정하는 것이 보다 바람직스럽다고 할 것이다. 그러나 수도법에서 우리나라 수도의 근간을 이루는 지방상수도와 함께 광역상수도를 동시에 규율하고 있는 오랜 입법적 관행과 현실을 감안하면 당분간 광역상수도만을 대상으로 별도의 입법을 하는 것은 어려울 가능성이 있다.

따라서 수도법에서는 광역상수도와 지방상수도를 동시에 규율하는 것이 당분간 불가피한 상황이라면 광역상수도에 대해서 별도의 장을 신설하여 광역상수도와 관련된 조항을 집중적으로 배치하는 것이 바람직한 것으로 생각한다. 수도법에 광역상수도에 대한 별도의 장을 신설하는 경우에는 광역상수도의 사업자, 범위, 인가절차, 사업의 지속성 보장 이외에도 광역상수도와 관련된 중요한 조항을 모두 포함시키도록 해야 할 것이다.

물론 광역상수도법을 제정할 수 있는 여건이 조성되면 당연히 별도의 입법을 추진하되, 광역상수도법과는 입법체계와 목적을 달리하기는 하지만 오래 전부터 논의되어 왔던 물관리기본법의 제정 또는 최근 국토해양부가 추진하고 있는 (가칭)수자원의 이용 및 관리에 관한 법률(수자원관리기본법) 등 별도의 입법이 가능한 경우에는 이러한 법률들에 광역상수도에 대한 법적 근거와 더불어 수로, 하천 등 수자원 배분의 원칙 등을 같이 규정하는 것도 광역상수도의 기능과 역할을 고려한 하나의 입법적 대안이 될 수 있을 것으로 보인다.

현행 수도법 체계를 유지하면서 모색해볼 수 있는 입법적 개선방안으로는 다음과 같은 것들이 있다.

우선적으로, 기후변화에 대응하여 국가 수자원관리의 핵심적인 수단으로 활용될 수 있다는 점에서 광역상수도의 기능은 단순히 관할 지역주민에게 수돗물을 안정적으로 공급하는 것을 주 임무로 하는 지방상수도와 다르다. 그렇다면, 광역상수도사업을 일반수도사업으로부터 분리하여 독자적으로 규율하여야 할 현실적 · 규범적 필요성이 인정되고, 따라서 별도의 광역상수도 개념을 설정하고 그에 고유한 법적 규율을 시도하는 것이 필요하다. 그러기 위해서는 일반수도,

특히 지방상수도로부터 광역상수도를 개념적으로 분리할 필요성이 있다.

다음으로, 광역상수도의 사업자에서 지방자치단체를 제외하는 것을 고려할 필요가 있다. 다시 말하자면 지방상수도에 대한 관할권은 지방자치단체에게 부여하고 광역상수도에 대한 관할권은 국가 또는 한국수자원공사에게 위임하여 사업자의 중복으로 인하여 발생하는 광역상수도 관리의 비효율성을 제거하기 위한 수도법의 개정이 필요하다는 것이다. 이미 위에서 살펴보았듯이 수도법은 지방자치단체에게도 광역상수도사업을 할 수 있는 가능성을 부여하고 있으며, 지방자치단체는 사문화되다시피한 이러한 규정을 우회하여 지방상수도사업으로 사실상 광역상수도사업을 겸영(兼營)하게 됨으로써 광역상수도에 대한 국가의 통합적 관리가 어려워진다. 또한 국가나 한국수자원공사와 더불어 지방자치단체에게도 광역상수도사업을 허용하는 경우 광역상수도시설에 대한 중복적이고 과잉적인 투자가 이루어질 가능성도 있어서 국가 전체적으로 수자원관리에 대한 비능률과 비효율이 증가하는 등의 부작용이 발생할 가능성도 크다. 따라서 광역상수도 사업자에서 지방자치단체를 삭제하는 것이 바람직하다.

제10장 기후변화와 광역상수도의 안정성 제고 방안

Ⅰ. 기후변화와 물관리

대기 중 온실가스는 산업혁명 이래 화석연료 연소, 산림파괴 등 인간의 여러 활동에 기인하여 크게 증가하였다. 최근 2만 년 동안 전례가 없는 빠른 증가속도이다. 온실가스의 대기 중 농도증가가 지구온난화와 어떤 연관이 있는지를 설명하기 위해 과학자들은 복잡한 기후모델을 사용하고 있으며, 사용된 모든 기후모델의 실험 결과 20세기 지구온난화는 인간의 활동에 의한 온실가스 배출이 주된 원인임이 규명되었다. 온실효과로 인해 지구표면 온도는 지난 100년 동안(1906~2005) 0.74 ± 0.18℃ 상승하였다. 이와 같은 지구온도 상승유형은 관측결과 지난 1,000년 간 유래가 없는 높은 상승으로 확인되었다. 기후변화에 관한 정부간 패널(IPCC)은 4차 보고서를 통해 21세기 기후변화의 가속화 전망을 제시하고 있다. 현재와 같이 화석연료를 사용한다면 21세기 말까지 지구평균기온이 최대 6.4℃ 상승할 것으로 전망한 것이다.

기후변화는 가장 강력하고 근본적인 수자원 여건의 변화요인이다. 기후변화로 인한 지구의 온도변화는 필연적으로 지구 물순환의 변화를 야기시키기 때문이다. 극단적으로, 각 국가나 지역에서 그 동안 당연하다고 받아들여 왔던 수자원 여건이 전혀 달라질 수 있다.

이미 기상관측 이래 최악의 홍수와 가뭄이 전 세계에서 빈발하고 있다. 2007년 발간된 IPCC 제4차 평가보고서는 기후변화가 물관리에 미치는 영향을 집중적으로 다루고 있다. 또한, 온실가스 배출 저감대책과는 별개로 수자원분야에는 적응대책이 필요함을 강조하고 있다. 기후변화는 다양한 경로를 통해 물관리의 복잡성과 불확실성을 증대시킨다. 홍수 · 가뭄 · 토사재해 등 물 관련 재해위험이 크게 증가하며, 강수량과 유출의 집중이 심화되어 물 공급 안정성도 저하된다. 또한, 유량 감소와 수온 상승 등으로 하천 수질과 수생태계에도 악영향을 미친다. 기후변화로 기존 수자원시설의 물 공급능력 저하현상이 발생하고 있다. 이러한 물 공급능력 저하는 ① 가뭄빈발, 증발량 증가(기온상승), 토석류 유입 등에 따른 저수용량 감소와 ② 불확실성 증가로 홍수 방어에 더욱 치중하는 댐 운영패턴에 따른 이수용량 감소로 인한 것이다.

이하에서는 기후변화에 따르는 수자원의 안정성을 제고하기 위하여 고려할 수 있는 실시간 정보공유, 비상용수 공급의무, 수원안정성 평가 및 인증제도, 광역상수도에 대한 국고지원 등의 문제에 대하여 언급하기로 한다.

Ⅱ. 실시간 정보공유

기후변화와에 따르는 수자원의 불안정성이 존재함에도 불구하고 광역상수도의 경우 지방상수도와 실시간 운영정보 공유가 이루어지지 않아 수자원의 효율적 활용 및 사고 대응력 저해를 초래하고 있다. 따라서 수도법 개정을 통해 광역상수도 · 공업용수도사업자에 대한 실시간 물이용 정보공유를 의무화할 필요가 있다. 분절된 광역-

지방자치단체 · 산업체 수도시스템 간 실시간 정보공유로 한정된 수자원의 효율적인 활용 및 전력비 등 운영관리비 절감을 도모할 수 있기 때문이다.

이러한 실시간 정보공유를 용이하게 실현하는 기술적 수단으로 지능형수도망으로 지칭되는 스마트워터그리드(smart water grid) 도입을 적극적으로 모색할 필요가 있다. 스마트워터그리드란 실시간 수용, 공급, 기상, 환경 정보를 종합적으로 고려하여 용수의 저장, 처리, 공급, 이용 및 폐수의 배출을 최적화하는 시스템으로 분산된 물 분야를 하나로 통합 · 관리하는 기술이라고 할 수 있다.

물의 효율적인 분배가 수자원 확보만큼이나 중요하다는 패러다임의 변화 덕분에 관심을 받는 것이 바로 스마트워터그리드다. 현재까지의 물관리방식으로는 지역 내 물 관련정보의 공유체계 부족으로 하류에서의 물 부족 문제가 발생하고 있으며 물의 확보량과 수질에 대한 실시간 정보를 확보하는 데 제약이 있다. 물 관련정보의 부재가 물관리 효율성 제고의 가장 큰 걸림돌이라고 할 수 있어 이에 대한 대안으로 스마트워터그리드가 부각되고 있는 것이다. 최근 녹색성장위원회에서는 스마트 상수도 등에 대한 물산업 핵심 기술개발을 포함한 '물산업 육성전략' 발표했는데, 주요내용은 2020년까지 3조 4,690억 원을 투입해 원천기술 개발과 세계적인 물기업을 육성하고, 세계 물산업을 주도한다는 계획이다. 그러나 현재 우리나라에서 상수도 분야에 IT기술을 접목한 첨단 스마트워터 기술은 전력분야나 선진국과 비교하면 아직 미흡한 상태이며, 관련법령조차도 제정되어 있지 않은 상황이다. 따라서 기후변화 등에 능동적으로 대응하고 안정적인 물 수급을 위한 차세대 물 생산 기술개발 및 적용이 필요하며, 그에 따른 법제도적 정책마련이 요구된다.

스마트워터그리드 도입을 위한 법제 정비방안으로는 우선 '저탄소 녹색성장 기본법'에 근거규정을 두는 방안을 모색해볼 수 있다.

녹색성장기본법에서는 녹색산업의 육성 및 지원을 위한 규정(제23조), 녹색기술의 연구개발 및 사업화 등의 촉진에 관한 규정(제26조), 녹색기술 및 녹색산업에 대한 지원특례(제31조) 등을 두고 있다. 스마트워터그리드도 녹색기술의 일종으로 볼 수 있으므로 이러한 규정들의 적용을 원칙적으로 받는 것으로 볼 수 있다. 그러나 이러한 일반적인 규정만으로는 충분치 않다고 할 것이며 이에 관한 근거를 보다 구체적으로 둘 필요가 있다. 이에 참고가 되는 것으로 교통부문의 녹색기술과 시스템에 관한 규정들을 들 수 있다.

즉, 녹색성장기본법에서는 교통부문의 온실가스 관리와 관련하여 "정부는 하이브리드 자동차, 수소연료전지 자동차 등 저탄소·고효율 교통수단의 제작·보급을 촉진하기 위하여 재정·세제 지원, 연구개발 및 관련제도 개선 등의 방안을 강구할 수 있다"라고 규정하여 하이브리드 자동차, 수소연료전지 자동차 등의 개발촉진에 관한 내용을 구체적으로 담고 있다(제47조 제4항).

또한 저탄소 교통체계의 구축과 관련하여 다음과 같은 규정을 두고 있다.

> 저탄소 녹색성장기본법 제53조(저탄소 교통체계의 구축) ④ 정부는 온실가스와 대기오염을 최소화하고 교통체증으로 인한 사회적 비용을 획기적으로 줄이며 대도시·수도권 등에서의 교통체증을 근본적으로 해결하기 위하여 다음 각 호의 사항을 포함하는 교통수요관리대책을 마련하여야 한다.
> 1. 혼잡통행료 및 교통유발부담금 제도 개선
> 2. 버스·저공해차량 전용차로 및 승용차진입 제한지역 확대
> 3. 통행량을 효율적으로 분산시킬 수 있는 지능형교통정보시스템 확대·구축

저탄소 녹색성장기본법 조항과 더불어 전력산업과 관련하여 제정·시행되고 있는 '지능형전력망의 구축 및 이용에 관한 법률'을 참고할 필요가 있다. 동법의 총칙규정을 보면 다음과 같다.

제1조(목적) 이 법은 지능형전력망의 구축 및 이용촉진을 함으로써 관련산업을 육성하고 전 지구적 기후변화에 능동적으로 대처하며 저탄소(低炭素) 녹색성장형 미래산업의 기반을 조성하여 에너지 이용환경의 혁신과 국민경제의 발전에 이바지함을 목적으로 한다.

제2조(정의) 이 법에서 사용하는 용어의 뜻은 다음과 같다.

1. "전력망"이란 전기를 생산하여 전기사용자에게 공급하는 데에 필요한 전기설비와 이를 통제·관리하는 체계를 말한다.

2. "지능형전력망"이란 전력망에 정보통신기술을 적용하여 전기의 공급자와 사용자가 실시간으로 정보를 교환하는 등의 방법을 통하여 전기를 공급함으로써 에너지 이용효율을 극대화하는 전력망을 말한다.

3. "지능형전력망 정보"란 지능형전력망의 구축 및 이용을 위하여 광(光) 또는 전자적 방식으로 처리되어 부호, 문자, 음성, 음향 및 영상 등으로 표현된 모든 종류의 자료 또는 지식을 말한다.

4. "지능형전력망 기술"이란 지능형전력망의 구축 및 이용에 관한 기술로서 지식경제부령으로 정하는 것을 말한다.

5. "지능형전력망 사업"이란 지능형전력망의 구축 및 이용에 관한 재화(財貨) 또는 지능형전력망을 이용한 서비스를 제공하는 사업으로서 다음 각 목의 어느 하나에 해당하는 사업을 말한다.

가. 지능형전력망 기반 구축사업

나. 지능형전력망 기기 및 제품 제조사업

다. 지능형전력망 서비스 제공사업

6. "지능형전력망 사업자"란 지능형전력망 사업을 영위하는 자를 말한다.

제3조(정부 등의 책무) ① 정부는 지능형전력망 사업에 대한 규제를 개선하고, 민간투자를 유도할 수 있는 환경을 조성하여 지능형전력망산업의 체계적 성장을 위한 시책을 마련하여야 한다.

② 지능형전력망 사업자는 지능형전력망 산업의 체계적 성장을 위한 정부의 시책에 참여하고 협력하여야 한다.

제4조(다른 법률과의 관계) 지능형전력망의 구축·이용, 지능형전

력망 정보의 수집 · 활용 및 보호에 관하여는 「정보통신망 이용촉진 및 정보보호 등에 관한 법률」 등 다른 법률에 특별한 규정이 있는 경우를 제외하고는 이 법에서 정하는 바에 따른다.

동법 제2장에서는 지능형전력망 기본계획, 제3장에서는 지능형전력망의 기반 조성 및 이용촉진, 제4장에서는 지능형전력망 정보의 수집 · 활용 및 보호에 관해서 규율하고 있다. 지능형수도망에 관한 상세한 규정은 위와 같이 단행법인 (가칭) '지능형수도망 구축 및 이용에 관한 법률'을 제정하여 규율하는 것이 바람직하며, 수도법에서는 지능형수도망 구축 및 이용에 관한 근거규정을 두고 기술지원 등이 이루어지도록 할 필요가 있다.

Ⅲ. 비상용수 공급의무

1. 문제의 제기

수도법 제41조 제1항에 따라서 시 · 도지사는 천재지변이나 그 밖의 비상 시에 긴급히 수돗물을 공급할 필요가 있다고 인정하면 수도사업자에게 기간 · 수량 및 방법을 정하여 수돗물을 다른 수도사업자에게 공급하게 할 수 있다.[1] 이른바 긴급 급수 지원이라는 이 조항에 따라서 한국수자원공사는 천재지변이나 그 밖의 비상 시에 용수공급계약을 체결하지 않은 지방자치단체들에게도 광역상수도를 통하여 용수를 공급할 의무를 지게 된다. 2009년 봄 가뭄이 극심했을 때 태

1) 제41조(긴급 급수 지원) ① 시 · 도지사는 천재지변이나 그 밖의 비상 시에 긴급히 수돗물을 공급할 필요가 있다고 인정하면 수도사업자에게 기간 · 수량 및 방법을 정하여 수돗물을 다른 수도사업자에게 공급하게 할 수 있다. 다만, 수도사업자가 시 · 도지사이면 환경부장관이 명한다.

백권에 광역상수도를 공급함에 있어서 지장이 초래된 것은 위 조항에 따라서 한국수자원공사와 용수계약을 체결하지 않는 지방자치단체들에게도 일시에 비상용수를 공급한 것에도 기인하고 있다.

이와 같이 기후변화로 인하여 과거에는 예상하기 어려웠던 극심한 가뭄이 발생하는 빈도가 잦아지는 상황에서 수도법 제41조 제1항에 의하여 비상용수를 공급하는 경우 이미 한국수자원공사와 용수계약을 체결한 자방자치단체에게 충분한 용수공급 보장의무가 준수되지 못할 위험성이 존재한다. 따라서 극단적인 가뭄이 발생하는 경우 한국수자원공사와 용수계약을 체결하지 않는 지방자치단체들에 대한 비상용수 공급의무와 용수계약을 체결한 지방자치단체들에 대한 용수공급 계약의무 간에 충돌이 발생할 수 있는 가능성이 상존한다.

2. 비상용수 공급의무의 법적 성격

수도법 제41조 제1항에 의하여 발생하는 비상용수 공급의무는 법률상 의무라기보다는 위 조항에 의하여 수도사업자와 지방자치단체 등 다른 수도사업자 간에 계약강제가 이루어지는 것이다. 다시 말하자면, 위 조항에 따라 한국수자원공사에게는 긴급히 용수를 필요로 하는 다른 수도사업자에게 용수를 공급할 계약체결의 의무를 지게 되며, 계약 자체를 거부할 수 없다. 한국수자원공사는 강제용수계약의 기간 · 수량 및 방법을 스스로 정할 수 없으며, 오직 요금에 대해서만 협의권이 인정될 뿐이다(제2항).[2)]

용수계약의 당사자는 공법인인 한국수자원공사와 지방자치단체라

---

2) 제41조(긴급 급수 지원) ② 제1항에 따라 공급하는 수돗물의 요금은 관계 수도사업자 간에 협의하여 정한다.
③ 관계 수도사업자는 제2항에 따른 협의가 성립되지 아니하면 대통령령으로 정하는 바에 따라 「환경분쟁조정법」에 따른 관할 환경분쟁조정위원회의 조정(調整)을 신청할 수 있다.

는 공법상 법인 간의 계약이기는 하지만 공권력 행사를 대상으로 하는 것이 아니라 물의 공급과 대가의 지급이라는 통상적인 급부관계를 규율하는 것으로서 민법상 계약의 성질을 가지고 있다. 따라서 양자 간의 분쟁은 행정소송절차가 아닌 민사소송절차에 의한다. 다만, 공법인이나 지방자치단체가 물을 공급하는 행위는 최종수요자인 국민이나 주민의 생존에 필수적인 재화를 공급하는 것으로서 일종의 생존배려적 행정작용(Daseinsvorsorge)이라는 특징을 가지고 있다. 다시 말하자면 용수계약은 사법상의 계약이기는 하지만 동시에 일반국민에 대한 급부행정활동 내지 생존배려행정작용이라는 성질을 동시에 갖고 있기 때문에 사법상 계약의 지배원리인 계약자유의 원칙이 상당 부분 용수계약의 공공성으로 인한 수정을 받을 수밖에 없다는 점을 유의하여야 한다.

물의 사용을 대상으로 하는 우리나라의 공법체계와 생존배려행정의 특성은 용수계약의 성립은 물론 계약내용의 해석에 있어서도 직접적인 구속력을 미치고 있다. 우선 헌법은 제120조에서 광물 기타 중요한 지하자원 · 수산자원 · 수력과 경제상 이용할 수 있는 자연력은 법률이 정하는 바에 의하여 일정한 기간 그 채취 · 개발 또는 이용을 특허할 수 있으며(제1항), 국토와 자원은 국가의 보호를 받으며, 국가는 그 균형 있는 개발과 이용을 위하여 필요한 계획을 수립하도록 규정하고 있다(제2항). 결국 물의 이용은 국가의 전체적인 수자원의 관리라는 틀 속에서 이루어지는 것을 말하며, 원칙적으로 물을 이용하는 자는 하천법에 의한 허가를 받아야 한다. 따라서 물의 이용행위는 공법상 공물의 이용관계를 전제로 하는 것이므로 용수계약은 하천법상 하천점용허가나 하천수사용허가를 취득한 경우에 한하여 적법하게 체결될 수 있다.

또한 물의 공급은 주민에 대한 생존배려행정의 성격을 가지고 있기 때문에 비록 그것이 사법상의 형식을 취하는 경우에도 계약의 공공성으로 인하여 국민의 기본권보장 등 다양한 공법적 원리에 의하여 기속되는 이른바 행정사법(Verwaltungsprivatrecht)의 영역에 속한다. 행정사법의 내용이 수돗물의 공급과 같은 공급행정의 경우 비권력관계이기는 하지만 공법관계를 통하여 이루어진다면 이러한 행정활동에 대하여 국민의 기본권의 효력이 직접적으로 미치며 각종의 공법원리에 의한 기속을 받는다는 것을 의미한다. 그러므로 이러한 비권력 행정작용이 사법의 형식으로 전환되어 행정사법의 영역으로 편입된다고 하더라도 통상의 사법관계와는 달리 전면적인 사적자치의 원칙이나 계약자유의 원칙이 지배할 수 없는 것이다. 만약, 행정사법의 업무영역을 전면적인 사법원리에 방임한다면 실질적으로 국가적 과제인 비권력 행정작용이 '사법으로 도피'하는 현상을 허용하는 결과가 되기 때문이다.

사실 국가가 수행하여 온 각종의 공공적 서비스가 사인의 손으로 넘어가는 민영화과정을 거치면서 많은 나라에서 그 부작용의 하나로 서비스의 공공성이 담보되지 못하는 현상이 일어나고 있다. 그러므로 시장원리에 입각하여 이윤추구의 대상이 되어버린 공공적 서비스는 모든 국민에게 평등한 접근이 가능한 것은 아니며, 매우 제한된 범위의 사람들의 전유물로 전락할 가능성은 얼마든지 있다. 그러므로 행정사법의 형식으로 수행되는 급부행정활동은 비권력적인 행정작용으로서 비록 사법관계이기는 하지만 국민의 기본권 및 다수의 공법원칙이 직접적으로 적용된다. 이것이 행정사법에 대한 전면적인 기속이론이다. 여기에서 가장 핵심이 되는 기본권은 평등권과 재산권이며, 기타의 공법원리로서는 비례의 원칙, 신뢰보호의 원칙 등이 거론된다.

서울시와 한국수자원공사 간의 용수료 분쟁에 대한 대전고등법원의 판결(대전고등법원 2006나12112 판결) 역시 용수계약이 행정사법의 형식으로서 다양한 공법적 기속의 대상이 된다는 점을 인정하고 있다.

동판결은 다음과 같이 행정사법형식의 행정활동에 대한 공법원리의 적용원칙을 설시하고 있다.

> '무릇, 사법의 형식에 의해 이루어지는 행정활동의 경우에도 그것이 수도 · 전기 · 가스 등 공공급부와 같이 '직접' 공익을 실현하기 위한 것이라면 공법적 구속, 특히 평등권, 재산권 등을 비롯한 기본권의 작용을 받게 되므로, 이 사건 각 용수계약 중 위와 같은 용수료 산정에 관한 부분은 그 효력이 그대로 인정될 수 있을 것인지가 면밀히 검토될 필요가 있다. 즉, 행정주체는 국고보조활동이나 수익경제활동과 같이 순수한 국고행정영역에서뿐만 아니라, 관리행정(단순 고권적 행정)영역에서도 전기, 가스 등 에너지 공급, 교통역무제공, 상수공급 및 하수처리, 폐기물처리, 자금조성 등 개인의 생존에 필수적인 급부를 제공하는 생존배려행정을 위하여 사법형식으로 활동하고 있으며, 행정주체에게는 법질서에 의하여 명시적으로 공법적인 작용이 필요하지 않는 한 자신의 행정목적 수행을 위하여 사법형식과 공법형식을 선택할 권한이 부여되어 있으므로 그에 따른 사법상의 효력이 인정되어야 할 것이나, 이러한 생존배려행정은 본래의 공행정 내지 실질적인 공행정에 해당하여 공법적으로 판단되어야 하는 급부행정영역에 속함에도 사법형식으로 활동한다면 이는 완전한 사적자치에 맡겨져 있지 않으며 평등권 등 기본권을 비롯하여 일련의 공법적 기속에 예속된다.'

이렇게 볼 때 수도법 제41조에 의하여 한국수자원공사에게 긴급용수 공급의무를 부과하는 계약강제제도는 용수계약이 가지고 있는 특수성에 비추어 불가피한 측면이 있고, 물과 같이 국민의 생존을 배려하는 공기업에게는 다른 법률에 의해서도 계약강제의무가 일반적으로 존재하며, 이것이 한국수자원공사의 계약체결의 자유를 과잉적으로 제한하는 것도 아니기 때문에 위 조항의 위헌, 위법성을 성급하게 단정하기는 어렵다.

3. 법률상 의무와 용수계약상 의무의 충돌 시 해결방안

수도법 제41조 제1항에 의한 법률상의 계약강제로 인하여 이미 한국수자원공사와 용수계약을 체결한 지방자치단체에게 충분한 용수공급이 이루어지지 못하는 상황이 초래된 경우에는 법률상 의무와 계약상 의무 중 어느 것이 우선한다고 볼 것인가? 수도법 제41조는 국민이 가지고 있는 물기본권 실현을 위하여 부담하는 일종의 국가의 기본권보호의무에 근거한 조항이므로 극심한 가뭄 등으로 인하여 생존에 필수적인 용수를 확보하지 못한 지방자치단체에 대하여는 기존의 용수계약상의 의무에 우선하여 용수계약을 체결할 의무를 지는 것으로 보아야 한다. 매우 단순하게 말하자면 이러한 의미에서는 법률상의 의무가 계약상의 의무에 우선한다고 보아야 한다.

그런데 계약강제에 의하여 한국수자원공사가 부담하는 용수공급의무는 최소한의 의무라는 점이 특징이다. 다시 말하자면 긴급용수공급의무는 해당 지방자치단체가 비상 시에 필요로 하는 최소한의 물량을 의미하는 것이기 때문에 이를 초과하여 계약체결을 강제하는 것은 법률과 헌법의 규정과 원칙에 반한다. 이에 비하여 기존에 한국수자원공사와 용수계약을 체결한 지방자치단체에 대한 용수공급은 계약상 의무를 이행하기 위한 최대한의 물량을 의미한다. 따라서 비상시에 계약강제에 의하여 급히 용수계약이 체결된 지방자치단체에게 생존에 필요한 최소한의 용수를 공급하였음에도 물 부족이 해소되지 않는 경우라 하더라도 한국수자원공사는 기존에 용수계약이 체결된 자치단체에게 계약상의 용수공급의무를 충실하게 이행하여야 한다.

이미 언급한 바와 같이 수도법 강제용수계약을 통하여 물 부족을 겪고 있는 지방자치단체에게 공급할 용수의 기간 · 수량 등이 결정되기 때문에 원칙적으로 강제용수계약의 상대방인 지방자치단체는 한국수자원공사가 비록 여유물량을 확보하고 있는 경우에도 용수계약의 기간이나 수량을 늘려줄 것을 요구할 수 없는 것으로 보아야 한다. 그런데 만약 극단적인 한발로 인하여 이미 용수계약이 체결된 지방자치단체에게 한국수자원공사가 용수계약상의 의무를 이행할 수 없는 상태에 이르게 되는 경우에는 한국수자원공사는 사정변경에 의한 기존의 용수계약의 해지 또는 변경을 요구할 수 있다. 이러한 상황에서는 기존에 용수계약을 체결한 지방자치단체의 경우에도 수도법 제41조의 규정에 따라 다른 지방자치단체와 마찬가지로 최소한의 물량을 공급받는데 그친다.

4. 국가의 물기본권 보호의무에 의한 충분한 용수량 확보의 의무

전 지구적인 기후변화에 따라서 극단적인 가뭄과 한발이 빈번하게 발생하고 있는 상황에서 수도법 제41조에 따라서 광역상수도사업자에게 용수계약의 체결을 강제하는 것은 불가피한 측면이 있으나, 한국수자원공사가 비상 시에 모든 지방자치단체를 대상으로 공급할 절대물량을 확보하지 못하는 경우에는 결국 계약상의 의무는 물론 경우에 따라서는 비상용수 공급의무마저 제대로 이행할 수 없는 상황이 도래할 수 있다. 따라서 국가가 댐이나 광역상수도를 통하여 국민의 생존에 필수적인 용수를 확보하여 국민의 물기본권을 실현하기 위해서는 단순히 용수확보의 효율성 측면만을 고려할 수 없다.

전 세계적으로 광역상수도는 지방상수도와 별개로 존재하는 보편적인 시설이며, 지방상수도에 비해 상대적으로 시설 이용률이 낮은 경향이 있다. 따라서 광역상수도와 지방상수도 간 중복은 효율성 측면에서는 문제가 되지만 특히 기후변화라는 예측하기 어려운 발전과정을 고려한다면 수자원과 관련한 '잉여의 미덕'은 국민의 생존권 수

호와 국가의 자원관리라는 충분조건을 충족한다는 점에서 정당성을 가질 수 있다. 다시 말하자면 기후변화에 따르는 헌법상 국가의 물 관리의무, 국민의 물기본권, 국가의 물기본권 보호의무 등을 종합적으로 고려하여 볼 때 평상 시에 비록 용수에 잉여물량이 발생하여 중복투자 등 그 관리의 효율성 측면에서 문제가 될 수 있더라도 극단의 비효율이 초래되지 않는 한 위 헌법조항이나 원칙에 포섭될 수 있는 것으로 보아야 한다.

이른바 광역상수도의 경우 효율성(Efficiency)보다는 공급의 안정성을 담보하기 위한 수단으로 가외성 내지 충분성(Redundancy)이 훨씬 중요하다는 의미이며, 이는 경제학적인 원칙일 뿐만 아니라 헌법에 그 근거를 두고 있다. 이러한 충분성 내지 가외성의 원칙은 헌법 또는 행정법의 일반원칙 중의 하나인 과잉금지의 원칙 중 필요성의 원칙 또는 최소한의 원칙을 상회하지만 그렇다고 하여 과잉적인 상태도 아닌 것으로서 양자의 중간 정도에 위치하는 원칙으로 이해할 수 있다. 다시 말하자면 국가가 국민에게 필요한 최소한도의 용수를 확보하여 그 관리와 사용의 최적효율성을 달성하는 것이 가장 이상적인 것으로서 국가와 국민에게 최소한의 비용을 요구하는 것이기 때문에 최소한의 원칙 내지 필요성 원칙을 충족하는 것이다. 그러나 기후변화에 따르는 용수 확보의 불안정성과 국민의 물에 대한 생존권을 확보한다는 차원에서는 이러한 최소한의 비용을 통한 최적의 관리라는 원칙이 반드시 바람직스러운 것은 아니기 때문에 위에서 언급한 '잉여의 미덕'이 중요한 요소로 등장한다. 그러므로 다소의 비효율과 잉여가 발생한다고 하더라도 그러한 잉여와 비효율이 중대한 정도에 이르고 누가 보아도 명백한 상태에 이르러 과잉금지의 원칙에 반하지 않는 한 다소간의 여유와 잉여로 인한 비효율은 충분성의 원칙에 포섭되어 이를 헌법에 위반하는 상태로서 평가할 수 없다는 것이다.

Ⅳ. 수원 안정성 평가 및 인증

1. 문제의 제기

국토해양부는 수량관리 담당부처로 가뭄과 기후변화에도 안정적인 생활용수 및 공업용수 공급을 보장하여야 하지만 이를 위한 정책수단이 미비한 상태이다. 반면에 용수 수요자인 지방자치단체와 산업체의 경우 댐용수나 광역상수도 등 안정적인 수원보다 지방상수도 등 값싸게 이용할 수 있는 불안정한 수원을 선호하는 경향이 있다. 이로 인하여 물 부족 해소 및 기후변화 대응을 위한 신규 수자원 개발과 광역상수도 이용률 제고에 어려움이 초래되고 있는 상황이다. 결과적으로 국가적으로는 물 공급의 취약성이 증대될 뿐만 아니라, 불안정 수원의 과도한 사용으로 인하여 하천 수질 및 생태계 파괴 우려가 현실화되고 있다.

이와 관련하여 주요 선진국은 기후변화로 인한 댐, 지하수 등의 용수공급능력이 급격히 떨어짐에 따라 안정적인 용수공급을 위한 다양한 대책을 추진 중에 있으며, 특히, 영국 정부는 2005년 가뭄으로 런던 일원의 물 공급에 지장을 겪은 후 수도사업자에 대한 「수원 안정성 평가 및 인증제도」를 도입하였다.[3] 일본의 경우에도 국가 경제

3) 영국은 연중 고른 강우분포와 완만한 하류 하천, 자연호수 등으로 하천유량이 대체로 충분하여 물 공급 여건이 비교적 양호하다. 그러나, 최근 들어 기후변화의 영향으로 극심한 가뭄을 잇따라 경험하였다. 특히, 2005년, 2006년에는 100년 빈도의 가뭄이 발생하여 런던 일원 130만 명의 수돗물 사용이 제한되었으며, 2010년에는 영국 전역에서 기상관측 이래 최대 가뭄의 발생하였다.
이처럼 기후변화로 인해 수원의 물 공급 안정성이 떨어짐에 따라 영국 정부는 관련 법을 개정하여 2007년 4월에 수도사업자의 25년 이상 장기계획 수립을 의무화하였다. 이 장기계획의 핵심은 각 수도사업자별로 담당관청의 지속가능성 인증을 받아 해당유역 내 수생태계 및 환경보호 등을 감안한 수자원 이용상태 지도를 작성토록 한 것이다.

에 있어 중요한 공업용수도 공급의 안정성과 지속가능성을 담보하기 위해 「공업용수도사업법」에 경제산업성장관의 수원조사 실시 근거를 마련하고 있다.[4] 우리나라의 경우 2011년 9월 30일 환경부가 "기후변화 대비 수돗물 공급 예비능력 확보"를 골자로 하는 수도정비기본계획 수립지침을 개정한 바 있다. 환경부의 개선대책에는 생산 및 공급시설(즉, 정수장 및 관망)의 예비량 확보를 포함하고 있으나, 안정적인 수자원 확보와 연계되지 못하면 실효성 없다는 것이 문제점으

<그림> 수자원 이용상태 지도 (앵글리안 유역 사례)

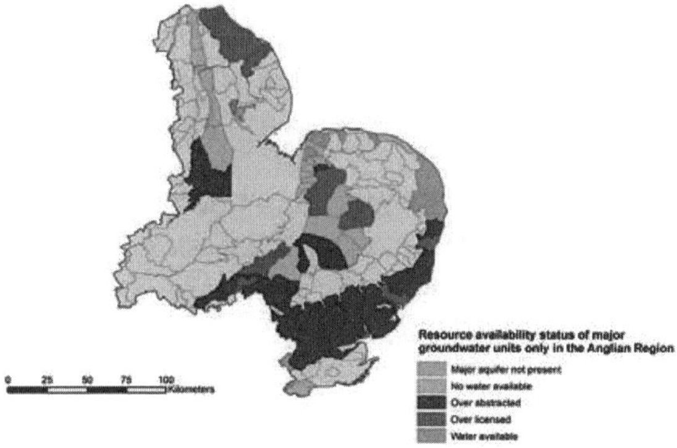

Table A1 - Definitions for water resource availability status

Resource availability status	Licence availability
Water Available	Water is likely to be available at all flows, including low flows. Licence restrictions may apply.
No Water Available	No water is available for further licensing at low flows. Water may be available at higher flows with appropriate licence restrictions, or through licence trading.
Over Licensed	Current actual abstraction is such that no water is available at low flows. If existing licences were used to their full allocation they could cause unacceptable environmental damage at low flows. Water may be available at high flows, with appropriate licence restrictions.
Over Abstracted	Existing abstraction is causing unacceptable damage to the environment at low flows. Water may still be available at high flows, with appropriate licence restrictions.

4) 일본 공업용수도사업법 제22조(수원조사) 경제산업성장관은 공업용수도의 수원 개발상 필요한 조사(하천법이 적용 또는 준용되는 하천과 관련되는 것은 제외한다)에 노력하여야 한다.

로 지적되고 있다.

따라서 모든 수도사업자로 하여금 중장기적으로 향후 공급할 수 있는 수자원의 안정성에 대한 자체평가와 더불어 평가결과를 객관적으로 인증할 수 있는 기관을 지정하여 국민의 물기본권 보장과 더불어 국가 수자원관리의 효율성과 안정성을 제고할 수 있는 체계의 마련이 시급한 과제로 대두하고 있다. 현행 수도법 제6조는 물수요관리 목표제를 규정하여 이를 실현하기 위한 계획을 수립하도록 자치단체의 장에게 의무화하고 있으나,[5] 이는 주로 수요 측면에서 수자

---

5) 제6조(물수요관리 목표제의 실시) ①시·도지사는 수도사업의 효율성을 높이고 수돗물의 수요관리를 강화하기 위하여 1인당 적정 물 사용량 등을 고려하여 관할 시·군·구(자치구를 말한다. 이하 같다)별 물수요관리 목표를 정하고 이를 달성하기 위한 종합적인 계획(이하 이 조에서 "종합계획"이라 한다)을 5년마다 수립하여 환경부장관의 승인을 받아야 하며, 환경부장관은 종합계획을 승인하기 전에 국토해양부장관과 협의하여야 한다. 수립된 종합계획을 변경하려는 때에도 또한 같다.

② 시장·군수·구청장은 종합계획을 시행하기 위하여 다음 각 호의 사항이 포함된 계획(이하 이 조에서 "시행계획"이라 한다)을 수립하여 시·도지사의 승인을 받아야 하고, 수립된 시행계획을 변경하려는 때에도 승인을 받아야 한다. 다만, 특별시·광역시·특별자치시의 경우 제1호 및 제2호에 관한 사항은 특별시장, 광역시장 및 특별자치시장이 시행계획을 수립·시행한다.

1. 연차별 누수량(漏水量) 줄이기 목표 및 사업계획
2. 연차별 유수수량 늘리기 목표 및 사업계획
3. 절수설비 등 물절약 시설의 연차별 보급목표 및 추진계획
4. 그 밖에 물절약과 물이용의 효율성을 높이기 위하여 대통령령으로 정하는 사항

③ 환경부장관 및 관계 행정기관의 장은 제1항에 따른 물수요관리 목표를 달성하지 못한 시·군·구에 대하여는 그 시·군·구가 시행하려는 다음 각 호의 사업 또는 행위에 대한 승인·허가 등을 하지 아니할 수 있다. 특별한 이유 없이 종합계획 및 시행계획의 승인을 받지 아니한 특별시·광역시·특별자치시·도·특별자치도(이하 "시·도"라 한다)와 시·군·구에 대하여도 또한 같다.

1. 일반수도사업
2. 도시개발사업, 산업단지 및 관광지 등의 개발

④ 환경부장관 및 관계 중앙행정기관의 장은 제1항에 따른 물수요관리 목

원관리에 그 정책목표가 두어진 반면에 수자원 안정성 평가와 인증제도는 공급의 안정성에 초점을 맞춘 제도라고 할 수 있다.

2. 수원 안정성 평가 및 인증제도의 도입

위에서 언급한 바와 같이 기후변화로 인해 댐과 하천, 지하수 등의 물 공급능력이 변화할 것으로 전망되므로 생활 및 공업용 수돗물 공급의 안정성 확보를 위해서는 수도사업을 위한 수원의 안정성에 대한 지속적인 평가가 요구된다. 이를 위해서는 광역상수도 및 지방상수도 사업자들이 주기적으로 수원 안정성 평가를 의무적으로 실시하도록 하고, 그 결과를 수량관리 부처인 국토해양부의 홍수통제소가 인증할 수 있도록 수도법을 개정하는 입법적 과제를 시급하게 추진할 필요가 있다. 수원 안정성 평가는 주로 수량의 확보에 주안점을 두고 있으나, 수질이나 수생태와 같은 환경적 요소도 함께 고려하여야 할 것이다. 이를 수도법에 반영하는 구체적 방법으로는 다음과 같은 두 가지 안을 고려할 수 있다.

(1안) 수도정비기본계획의 내용에 포함하되, 관할 홍수통제소의 인증을 받도록 법제화

(2안) 각 수도사업자별로 주기적으로 수원 안정성 평가를 실시하고, 관할 홍수통제소의 인증을 받도록 법제화

그런데 위 두 가지 안 중에서는 (2안)이 보다 현실적인 것으로 보인다. 그 이유는 수도정비기본계획은 일종의 기본계획으로서 그 규범력과 법적 구속력이 약한 일종의 비구속적 행정계획이기 때문에 광역상수도 및 지방상수도사업자들에게 수원 안정성 평가의무를 직접 수도법의 일정 조항을 통하여 의무화하는 것이 이 제도의 실효성

표의 추진 성과에 따라 시·도 및 시·군·구에 대한 지원을 달리할 수 있다.

을 담보하는데 효과적이기 때문이다. 또한 홍수통제소를 인증기관으로 하는 것은 홍수통제소가 대통령령인 '국토해양부와 그 소속기관 직제' 제36조에 의하여 아래와 같이 하천유량관리 시스템의 구축 및 운영, 수자원 정보의 수집·관리 및 배포 등을 포함하는 광범위한 하천 및 수자원에 대한 관리업무를 수행하고 있으며, 그에 상응하는 전문성을 갖추고 있기 때문이다.

1. 하천홍수의 통제 및 관리
2. 수문조사 및 관측
3. 홍수 및 갈수의 예보 및 전달과 댐의 조작·관리
4. 수문조사시설의 설치·운영 및 관리
5. 홍수예보에 관한 기술개선·발전 및 전산개발
6. 전기통신시설의 관리·운용
7. 홍수통제 종사원 및 수문조사 관련업무 종사자에 대한 교육
8. 수문자료의 분석 및 관리
9. 하천유량관리 시스템의 구축 및 운영
10. 강우레이더의 설치·운영 및 관리
11. 수자원 정보의 수집·관리 및 배포
12. 수자원기술의 향상을 위한 해외협력

그런데 여기에서 주목할 사실은 수원 안정성 평가와 관련하여 홍수통제소가 제2호와 제8호에 의하여 수문자료를 분석하고 관리한다는 것이다. 수문자료(水文資料)는 강수량, 하천수위, 하천유량, 증발산량 등을 측정하는 수문조사(水文調査)를 통해 얻어지는 자료로서 물의 안정적 공급과 관리, 홍수피해 예방을 위해 사용된다. 그런데 국토해양부는 최근 물관리의 가장 기초가 되는 수문자료의 신뢰성 및 활용성을 높이기 위하여 각 기관에서 생산하는 수문자료를 국가가 검증하고 공인하여 배포하는 시스템의 도입을 예정하고 있다. 이러한 수문자료 공인시스템을 위해 「수문자료 공인 및 저장·배포·활용 기준」을 제정하여 고시하고 관보에 게재하였다. 그간 수문자료는 국토

해양부, 환경부, 수자원공사, 지방자치단체 등 각 기관에서 자체적으로 생산하고 있었으나, 자료의 신뢰성 및 공동활용이 미흡하였기 때문에 국가 수자원관리의 일관성 부족 및 국가 예산의 중복투자 등의 문제점이 있었다.

국토해양부는 이를 개선하기 위해 관계기관과 전문가 의견을 수렴하여 수문자료의 공인시스템을 도입하였다. 매년 각 기관에서 생산한 수문자료를 이듬해 초에 수문자료공인심의위원회(위원장 한강홍수통제소장)에서 적합성을 심의하여 공인하게 된다. 공인된 수문자료는 국토해양부에서 발간하는 '한국수문조사연보'에 수록하고, 물관리정보유통시스템(WINS) 및 한강홍수통제소 홈페이지를 통해 유통시키게 된다. 물관리정보유통시스템(WINS; Water Management Information Network System)은 환경부 등 5개 부처 10개 기관에서 수문기상 등 65개 물 관련 정보를 공유하는 시스템으로서 이미 지난 2004년 국토해양부에서 구축한 바 있다. 국토해양부는 이번 수문자료 공인시스템을 통해 검증된 수문자료를 공동 활용함으로써 수문자료의 객관성 및 신뢰성을 확보하고 일관된 국가 수자원관리가 가능할 것으로 예상하고 있으며, 이를 통하여 각 수도사업자의 수원 안정성 평가결과 인증을 위한 인프라가 구축된 것으로 볼 수 있다. 또한 수문자료를 생산하는 각 기관들도 수문자료의 객관성 및 신뢰성 향상을 위한 노력과 자료에 대한 공동 활용으로 수문자료의 활용성 증대 및 예산도 절감할 수 있을 것으로 기대하고 있다.

또한 수원 안정성 평가 및 인증 결과에 대해서는 홈페이지 등을 통해 공개하여 용수 수요자인 지방자치단체 및 산업체는 물론 국민 모두가 스스로 물 부족과 기후변화에 대비하여 안정적인 수자원을 확보하도록 유도함으로써 국가 차원의 물 공급 안정성을 강화하고 물에 대한 소비절약을 촉진하여 결과적으로 수요관리 목표를 보다 효율적으로 달성할 수 있을 것으로 기대된다. 다시 말하자면 수원 안정성 평가와 인증제도는 현행 수도법 제6조에 규정된 물수요관리 목표제와 결합하여 수자원에 대한 수요와 공급 간의 feed back 장치를 마련하는 것이라고 할 수 있다.

Ⅴ. 광역상수도 국고지원

수도법 제75조는 "국가는 수도사업자에게 수도사업에 필요한 비용을 보조하거나 융자할 수 있다. 다만, 지방자치단체인 수도사업자가 수도시설을 설치하거나 낡은 수도시설을 개량하는 경우 또는 해수담수화 시설을 운영하는 경우에는 그 지방자치단체의 재정자립도 등을 고려하여 대통령령으로 정하는 바에 따라 그 비용의 전부 또는 일부를 보조할 수 있다"고 규정하고, 이에 따라 수도법 시행령 제66조는 "법 제75조 단서에 따라 국가가 지방자치단체인 수도사업자에 대하여 보조할 경우에 국고보조율은 총 사업비의 100분의 30을 기준으로 하되, 해당 지방자치단체의 수돗물 생산원가, 수도요금 등을 고려하여 국고보조율을 100분의 20의 범위에서 가감하여 적용할 수 있다"고 규정하여 국고보조에 대한 근거조항을 두고 있다.

그런데 광역상수도가 국민의 물기본권 실현과 국가의 수자원관리에서 차지하는 비중에 비추어, 예컨대 지방자치단체가 부담하는 요금으로 비용의 전부를 회수하기 곤란한 낙후지역 개발, 맑은 물 공급, 노후관로 개량, 시설 이중화, 비상연계 등과 관련하여서는 국고지원을 확대할 필요가 있음에도 수도법에는 위 규정에서 보듯이 지방상수도에 대한 국고지원 이외에 광역상수도에 대한 국고지원의 법적 근거가 별도로 존재하지 않는다.

국가의 물 공급 기간망인 광역상수도의 경우 중후 장대한 인프라로 건설과 운영관리에 막대한 비용이 소요된다. 이러한 이유로 2000년대 중반까지는 한국수자원공사에서 시설 운영관리비를 부담하되, 시설 설치비는 대부분 국가에서 국고출자 형태로 지원하였다. 그러나, 2000년대 중반부터 한국수자원공사의 시설 설치비 부담액이 급격히 늘어났는데, 정수장의 경우 2003년부터 100%를, 도·송수시설의 경우 2006년에는 50%를, 2007년 이후에는 70%를 부담하고 있다. 이처럼 한국수자원공사의 시설 설치비 부담이 늘어나고 있는 반면, 광역상수도 원·정수 요금은 2005년 이후 계속해서 동결되고 있다.

[표 4-10] 광역상수도 예산지원체계 변경현황

구 분	재원 부담	1993 이전	1994	1996	1998	2003~2005	2006	2007 이후
도·송수 시설	국 가	100%	100%	70%	100%	100%	50%	30%
	수 공	-	-	30%	-	-	50%	70%
정수장	국 가	100%	-	-	-	-	-	-
	지자체	-	100%	100%	100%	-	-	-
	수 공	-	-	-	-	100%	100%	100%

이처럼 한국수자원공사의 시설 투자비 부담이 급격히 늘었지만,[6] 국가의 물가관리정책상 광역상수도 요금이 계속적으로 동결된 것이다. 물론 국가는 수자원관리에 관한 업무를 직접 처리하지 않고 한국수자원공사라는 영조물법인을 설립하여 그 업무를 위탁한 이상 재정적으로도 독립채산체 등 자율성과 독립성을 유지하는 것이 중요하다. 그러나 영조물법인의 이러한 재정적 자립성에도 불구하고 영조물법인이 법령상의 과제를 수행하는 과정에서 재정적 애로가 발생하

6) 반면, 국가의 광역상수도·공업용수도에 대한 국고출자 금액은 2005년 3,039억 원, 2006년 1,515억 원, 2007년 764억 원, 2011년 90억 원으로 급격하게 감소하였다.

는 경우 헌법 제120조에 의한 국가의 물관리 책무로부터 국가가 일정한 재정적인 부담을 할 책임이 소멸하는 것은 아니다. 특히 기후변화로 인하여 물 부족이 상시화하고 그에 따르는 수량과 수질을 유지하기 위하여 광역상수도 정수장이나 취수장 등 인프라 구축에 상당한 비용이 소요되는 경우 국가가 광역상수도사업자에게도 일정 부분 재정적인 지원을 하는 것은 불가피하다. 따라서 수도법에는 지방상수도사업자인 지방자치단체뿐만 아니라 광역상수도사업자에게도 필요한 경우 국고지원을 할 수 있는 법적 근거를 마련하여야 한다.

2011년 7월 28일 개정되고 2012년 1월 29일부터 시행되는 수도법 제75조는 국가가 수도사업자에게 수도사업에 필요한 비용을 보조하거나 융자할 수 있으며, 지방자치단체인 수도사업자가 수도시설을 설치하거나 낡은 수도시설을 개량하는 경우 또는 해수담수화시설을 운영하는 경우에는 그 지방자치단체의 재정자립도 등을 고려하여 대통령령으로 정하는 바에 따라 그 비용의 전부 또는 일부를 보조할 수 있다는 내용을 규정하고 있다. 여기에서 눈에 띄는 것은 지방자치단체의 해수담수화사업에 대한 국고지원인데, 이는 이번 개정에서 새로 추가된 내용으로서 국가의 물관리 업무 내지 수도사업과 관련하여 중요하다고 판단하는 새로운 공적 과제가 출현하고 이를 국가적으로 지원하는 것이 중요하다고 판단하는 경우 국고지원이 가능하다는 것을 의미하는 것이다. 따라서 상술한 바와 같이 기후변화에 따라서 광역상수도의 중요성이 새로이 인식되고 있는 상황에서 광역상수도시설이나 광역상수도가 담당하는 신규 업무의 중요성을 고려하여 국고보조의 필요성도 새롭게 결정될 수 있는 것이다.

결국 수자원은 산업적 · 경제적 측면은 물론 기후변화라는 인류공동체가 여태까지 경험하지 못했던 전 지구적인 변화에 대응하여 그 관리와 이용에도 근본적인 패러다임의 변화가 불가피하기 때문에 그에 따르는 전환비용은 헌법상 물관리 책무를 담당하는 국가가 부담하는 것이 마땅하다. 이러한 상황을 반영하여 2009년 12월 30일 관보에 고시된 「2025 수도정비기본계획(광역상수도 및 공업용수도)[7]」에서는 광역상수도 및 공업용수도사업의 안정성과 지속가능성을 보장하기 위하여 [표]와 같이 사업유형별로 국가의 부담을 늘리는 새로운 재원분담 방안을 제시하였다. 따라서 기후변화로 인해 발생하는 안정적인 수량·수질 확보라는 국가의 새로운 물관리 책무 이행에 소요되는 비용을 고려할 때 수도법 제75조를 개정하여 광역상수도에 대한 국고지원 근거를 신설하는 것이 바람직하다. 다만, 사업유형별 국고지원 비율의 경우 획일적으로 법률에 규율하기보다는 대통령령에서 정하도록 하여 탄력적 조정이 가능하도록 함이 타당할 것이다.

[표] 사업유형별 재원분담 비율 개선방안

<table>
<tr><th colspan="2" rowspan="2">구 분</th><th rowspan="2">현행 분담률(%)</th><th colspan="3">재원 분담 방안(%)</th></tr>
<tr><th>국가</th><th>지자체</th><th>수공</th></tr>
<tr><td colspan="2">○ 수도시설 확충사업</td><td></td><td colspan="3"></td></tr>
<tr><td rowspan="2">- 급수체계 조정, 광역상수도</td><td>정수시설</td><td>수공 100%</td><td>30%</td><td>-</td><td>70%</td></tr>
<tr><td>도/송수 시설</td><td>국고출자 30%+수공 70%</td><td colspan="3">(현행과 동일)</td></tr>
<tr><td colspan="2">- 공업용수도</td><td>국고출자 30%+수공 70%</td><td colspan="3">(현행과 동일)</td></tr>
<tr><td colspan="2">- 미급수지역 해소사업</td><td>-</td><td>70%</td><td>10%</td><td>20%</td></tr>
<tr><td colspan="2">○ 노후수도시설 개량사업</td><td>수공 100%</td><td colspan="3">(현행과 동일)</td></tr>
<tr><td colspan="2">- 노후관로 교체</td><td>수공 100%</td><td>30%</td><td>-</td><td>70%</td></tr>
<tr><td colspan="2">- 기타 시설개량</td><td>수공 100%</td><td colspan="3">(현행과 동일)</td></tr>
<tr><td colspan="2">○ 수도시설 안정화 구축 사업</td><td></td><td colspan="3"></td></tr>
<tr><td colspan="2">- 수원의 안정화 구축</td><td>-</td><td>30%</td><td>-</td><td>70%</td></tr>
</table>

7) 국토해양부고시 제2009-1292호(2009.12.30).

- 정수처리 안정화 구축	수공 100%	30%	-	70%
- 도/송수시설 안정화 구축	국고출자 30%+수공 70%	(현행과 동일)		
- 수도시설 비상연계 구축	-	100%	-	-
○ 수도시설 유지관리	수공 100%	(현행과 동일)		
○ 연구개발				
- 상수도 조사관리	국고 100%	(현행과 동일)		
- 연구개발	미래기술분야, 해수담수화 플랜트사업 : 국고 100% 기타분야 : 국고 또는 수공	(현행과 동일)		

Ⅵ. 전국 동일요금제도의 타당성

1. 문제의 제기

댐과 광역상수도는 각 시설별로 상당한 원가상의 차이가 존재하는 것이 사실이지만 전국적으로 동일한 요금을 부과하는 체계를 가지고 있다. 광역상수도나 댐이 시설별로 생산 및 유지·관리에 상당한 원가의 차이가 존재하는 것은 건설시기, 입지, 시설이용률, 관로연장 등의 차이에서 발생하는 것으로 매우 자연스러운 것이지만, 안정적인 물관리라는 국가 전체의 책무라는 특성으로 인하여 지방상수도와는 달리 전국적으로 동일한 요금을 부과하는 것이다. 그런데 전국적으로 동일한 요금이 적용되는 광역상수도나 댐의 사용료보다 일반적으로 낮은 수준의 요금으로 공급받기를 원하는 지방자치단체가 지속적으로 단일요금제에 대한 문제를 제기하고 있는 실정이다. 특히 비교적 초기에 설치된 광역상수도시설을 통하여 물을 공급받고 있는 서울, 인천 등 대규모 지방자치단체들은 타 지역에 비하여 요금상 자신들이 불이익한 처우를 받고 있다는 사실을 지적하면서 심지어 광역상수도로부터의 이탈 등의 문제를 지속적으로 제기하고 있다.

2. 한국도로공사의 일부 고속도로구간의 사용료와의 유사성

유로도로법은 통행료 징수 총액이 해당 유료도로의 건설유지비 총액을 넘을 수 없도록 규정한 동법 제16조 제3항에도 불구하고 동법 제18조에 통합채산제를 규정하고 있어 일부 유료도로의 경우 통행료 징수 총액이 건설유지비 총액을 2배 이상 초과하는 경우에도 통행료를 계속 징수하여 통행료 분쟁이 발생하고 있다. 이에 따라 국회에는 통행료를 받은 기간이 30년을 초과하고 통행료 수납 총액이 건설유지비 총액의 2배를 넘은 도로는 그 도로의 유지 및 관리에 필요한 비용에 한하여 통행료를 받도록 함으로써 통합채산제가 적용되는 도로 중 일부 유료도로의 통행요금을 적정수준으로 낮추어 유료도로 이용자의 경제적인 부담을 합리적으로 조정하려는 내용의 개정안과 이와 유사한 내용의 다수의 개정안이 발의되어 있는 상태이다.

유로도로법 제18조에서는 통합채산제를 규정하면서 2개 이상의 유료도로가 ① 유료도로관리청 또는 유료도로관리권자가 동일하고, ② 유료도로가 교통상 관련을 가지고 있으며, ③ 통행료 통합징수에 특별한 사유가 있을 때에는 하나의 유료도로로 하여 통행료를 받을 수 있다고 규정하고 있다. 이에 근거하여 경인선이나 경부선, 울산선, 호남선, 경인선, 남해 제1지선, 동해선, 호남지선, 중부내륙지선 등 8개의 30년이 지난 노선에 대해서도 한국도로공사는 통행료를 부과하고 있다. 이 때문에 30년이 경과한 노선에서는 통행료와 관련한 지역주민들의 민원이 계속 발생하고 있다. 특히 1968년 12월에 개통되어 가장 오래되었으며, 도심을 통과하여 지·정체가 심하고, 다른 노선과의 연계성도 떨어지는 경인선의 경우 지역주민들의 반발이 큰 상황이다. 유로도로법 개정안은 이러한 통행료 분쟁을 합리적으로 조정하고자 통행료를 받은 기간이 30년이 경과하고, 통행료 수납총액이 건설유지비의 2배를 초과한 노선의 경우 통행료를 유지관리에 필요한 수준으로만 받도록 하려는 취지이다. 이에 해당하는 고속국도선으로는 경인선과 울산선이 있다. 그런데 이러한 개정 법률안에 대해 국토해양부와 한국도로공사는 간선도로의 유기적 연계성 유지, 건설시기에 따른 지역적 불균형 해소, 장래 고속도로 건설비용 충당 필요성 등을 들어 특정 개별노선의 통행료 면제나 감면, 통합채산제 제외는 곤란하다는 입장이다.

통합채산제는 전체 고속도로를 하나의 고속도로로 보고 통일된 요금체계에 의하여 요금을 징수, 통합운영하는 시스템으로 선발투자 노선의 통행료 수입을 낙후지역 후발 노선에 투자하여 전국적인 고속도로망을 구축하여 균형발전을 이루고자 1980년에 도입하였다. 외국의 경우를 보면 일본, 이탈리아, 프랑스가 통합채산제를 채택하고 있다. 일본은 고속도로 전 노선에 대해 통합채산제를 시행하고 있으며, 민영화 시점(2005년 10월 1일)을 기준으로 향후 45년 이내까지를 통행료 수납기간으로 하고 있다. 이탈리아와 프랑스는 관리회사별 통합채산제를 채택하고 있으며, 수납기간을 30년(기간연장은 운영당국과 관리회사가 결정)으로 하고 있다. 2011년에 한국도로공사는 통행료 수입으로 3조 535억원을 예상하고 있으나, 차입금의 원리금상환액 3조 8,735억 원에도 못 미쳐 다시 3조 6,376억원을 차입해야 하는 상황이다. 한국도로공사의 2010년 말 현재 부채는 22조 8,547억원으로 이 중 이자를 지급해야 하는 차입부채가 21조 6,993억원이다. 한국도로공사의 부채가 이와 같이 누적된 것은 그간 고속도로 신규건설

투자재원이 모자라 국가의 출자금(매년 약 1조원) 이외의 부족재원 중 상당액을 외부 차입금에 의존해왔기 때문이다. 30년이 경과하거나 통행료 수입이 건설유지비 총액을 크게 초과한 노선을 통합채산제에서 제외하거나 통행료를 감액하는 문제는 해당노선 이용자의 부담경감 측면과 함께 후발 적자노선의 운영지원 필요성, 한국도로공사의 지속적 부채누적 현황, 향후 고속국도 건설 투자재원 확보방안 등을 종합적으로 고려하여 신중하게 결정할 필요가 있다.

3. 광역상수도와 댐의 경우

1) 비용상환의 원칙과 응익성의 원칙

이미 오래 전에 건설하여 운영하여 온 광역상수도와 댐의 경우에도 건설비용을 이미 초과하는 사용료를 지불하였다고 주장하는 경우에는 위에서 언급한 일부 고속도로의 경우와 유사한 측면이 있음을 부인하기 어렵다. 그러나 광역상수도와 댐의 경우에는 고속도로와는 달리 당해 광역상수도와 댐의 건설비용만을 대상으로 용수료를 산정할 수 없다는 차이점이 있다.

고속도로의 경우에는 한번 건설한 도로에 대해 건설비용을 중심으로 그 유지와 보수에 필요한 비용을 합한 금액이 고속도로 통행료의 산정기준으로 볼 여지가 크다. 다시 말하자면 고속도로의 통행료는 도로의 이용이라는 국가적 급부에 대한 반대급부로서 지불하는 것이라기보다는 일단 건설한 고속도로의 건설 및 유지와 보수에 필요한 비용의 상환이라는 측면이 보다 강조된다.

이에 비하여 광역상수도나 댐은 그 건설비용이나 유지 · 관리비용을 상환하는 것보다는 지속적으로 공급되는 용수의 사용에 대한 사용료라는 사후적인 국가적 급부에 대한 반대급부라는 성격이 보다 부각된다. 즉 사용료와 수수료의 산정기준으로 흔히 이야기하는 고

정비용에 대한 비용상환의 원칙(Kostendeckungsprinzip)은 고속도로 통행료의 경우에, 지속적 급부에 대한 반대급부의 양에 초점을 맞추는 응익성의 원칙(Äquivalenzprinzip)은 댐이나 광역상수도의 사용료를 결정하는데 각각 다른 비중으로 적용되는 것이라고 할 수 있다. 이른바 고정비용을 회수하기 위한 비용상환의 원칙과 더불어 이와는 별도로 국가의 추가적이고 지속적인 재화나 용역의 제공에 대한 반대급부로서 사용료를 산정하는 응익성의 원칙은 서울시와 한국수자원공사 간의 용수료 분쟁에 대한 대전지방법원의 판결에서도 잘 나타나고 있다.

대전지방법원은 "댐을 건설하고 관리하기 위해서는 건설비용 이외에도 운영 · 관리를 위한 제반 비용이 소요되고, 그로 인한 추가비용 또한 당해 댐의 저수를 사용하는 수익자에게 부담지울 필요가 있다"는 점을 언급하여 용수료가 댐건설에 소요된 고정비용을 환수하는데 일차적인 목적이 있다는 것을 확인하고 있다. 동시에 법원은 "수자원공사가 충주댐 등의 다목적댐을 건설 · 관리하면서 댐에 저수된 수량의 배출량을 조절하여 한강유역 등에 일정한 물량의 유수를 공급하고, 이에 기하여 서울시가 단순히 자연적인 강수로 인한 기존의 유수물량뿐만 아니라 위와 같이 댐 건설 · 관리 등으로 인하여 추가로 공급되는 유수물량까지도 취수함으로써 서울 시민들에게 안정적으로 음용수 등을 공급할 수 있게 된 것이므로, 기존 유수물량에 근거한 기득수리권 물량을 초과하여 취수하는 부분에 관하여는 서울시가 용수료를 지급할 의무를 부담하는 것이 댐법 등이 상정하고 있는 수익자부담의 원칙에 부합한다고 보인다"는 점을 강조하고 있다 (대전지법 2006.10.26. 선고, 2005가합7287 판결).

결국 용수료라는 수익자부담금의 목적은 단순히 댐의 건설, 운영과 관리 등 고정비용을 충족하는 것을 넘어서서 수자원공사가 지속적으로 제공하는 유수에 대하여 부담하는 반대급부라는 점을 분명히

한 것이다. 또한 법원은 "댐을 건설하고 관리하기 위해서는 건설비용 이외에도 운영 · 관리를 위한 제반 비용이 소요되고, 그로 인한 추가 비용 또한 당해 댐의 저수를 사용하는 수익자에게 부담지울 필요가 있다 할 것인데, 이에 관하여 한국수자원공사법 제16조 제1항은 '원고는 수자원개발시설이나 수도시설에 의하여 공급되는 물 · 수자원개발시설이나 그 수면 또는 하수종말 처리시설을 사용하는 자로부터 당해 시설의 건설 및 운영 · 관리에 필요한 비용을 참작하여 그가 사용하는 물의 양 또는 시설이나 그 수면의 사용정도와 배출된 하수의 양과 오염도에 따라 요금 또는 사용료를 징수할 수 있다'고 규정하고 있는 점에 비추어 보면 이른바 기득수리권을 초과하여 취수하는 수량에 대하여는 댐건설비용 및 그에 관한 운영 · 관리에 소요되는 제반 비용 등의 범위 안에서 초과 취수량 등의 여러 사항을 참작하여 용수료를 지급받을 수 있도록 규정한 것이라고 봄이 상당하다"고 하여 비용상환의 원칙과 응익성의 원칙 양자가 모두 용수료 산정의 기준이 된다는 결론에 이르고 있다.

2) 보편적 서비스와 전국 동일요금제도의 타당성

위에서 살펴본 바와 같이 광역상수도와 댐은 고속도로의 경우와는 달리 건설시기나 입지 등의 요인에 따라서 사용료를 차등화할 요인이 보다 작다고 할 수 있다. 특히 광역상수도와 댐의 사용료를 전국적으로 동일한 요금으로 부과하여야 하는 이유로는 지방자치단체가 각자 정하는 지방상수도요금과는 달리 광역상수도 등의 경우에는 헌법상 국가 물관리의무의 통합화에 따라서 국가 전체적인 차원에서 그 사용료가 정해지는 것이 원칙이기 때문이다. 특히 광역상수도와 댐의 경우 전국적으로 동일요금제가 적용되어야 하는 당위성의 하나로서 이른바 보편적 서비스의 개념을 들 수 있다. 다시 말하자면 우리나라의 어느 지역에 거주하든 모든 국민은 국가로부터 자신이 필요로 하는 물에 대하여 적절한 양과 질, 가격으로 공급받을 수 있는 권리가 있으며, 국가는 물에 대한 보편적 서비스를 제공할 의무를 부담한다. 그런데 우리나라의 지방상수도요금은 자치단체별로 상당한 편차를 보이고 있기 때문에 지방상수도와 더불어 광역상수도와 댐에 대하여 차별요금제가 시행될 경우 지역별로 주민들이 부담하는 수도요금은 결과적으로 더욱 차이를 보일 것이 분명하다.

이는 모든 국민이 물에 대한 보편적 서비스를 받을 권리를 침해하는 결과가 될 수 있으므로 광역상수도의 동일요금제는 지방상수도 요금의 차별화로 인한 보편적 서비스의 격차를 해소 내지 완화하는 중요한 기능을 가지고 있다. 다시 말하자면 지방상수도의 경우에는 수도법과 지방자치법에 따라서 전적으로 자치단체가 관할권을 행사하는 것으로서 지방상수도요금에 차이가 발생하는 것은 자연스러운 일이지만, 광역상수도와 댐은 특히 기후변화에 의하여 국가가 부담하는 헌법상 물관리의무에 바탕을 두고 모든 국민에게 물에 대한 보편적 서비스를 제공한다는 점에서 지역과 건설시기 등을 막론하고 동일하게 그 사용료를 정하는 것이 타당하다고 할 수 있다. 따라서 서울이나 인천 등의 지역에서 비교적 고가의 요금으로 징수한 재원은 적자가 발생하는 다른 지역의 재정적 보전을 위하여 투입할 수 있으며, 이를 위하여 동일요금제의 전체적인 정당성이 유지된다. 이 외에도 한국수자원공사의 재무구조나 신규투자의 필요성 등은 고속도로를 건설하여 관리하는 한국도로공사가 전국 동일요금제도를 유지하는 것과 유사하게 광역상수도와 댐 사용료에 대한 전국 동일요금제도를 시행하는 근거가 될 수 있다.

Ⅶ. 수도사업 수입금 사용 제한 타당성

1. 규정의 취지

수도법은 제69조에서 "한국수자원공사 외의 수도사업자는 수도사업의 수입금을 수도사업에 관한 비용 또는 대통령령으로 정하는 사항 외의 용도에 사용할 수 없다"고 규정하고, 동법 시행령 제64조는 용도 외로 사용할 수 있는 사유를 열거하고 있다.[8] 이 조항은 1966년 8월 3일 수도법 개정을 통하여 신설되었으며, 1991년 12월 14일 수도법 전면개정과 2001년 3월 28일 수도법 부분개정 시에도 동일한 내용으로 유지되어 오늘에 이르고 있다. 이 조항이 1966년 신설된 이유는 대한민국의 건국과 한국전쟁 이후에 경제발전과정에서 본격화된 지방상수도 건설과 관련하여 국가가 보증한 차관의 상환을 원활히 하고 급수구역 확장을 위해 지방자치단체로 하여금 수입금을 차입된 원리금의 상환이나 시설확장의 목적 이외에 사용을 제한하기 위한 것이었다. 다시 말하자면, 혹시 지방자치단체가 수도사업을 통하여 상당한 이익을 창출하는 경우에도 당시 지방상수도 건설로 인하여 발생한 부채를 조속히 상환하고 급수시설의 확장이 시급한 상황이라는 점을 감안하여 일정한 목적 외에는 이를 사용할 수 없도록 지출용도를 법률로써 제한한 것이다. 또한 지방자치단체는 일반적으로 수도사업의 수입과 지출은 지방자치단체의 일반회계와 분리하여 수도사업 특별회계 등과 같이 독립하여 별도로 계리할

---

8) 제64조(수입금의 사용범위) 법 제69조에서 "대통령령으로 정하는 사항"이란 다음 각 호와 같다.
   1. 법 제21조 제4항에 따른 급수설비의 세척·갱생·교체에 필요한 비용의 보조나 융자
   2. 법 제33조 제2항에 따른 수질검사에 필요한 비용의 지원
   3. 제53조의 공급규정에 따른 급수관 설치비용의 일부 지원

필요성이 있었다는 점과도 표리의 관계에 있다.

2. 수도사업자에 한국수자원공사를 포함시키는 개정안의 타당성 여부

그런데 최근 이전과는 달리 지방자치단체는 물론 한국수자원공사도 광역상수도사업의 수입금을 수도사업에 관한 비용 또는 대통령령으로 정하는 사업 외의 용도로 사용할 수 없도록 하는 수도법 개정이 추진된 바 있다. 이러한 수도법 개정의 취지는 타 수도사업자와의 형평성을 위해 한국수자원공사의 경우도 다른 수도사업자와 마찬가지로 수입금을 수도사업에 관한 비용 등에만 사용하도록 한 것으로 보인다. 그러나 과연 지방자치단체 등 지방상수도사업자 또는 다른 광역상수도사업자와의 단순한 형평성 유지 차원에서 추진되는 이와 같은 수도법 개정안이 어느 정도의 합리성과 타당성을 가지고 있는 것일까?

일단 총론적인 측면에서 보면 이와 같이 한국수자원공사의 수입금의 사용용도를 제한할 경우 공기업인 수자원공사의 경영의 자율성을 제약할 수 있으며, 수도사업과 댐, 발전 등 다른 사업 간 자금운영을 차단하게 되어 공사 전체적으로는 여유자금이 있음에도 불구하고 차입을 하여야 하는 상황이 발생할 수 있는 등 효율성을 저하시킬 우려가 있다. 또한 다른 수도사업자와의 형평성을 위해서는 수자원공사도 수입금의 사용제한을 받아야 한다는 주장을 할 수 있지만, 수자원공사는 지방자치단체 등 다른 수도사업자와는 달리 '기업성'을 갖는 조직이므로 경영의 자율성 측면도 고려되어야 한다. 따라서 수도사업으로 인한 수입금의 제한을 받는 수도사업자에 수자원공사를 포함시키는 수도법 개정안은 수도사업자 간 형평성이라는 매우 형식적인 논의에 바탕을 둔 것으로서 실질적으로는 공기업의 자율성과 소비자인 국민에 대한 후생의 감소를 초래하는 등 다양한 측면을 고려한다면 그 타당성과 합리성이 현저히 낮다고 볼 수밖에 없다.

3. 개정안의 문제점

1) 공기업의 자율성 침해

위에서 언급한 바와 같이 수자원공사를 포함시키는 수도법 개정안에 대한 일반적인 문제점과 더불어 보다 구체적으로는 다음과 같은 점에서 개정안의 타당성과 합리성에 의문이 제기될 수 있다. 첫째, 지방자치단체는 국가로부터 일정한 범위에서 지역적으로 자치권을 부여받은 법인으로서 입법권과 행정권을 수행하는 법인이지만, 주민의 복리에 관한 사무를 처리하고 그 재산을 관리하는 헌법적 책무를 수행하고 있다는 점에서 일종의 국가적 성격(Staatlichkeit)을 가지고 있다. 따라서 지방자치단체가 수도사업에서 수익이 발생하는 경우 부채의 상환이나 수도시설의 확충 등 중요한 공적 과제를 수행함에 있어서 필요한 경우에는 수도사업으로 인하여 발생할 수 있는 수익금의 용도를 법률이 정하는 바에 따라서 제한할 수 있는 것이다. 그러나 한국수자원공사는 공기업으로서 국가가 광역상수도사업을 보다 효과적·전문적으로 수행하기 위하여 설립한 공기업이므로 철저하게 공기업의 운영원리에 따라서 재무활동이 이루어진다. 공기업은 국가가 수행하는 공적 과제를 보다 효율적으로 집행하기 위하여 설립한 조직이므로 일반적인 사기업과는 달리 공공성을 추구하며, 그러한 한도 내에서 일정한 입법적·행정적 통제를 받는다.

그러나 공기업도 '기업'이기 때문에 企業性을 가지며, 이러한 공기업의 기업성을 확보하기 위하여 필요한 핵심적인 과제가 바로 공기업의 자율성을 보장하는 것이다. 일반적으로 공기업이 기업성을 발휘하기 위해서는 유능한 관리자의 확보, 책임성의 보장도 중요하지만 정부가 공기업을 과도하게 통제하고 자율성을 침해하는 경우에는 공기업 본연의 공적 과제를 제대로 수행할 수 없다. '공공기관의 운영에 관한 법률'에서도 공기업의 자율경영과 책임경영이 강조되고 있다. 즉 동법 제1조 목적에서는 "이 법은 공공기관의 운영에 관한 기본적인 사항과 자율경영 및 책임경영체제의 확립에 관하여 필요한 사항을 정하여 경영을 합리화하고 운영의 투명성을 제고함으로써 공공기관의 대국민 서비스 증진에 기여함을 목적으로 한다"고 하고, 제3조에서는 "정부는 공공기관의 책임경영체제를 확립하기 위하여 공공기관의 자율적 운영을 보장하여야 한다"고 규정하고 있다. 공기업도 기업적 활동을 하기 때문에 기업으로서 존립해야 하며, 그러기 위해서는 그 자율성을 보장해주는 것이 필수적이다. 또한 이러한 전제 하에서만 공기업의 공공성도 성취될 수 있는 것이다.

2) 한국수자원공사법에 규정된 업무수행의 장애

수도사업으로 인한 수입금을 수도사업에만 제한하여 사용하는 수도사업자에 지방자치단체 외에 한국수자원공사를 포함시키는 문제는 수도법 개정사항일 뿐만 아니라 한국수자원공사법에 의하여 공사가 수행하여야 하는 법적 과제를 고려하여 유기적 · 체계적으로 이루어질 필요가 있다. 한국수자원공사법은 제9조 제1항에서 한국수자원공사의 업무를 다음과 같이 규정하고 있다.

1. 수자원의 종합적인 이용 · 개발을 위한 다음 각 목의 시설(이하 "수자원개발시설"이라 한다)의 건설 및 운영 · 관리

가. 다목적댐 및 생활용수 등의 공급을 위한 댐(수력발전시설을 포함한다). 다만, 농업용수만을 공급하는 댐은 제외한다.

나. 하구둑 및 다목적용수로

다. 내륙주운(內陸舟運) 및 운하시설

라. 그 밖에 수자원의 종합개발과 그 이용을 위한 시설

2. 수도시설(일반수도 중 지방상수도 및 마을상수도는 제외한다)의 개

발과 이용에 관한 다음 각 목의 사업
가. 수도시설의 건설
나. 수도시설의 사용 및 유지 · 관리
다. 수도시설의 사용 및 유지 · 관리 등을 위한 시설의 정비
3. 제1호 가목의 댐의 수질조사
4. 둘 이상의 지방자치단체에 공급되는 상수원(이하 "광역상수원"이라 한다)의 수질에 직접 영향을 미치는 지역의 하수처리를 위한 하수종말처리시설의 건설 및 운영 · 관리(국가 또는 공사가 전액 투자하거나 제4항에 따른 지방자치단체나 그 밖의 자로부터 위탁받은 경우로 한정한다)
5. 산업단지 및 특수지역의 개발. 다만, 공사가 시행하였거나 시행 중인 산업단지 및 특수지역의 개발과 관련된 구역에서의 개발로 한정한다.
5의2. 공사가 제1호 · 제2호 · 제4호 및 제5호에 따른 사업의 시행으로 개발 · 관리하는 수자원개발시설 및 수도시설과 부지 등을 활용한 「신에너지 및 재생에너지 개발 · 이용 · 보급 촉진법」에 따른 신 · 재생에너지설비의 설치 및 운영 · 관리
6. 다음 각 목의 요금 또는 사용료의 징수
가. 수자원개발시설 또는 수도시설에 의하여 공급되는 물 또는 전기의 요금
나. 수자원개발시설 및 그 수면(水面)의 사용료
다. 하수종말처리시설의 사용료
7. 제1호부터 제5호까지의 사업에 따르는 이주단지 등의 조성 및 공유수면의 매립
8. 제1호부터 제5호까지, 제5호의2, 제6호 및 제7호의 사업에 관한 조사 · 측량 · 설계 · 시공감리 · 시험 · 연구 · 기술개발 및 기술진단
9. 수자원의 효율적 개발 · 이용 및 관리를 위한 기초조사 및 정보관리
10. 수자원개발시설 분야, 상수도 분야, 그 밖의 수자원 분야에 관한 기술지원 및 교육
11. 제1호부터 제5호까지, 제5호의2 및 제6호부터 제9호까지

의 사업에 딸린 사업

12. 다른 법령에 따라 공사가 시행할 수 있는 사업

이와 같이 한국수자원공사는 수도시설의 건설, 사용 및 유지 등과 같이 단순히 수도사업만 수행하는 것이 아니라 연구·기술개발 등 위에서 언급한 다양한 법적 과제를 처리해야 하므로 수자원공사의 자금 내용을 개별 사업별로 제한하는 경우 다른 사업의 잉여수입금이 있음에도 수도사업의 투자비를 차입금으로 충당할 수밖에 없어서 자금사용의 비효율과 원가상승을 초래하여 결국 소비자인 국민의 후생을 해하는 결과가 된다. 또한 수도사업에서 이익이 발생하는 경우 수자원공사가 한국수자원공사법에 규정하는 다른 중요한 과제를 수행하는데 필요한 자금을 투입하지 못해서 자금운용의 자율성과 효율성을 크게 해하는 결과가 발생한다. 이와 관련하여 한국수자원공사법 제12조는 회계연도 결산 결과 발생한 이익은 수도사업 등 특정 사업별로 구분하지 않고 사업확장을 위한 적립금으로 적립하도록 규정하고 있는데, 이는 한국수자원공사법에서 규정한 법적 과제의 일반적인 실현을 위하여 수자원공사의 예산과 회계가 이루어진다는 것을 의미한다. 따라서 수자원공사의 수입금을 수도사업에 관한 비용에만 사용하도록 수도법을 개정하는 것은 공기업의 자율성은 물론 수자원공사의 전체적인 자금 흐름과 법률상 부여된 공적 과제를 유기적으로 이해하지 못하는 단견에서 비롯된 것이다.

3) 기후변화에 따르는 추가재원의 확보 및 물기업 육성 등

수자원공사가 수도사업을 통하여 획득한 잉여금을 수도사업에만 사용할 수 있도록 제한하는 경우에는 기후변화에 따라 발생하는 추가적인 댐 등의 건설에 상당한 지장을 초래할 수 있다. 이미 언급한 바와 같이 저탄소 녹색성장기본법 제52조는 정부가 기후변화로 인한 가뭄 등 자연재해와 물 부족 및 수질 악화와 수생태계 변화에 효과적으로 대응하고 모든 국민이 물의 혜택을 고루 누릴 수 있도록 하기 위하여 다음과 같은 과제를 처리해야 한다고 규정하여 상당한 재원의 투입이 불가피한 실정이다.

> 저탄소 녹색성장 기본법 第52조(기후변화 대응을 위한 물관리) 정부는 기후변화로 인한 가뭄 등 자연재해와 물 부족 및 수질 악화와 수생태계 변화에 효과적으로 대응하고 모든 국민이 물의 혜택을 고루 누릴 수 있도록 하기 위하여 다음 각 호의 사항을 포함하는 시책을 수립·시행하여야 한다.
> 1. 깨끗하고 안전한 먹는 물 공급과 가뭄 등에 대비한 안정적인 수자원의 확보
> 2. 수생태계의 보전·관리와 수질 개선
> 3. 물 절약 등 수요관리, 빗물 이용·하수 재이용 등 순환체계의 정비 및 수해의 예방
> 4. 자연친화적인 하천의 보전·복원
> 5. 수질오염 예방·처리를 위한 기술 개발 및 관련 서비스 제공 등

따라서 국가의 수자원관리라는 헌법적 책무와 국민의 물기본권 실현을 위하여 이른바 '잉여의 미덕' 내지 충분성의 원칙 또는 가외성의 원칙이 일반화되는 상황에서 수도사업으로 발생하는 잉여금은 한국수자원공사법이 규정한 다른 공적 과제를 실현하는데 소요되는 재원으로 사용하거나 적립할 수 있어야 한다. 또한 물시장의 개방에 따라 우리나라도 국제적인 경쟁력을 가지는 물기업을 육성하여야 하는 과제를 안고 있는데, 그 중 하나가 한국수자원공사라는 점을 고려한다면 수자원공사의 사업별 잉여금은 그 사업에 한정하지 않고 국가 물산업 육성 및 해외진출 등 다른 사업에 공격적으로 투자할 수 있는 방안이 적극적으로 모색되어야 한다. 물론 물기업 육성 등의 새로운 과제는 한국수자원공사법의 개정이 선행되어야 함은 물론이다.

사항색인

ㅊ

ㅌ

ㅍ

ㅎ

[저자 약력]

연세대학교 법과대학 법학과 및 동대학원 졸
독일 Tübingen 대학교 법학박사(summa cum laude)
연세대학교 경법대학 교수 및 한양대학교 법과대학 교수 역임
독일 아데나우어재단(Konrad-Adenauer-Stiftung) 초청교수
LG 연암재단 해외 파견교수
독일 훔볼트재단(Alexander von Humboldt-Stiftung) 객원교수
한국공법학회 출판이사, 총무이사 역임
연세학술상 수상
대검찰청정책자문위원
법무부자문위원, 행정자치부자문위원
경제정의실천시민연합 시민입법위원장
헌법재판소 헌법연구위원 역임
현재 연세대학교 법학전문대학원 교수
　　한국수법포럼 좌장
　　한국탄소법학회 회장
　　법무부정책자문위원

저서 및 논문

세법 - 조세법과 공법원리, 법문사
개별행정법 제2판, 법문사
행정법판례평론 - 사례와 해설, 홍문사
일반행정법 제6판, 홍문사
행정절차법제정연구(공저), 법문사
민자유치론(공저), 박영사
법학개론(공저), 박영사
물과 인권(공편저), 도서출판 피어나
Rechtfertigung von Sonderabgaben, Duncker & Humboldt Berlin
Vom paternalistischen zum parterschaftlichen Rechtsstaat, Nomos Verlagsgesellschaft, Baden-Baden

수법(水法) 연구

2013년 3월 25일 초 판 제1쇄인쇄
2013년 3월 30일 초 판 제1쇄발행

저　자 김 성 수
발행인 이 명 재
발행처 **신 조 사**
서울특별시 마포구 염리동 161-5 201호
전　화 (02) 713-0402 FAX (02) 713-0403
등　록 1994. 7. 4, 제17-179호(倫)
E-mail: sinjosa@sinjosa.co.kr http://www.sinjosa.co.kr

정 가 26,000 원 ISBN 978-89-92841-66-5